Effectuation oder Causation?

Sebastian Eberz

Effectuation oder Causation?

Der Einfluss der Persönlichkeit
unerfahrener Entrepreneure

Mit einem Geleitwort von Prof. Dr. Harald von Korflesch

Springer Gabler

Sebastian Eberz
Koblenz, Deutschland

Dissertation Universität Koblenz-Landau, 2017

ISBN 978-3-658-20248-4   ISBN 978-3-658-20249-1   (eBook)
https://doi.org/10.1007/978-3-658-20249-1

Die Deutsche Nationalbibliothek verzeichnet diese Publikation in der Deutschen National-
bibliografie; detaillierte bibliografische Daten sind im Internet über http://dnb.d-nb.de abrufbar.

Springer Gabler

Gedruckt auf säurefreiem und chlorfrei gebleichtem Papier

Springer Gabler ist Teil von Springer Nature
Die eingetragene Gesellschaft ist Springer Fachmedien Wiesbaden GmbH
Die Anschrift der Gesellschaft ist: Abraham-Lincoln-Str. 46, 65189 Wiesbaden, Germany

Geleitwort

Aus Sicht der betriebswirtschaftlichen Forschung gehört die Entrepreneurship-Forschung zu den noch jungen, jedoch weithin etablierten Teildisziplinen dieser wirtschaftswissenschaftlichen Einzelwissenschaft. Wie die Betriebswirtschaftsforschung insgesamt, bündelt auch die Entrepreneurship-Forschung eine interdisziplinäre Vielzahl an theoretischen Zugängen und Forschungsmethoden. Mit der Gegenüberstellung von Effectuation und Causation hat Herr Eberz über Effectuation einen thematischen Strang in der Entrepreneurship-Forschung aufgenommen, der sich zunehmend als eigenständiger, Entrepreneurship-spezifischer theoretischer Ansatz etabliert. Mit den Ergebnissen seiner Arbeit gelingt es Herrn Eberz, diesen theoretischen Ansatz um einen wesentlichen, in der Literatur bisher vernachlässigten Baustein zu ergänzen und damit theoretisch weiter zu entwickeln.

Die parallele Berücksichtigung von Persönlichkeitseigenschaften, hier insbesondere von unerfahrenen Entrepreneuren, und dem Umfeld für Unternehmensgründungen als Verhaltensdeterminanten, verbindet zwei bedeutsame, gleichwohl überwiegend isoliert voneinander diskutierte Forschungsbemühungen innerhalb der Entrepreneurship-Forschung mit einer neuartigen Ausrichtung auf eben unerfahrene Entrepreneure. Das hierfür von Herrn Eberz entwickelte Strukturmodell, die selbstentwickelte, Szenario-basierte und interaktive Simulationssoftware als forschungsmethodisch-instrumentelle Voraussetzung für die Erhebung der Daten und schließlich die Auswertung der Daten und der daraus resultierende Erkenntnisgewinn manifestieren den hohen Theoriebeitrag der vorliegenden Dissertation sowie die unmittelbare Anschlussfähigkeit an die Gründungsrealität. Die exzellente Arbeit von Herrn Eberz ist somit für Wissenschaft und Praxis gleichermaßen zu empfehlen.

Harald von Korflesch

Vorwort

Effectuation und Causation repräsentieren zwei Ansätze aus der Entrepreneurship-Forschung, die die Entstehung von Unternehmen zu erklären versuchen. Während der Causation-Ansatz ein zielorientiertes, analytisches und planerisches Vorgehen von Gründern (*Entrepreneuren*) in einer stabilen und beständigen Umgebung beschreibt, betrachtet der Effectuation-Ansatz die Gründungsumgebung als eher unsicher und dynamisch. Nach diesem Ansatz stellt eine experimentelle, flexible, Verlust-fokussierende und kooperative Vorgehensweise in einer solchen Umgebung eine adäquate Möglichkeit des Umgangs mit genannter Unsicherheit dar.

Nach der Effectuation-Theorie folgen insbesondere erfahrene Entrepreneure einer effektuativen Vorgehensweise. Eine (unbewusste) Anwendung von Effectuation durch weitere Personengruppen, so auch unerfahrene Entrepreneure im Sinne von potentiellen Gründern ohne Gründungsexpertise, wird jedoch nicht ausgeschlossen. Da die Unsicherheit der Umgebung für ein effektuatives und kausales Verhalten relevant ist und auch Persönlichkeitseigenschaften als Verhaltenstreiber fungieren können, stellt sich die Frage, in wie weit unerfahrene Entrepreneure ein unterschiedlich effektuatives und kausales Verhalten in Abhängigkeit von der Umgebungsunsicherheit zeigen und dabei von ihrer Persönlichkeit beeinflusst werden.

Bislang sind keine Studien bekannt, die sich dieser Frage annahmen. Die vorliegende Arbeit leistet hier einen methodischen Beitrag, indem sie mit der Entwicklung von *FSim* als interaktiven Simulationsansatz ein Vehikel bereitstellt, das effektuatives und kausales Verhalten zulässt und durch aufgezeichnete Daten aus der Simulation und einer anschließenden Befragung erfassbar macht. Unter Verwendung dieses Vehikels wurde ein Laborexperiment mit unerfahrenen Entrepreneuren durchgeführt. Dabei wurde die Umgebungsunsicherheit dichotom manipuliert, indem jede Instanz von FSim zufällig auf eine starke oder schwache Umgebungsunsicherheit hin parametrisiert wurde. Auf Basis der aus diesem Experiment gewonnenen Befragungs- und Simulationsdaten wurden Verhaltensunterschiede und umgebungsabhängige Einflüsse insbesondere der *Big Five* Persönlichkeitseigenschaften ermittelt.

Im Ergebnis wurde festgestellt, dass unerfahrene Entrepreneure die Adäquanz einer kausalen Vorgehensweise in einer schwach unsicheren Umgebung erkennen und dort in einem vermehrt kausalen Verhalten zeigen. Das in einer stark unsicheren Umgebung hingegen vermindert gezeigte, kausale Verhalten wird, entsprechend dem Ansatz der Situationsstärke, von der Persönlichkeit getrieben. Aufgrund des in einer stark unsicheren Umgebung jedoch nicht vermehrt gezeigten, effektuativen Verhaltens sehen unerfahrene Entrepreneure eine effektuative Vorgehensweise, konform zur Theorie, nicht als bewusste Möglichkeit des Umgangs mit starker Unsicherheit, sondern in Teilen eher als Ergänzung zu einem kausalen Vorgehen in einer schwach unsicheren Umgebung. Hierauf deutet das in einer schwach unsicheren Umgebung vermehrt gezeigte, Verlust-fokussierende und flexible Verhalten hin, das in einer stark unsicheren Umgebung von der Persönlichkeit getrieben wird.

Bei diesem Forschungsvorhaben haben mich viele Menschen unterstützt, bei denen ich mich an dieser Stelle bedanken möchte. Mein besonderer Dank gilt dabei Prof. Dr. Harald von Korflesch, der mein Promotionsvorhaben während meiner Anstellung an der Universität Koblenz-Landau unterstützt und begleitet hat. Mit seiner Erfahrung, seinen Ideen und Ratschlägen stand er mir stets beratend zur Seite. Lieber Harald, vielen Dank für deinen verständnisvollen Umgang und die Jahre unserer respektvollen und konstruktiven Zusammenarbeit.

Darüber hinaus gilt mein Dank JProf. Dr. Mario Schaarschmidt für seine Einführung in das wissenschaftliche Handwerk, unsere wissenschaftlichen Diskussionen und sein Geleit auf den verschiedenen Pfaden der Forschung. Lieber Mario, ich danke dir, dass ich mich stets auf dich als Ansprechpartner, im beruflichen wie privaten Sinne, verlassen konnte.

Ein Promotionsvorhaben zu einem erfolgreichen Ende zu bringen erfordert einen über Jahre hinweg andauernden Ressourceneinsatz. Die benötigten Ressourcen sind nicht nur von zeitlicher Natur oder als eigener Arbeitseinsatz zu verstehen, sondern stellen insbesondere auch die Menschen im täglichen, unmittelbaren Umfeld eines Promovenden dar. In diesem Sinne danke ich meinen Kollegen für ihre konstruktiven Beiträge, insbesondere im Rahmen des mittäglichen Austauschs. Ein besonderer Dank geht dabei an Dr. Mahdi Derakhshanmanesh, der zur damaligen Zeit als wissenschaftlicher Mitarbeiter am Institut für Softwaretechnik an der Universität Koblenz-Landau tätig war. Aus der anfänglich kollegialen Beziehung entwickelte sich eine langjährige Freundschaft, die mir während der Promotion und darüber hinaus ein wichtiger Halt war. Lieber Mahdi, vielen Dank für deine Unterstützung in dieser Zeit.

Darüber hinaus haben mich viele weitere Menschen unterstützt, die ich an dieser Stelle namentlich leider nicht allumfassend aufführen kann. Mein besonderer Dank gilt jedoch Melanie Christ, Melissa Quantz, Marc Widiger und Frédéric Mayé.

Nicht zuletzt danke ich meiner Familie, die mich stets in allen Bereichen des Lebens unterstützt und gefördert hat.

                                                                                         Sebastian Eberz

Inhaltsverzeichnis

1. **Zur Bedeutung unternehmerischen Verhaltens** **1**
   1.1. Wissenschaftliche Relevanz der Thematik 2
   1.2. Stand der Forschung 5
   1.3. Problemstellung und Forschungsfragen 10
   1.4. Wissenschaftstheoretische Verortung 13
   1.5. Aufbau der Arbeit 17

2. **Causation & Effectuation: Klassik und Moderne im Entrepreneurship** **21**
   2.1. Konzeptuelle und prozessuale Abgrenzung 23
   2.2. Kausales Verhalten 28
   2.3. Effektuatives Verhalten 29
   2.4. Charakteristika effektuativer Entscheidungen 33
   2.5. Auswirkungen kausaler und effektuativer Vorgehensweisen 35

3. **Umgebung und Persönlichkeit als Verhaltensdeterminanten** **39**
   3.1. Einfluss der Umgebung auf ein effektuatives und kausales Verhalten 40
   3.2. Zur Rolle der Persönlichkeit im Entrepreneurship 43
       3.2.1. Spezifische Persönlichkeitseigenschaften 44
       3.2.2. Breite Persönlichkeitseigenschaften 51
   3.3. Einflüsse der Persönlichkeit auf effektuatives und kausales Verhalten 55
       3.3.1. Neurotizismus: Ängstlichkeit 57
       3.3.2. Extraversion: Geselligkeit & Aktivität 59
       3.3.3. Offenheit: Handlungen 61
       3.3.4. Verträglichkeit: Vertrauen 62
       3.3.5. Gewissenhaftigkeit: Ordnung & Besonnenheit 63
       3.3.6. Risikofreudigkeit 65
   3.4. Strukturmodelle zum Einfluss der Persönlichkeit 66

4. **FSim als Bezugsrahmen zur Bestimmung effektuativer und kausaler Verhalten** **69**
   4.1. Architekturskizze als Vision von FSim 72
   4.2. Domänenmodell als FSim Glossar 74

4.3. Anforderungen an FSim 78

    4.3.1. Fallstudienbasierte, funktionale Anforderungen 79

    4.3.2. Konstruktbasierte, funktionale Anforderungen 95

    4.3.3. Nicht-funktionale Anforderungen 104

4.4. Implementierung von FSim 106

4.5. Evaluation des Prototypen 109

5. Forschungsdesign und Methodik   **111**

5.1. Simulation einer stark/schwach unsicheren Umgebung in FSim 112

    5.1.1. Spezifikation geeigneter Szenarien 112

    5.1.2. Verifikation der Szenarien 123

5.2. Operationalisierung der Umgebung, des Verhaltens und der Persönlichkeit . . . 127

    5.2.1. Unsicherheit der Umgebung 127

    5.2.2. Subjektive Einschätzung des Verhaltens 128

    5.2.3. Metriken zur Erfassung effektuativer und kausaler Verhalten 130

    5.2.4. Zur Bestimmung der Persönlichkeit 138

5.3. Nutzerbezogene Kontrollvariablen 141

    5.3.1. Benutzbarkeit von FSim 142

    5.3.2. Ausbildung 143

    5.3.3. Expertise 144

    5.3.4. Alter und Geschlecht 144

5.4. Adressierte Zielgruppe 145

6. Pretest   **147**

6.1. Ergebnisse der Reliabilitätsanalyse 148

6.2. Überprüfung der Manipulation 150

6.3. Korrelationen zwischen Verhalten und Persönlichkeit 153

6.4. Korrekturen und Ergänzungen 155

7. Ergebnisse der Studie   **159**

7.1. Zusammensetzung der Stichprobe 161

7.2. Überprüfung von Reliabilität und Validität 162

    7.2.1. Ergebnisse der explorativen Faktorenanalyse 163

    7.2.2. Ergebnisse der konfirmatorischen Faktorenanalyse 165

    7.2.3. Güteprüfung der formativen Konstrukte 173

7.3. Überprüfung der Manipulation 176

7.4. Analyse und Interpretation des Verhaltens 177

    7.4.1. Analyse der Befragungsdaten 178

7.4.2. Analyse der Simulationsdaten 180

7.4.3. Korrelationsanalyse der Befragungs- und Simulationsdaten 184

7.4.4. Interpretation der Verhaltensunterschiede 187

7.5. Analyse und Interpretation der Persönlichkeitseinflüsse 190

7.5.1. Auswahl des Analyseverfahrens 191

7.5.2. Überprüfung der Eignung der Daten 192

7.5.3. Ergebnisse der PLS-SEM Analyse 193

7.5.4. Interpretation der Einflüsse der Persönlichkeit 201

8. Zusammenfassung, Limitationen und Ausblick   **213**

8.1. Zusammenfassung der Einflüsse auf effektuatives und kausales Verhalten . . . 215

8.2. Implikationen für die Theorie 220

8.3. Implikationen für die Praxis 222

8.4. Limitationen 225

8.5. Ausblick auf die weitere Effectuation-Forschung 227

8.5.1. Persönlichkeitsprofile und spezifische Persönlichkeitseigenschaften . . 227

8.5.2. Intentionen, Haltung und Affektivität 229

8.5.3. Verschiedene Stufen der Umgebungsunsicherheit 230

8.5.4. Weiterentwicklung von FSim 231

A. Entwicklung und Evaluation von FSim   **233**

A.1. Berechnung des Produkt-Fits 233

A.2. Konzeption der Nachfrage-Funktionen und Modifikation der Nachfrage 236

A.3. Produktions-/Vertriebsroutine 239

A.4. Datenmodell 240

A.5. Protokolle zur Evaluation von FSim 241

A.6. Berechnung der Metriken 246

B. Beschreibungen der Szenario-Parameter   **249**

C. Ergänzende Statistiken   **251**

Abbildungsverzeichnis

1.1. Verortung wissenschaftstheoretischer Positionen (vgl. Töpfer (2012)) 14

2.1. Causation-Prozess (aus Fisher (2012)) 22
2.2. Effectuation-Prozess (vgl. Wiltbank et al. (2006) und Sarasvathy et al. (2014)) . 27

3.1. Strukturmodell zum Einfluss der Persönlichkeit auf effektuatives Verhalten in einer schwach unsicheren Umgebung 66
3.2. Strukturmodell zum Einfluss der Persönlichkeit auf ein kausales Verhalten in einer stark unsicheren Umgebung 67

4.1. Architekturskizze von FSim (aus Eberz et al. (2015)) 73
4.2. Domänenmodell von FSim (in Anlehnung an Eberz et al. (2015)) 75
4.3. Handlungskategorisierung der Nutzeraktionen (UML-Klassendiagramm, in Anlehnung an Eberz et al. (2015)) 77
4.4. Nutzungsablauf von FSim 107
4.5. FSim Hauptoberfläche 108

5.1. Verlauf der Produktion und Nachfrage für ein Beispielprodukt 119

7.1. PLS-Strukturgleichungsmodell zum gesamteffektuativen Verhalten 174
7.2. PLS-Strukturgleichungsmodell zur Gesamtumgebungsunsicherheit 175
7.3. Strukturmodell zum Einfluss der Persönlichkeit auf das kausale Verhalten . . . 202
7.4. Strukturmodell zum Einfluss der Persönlichkeit auf effektuatives Verhalten . . . 204

A.1. Programmablaufplan zur Produktions-/Vertriebsroutine in FSim 239
A.2. *Entity-Relationship*-Modell von FSim 240

C.1. *Scree*-Plot zur explorativen Faktorenanalyse der Handlungen-Facette 251
C.2. *Scree*-Plot zur explorativen Faktorenanalyse der Aktivität-Facette 252
C.3. *Scree*-Plot zur explorativen Faktorenanalyse der Ängstlichkeit-Facette 252
C.4. *Scree*-Plot zur explorativen Faktorenanalyse der Besonnenheit-Facette 253
C.5. *Scree*-Plot zur explorativen Faktorenanalyse der Geselligkeit-Facette 253
C.6. *Scree*-Plot zur explorativen Faktorenanalyse der Ordnung-Facette 254

C.7. *Scree*-Plot zur explorativen Faktorenanalyse des Causation-Konstrukts 254

Tabellenverzeichnis

1.1. Effectation-Literatur mit Persönlichkeitsbezug 11

2.1. Effectuation- und Causation-Prinzipien (nach Dew et al. (2009a)) 24
2.2. Effektuative Betrachtung von Mitteln (nach Sarasvathy (2001)) 25

3.1. Literaturüberblick zu Gruppenunterschieden und Effekten spezifischer Persönlichkeitsmerkmale im Entrepreneurship 44
3.2. Literaturüberblick zu Gruppenunterschieden und Effekten der *Big Five* Persönlichkeitseigenschaften im Entrepreneurship 52

4.1. Design Science Research Guidelines (aus Hevner et al. (2004, S. 83)) 71
4.2. Funktionale Anforderungen an FSim aus der Kategorie „Allgemein" 79
4.3. Funktionale Anforderungen an FSim aus der Kategorie „Mittel und Ziele" . . . 82
4.4. Funktionale Anforderungen an FSim aus der Kategorie „Akteure" 84
4.5. Funktionale Anforderungen an FSim aus der Kategorie „Aktionen" 85
4.6. Funktionale Anforderungen an FSim aus der Kategorie „Nutzer" 89
4.7. Funktionale Anforderungen an FSim aus der Kategorie „Interaktionen" 92
4.8. Funktionale Anforderungen an FSim aus dem Causation-Konstrukt 96
4.9. Funktionale Anforderungen an FSim aus dem Effectuation-Konstrukt 98
4.10. Nicht-funktionale Anforderungen an FSim 104

5.1. Szenario-Parameter zur Simulation einer stark bzw. schwach unsicheren Umgebung 113
5.2. Kooperationsangebote in beiden Szenarien 122
5.3. Operationalisierung der Umgebungsunsicherheit 124
5.4. Gruppenstatistiken zur Evaluation der Szenario-Parameter 126
5.5. Ergebnisse des *Mann-Whitney*-U-Tests zur Evaluation der Szenario-Parameter . 126
5.6. Operationalisierung der effektuativen und kausalen Verhalten 128
5.7. Metriken zur Bestimmung effektuativer und kausaler Verhalten 131
5.8. Operationalisierung der *Big Five* Persönlichkeitseigenschaften 138
5.9. Operationalisierung der Risikofreudigkeit 141
5.10. Operationalisierung der Benutzbarkeit 142

6.1. Pretest: Ergebnisse der Reliabilitätsanalyse 148

6.2. Pretest: Gruppenstatistiken zur wahrgenommenen Umgebungsunsicherheit . . . 151

6.3. Pretest: Ergebnisse des *Mann-Whitney*-U-Tests zur wahrgenommenen Umge-
      bungsunsicherheit 151

6.4. Pretest: Korrelationsmatrix (Auszug) zum Verhalten und zur Persönlichkeit . . 154

7.1. Deskriptive Statistiken zur Haupterhebung 161

7.2. Ergebnisse der explorativen Faktorenanalyse 163

7.3. Eigenwerte und Varianzanteile der extrahierten Komponenten aus der explora-
      tiven Faktorenanalyse 164

7.4. Ergebnisse der Reliabilitätsanalyse auf Indikator-Ebene 167

7.5. Ergebnisse der Reliabilitätsanalyse auf Faktor-Ebene 171

7.6. Gruppenstatistiken zur wahrgenommenen Umgebungsunsicherheit 176

7.7. Ergebnisse des *Mann-Whitney*-U-Tests zur wahrgenommenen Umgebungsunsi-
      cherheit 177

7.8. Ergebnisse des *Wilcoxon*-Tests zu Abweichungen vom Durchschnittsverhalten . 178

7.9. Ergebnisse des *Mann-Whitney*-U-Tests zu den Verhaltensunterschieden (Befra-
      gungsdaten) 179

7.10. Ergebnisse des *Mann-Whitney*-U-Tests zu den Verhaltensunterschieden (Simu-
      lationsdaten) 181

7.11. *Spearman*-Korrelationen zwischen den Befragungs- und Simulationsdaten . . . 184

7.12. Zusammenfassung der Verhaltensunterschiede aus der Befragung und Simulation 187

7.13. Ergebnisse der PLS-SEM Analyse für ein effektuativ-experimentelles Verhalten 194

7.14. Ergebnisse der PLS-SEM Analyse für ein effektuativ-verlustakzeptables Verhalten 195

7.15. Ergebnisse der PLS-SEM Analyse für ein effektuativ-flexibles Verhalten 196

7.16. Ergebnisse der PLS-SEM Analyse für ein effektuativ-kooperatives Verhalten . . 197

7.17. Ergebnisse der PLS-SEM Analyse für ein gesamteffektuatives Verhalten 199

7.18. Ergebnisse der PLS-SEM Analyse für ein kausales Verhalten 200

8.1. Zusammenfassung der Ergebnisse der Hypothesenüberprüfung 217

C.1. Statistiken zum *Fornell-Larcker*-Kriterium (Verhalten und Persönlichkeit) . . . 255

C.2. Statistiken zum *Fornell-Larcker*-Kriterium (Umgebungsunsicherheit) 256

C.3. HTMT-Matrix (Verhalten und Persönlichkeit) 257

C.4. HTMT-Matrix (Umgebungsunsicherheit) 258

1. Zur Bedeutung unternehmerischen Verhaltens

Erfolgreiche Unternehmen repräsentieren den Motor einer positiven wirtschaftlichen Entwicklung. Das Schaffen von Arbeitsplätzen, finanzielle Rückflüsse an den Staat in Form von Steuern und die Befriedigung von (Kunden)Bedürfnissen durch unternehmerisches Handeln sind nur einige Argumente, die die Bedeutsamkeit erfolgreicher Unternehmen untermauern. Nicht von minderer Bedeutung ist daher auch die Betrachtung der „Vorstufe" etablierter Unternehmen: die Unternehmensgründung. Trotz der vielfältigen und positiven Aspekte, die Gründenden im Rahmen ihres Gründungsvorhabens zuteil werden können (z.B. die Erfüllung des Bedürfnisses nach Selbstverwirklichung), ist ein stetiger Rückgang von Existenzgründungen über die Jahre, statistisch zuletzt erhoben von 2012 bis 2016, zu verzeichnen.[1]

Ein möglicher Grund für diesen Rückgang könnte eine zunehmende Sorge der Gründer um das Scheitern ihres Gründungsvorhabens bei gleichzeitig attraktiven Angeboten auf dem Arbeitsmarkt sein. Diese Sorge ist nicht unberechtigt, da viele der unternehmerischen Aktivitäten und zu treffenden Entscheidungen von zentraler Bedeutung für den Gründungserfolg (Carter et al., 1996), zugleich aber mit großer Unsicherheit behaftet sind (Alvarez & Barney, 2005). In solch stark unsicheren Entscheidungssituationen gestaltet sich die Findung der optimalen Handlungsalternative aufgrund des mangelnden Wissens um die mit den Alternativen verbundenen Ursache-Wirkungs-Beziehungen schwierig (Derbyshire & Wright, 2014). Als Beispiel für solche Entscheidungsprobleme kann die Preisgestaltung eines innovativen Produktes, für das noch kein Markt existiert, angeführt werden (Sarasvathy, 2001). Auch die Beurteilung der Erfolgsträchtigkeit von Geschäftsmodellen ist mit besonderen Herausforderungen verbunden, wenn Märkte noch nicht existieren und sich Marktprognosen somit als ineffizient erweisen (Andries et al., 2013). Die Frage nach der technischen Umsetzbarkeit kann ebenso ein Unsicherheitsfaktor im Rahmen eines Gründungsvorhabens darstellen (Andries et al., 2013).

Der Erfolg (radikal-)innovativer Unternehmensgründungen (z.B. von *Gilette* und *Amazon*) spricht allerdings dafür, dass Gründer selbst in solch schwierigen Situationen die richtigen Entschei-

---

[1] Vgl. Statistik „Anzahl der Existenzgründungen insgesamt in Deutschland 2012 bis 2016" des Instituts für Mittelstandforschung (IfM) Bonn, http://www.ifm-bonn.org/statistiken/gruendungen-und-unternehmensschliessungen/, letzter Abruf: 28.04.2017

dungen treffen und somit unternehmerisch erfolgreich sein können (Sharma & Salvato, 2011; Sarasvathy, 2003). Aufgrund der Bedeutsamkeit des Gründungserfolgs stellt sich daher insbesondere bei innovativen Gründungsvorhaben die verhaltensbezogene Frage, auf welchem Wege Unternehmensgründer zu ihren Entscheidungen gelangen. Eine wissenschaftliche Betrachtung dieser Fragestellung und eine einführende Vorstellung von (theoretischen) Ansätzen, die das Denken und Verhalten von Gründern zu erklären versuchen (Meyer et al., 2014), werden im Folgenden vorgenommen.

1.1. Wissenschaftliche Relevanz der Thematik

Bei *Entrepreneurship* handelt es sich um ein interdisziplinäres (Shane, 2003) und komplexes (Gartner, 1985) Forschungsgebiet, das sich mit Unternehmensgründungen im Allgemeinen und dem Verhalten von Gründern (*Entrepreneuren*), im Sinne von „[...] activities of individuals who are associated with creating new organizations [...]", im Besonderen befasst (Gartner & Carter, 2003, S. 195). Die Komplexität und Interdisziplinarität des Forschungsgebietes zeigt sich bereits darin, dass obgleich Unternehmensgründungen als zentrales Element aufgefasst werden, der Literatur keine einheitliche Betrachtungsweise bzw. Definition von Entrepreneurship zu entnehmen ist (Shaver & Scott, 1991). Dieser Mangel eines einheitlichen Verständnisses wird auf die verschiedenen Foki der Entrepreneurship-Forschung zurückgeführt (Fallgatter, 2013). Ausgehend von einer ursprünglichen Fokussierung auf die Persönlichkeit des Gründers, stand anschließend das Gründungsverhalten im Mittelpunkt der Entrepreneurship-Forschung, gefolgt von einer Fokussierung auf die Gründungsumgebung (Shaver & Scott, 1991). Im Sinne dieses perspektivischen Wandels lässt sich Entrepreneurship beispielsweise aus der (meta-)kognitiven (Haynie & Shepherd, 2009), demographischen, aber auch theoretischen und finanziellen Perspektive betrachten (Meyer et al., 2014).[2] Entsprechend dieser Vielschichtigkeit hat die Entrepreneurship-Forschung verschiedene Ansätze hervorgebracht, die die Entstehung von Unternehmen zu erklären versuchen (Sarasvathy, 2003). Die Entrepreneurship-Forschung differenziert hier insbesondere zwischen einem traditionellen, kausalen Ansatz und eher moderneren Ansätzen, wie *Lean Startup* (Ries, 2011), *Entrepreneurial Bricolage* (Baker & Nelson, 2005) und *Effectuation* (Sarasvathy, 2001).

Nach dem traditionellen Ansatz, von Sarasvathy (2001) als *Causation* bezeichnet, zeichnen sich Entrepreneure durch ein planerisches (Harms & Schiele, 2012) und zielgerichtetes (Chandler et al., 2011) Vorgehen aus. Nach Sarasvathy (2001, S. 245) ist dieses kausale Vorgehen dadurch

---

[2]Meyer et al. (2014, S. 481f) haben konform zu dieser interdisziplinären Betrachtung fünf Cluster identifiziert, in die sich wissenschaftliche Publikationen zu Entrepreneurship einordnen lassen: *cognitive aspects*, *demographic and personality determinants*, *theoretical perspectives*, *entrepreneurial and innovation finance* und *eclectic approaches*.

gekennzeichnet, dass „causation processes take a particular effect as given and focus on selecting between means to create that effects". Unternehmerische Ziele bilden dementsprechend die Ausgangs- bzw. Grundlage, auf der Entrepreneure die für die Erreichung der Ziele notwendigen Mittel beschaffen. Darüber hinaus orientieren sie sich bei ihren Entscheidungsfindungsprozessen an auf Vorhersage basierenden Methoden (Sarasvathy, 2003). Geschäftspläne repräsentieren hierbei typische Artefakte, die bei einer solch kausalen Vorgehensweise erzeugt werden (Liao & Gartner, 2006).[3]

Modernere Ansätze beschreiben Unternehmensgründungen aus einer alternativen Perspektive. Der Gründungsumgebung wird hier ein eher dynamischer und unsicherer Charakter zugemessen, sodass ein planerisches Vorgehen und auf Vorhersage basierende Methoden nur einen geringen Nutzen stiften würden (Sarasvathy, 2001). Entrepreneure wenden daher im Rahmen ihrer Entscheidungsfindung beispielsweise kognitive Heuristiken[4] an, um so der genannten Dynamik und Unsicherheit zu begegnen (Shaver & Scott, 1991).

Die Gründungsforschung hat sich jedoch nicht nur auf einfache, kognitive Verhaltensmuster vom Gründern beschränkt, sondern die Entwicklung theoretisch fundierter Ansätze vorangetrieben. Bei *Effectuation*, begründet von Saras D. Sarasvathy in Sarasvathy (2001) und angelehnt an die Arbeit des Sozialwissenschaftlers Herbert A. Simon (Simon, 1996), handelt es sich um eine populäre, kognitionsbasierte „theory of entrepreneurial expertise" (Sarasvathy, 2003, S. 205). Diese Expertise kann als „[...] skills that can be acquired with time and practice [...]" verstanden (Sharma & Salvato, 2011, S. 1201) und im Deutschen gemeinhin als Gründungserfahrung tituliert werden. Die Effectuation-Theorie besagt, dass erfahrene Entrepreneure in mit Unsicherheit behafteten Entscheidungssituationen einer sich vom traditionellen Ansatz unterscheidenden Entscheidungslogik folgen: der Effectuation-Logik (Arend et al., 2015). Eine solch effektuative Vorgehensweise erfahrener Entrepreneure zeichnet sich dadurch aus, dass diese die ihnen zur Verfügung stehenden Mittel fokussieren und sich zwischen den durch die Mittel ermöglichten Handlungsoptionen entscheiden (Sarasvathy, 2001). Die mit einem Gründungsvorhaben verbundenen Ziele werden dementsprechend nicht *a priori* und als fix spezifiziert, sondern ausgehend von den den Entrepreneuren zur Verfügung stehenden Mitteln iterativ (weiter)entwickelt und beispielsweise in Form von radikal-innovativen Produkten verwirklicht (Evers et al., 2012; Sharma & Salvato, 2011; Sarasvathy & Dew, 2005). Durch diese Mittelfokussierung wird der Unsicherheit, die mit Unternehmensgründungen einhergeht, entgegengewirkt, sodass keine Notwendigkeit besteht, Vorhersagen über die Zukunft zur (vermeintlichen)

---

[3]Gartner & Carter (2003, S. 196) differenzieren zwischen *Verhalten*, *Prozess* und *Ergebnis* wie folgt: „[...] entrepreneurial behavior is an individual level phenomenon, which occurs over time (is a process), and results in an organization as the primary outcome of these activities". Nach diesem Verständnis besitzt das Gründungsverhalten (z.B. kausales Verhalten) einen prozessualen Charakter, der sich wiederum in verschiedenen, spezifischen Vorgehensweisen manifestieren kann (Sarasvathy, 2001).

[4]Shaver & Scott (1991) führen hier exemplarisch *availability*, *representativeness* und *anchoring* als kognitive Heuristiken auf.

Reduktion von Unsicherheit treffen zu müssen: „To the extent we can control the future, we do not need to predict it" (Sarasvathy, 2001, S. 252). Zusammengefasst ist ein Vorgehen nach dem Effectuation-Ansatz mehr gestalterisch und mittelorientiert, denn planerisch und zielorientiert geprägt (Sarasvathy, 2003).

Trotz dieser eher ungeplanten Vorgehensweise ist die Anwendung von Effectuation nicht mit einem irrationalen Vorgehen gleichzusetzen, sondern als eine alternative, situativ anwendbare Entscheidungslogik zu betrachten (Kalinic et al., 2014). Aufgrund dieser situativen Anwendbarkeit erscheint es unzureichend, Unternehmensgründungen pauschal als eindeutig effektuativ oder kausal zu klassifizieren. So ist beispielsweise in den frühen Gründungsphasen ob der ausgeprägten Unsicherheit ein eher effektuatives Vorgehen von Vorteil; in den späteren Phasen eignet sich aufgrund der tendenziell geringeren Unsicherheit bzw. besseren Planbarkeit ein eher kausales Vorgehen (Andries et al., 2013; Perry et al., 2012). Letztendlich ist es jedoch insbesondere der Gründer selbst, der den Verlauf der Unternehmensgründung, auch in Abhängigkeit von seiner Wahrnehmung der Umgebung (Child, 1972), maßgeblich beeinflusst.

In Sinne dieser Gründerfokussierung hat Sarasvathy im Rahmen der Entwicklung ihrer Theorie festgestellt, dass insbesondere erfahrene Entrepreneure dem Effectuation-Ansatz folgen (Gustafsson, 2006; Sarasvathy, 2008). Die Anwendung von Effectuation muss hierbei nicht bewusst geschehen. Nach Kalinic et al. (2014, S. 11) könnten Entrepreneure auch unbewusst effektuativ respektive kausal vorgehen: „[...] the results suggest that entrepreneurs are not fully aware of the logic they are using and unconsciously switch between causal and effectual logic". Bei dieser unbewussten Anwendung von Effectuation und Causation könnten die Persönlichkeitseigenschaften der handelnden Personen eine wichtige Rolle spielen. Sarasvathy (2008, S. 48) konstatiert hierzu konform: „There may be a traits aspect – i.e. some people may have a natural preference for effectuation irrespective of the domain in which they are acting". Eine inhärente Neigung zur Anwendung von Effectuation und Causation aufgrund charakterlicher Merkmale ist demnach nicht auszuschließen. Unterstützt wird diese Aussage von Sarasvathy et al. (2014, S. 73) dahingehend, dass „[...] causal and effectual logic are integral parts of human reasoning [...]". Eine solche Verankerung der effektuativen und kausalen Logik im menschlichen Denken bedeutet, dass sich die Anwendung von Effectuation nicht auf erfahrene Entrepreneure beschränken muss und auch weitere Personengruppen der Effectuation-Logik folgen könnten: „Are expert entrepreneurs the only group of human beings who use effectual logic? My guess here is no" (Sarasvathy, 2008, S. 48). Aufgrund dieses vermutet breiten Anwenderspektrums wird eine starre Unterteilung von Menschen in Entrepreneure und Nicht-Entrepreneure auf der Basis von Effectuation als unpassend betrachtet:

> „[...] the claim that effectuation divides the world into entrepreneurs and nonentrepreneurs is perplexing and unwarranted." (Sarasvathy & Dew, 2008, S. 732)

Um hier ein ganzheitliches Bild im Sinne von (1) effektuativ handelnden Personen, (2) möglichen Einflüssen der Persönlichkeit und (3) der Umgebung auf effektuatives Verhalten aus der wissenschaftlichen Perspektive zu erhalten, wurde eine Literaturanalyse zur Bestimmung des aktuellen Stands der Forschung und zur Skizzierung möglicher Forschungsfragen durchgeführt.

1.2. Stand der Forschung

Bei der durchgeführten Literaturrecherche wurde sich an der von Wolfswinkel et al. (2013) vorgeschlagenen Vorgehensweise orientiert. Dieser Vorgehensweise folgend, sind in einem ersten Schritt die folgenden Rahmenbedingungen festzulegen (Wolfswinkel et al., 2013, S. 3):

1. Definition von Kriterien für die Aufnahme bzw. den Ausschluss von Artikeln

2. Identifikation der relevanten Forschungsgebiete

3. Bestimmung geeigneter Quellen

4. Festlegung konkreter Suchbegriffe

Zur Gewinnung einer hochqualitativen Literaturbasis wurden jene Artikel fokussiert, die in A+-, A- oder B-bewerteten Zeitschriften (gemäß VHB-Jourqual Ranking 2.1, 2011) veröffentlicht wurden (Rahmenbedingung 1). Aufgrund der Interdisziplinarität von Entrepreneurship und der insbesonderen Berücksichtigung der Persönlichkeit im Effectuation-Kontext wurde auf eine thematische Eingrenzung der Zeitschriften verzichtet (Rahmenbedingung 2). Als Literaturquellen dienten die Datenbanken von *Google Scholar* und *Web of Science* (Rahmenbedingung 3). Zur Ermittlung relevanter Literatur wurden nur jene Artikel berücksichtigt, die den Suchbegriff *effectuation* enthielten (Rahmenbedingung 4).

Die nächsten Schritte stellen die eigentliche Suche und die Selektion der relevanten Literatur dar (Wolfswinkel et al., 2013). Die durchgeführte Suche führte zu einer anfänglichen Literaturbasis von 437 Artikeln. Im Rahmen des hierauf folgenden Selektionsprozesses sind in einem ersten Schritt Dubletten aus der Ergebnisliste zu eliminieren (Wolfswinkel et al., 2013). Hierdurch reduzierte sich die Anzahl auf 410 Artikel. Eine stichprobenartige Sichtung der Artikelzusammenfassungen zeigte, dass die Literaturbasis auch Artikel ohne thematischen Bezug zu Effectuation enthielt. Zur Lösung dieses Problems schlagen Wolfswinkel et al. (2013) eine thematische Eingrenzung der Artikel auf Basis ihrer Titel und Zusammenfassungen vor. Dieser Vorschlag wurde dahingehend umgesetzt, dass ausschließlich jene Artikel beibehalten wurden, die den Begriff *effectua**[5] im Sinne der Effectuation-Theorie in der Zusammenfassung oder im Titel verwendeten, oder ihn in den Schlüsselwörtern aufführten. Durch diese Eingrenzung reduzierte sich der Umfang der Literaturbasis auf 33 Artikel.

---

[5]Verwendung von * als Platzhalter, um Begriffsabwandlungen wie beispielsweise „effectual" zu berücksichtigen.

Zur Verbesserung der Qualität der Literaturbasis und zur Gewinnung weiterer Literatur schlagen Wolfswinkel et al. (2013) die anschließende Durchführung einer Vorwärts- und Rückwärtssuche auf Basis der bereits ermittelten Artikel vor. Diese Suche und die anschließende Selektion relevanter Artikel ist so lange zu wiederholen, bis keine neuen Artikel der Literatursammlung hinzugefügt werden (Wolfswinkel et al., 2013). Um insbesondere Literatur hinzuzugewinnen, die die Persönlichkeit von Entscheidern betrachtet, wurde die Literaturbasis um jene Artikel ergänzt, die zusätzlich die Begriffe *personality* oder *trait(s)* im Titel, in der Artikelzusammenfassung oder in den Schlüsselwörtern verwendeten. Um trotz dieser Fokussierung auf die Persönlichkeit ein breites Literaturspektrum zu erhalten, wurden bei der Vorwärts-/Rückwärtssuche alle im VHB-Ranking aufgeführten Zeitschriften berücksichtigt (die Limitierung auf A+-, A- oder B-kategorisierte Zeitschriften entfällt). Die Vorwärts-/Rückwärtssuche wurde unter Verwendung der *Web of Science*-Plattform durchgeführt.

Im Ergebnis konnte die Literaturbasis in einer ersten Iteration um einen Artikel, in der zweiten Iteration um keine weiteren Artikel ergänzt werden, sodass die finale Literaturbasis 34 Artikel umfasst. Diese tendenziell geringe Anzahl an Artikeln lässt sich dadurch begründen, dass es sich bei Effectuation um ein noch relativ junges Forschungsgebiet handelt, das von Perry et al. (2012, S. 857) als „transitioning to an intermediate state" eingestuft wird. In diesem Entwicklungsstand werden Verbindungen zu bereits etablierten Konstrukten überlegt und in künftigen Forschungsvorhaben insbesondere quantitativ überprüft (Perry et al., 2012). Dementsprechend zeichnet sich zum aktuellen Zeitpunkt auch ein insbesonderer Mangel an empirischen Studien in der Effectuation-Literatur ab (Perry et al., 2012; Arend et al., 2015).

Die ermittelten Artikel wurden hinsichtlich effektuativ handelnder Personen, der Rolle der Persönlichkeit und der Relevanz der Umgebung für effektuatives Verhalten analysiert. Die Ergebnisse der Analyse sind im Folgenden zusammengefasst.

Effektuativ handelnde Personen

Das Resultat der Literaturanalyse zeigt, dass Studien zu Effectuation und Causation nicht ausschließlich erfahrene Entrepreneure fokussierten, sondern insbesondere unerfahrene Entrepreneure als Vergleichsgruppe heranzogen. Unter dem Begriff der unerfahrenen Entrepreneure werden nicht nur jene Entrepreneure bzw. Gründer subsumiert, die ihr erstes Gründungsvorhaben realisieren oder realisiert haben (*novice entrepreneurs*), sondern im weiteren Sinne auch jene Personen verstanden, die (noch) nicht gegründet haben (*non-entrepreneurs*) und somit als potentielle Gründer angesehen werden können (Haynie & Shepherd, 2009).

Unter der Verwendung von *Think-Aloud*-Protokollen verglichen Dew et al. (2009a) und Gustafsson (2006) die kognitiven Prozesse erfahrener Entrepreneure mit jenen von Studenten als unerfahrene Entrepreneure. In beiden Studien wurde festgestellt, dass erfahrene Entrepreneure eher effektuativen, Studenten als unerfahrene Entrepreneure eher kausalen Denkmustern folgen. Baron (2009) kritisiert jedoch die Aussagekraft des von Dew et al. (2009a) vorgenommenen Vergleichs dahingehend, dass sich erfahrene Entrepreneure nicht nur in ihrer Gründungsexpertise, sondern auch in weiteren Eigenschaften von Studenten unterscheiden. Ein unterstellt kausaler Einfluss der Gründungsexpertise sei daher mit Vorsicht zu betrachten.

In Ergänzung zu diesem Vergleich identifizierte Gustafsson (2006) grundlegend effektuative Denkmuster auch bei unerfahrenen Entrepreneuren. Darüber hinaus wurden Unterschiede im effektuativen und kausalen Denken innerhalb der Gruppe der unerfahrenen Entrepreneure festgestellt (Gustafsson, 2006). Auch Read et al. (2009a) betrachteten Effectuation und Causation aus der kognitiven Perspektive und verglichen die kognitiven Prozesse erfahrener Entrepreneure mit jenen von Managern im Kontext des Marketings. Im Ergebnis konnte eine mangelnde Gründungsexpertise mit einer vermehrten Orientierung an auf Vorhersage basierende Methoden im Marketing-Kontext in Verbindung gebracht werden (Read et al., 2009a).

Hinsichtlich effektuativ handelnder Personen lässt sich in der zusammengetragenen Literatur, der Effectuation-Theorie entsprechend, insbesondere eine Fokussierung auf erfahrene Entrepreneure erkennen. Jene Studien, die auch unerfahrene Entrepreneure berücksichtigten, vergleichen beide Gruppen hinsichtlich ihrer kognitiven Prozesse aus den Perspektiven von Effectuation und Causation (Dew et al., 2009a; Read et al., 2009a; Gustafsson, 2006). Im Ergebnis wird ein vermehrt effektuatives Denken eher bei erfahrenen Entrepreneuren und ein vermehrt kausales Denken eher bei unerfahrenen Entrepreneuren verortet. Studien, die das effektuative und kausale Handeln und Verhalten von unerfahrenen Entrepreneuren betrachtet haben, sind jedoch rar. In diesem Sinne fokussierten Dutta et al. (2015) in ihrer Studie zwar Studenten als unerfahrene Entrepreneure, nicht jedoch deren effektuatives und kausales Verhalten. Da Costa & Brettel (2011) betrachteten in ihrer Studie das effektuative und kausale Verhalten von Mitarbeitenden in innovativen Unternehmen, die jedoch in ihrer Rolle als Angestellte eher als *Intrapreneure*[6] denn unerfahrene Entrepreneure im originären Sinne zu betrachten sind.

Einfluss der Persönlichkeit

Ihre Rolle und mögliche Einflüsse der Persönlichkeit werden in der Entrepreneurship-Literatur kontrovers diskutiert. Ein häufig angeführter Kritikpunkt ist die geringe Erklärungskraft von Persönlichkeitsmerkmalen, insbesondere resultierend aus einer isolierten Betrachtung der Persönlichkeit (Shane, 2003; Gartner, 1985). Eine Differenzierung beispielsweise zwischen Entrepreneuren und Nicht-Entrepreneuren ausschließlich auf Grundlage ihrer Persönlichkeitsmerkmale und ohne Berücksichtigung weiterer Faktoren wird daher als unzureichend betrachtet

---

[6]Camelo-Ordaz et al. (2012, S. 514) beschreiben einen Intrapreneur als „[...] an entrepreneur acting within an existing organization [...]".

(Gartner, 1985). Zudem führten keine oder nur schwach signifikante Zusammenhänge zwischen Persönlichkeitseigenschaften und unternehmerischen Verhalten schließlich dazu, dass der Erforschung der Persönlichkeit im Entrepreneurship-Kontext nur noch eine geringe Bedeutung zugemessen wurde (Aldrich, 1999).

Zhao & Seibert (2006) haben in ihrer Metastudie jedoch signifikante Unterschiede zwischen Entrepreneuren und Managern auf Basis ihrer Persönlichkeit festgestellt. Im Konkreten unterscheiden sich Entrepreneure von Managern in ihren Ausprägungen in den Persönlichkeitseigenschaften Neurotizismus, Gewissenhaftigkeit, Offenheit für Erfahrungen und Verträglichkeit (Zhao & Seibert, 2006).[7] Darüber hinaus haben Nicolaou et al. (2008) und Zhang et al. (2009) eine genetische Prädisposition für unternehmerische Verhalten und Rauch & Frese (2007b) signifikante Zusammenhänge zwischen unternehmerischem Verhalten und der Persönlichkeit festgestellt. Die ablehnende Haltung gegenüber möglichen Einflüssen der Persönlichkeit kritisieren Rauch & Frese (2007b, S. 369) dahingehend, dass „all of these conclusions were based on narrative reviews". Narrative Literaturüberblicke besitzen nach Rauch & Frese (2007b, S. 355f) nicht das Potential, „[...] small but important relationships [...]" zwischen der Persönlichkeit und unternehmerischem Verhalten aufdecken zu können.

Eine Betrachtung der Persönlichkeit im Kontext von Effectuation wurde bislang nur marginal vorgenommen, sich zeigend in einem entsprechenden Mangel an Studien. In Bean (2010) wurden Zusammenhänge zwischen den Persönlichkeitsfaktoren der Offenheit und Gewissenhaftigkeit und effektuativem bzw. kausalem Verhalten bei südafrikanischen Entrepreneuren untersucht. Im Ergebnis konnten insbesondere positive Zusammenhänge zwischen den Faktoren der Gewissenhaftigkeit und kausalem Verhalten, sowie Offenheit und effektuativen Verhaltensfacetten nachgewiesen werden. Da Costa & Brettel (2011) fokussierten in ihrer Studie Einflüsse der Persönlichkeit auf das Verhalten von Mitarbeitenden in innovativen Unternehmen. Im Ergebnis wurde ein positiver Einfluss der Proaktivität auf ein effektuatives Verhalten, der Beharrlichkeit und inneren Kontrollüberzeugung auf ein kausales Verhalten festgestellt. Andere Persönlichkeitsstudien verwendeten Effectuation lediglich als theoretisches Rahmenwerk und betrachteten Einflüsse der Persönlichkeit beispielsweise auf ein übermäßiges Vertrauen (Goel & Karri, 2006) oder Gründungsabsichten (Dutta et al., 2015).

Die Kontroverse hinsichtlich der Bedeutsamkeit der Persönlichkeit zeigt sich nicht nur im Entrepreneurship im Allgemeinen, sondern auch in der Effectuation-Literatur im Speziellen (und könnte damit ebenso als Grund für die geringe Anzahl an Publikationen angeführt werden), beispielsweise in einem wissenschaftlichen Diskurs zwischen den Autoren Sarasvathy & Dew

---

[7]Diese Eigenschaften bilden mit Extraversion die *Big Five* Persönlichkeitseigenschaften. Extravertierte Menschen gelten als *gesprächig, energiegeladen* und *durchsetzungsfähig*, neurotizistische Menschen als *ängstlich, instabil* und *launisch*, gewissenhafte Menschen als *organisiert, verantwortungsbewusst* und *vorsichtig*, offene Menschen als *kreativ* und *intellektuell* und verträgliche Menschen als *mitfühlend, freundlich* und *herzlich* (Gerrig et al., 2015, S. 509).

sowie Goel & Karri. Sarasvathy & Dew (2008, S. 732) schließen einen möglichen Zusammenhang zwischen Effectuation und bestimmten Persönlichkeitseigenschaften nicht prinzipiell aus, betrachten diesen aber als „neither necessary nor sufficient". In ihrer Begründung berufen sich die Autoren auf unveröffentlichte Daten, in denen keine bzw. nur sehr schwache Korrelationen zwischen Effectuation und Persönlichkeitseigenschaften gefunden wurden. Karri & Goel (2008, S. 744) kritisieren in ihrer Antwort, dass „S&D's [Sarasvathy & Dew] implication that the cognitive structures that include decision-making and problem-solving methods (such as effectuation) are independent of any beliefs and attitudes (psychological characteristics) is rather perplexing." Einflüsse der Persönlichkeit im Kontext von Effectuation könnten demnach existieren (Bean, 2010), vielmehr wird auch hier vor einer isolierten Betrachtungsweise gewarnt: „[...] a focus on innate psychological traits to the exclusion of everything else is limiting to the advancement of theory building in entrepreneurship" (Karri & Goel, 2008, S. 746).

Einfluss der Umgebung

Shaver & Scott (1991, S. 25) definieren das Verhalten nach *Lewin* als „[...] a function of both person and environment [...]". Dieser Sichtweise folgend sind für das Verhalten nicht nur die handelnden Personen und ihre Eigenschaften (z.B. ihre Persönlichkeit), sondern auch die Handlungsumgebung von Relevanz (Caprara & Cervone, 2000).

Zu jenen Charakteristika der Umgebung, in der insbesondere innovative Unternehmen gegründet werden, zählen eine ausgeprägte Unsicherheit (Sarasvathy et al., 2014), eine hohe Dynamik (Delgado-Garcia et al., 2012), geringe Strukturen (Delgado-Garcia et al., 2012) und nur begrenzt zur Verfügung stehende Mittel (Rauch & Frese, 2007b). Einflüsse der Umgebung wurden beispielsweise dahingehend festgestellt, dass eine ausgeprägte Umgebungsdynamik zu vermehrtem, unternehmerischem Verhalten (Sine & David, 2003) und einer gesteigerten, unternehmerischen Performance (Eisenhardt & Schoonhoven, 1990; Schoonhoven et al., 1990) führt. Für die Erklärung von Handeln und Verhalten ist insbesondere die subjektive Wahrnehmung der Umgebung von entscheidender Bedeutung, die maßgeblich von der Erfahrung und den damit einhergehend entwickelten, kognitiven Schemata beeinflusst wird (Fletcher et al., 2011; Edelman & Yli-Renko, 2010). Erfahrene Entrepreneure greifen beispielsweise auf analytische Verfahren (u.a. zur Informationsgewinnung) zurück, wenn sie ihre Umgebung als stabil wahrnehmen und die Zukunft als in einem gewissen Rahmen vorhersagbar betrachten (Fisher, 2012). Auch für ein effektuatives Verhalten ist die Wahrnehmung der Umgebung dahingehend von Relevanz, dass erfahrene Entrepreneure bevorzugt effektuativ in einer stark unsicheren Umgebung vorgehen (Sarasvathy, 2008). Diese Anpassung an die Umgebung spiegelt sich in den kognitiven Prozessen erfahrener und, wenngleich schwächer ausgeprägt, unerfahrener Entrepreneure wider (Gustafsson, 2006).

Neben der Umgebungsunsicherheit wurden weitere Kontexte und Charakteristika der Umgebung im Spannungsfeld von Effectuation und Causation betrachtet, z.b. der Internationalisie-
rungskontext (Harms & Schiele, 2012), die Forschungs- & Entwicklungsperspektive (Brettel
et al., 2012) und die Produktneuentwicklung (Coviello & Joseph, 2012). In diesem Sinne haben
Harms & Schiele (2012) festgestellt, dass erfahrene Entrepreneure ihre Internationalisierungsbemühungen am Effectuation-Ansatz ausrichten und keiner determinierten Markteintrittsstrategie folgen, während kausal geprägte Internationalisierungsbemühungen mit einer Export-ori-
entierten Strategie in Verbindung gebracht werden. Brettel et al. (2012) entwickelten und validierten eine Skala zur Messung von Effectuation und Causation im Forschungs- & Entwick-
lungskontext. Unter Verwendung dieser Skala ermittelten die Autoren Zusammenhänge zwischen Dimensionen von Effecutation und der Forschungs- und Entwicklungsleistung. Coviello
& Joseph (2012) fokussierten in ihrer Studie die Produktneuentwicklung und konstatieren das
Erfordernis effektuativer Fähigkeiten für die erfolgreiche Entwicklung neuer Produkte und radikaler Innovationen in einer unsicheren Umgebung.

Die ermittelten Studien mit Umgebungs- und Gründungsbezug fokussierten insbesondere die
kognitiven Prozesse erfahrener Entrepreneure. Studien zu Einflüssen der Umgebung auf ein
effektuatives und kausales Verhalten bei unerfahrenen Entrepreneuren sind nicht bekannt.

1.3. Problemstellung und Forschungsfragen

In Übereinstimmung mit der Effectuation-Theorie lassen die bisherigen, wissenschaftlichen Erkenntnisse darauf schließen, dass sich unerfahrene Entrepreneure eher an der kausalen, erfahrene Entrepreneure hingegen eher an der Effectuation-Logik orientieren (Gustafsson, 2006; Sarasvathy, 2008). Es sind jedoch keine Studien bekannt, die gezielt das Verhalten von ausschließlich unerfahrenen Entrepreneuren betrachtet haben. Wie bereits erläutert, wird die Anwendung
von Effectuation durch weitere Personengruppen als jene Gruppe der erfahrenen Entrepreneure
jedoch nicht ausgeschlossen (Sarasvathy, 2008), sodass sich auch bei unerfahrenen Entrepreneuren sowohl effektuative (z.B. Verlust-begrenzende Verhalten (Dew et al., 2009b)) als auch
kausale Verhaltensweisen zeigen könnten. Read & Sarasvathy (2005, S. 22) teilen diese Ansicht
und formulieren: „[...] we might find more variation in the behavior of novices, ranging across
the entire spectrum of causal and effectual action".

Für ein ganzheitliches Verständnis von effektuativem und kausalem Verhalten von unerfahrenen
Entrepreneuren ist der Handlungskontext zu berücksichtigen (Shaver & Scott, 1991). In diesem
Sinne kann die Umgebung bzw. die Wahrnehmung der Umgebung für ein effektuatives respektive kausales Verhalten von Relevanz sein. Perry et al. (2012, S. 856) stimmen dieser Auffassung
zu: „Because the use of effectual and causal logics is a choice that an individual may make dependent on the amount of uncertainty that he or she perceives, we suggest that researchers [...]

should attempt to measure uncertainty and control for it". Aufgrund des festgestellten Mangels an Studien zu effektuativem und kausalem Verhalten von unerfahrenen Entrepreneuren unter Berücksichtigung der Umgebungsunsicherheit wird die folgende Forschungsfrage formuliert.

Forschungsfrage 1: Inwieweit zeigen unerfahrene Entrepreneure effektuatives und kausales Verhalten in Abhängigkeit von der Umgebungsunsicherheit?

Ausgehend von dieser ersten Forschungsfrage ist zu überlegen, welche Faktoren effektuatives respektive kausales Verhalten von unerfahrenen Entrepreneuren begünstigen oder hemmen könnten. Als Treiber bzw. Hemmnisse können, wie bereits festgestellt, Persönlichkeitseigenschaften in Frage kommen (Sherman & Fazio, 1983). Erste Einflüsse von Persönlichkeitseigenschaften wurden bereits von Bean (2010) bei erfahrenen Entrepreneuren nachgewiesen. Auch unerfahrene Entrepreneure könnten aufgrund ihrer Persönlichkeit eine inhärente Neigung zur Anwendung von Effectuation oder Causation haben. Diese Vermutung einer „[...] possible existence of individual variation in a pre-existing propensity for causal or effectual thought and action" wird von der Literatur unterstützt (Read & Sarasvathy, 2005, S. 22). Ausgehend von dem eigenschaftstheoretischen Verständnis der Persönlichkeit als Ausprägung dieser „pre-existing propensity" stellt sich die Frage, wie sich der Einfluss der Persönlichkeit auf ein effektuatives respektive kausales Vorgehen bzw. Verhalten, auch unter Berücksichtigung der Umgebungsunsicherheit, gestaltet (Gerrig et al., 2015).

Die Entrepreneurship- bzw. Effectuation-Literatur trägt, entsprechend des Entwicklungsstandes der Effectuation-Forschung (Perry et al., 2012), zur Klärung dieser Frage nur in geringem Maße bei (Welter et al., 2016). Dieser Mangel an Literatur spiegelt sich in dem folgenden Überblick wider, der jene wenigen Effectuation-Studien aus dem Unternehmens- bzw. Gründungskontext mit Persönlichkeitsbezug zusammenfasst.

Tabelle 1.1.: Effectation-Literatur mit Persönlichkeitsbezug

Studie	Gruppe	Einflussfaktoren	Kontext
Kognitive Persönlichkeitsperspektive			
Gustafsson (2006)	Erfahrene und unerfahrene Entrepreneure	Erfahrung; Umgebungsunsicherheit	Unternehmerische Entscheidungen
Dew et al. (2009a)	Erfahrene und unerfahrene Entrepreneure	Erfahrung	Unternehmerische Entscheidungen
Read et al. (2009a)	Erfahrene und unerfahrene Entrepreneure	Erfahrung	Marketing

Tabelle 1.1.: Effectation-Literatur mit Persönlichkeitsbezug *(Fortsetzung)*

Studie	Gruppe	Einflussfaktoren	Kontext
Eigenschaftstheoretische Persönlichkeitsperspektive			
Bean (2010)	Erfahrene Entrepreneure	*Big Five* Persönlichkeitsfaktoren, Umgebungsunsicherheit	Unternehmerische Entscheidungen
Goel & Karri (2006)	Entrepreneure	Nonkonformismus, Selbstwirksamkeit, Leistungsmotivation, Innovativität	Übermäßiges Vertrauen
Da Costa & Brettel (2011)	Unerfahrene Entrepreneure	Proaktivität, Beharrlichkeit, innere Kontrollüberzeugung	Unternehmerisches Verhalten
Dutta et al. (2015)	Unerfahrene Entrepreneure	Innovativität	Gründungsabsichten

Die ermittelte Literatur unterscheidet sich insbesondere hinsichtlich der eingenommenen, persönlichkeitstheoretischen Perspektive. Die kognitive Persönlichkeitsperspektive betrachtet die Umgebung als wesentliche Persönlichkeits- und Verhaltensdeterminante (Gerrig et al., 2015). Persönlichkeits- und Verhaltensunterschiede werden hier auf unterschiedliche Interaktionen mit der Umgebung und Lernerfahrungen zurückgeführt (Gerrig et al., 2015). In diesem Sinne fokussieren Gustafsson (2006) und Dew et al. (2009a) die Gründungserfahrung von Entrepreneuren im Kontext unternehmerischer Entscheidungen und führen die festgestellten, unterschiedlich effektuativ- und kausal-kognitiven Prozesse von erfahrenen und unerfahrenen Entrepreneuren auf unterschiedliche Erfahrungsniveaus zurück. Read et al. (2009a) verglichen diese kognitiven Prozesse analog aus der Marketing-Perspektive.

Die eigenschaftstheoretische Perspektive hingegen beschreibt die Persönlichkeit durch dispositionale Faktoren, die für das Verhalten als ursächlich betrachtet werden (Gerrig et al., 2015). Eine mögliche Prädisposition unerfahrener Entrepreneure für effektuatives und kausales Verhalten ist folglich in dieser Perspektive zu verorten (Read & Sarasvathy, 2005).

Nach dem bisherigen Stand der Literatur versuchten eigenschaftstheoretische Persönlichkeitsstudien insbesondere zwischen Entrepreneuren und Nicht-Entrepreneuren auf Basis ihrer Persönlichkeit zu differenzieren (Zhao & Seibert, 2006) und Zusammenhänge zwischen der Persönlichkeit und unternehmerischen Verhalten zu ermitteln (Rauch & Frese, 2007b), betrachteten dabei jedoch nicht effektuatives oder kausales Verhalten im Speziellen. Auch Studien aus der Effectuation-Literatur verwendeten Effectuation lediglich als theoretisches Rahmenwerk (Dutta et al., 2015) oder fokussierten dem Effectuation-Ansatz entlehnte Konstrukte (Goel & Karri, 2006). Da Costa & Brettel (2011) betrachteten zwar sowohl die Persönlichkeitseigenschaften als auch das effektuative und kausale Verhalten von unerfahrenen Entrepreneuren, berücksichtigten jedoch nicht die Umgebungsunsicherheit. Bean (2010) betrachtete die Persönlichkeit, das Verhalten und die Umgebung gleichermaßen, fokussierte jedoch nur wenige Persönlichkeitsfaktoren von Entrepreneuren, die bereits Gründungserfahrungen vorwiesen.

Zusammengefasst zeichnet sich ein Mangel an Studien zur dispositionalen Persönlichkeit von unerfahrenen Entrepreneuren als Einflussfaktor auf ein effektuatives respektive kausales Verhalten unter Berücksichtigung der Umgebungsunsicherheit ab. Dieser Mangel wird, als weitere Forschungslücke, mit folgender Forschungsfrage adressiert.

Forschungsfrage 2: Welchen Einfluss hat die Persönlichkeit unerfahrener Entrepreneure auf ihr effektuatives und kausales Verhalten in Abhängigkeit von der Umgebungsunsicherheit?

1.4. Wissenschaftstheoretische Verortung

Nicht nur die Erkenntnisse und Beiträge selbst, die mit dieser Arbeit im Zuge einer anstrebten Beantwortung der genannten Forschungsfragen geleistet werden sollen, sondern auch der Weg zur Erlangung dieser Erkenntnisse ist im Rahmen einer wissenschaftlichen Vorgehensweise von Bedeutung. In diesem Sinne existieren verschiedene, wissenschaftstheoretische Positionen, die den wissenschaftlichen Erkenntnisgewinn aus ihrer jeweils eigenen Perspektive betrachten. Die Wissenschaftstheorie nimmt sich in ihrer Betrachtung der Wissenschaft aus einer Meta-Perspektive diesen Perspektiven bzw. Positionen an, und differenziert sie anhand ihrer Auffassung von Realität (*Ontologie*) und ihrer erkenntnistheoretischen Betrachtungsweise (*Epistemologie*). Auf diese beiden Betrachtungsdimensionen der Ontologie und Epistemologie wird, basierend auf den Ausführung von Töpfer (2012), in den folgenden Erläuterungen eingegangen.

Hinsichtlich der Ontologie unterscheidet die Wissenschaftstheorie zwischen einer subjektiven und einer objektiven Perspektive. Die subjektive Perspektive führt das Verständnis von Realität auf die menschliche Wahrnehmung zurück, d.h. Realität ist das, was Menschen aufgrund ihrer Wahrnehmung mit diesem Begriff verbinden. Die Realität wird hier nicht nur rein perzeptiv betrachtet, sondern auch konstruktivistisch im Sinne eines von Menschen in ihrer Vorstellung konstruierten Gebildes (*Idealismus*). Die objektive Perspektive lässt ebenfalls eine Rückführung der Realität auf die subjektive Wahrnehmung zu, betrachtet die Realität in ihrer Gesamtheit aber als umfassender und nur in Teilen subjektiv wahrnehmbar (*Realismus*).

Die Epistemologie, die sich mit der Frage nach der prinzipiellen Art und Weise der Erkenntniserlangung beschäftigt, differenziert ebenfalls zwischen einer subjektiven und einer objektiven Perspektive. Der *Empirismus* beschreibt einen induktiven und passiven Erkenntnisgewinn auf der Grundlage von subjektiv geprägten Erfahrungen, Beobachtungen und Wahrnehmungen (Hjørland, 2005). Der objektiv geprägte *Rationalismus* hingegen geht von der Notwendigkeit aus, diese Erfahrungen für einen Erkenntnisgewinn mit Hilfe von „[...] Erwartungen und Theorien [...]" proaktiv verarbeiten zu müssen (Töpfer, 2012, S. 111). Die abgrenzende Objektivität des Rationalismus zeigt sich darin, dass der Erkenntnisgewinn nicht auf subjektiv geprägten, menschlichen Erfahrungen und der Sinneswahrnehmung, sondern auf dem Verstand und der Vernunft des Menschen beruht (Hjørland, 2005).

Entlang dieser dichotomen Ausprägungen von Ontologie und Epistemologie lassen sich die in Abbildung 1.1 dargestellten, wissenschaftstheoretischen Positionen des kontingenztheoretischen bzw. situativen Ansatzes, des kritischen Rationalismus und des wissenschaftlichen Realismus verorten.

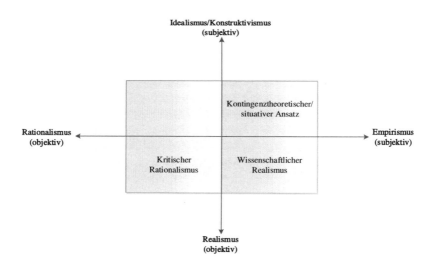

Abbildung 1.1.: Verortung wissenschaftstheoretischer Positionen (vgl. Töpfer (2012))

Der *Kontingenztheoretische Ansatz/Situative Ansatz* ist ontologisch im Idealismus und erkenntnistheoretisch im Empirismus zu verorten. Erkenntnisse werden nach diesem Ansatz durch das Aufstellen von Hypothesen auf Grundlage von Beobachtungen in der Natur gewonnen. Diese Hypothesen sind jedoch nicht mit einem universellen Bezug versehen, sondern situativ geprägt bzw. auf einen spezifischen Kontext bezogen (Töpfer, 2012).

Der *Kritische Rationalismus* ist ontologisch dem Realismus und erkenntnistheoretisch dem Rationalismus zuzuordnen. Zentrales Element dieser Position sind theoretisch fundierte Hypothesen (Deduktion) im Form von Ursache-Wirkungs-Beziehungen, die falsifiziert werden können (Töpfer, 2012). Durch diese Falsifikation wird versucht, Erkenntnisse durch den Ausschluss von Unwahrem zu gewinnen und sich so den realen Gegebenheiten anzunähern. Ein Erkenntnisgewinn, der aus der Perspektive des Empirismus auf Beobachtungen und Erfahrungen unter Einbezug der Sinne beruht, und der hierauf aufbauende Neoempirismus/Neopositivismus, der eine positivistische Hypothesenbetrachtung im Sinne des Induktionsprinzips erlaubt, werden vom Kritischen Rationalismus abgelehnt (Hjørland, 2005).

Die Position des *Wissenschaftlichen Realismus* ist ontologisch dem Realismus und erkenntnistheoretisch dem Empirismus zuzuordnen. Er teilt sich mit dem Kritischen Rationalismus die Grundannahmen des Realismus, hebt sich jedoch positivistisch durch die zusätzliche Akzeptanz von sich bestätigenden Hypothesen/Theorien vom Kritischen Rationalismus ab (Perry et al., 2012; Töpfer, 2012). Damit betrachtet dieser Ansatz nicht nur die Möglichkeit der Falsifikation von Hypothesen im Sinne des Deduktionsprinzips, sondern auch die Möglichkeit deren Verifikation im Sinne des Induktionsprinzips (Töpfer, 2012).[8]

Obgleich die Bestimmung der Persönlichkeit, des Verhaltens und der Umgebungsunsicherheit in der vorliegenden Arbeit auf den Selbsteinschätzungen und Wahrnehmungen der unerfahrenen Entrepreneure beruhen soll und damit ontologisch die Sichtweise des Idealismus referenziert, wird eine wahrnehmungsunabhängige Existenz der Realität nicht ausgeschlossen. Bei den der Arbeit zugrunde liegenden Theorien zeigen sich zweierlei Sichtweisen. Der Bezug zum Idealismus bzw. Konstruktivismus zeigt sich im Effectuation-Ansatz, da dieser eine aktive Gestaltung der Realität durch die Gründer beschreibt und dem Gründungsprozess eine schöpferische Bedeutung zumisst (Wood & McKinley, 2010; Sarasvathy, 2003). Der kausale Ansatz hingegen weist Züge des Realismus auf, sich widerspiegelnd im Grundverständnis von unternehmerischen Gelegenheiten, die nach diesem Ansatz als von der Wahrnehmung durch Entrepreneure unabhängig existierende Phänomene betrachtet werden (Martin & Wilson, 2016; Alvarez & Barney, 2007). Aufgrund dieses Bezugs des kausalen Ansatzes zum Realismus und des nicht erhobenen Anspruchs einer vollständigen Erfass- und Gestaltbarkeit der Realität durch den Effectuation-Ansatz, wird die vorliegende Arbeit ontologisch im Realismus verortet.

Aus erkenntnistheoretischer Sicht wird in der vorliegenden Arbeit das Ziel verfolgt, „[...] durch innovative Hypothesen als Ursache-Wirkungs-Beziehungen [unter Einbezug von Wissen aus Nachbardisziplinen] zu neuen Erkenntnissen und Erklärungsmustern zu gelangen" (Töpfer, 2012, S. 64). Die aufzustellenden Hypothesen fokussieren dabei insbesondere den Einfluss der

---

[8]Bei der Verifikation der Hypothesen wird jedoch kein Anspruch auf den Nachweis ihrer absoluten Gültigkeit erhoben; vielmehr wird mit zunehmender Wahrscheinlichkeit von einer ebenso zunehmenden Gültigkeit der Hypothesen ausgegangen.

Persönlichkeit auf das Verhalten von unerfahrenen Entrepreneuren, und sind damit in der Psychologie bzw. in den Verhaltenswissenschaften als „[...] a dominant form of empiricism/positivism [...]" zu verorten (Hjørland, 2005, S. 140). Der empirische Charakter der vorliegenden Arbeit manifestiert sich zudem in dem Anspruch, hinsichtlich des Erkenntnisgewinns von wenigen unerfahrenen Entrepreneuren (Stichprobengröße) auf deren Gesamtpopulation schließen zu können (Hjørland, 2005). Entsprechend dieser Verortung im Empirismus und Realismus nimmt die vorliegende Arbeit die Position des wissenschaftlichen Realismus ein.

Für eine adäquate, wissenschaftstheoretische Verortung ist jedoch nicht nur der Prozess der Erkenntnisgewinnung, sondern auch der diesem Erkenntnisgewinnungsprozess zugrunde liegende Forschungsprozess von Relevanz. Dieser Forschungsprozess wird von Töpfer (2012, S. 49f) durch die geordneten wissenschaftlichen Perspektiven des (1) *Entdeckungszusammenhangs* (Eingrenzung der Forschungsthematik und Formulierung von Forschungsfragen), (2) des *Begründungszusammenhangs* (theoretisch fundierte Ableitung von Hypothesen und Überprüfung dieser auf ihre Gültigkeit) und (3) des *Verwertungszusammenhangs* (Transfer der gewonnenen Erkenntnisse in die Praxis durch die Entwicklung geeigneter Maßnahmen und Lösungen) beschrieben. Der Erkenntniszugewinn selbst äußert sich analog zu genannten Perspektiven bzw. Phasen in (ad 1) der Formulierung deskriptiver Ziele durch die Bildung von Begriffen, Klassifikationen und Beschreibungen, (ad 2) theoretischen Zielen durch Erklärungen und Prognosen und (ad 3) pragmatischen Zielen durch praktische Gestaltungen auf Basis der gewonnenen Erkenntnisse (Töpfer, 2012, S. 52). An diesen Phasen und Zielen wird sich in der vorliegenden Arbeit inhaltlich und in ihrem Aufbau orientiert.

Obgleich die Theorie nach diesem Forschungsprozess die Grund- bzw. Ausgangslage für die Aufstellung von Hypothesen bildet, ist ein Erkenntnisgewinn auf Basis realweltlicher Phänomene ebenso möglich. In diesem Sinne zeichnen sich hier aus methodologischer Perspektive zwei entgegengesetzte Vorgehensweisen ab (Töpfer, 2012). Ein *deduktives* Vorgehen ist durch das Aufstellen theoretisch abgeleiteter Hypothesen und ihrer anschließenden Überprüfung gekennzeichnet. Ein *induktives* Vorgehen hingegen ist durch die Beobachtung von Phänomenen gekennzeichnet, die als Grundlage für die Aufstellung von Gesetzesmäßigkeiten und Theorien dienen. Die Deduktion beschreibt folglich ein Theorien-prüfendes, die Induktion hingegen ein Theorien-generierendes Vorgehen.[9]

Die vorliegende Arbeit bemüht aus methodologischer Sicht insbesondere das Induktionsprinzip. Ein induktives Vorgehen zeichnet sich dadurch aus, dass aus der positivistischen Perspektive Erkenntnisse aus neuartigen Ursache-Wirkungs-Beziehungen erlangt werden sollen, die zudem einen Querbezug zu Nachbardisziplinen aufweisen. In der vorliegenden Arbeit spiegelt sich

---

[9]Töpfer (2012) verweisen hier auf das *Kübel-* und *Scheinwerfermodell* von *Popper*. Das Kübelmodell symbolisiert ein „Sammeln" realweltlicher Beobachtungen und Phänomene; das Scheinwerfermodell die Verwendung von Theorien als „Scheinwerfer" zur Beleuchtung realweltlicher Phänomene.

dieses induktive Vorgehen grundlegend in der Betrachtung von effektuativem und kausalem Verhalten von unerfahrenen Entrepreneuren wider. Der Querbezug zu Nachbardisziplinen wird durch den Einbezug von etabliertem Wissen aus der Psychologie hergestellt (Simon, 1959), sodass die aufgestellten Hypothesen zum Einfluss der Persönlichkeit keinen „ad-hoc"-Charakter aufweisen, sondern als wissenschaftlich fundiert zu betrachten sind.

1.5 Aufbau der Arbeit

Rückblickend wurde in diesem Kapitel eine Einführung in die Entrepreneurship-Disziplin gegeben und literaturbasiert der aktuelle Stand der Effectuation- und Causation-Forschung zu effektuativ und kausal handelnden Personen, einschließlich ihrer Persönlichkeit und unter Berücksichtigung der Umgebung, ermittelt. Auf Basis des ermittelten Forschungsstandes wurden Forschungslücken identifiziert und entsprechende Forschungsfragen formuliert. Zuletzt wurde eine wissenschaftstheoretische Verortung der Arbeit vorgenommen.

Im nun folgenden *Kapitel 2* soll ein genaues und differenziertes Verständnis von Causation und Effectuation vermittelt werden. Hierzu wird zunächst der Causation-Ansatz als traditioneller, klassischer Ansatz aus dem Entrepreneurship vorgestellt und aus der Prozessperspektive betrachtet. Hieran schließt sich eine konzeptionelle und prozessperspektivische Betrachtung des Effectuation-Ansatzes sowie dessen Abgrenzung vom Causation-Ansatz an. Von besonderer Bedeutung für das anvisierte Forschungsziel sind die anschließend erläuterten, effektuativen und kausalen Verhaltensweisen, sowie die Charakteristika effektuativer Entscheidungssituationen. Mit der Beschreibung von Auswirkungen effektuativer bzw. kausaler Vorgehensweisen wird das erlangte Verständnis von beiden Ansätzen abgerundet.

Kapitel 3 beginnt mit einer einführenden Betrachtung der Umgebung und Persönlichkeit als Verhaltensdeterminanten. Unter Verwendung des Ansatzes der Situationsstärke werden effektuative und kausale Verhaltensunterschiede, die aus einer unterschiedlich stark ausgeprägten Umgebungsunsicherheit resultieren, postuliert. Die hierauf folgende Betrachtung einer möglichen Einflussnahme der Persönlichkeit erfordert einer Vorabfokussierung auf jene Persönlichkeitseigenschaften, die für ein effektuatives und kausales Verhalten relevant sein könnten. Daher werden zunächst für die Entrepreneurship-Disziplin relevante, spezifische und breite Persönlichkeitseigenschaften literaturbasiert ermittelt und jene Eigenschaften selektiert, die effektuatives und kausales Verhalten beeinflussen könnten. Basierend auf den eingangs postulierten Verhaltensunterschieden werden diese vermuteten Einflüsse der Persönlichkeit in einer stark respektive schwach unsicheren Umgebung verortet, als Hypothesen formuliert, und in einem empirisch zu überprüfenden Strukturmodell abgebildet.

In *Kapitel 4* wird die prototypische Entwicklung einer Szenario-basierten, interaktiven Simulation ('FSim') unter Verwendung des *Design Science*-Ansatzes beschrieben, die effektuatives und kausales Verhalten von unerfahrenen Entrepreneuren in einer virtuellen Umgebung zulässt und erfassbar macht. Ausgehend von einer ersten Vision der zu entwickelnden Simulation wird zunächst ein Domänenmodell erstellt, das relevante Konzepte des Effectuation- und Causation-Ansatzes und deren Beziehungen aus der softwaretechnischen Perspektive abbildet. Funktionale und nicht-funktionale Anforderungen, die sich an die zu entwickelnde Simulation richten, werden aus Fallstudien und Messkonstrukten aus der Literatur abgeleitet und prototypisch realisiert. Im Rahmen einer sich hieran anschließenden Evaluation wird überprüft, ob der entwickelte Prototyp effektuatives und kausales Verhalten gleichermaßen zulässt.

Kapitel 5 fokussiert insbesondere das Forschungsdesign und die Methodik der Arbeit. Das Forschungsdesign entspricht einem Experimentaldesign, in dessen Rahmen die Umgebungsunsicherheit dichotom manipuliert wird. Hierzu werden zwei Szenarien entwickelt und validiert, die FSim zufällig auf eine stark respektive schwach unsichere Umgebung hin parametrisieren. Im Anschluss werden die zur Operationalisierung der wahrgenommenen Umgebungsunsicherheit, der effektuativen und kausalen Verhaltensfacetten und der Persönlichkeitseigenschaften verwendeten Konstrukte aus der Literatur vorgestellt. Neben der anvisierten Befragung der Nutzer zu ihren Ausprägungen in diesen Konstrukten werden Metriken entworfen, die das Nutzerverhalten zusätzlich aus einer objektiven Perspektive erfassen und quantifizieren (Triangulation). Darüber hinaus werden relevante Kontrollvariablen identifiziert, die ein effektuatives und kauales Verhalten ebenfalls beeinflussen könnten. Abschließend wird die anvisierte Zielgruppe, die als Proxy für die unerfahrenen Entrepreneure dient, definiert.

Kapitel 6 behandelt einen Pretest, der zur Gewinnung erster Ergebnisse und Identifikation möglicher Probleme im Rahmen der Datenerhebung durchgeführt wurde. Nach einer ersten Sichtung und Evaluation der erzielten Ergebnisse werden die für die Haupterhebung vorzunehmenden Korrekturen und Ergänzungen beschrieben.

Kapitel 7 beginnt einführend mit einer Skizzierung des Ablaufs der Haupterhebung und den durchgeführten Datenaufbereitungsmaßnahmen. Eine erste, deskriptive Analyse der erhobenen Daten soll Aufschluss über die Zusammensetzung der Stichprobe geben. Durch die hierauf folgenden Überprüfungen von Reliabilität und Validität wird die Güte der durchgeführten Messungen bestimmt. Auch eine Überprüfung der Wirksamkeit der dichotom manipulierten Umgebungsunsicherheit ist für die Bestimmung von Verhaltensunterschieden und einer differenzierten Betrachtung der Persönlichkeitseinflüsse von essentieller Bedeutung. Die sich an den Manipulationscheck anschließenden Analysen teilen sich in die Analyse und Interpretation des Verhaltens (Forschungsfrage 1) und die Analyse und Interpretation der Einflüsse der Persönlichkeit (Forschungsfrage 2) auf. Im Rahmen der Verhaltensanalyse werden sowohl die Verhaltensdaten aus der Befragung, als auch jene aufgezeichneten Daten aus der Simulation betrachtet, hinsichtlich ihrer Konvergenz miteinander verglichen, und Verhaltensunterschiede resultierend aus einer unterschiedlich stark unsicheren Umgebung ermittelt und interpretiert. Für die Analyse der Persönlichkeitseinflüsse wird zunächst ein geeignetes Analyseverfahren erarbeitet, die Eignung der Daten für dieses Verfahren überprüft, und eine Bewertung der aufgestellten Hypothesen hinsichtlich ihrer Annahme oder Ablehnung vorgenommen. Gründe für nicht nachgewiesene Einflüsse der Persönlichkeit werden überlegt und die Rolle der Persönlichkeit im Kontext von Effectuation und Causation abschließend diskutiert.

In *Kapitel 8* werden die eingangs formulierten Forschungsfragen nochmals aufgegriffen und die gewonnen Erkenntnisse hinsichtlich des effektuativen und kausalen Verhaltens unerfahrener Entrepreneure unter Berücksichtigung der Umgebung und Persönlichkeit zusammengefasst. In Ergänzung hierzu werden Einflüsse der Benutzbarkeit von FSim, des Alters und des Geschlechts auf das Verhalten interpretiert und diskutiert. Hieran schließen sich Implikationen der gewonnenen Erkenntnisse für die Theorie und Praxis an. Darüber hinaus werden Limitationen aufgezeigt, denen die vorliegende Arbeit – wie jede wissenschaftliche Arbeit – unterworfen ist. Abschließend werden Möglichkeiten für Forschungsvorhaben eruiert, die an die vorliegende Arbeit und ihre Ergebnisse anknüpfen.

2. Causation & Effectuation: Klassik und Moderne im Entrepreneurship

Die Entrepreneurship-Forschung hat verschiedene Ansätze hervorgebracht, die die Entstehung von Unternehmen zu erklären versuchen (Rauch & Frese, 2007b). Die Literatur differenziert hier insbesondere zwischen dem klassischen, kausalen Ansatz und vergleichsweise moderneren Ansätzen, wie beispielsweise *Bricolage*, *Lean Startup* und *Effectuation* (Fisher, 2012).

Aus der klassischen Perspektive, von Sarasvathy (2001) als *Causation* bezeichnet, lässt sich Entrepreneurship als „[...] the scholarly examination of how, by whom, and with what effects opportunities to create future goods and services are discovered, evaluated, and exploited" beschreiben (Shane & Venkataraman, 2000, S. 218). Obgleich keine einheitliche Definition von Entrepreneurship in Literatur existiert, ist die in dieser Definition beschriebene Entdeckung, Evaluation und Ausnutzung von unternehmerischen Gelegenheiten für das klassische Verständnis von Entrepreneurship zentral (Sarasvathy, 2014). Auch der Begriff der unternehmerischen Gelegenheit in der Literatur nicht einheitlich definiert (Sarasvathy, 2014), jedoch existieren Merkmale, die ihn aus der klassischen, kausalen Perspektive charakterisieren und somit greifbar machen.

Der kausale Ansatz geht von einer Existenz und Entdeckung von unternehmerischen Gelegenheiten[1] aus, die in Folge nicht ausschließlich, aber insbesondere im Rahmen von Unternehmensneugründungen realisiert werden. Diese unternehmerischen Gelegenheiten existieren hier nach der *Opportunity-Discovery*-Theorie als objektiv zu betrachtende Phänomene, unabhängig von ihrer Wahrnehmung durch Entrepreneure (Alvarez & Barney, 2007; Fisher, 2012). Harmeling (2011, S. 302) präzisiert diese Betrachtungsweise, indem sie eine unternehmerische Gelegenheit als eine „[...] freestanding entity, able to be studied and measured separate from the entrepreneur [...]" beschreibt. Diese Art von Gelegenheiten können sich beispielsweise aus technologischen, politischen oder sozialen Entwicklungen (Casson, 2005), aber auch aus bereits etablierten Märkten ergeben (Harmeling, 2011).

Die Realisierung bzw. Ausnutzung dieser Gelegenheiten erfolgt durch ihre Transformation in „[...] particular configurations that create and capture value [...]" (Andries et al., 2013, S. 289).

---

[1] *Kirzner'sche Opportunities* (Grichnik, 2006; Harmeling, 2011)

Die Fähigkeiten von Entrepreneuren, unternehmerische Gelegenheiten in Märkten zu entdecken, zu evaluieren und durch ihre Überführung in Geschäftsmodelle auszunutzen (Andries et al., 2013; Fisher, 2012), entscheiden daher maßgeblich über die Erlangung von Wettbewerbsvorteilen und somit den unternehmerischen Erfolg (Perry et al., 2012). Dieser kausale Prozess zur Ausnutzung unternehmerischer Gelegenheiten ist in Abbildung 2.1 dargestellt.

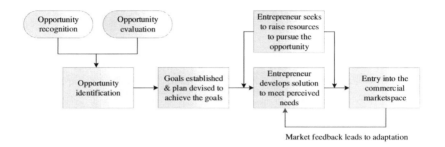

Abbildung 2.1.: Causation-Prozess (aus Fisher (2012))

Die Identifikation einer unternehmerischen Gelegenheit auf Grundlage ihrer vorherigen Entdeckung und positiven Evaluation, beispielsweise unter Zuhilfenahme von Markt- und Wettbewerbsanalysen, bildet die Ausgangslage des Causation-Prozesses. Von dieser identifizierten Gelegenheit ausgehend spezifizieren Entrepreneure an den Kundenbedürfnissen ausgerichtete Ziele und erstellen die für die Erreichung dieser Ziele notwendigen Pläne. Die für die Erreichung der Ziele benötigten Mittel werden nicht nur initial (typischerweise unter der Zuhilfenahme von Geschäftsplänen), sondern iterativ und in Abhängigkeit von den Bedürfnissen des Marktes beschafft. Ebendiese Marktbedürfnisse fungieren hier als Treiber für eine Anpassung der Unternehmung an die marktlichen Gegebenheiten.

Der klassische Ansatz, in dem dieser kausale Prozess verankert ist, geht von stabilen Umgebungsbedingungen, klaren Zielvorstellungen der Entrepreneure und einer gewissen Vorhersagbarkeit der Zukunft aus. Entrepreneure werden hier als rationale Entscheidungsträger betrachtet (*Rational-Choice*-Ansatz), die ihre Entscheidungen auf einer vollständigen und erfassbaren Informationsgrundlage treffen (Thompson, 2011). Dementsprechend können die mit den Entscheidungsalternativen verbundenen Kosten und Nutzen vollständig erfasst (Schwartz et al., 2002; Sarasvathy, 2003) und das Ziel einer optimalen Entscheidungsfindung verfolgt werden.

Die Realität zeigt jedoch, dass Entscheidungen eher nicht rational getroffen werden (Tversky & Kahneman, 1986). Diese mangelnde Rationalität der Entscheider ist jedoch nicht mit Irrationalität, einem Verhalten wider jeder Vernunft und Logik, gleichzusetzen (Bell et al., 1988).

Vielmehr sind Menschen aufgrund kognitiver Limitationen und einer unvollständigen Informationsgrundlage nicht im Stande, stets optimale Entscheidungen nach dem kausalen Ansatz zu treffen (Schwartz et al., 2002; Sarasvathy, 2003). Nach Simon (1996) orientieren sich Menschen aufgrund genannter Limitationen (*bounded rationality*) daher an einer zufriedenstellenden (*Satisficing*), nicht notwendigerweise optimalen Lösung (*Maximizing*). Folglich zeichnet sich eine Divergenz zwischen einem normativ optimalen Entscheidungsverhalten (*Wie sollte entschieden werden?* – ausgehend von rationalen Modellen bzw. Entscheidungsträgern) und dem deskriptiven Entscheidungsverhalten (*Wie wird tatsächlich entschieden?* – beeinflusst durch die Anwendung von Heuristiken in unsicheren Entscheidungssituationen) ab (Tversky & Kahneman, 1986; Bell et al., 1988; March, 1978). Diese Divergenz zeigt sich auch im Kontext von Unternehmensgründungen dahingehend, dass diese in der Realität in einem eher dynamischen und unsicheren denn statischen Umfeld stattfinden. In einer solche unsicheren Umgebung ist die Formulierung klarer Ziele und eine zuverlässige Abschätzung zukünftiger Ereignisse, wie sie der kausale Ansatz fordert, erschwert (Fisher, 2012).

Diese Erkenntnisse führten zu der Entwicklung modernerer Ansätze, die Unternehmen als offene Systeme in einer dynamischen und unsicheren Umgebung betrachten (Thompson, 2011) und die beschriebenen Limitationen, denen die Entscheidungsträger unterworfen sind, berücksichtigten (Fisher, 2012). Im Gegensatz zum klassischen Causation-Ansatz gehen diese modernen Ansätze nicht von einer Entdeckung, sondern nach der *Opportunity-Creation*-Theorie von einer Erschaffung und Gestaltung unternehmerischer Gelegenheiten[2] durch die Entrepreneure aus (Alvarez & Barney, 2007; Fisher, 2012). Diese aktive und gestalterische Betrachtungsweise spiegelt sich entsprechend in dem Verständnis von Entrepreneurship als „human behavior involved in finding and exploiting entrepreneurial opportunities through creating and developing new organizations" wider (Fisher, 2012, S. 1028). Dieser schöpferische und gestalterische Prozess ist insbesondere von der Vorstellungskraft, der Vision und der Kreativität, aber auch den kognitiven Limitationen der Entrepreneure geprägt (Harmeling, 2011).

Bei Effectuation handelt es sich um einen populären, theoretischen Ansatz, der diesem modernen Verständnis von Entrepreneurship folgt (Arend et al., 2015). Konzeptuelle und prozessuale Unterschiede zwischen Causation als klassischen und Effectuation als modernen Ansatz werden im folgenden Kapitel aufgezeigt.

2.1. Konzeptuelle und prozessuale Abgrenzung

Eine konzeptuelle Abgrenzung von Effectuation zu Causation wird durch die in Tabelle 2.1 gegenübergestellten Prinzipienausprägungen vorgenommen.

---

[2] *Schumpeter'sche Opportunities* (Grichnik, 2006)

Tabelle 2.1.: Effectuation- und Causation-Prinzipien (nach Dew et al. (2009a))

Aspekt	Causation	Effectuation
Zukunftsbetrachtung	Betrachtung der Zukunft als im gewissen Rahmen vorhersagbar.	Betrachtung der Zukunft als gestaltbar.
Handlungsgrundlage	Zielorientierung: Festlegung von Zielen und Beschaffung der für die Zielerreichung erforderlichen Mittel	Mittelorientierung: Ziele werden auf Basis zur Verfügung stehender Mittel festgelegt
Entscheidungsgrundlage	Erwartete Einnahmen: Selektion der gewinnmaximalen Alternative und Beschaffung der dafür erforderlichen Ressourcen	Akzeptabler Verlust: Selektion einer zufriedenstellenden Alternative mit akzeptablem Verlustrisiko
Einstellung gegenüber Anderen	Betrachtung anderer Marktteilnehmer als Konkurrenten	Betrachtung anderer Marktteilnehmer als potentielle Kooperationspartner
Einstellung gegenüber unvorhergesehenen Ereignissen	Vermeidung unvorhergesehener Ereignisse	Betrachtung unvorhergesehener Ereignisse als unternehmerische Gelegenheit

Der kausale Ansatz betrachtet die Zukunft als in einem gewissen Rahmen vorhersagbar und setzt dementsprechend auf auf Vorhersage basierende Methoden (Sarasvathy, 2001). In einem dynamischen Umfeld gestaltet sich eine Vorhersage der Zukunft allerdings schwierig, sodass diese Methoden in einer solchen Umgebung keinen Nutzen stiften. Nach dem Effectuation-Ansatz ist die Anwendung auf Vorhersage basierender Methoden jedoch nicht notwendig, wenn die Zukunft steuernd beeinflusst werden kann: „To the extent we can control the future, we do not need to predict it" (Sarasvathy, 2008, S. 17).

Bei jenen Ereignissen bzw. Umständen, die sich dieser Einflussnahme entziehen, kommen entsprechend adaptive Strategien (z.B. Improvisation) zur Anwendung (Sarasvathy, 2003). Diese effektuative, gestalterisch geprägte Zukunftsperspektive beschreibt daher nicht nur eine Möglichkeit des adäquaten Umgangs mit herrschender Unsicherheit und Dynamik, sondern kann auch durch den reduzierten Planungs- und Vorhersageaufwand Kostenvorteile bedeuten (Fisher, 2012; Sarasvathy, 2003).

Darüber hinaus unterscheiden sich Effectuation und Causation in ihrer Handlungsgrundlage im Sinne einer unterschiedlichen Auffassung von Mitteln und Zielen. Obgleich die Festlegung eines übergeordneten Zieles (z.B. die erfolgreiche Gründung eines Unternehmens) beiden Ansätzen gemein ist (Frese, 2009), werden nach dem kausalen Ansatz zunächst einzelne, fixe Ziele zur Operationalisierung des übergeordneten Ziels spezifiziert, und dann die zur Erreichung dieser Ziele notwendigen Mittel beschafft (Kalinic et al., 2014).

Nach dem Effectuation-Ansatz bilden die zur Verfügung stehenden Mittel anstatt der Ziele die Handlungsgrundlage. Sarasvathy (2001) unterscheidet bei diesen Mitteln insbesondere zwischen *who I am*, *what I know* und *whom I know*. Für ein besseres Verständnis des Mittelbegriffes und der Mittelunterscheidung zeigt Tabelle 2.2 die unterschiedlichen Auffassungen von Mitteln auf Mikro-, Meso- und Makroebene.

Tabelle 2.2.: Effektuative Betrachtung von Mitteln (nach Sarasvathy (2001))

	who I am	*what I know*	*whom I know*
Mikroebene (Individuum)	Charaktereigenschaften und Fähigkeiten	Wissen	Soziale Netze
Mesoebene (Organisation)	Physische Ressourcen	Humanressourcen	Ressourcen der Organisation
Makroebene (Wirtschaft)	Demographie	Branchenwissen	Gesellschaftspolitik

Auf Mikroebene beziehen sich die Mittel auf die Charaktereigenschaften und Fähigkeiten, das Wissen und das soziale Netz des Individuums (Sarasvathy, 2001). Beispielhaft können die Talente des Gründers, seine Gründungserfahrungen und geschäftlichen Kontakte als Ausprägungen dieser Mittel verstanden werden (Read et al., 2009b). Auf Mesoebene werden Mittel durch physische Ressourcen (z.B. verwendete Technologien und Sachmittel), Humanressourcen (Mitarbeiter einschließlich ihrer Erfahrung, sozialen Beziehungen und Kenntnissen) und Ressourcen der Organisation (z.B. Kooperationen mit anderen Unternehmen) beschrieben (Barney, 1991). Auf Makroebene fasst Sarasvathy (2001, S. 250) Mittel als „[...] demographics, current technology regimes, and sociopolitical institutions (such as property rights)" auf. Entsprechend dieser Differenzierung überlegen effektuativ handelnde Personen mögliche Ziele, die sie mit ihren Fähigkeiten, ihrem Wissen und ihrem sozialen Netz erreichen können (Perry et al., 2012). Auch Sachmittel könnten im Rahmen ihrer Einbringung in ein Gründungsvorhaben in diese Überlegungen mit einfließen. Die überlegten Ziele sind aus der Effectuation-Perspektive nicht als fix, sondern als veränderlich aufgrund sich ändernder Mittelsituationen im Rahmen eines dynamischen Entwicklungsprozesses zu betrachten (Sarasvathy, 2008). Aus dieser effektuativen Fokussierung auf die zur Verfügung stehenden Mittel können sich nach der Ressourcentheorie[3] Wettbewerbsvorteile ergeben (Fisher, 2012), die wiederum den Gründungs- bzw. unternehmerischen Erfolg steigern und die Marktposition stärken können.

Effectuation und Causation unterscheiden sich zudem in ihrer Betrachtung von Entscheidungssituationen. Entscheidungsträger, die dem im kausalen Ansatz verankerten Prinzip der erwarte-

---

[3]engl.: *Resource-based View*

ten Einnahmen folgen, selektieren im Rahmen ihrer Entscheidungsfindung jene Handlungsalternative, die den maximalen Ertrag liefert (Sarasvathy, 2003). Diese Vorgehensweise erweist sich jedoch in einer unsicheren Umgebung als problematisch, da hier eine adäquate Beurteilung der Alternativen über ihre Opportunitätskosten nicht möglich ist (Alvarez & Barney, 2007). Das Effectuation-Prinzip des akzeptablen Verlustes betrachtet solche Entscheidungsprobleme aus einer alternativen Perspektive. Menschen, die nach diesem Prinzip handeln, orientieren sich nicht an dem maximalen Ertrag, sondern an dem für sie akzeptablen Verlust, der aufgrund von Unsicherheit aus dem Entscheid für eine Alternative resultieren kann (Sarasvathy & Dew, 2005). Diese mit der Entscheidungssituation verbundene Unsicherheit wird durch die Loslösung der Entscheidung von exogenen Kriterien reduziert. Diese Loslösung äußert sich darin, dass die Höhe des akzeptablen Verlustes im Ermessen des Entrepreneurs liegt und als alleiniges Entscheidungskriterium fungiert (Kalinic et al., 2014).

Weiterhin ist die Einstellung gegenüber Anderen (z.B. Stakeholdern) von essentieller Bedeutung für den Gründungserfolg. Allerdings gestaltet sich die Identifikation relevanter Stakeholder-Gruppen insbesondere bei innovativen Unternehmensgründungen schwierig. Das Effectuation-Prinzip der Partnerschaften umgeht dieses Problem, indem keine Fokussierung auf nur bestimmte, wichtige Stakeholder-Gruppen erfolgt, sondern alle Stakeholder berücksichtigt werden, die einen Beitrag zur Unternehmung leisten (Evers et al., 2012; Sarasvathy & Dew, 2005). Durch diese Kommunikation mit und der Einbindung von Stakeholdern in die Unternehmung gestalten diese aktiv die Gründung mit (Sarasvathy & Dew, 2005; Fischer & Reuber, 2011). Dieses Gestaltungspotential kann sich beispielsweise in der Entwicklung radikal-innovativer Produkte und dem Aufkommen neuer Märkte manifestieren (Evers et al., 2012).[4] Die Gewinnung solcher Partner für die Unternehmung muss dabei nicht realweltlich geschehen, sondern kann auch über Social Media Plattformen erfolgen (Fischer & Reuber, 2011). Der Fokus von Effectuation liegt daher mehr auf Kooperationen und Partnerschaften und weniger, wie es bei Causation der Fall ist, auf der Analyse des Wettbewerbs (Fisher, 2012).

Nach dem Causation-Ansatz wird durch die Verwendung von auf Vorhersage basierenden Methoden versucht, die zukünftige Entwicklung eines Gründungsvorhaben zu erfassen und kontrollieren zu können (Fisher, 2012). Unvorhergesehene Ereignisse gelten hier als Störfaktor für die Planungsbemühungen und sollen entsprechend vermieden werden (Sarasvathy et al., 2014). In einer unsicheren Umgebung erweist sich eine solche Vermeidung jedoch als schwierig (Sarasvathy et al., 2014). Wie bereits erwähnt, betrachtet der Effectuation-Ansatz Unternehmensgründungen aus einer schöpferischen und gestalterischen Perspektive (Fisher, 2012). Dieser

---

[4]Evers et al. (2012) differenzieren hier zwischen *allied, cooperative* und *neutral* Stakeholdern. Während die erste Gruppe von Stakeholdern zur Entwicklung regenerativer Marketingfähigkeiten (z.B. die Entwicklung radikalinnovativer Produkte und Märkte) beiträgt, fördern kooperative Stakeholder die Entwicklung erneuernder Fähigkeiten (z.B. im Vertrieb und bei der Produktpreisgestaltung) und neutrale Stakeholder die Entwicklung inkrementeller Fähigkeiten (z.B. die inkrementell-innovative Weiterentwicklung von Produkten).

Perspektive entsprechend werden unerwartete Ereignisse nicht vermieden, sondern im Rahmen einer flexiblen Vorgehensweise als Möglichkeit für eine positive Weiterentwicklung der Unternehmung betrachtet (Chandler et al., 2011; Sarasvathy et al., 2014).

Die vormals erläuterten Effectuation-Prinzipien sind nicht als voneinander losgelöst zu betrachten, sondern bilden elementare Bestandteile des in Abbildung 2.2 dargestellten Effectuation-Prozesses (Fisher, 2012).

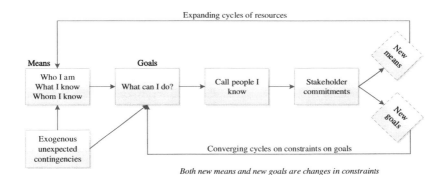

Abbildung 2.2.: Effectuation-Prozess (vgl. Wiltbank et al. (2006) und Sarasvathy et al. (2014))

Zu Prozessbeginn wird auf Basis der gegebenen Mittel überlegt, welche Aktivitäten bzw. Ziele unter Berücksichtigung des Prinzips des akzeptablen Verlustes durchgeführt bzw. erreicht werden können (Sarasvathy & Dew, 2005). Unvorhergesehene Ereignisse werden hierbei von effektuativen Entrepreneuren als Möglichkeit betrachtet, die zur Verfügung stehenden Mittel und durchführbaren Aktionen bzw. erreichbaren Ziele zu erweitern (Arend et al., 2015). In die Aktivitäten zur Erreichung möglicher Ziele werden Personen einbezogen, die in ihrer Rolle als Stakeholder einerseits weitere Mittel, andererseits eigene Zielvorstellungen in die Unternehmung mit einbringen (Sarasvathy & Dew, 2005). Entsprechend der differenzierten Betrachtung von Mitteln kann es sich um materielle, aber auch um immaterielle Ressourcen handeln, die Teil der Unternehmung werden (Fischer & Reuber, 2011). Stakeholder könnten beispielsweise Feedback zu prototypischen Produktentwicklungen geben, um so eine bessere Abdeckung der Kundenbedürfnisse durch das finale Produkt zu erreichen (Evers et al., 2012; Fisher, 2012). Des weiteren könnte eine frühe Einbindung potentieller Kunden in den Produktentwicklungsprozess zu einer (verstärkten) Verbreitung des Produktes über Mundpropaganda und somit zu einer Steigerung des Umsatzes beitragen (Fisher, 2012). Auch Kapital oder Sachanlagen könnten beispielhaft als Mittel in die Unternehmung eingebracht werden (Fischer & Reuber, 2011).

Durch dieses iterative Hinzufügen von Mitteln und Zielen gewinnt die Unternehmung zunehmend an Schärfe, die sich in (inkrementell) erzeugten *effectual artifacts*, z.B. in Produkten oder dem Unternehmen selbst, widerspiegelt (Sarasvathy, 2003; Harmeling, 2011).[5] Obgleich der Effectuation-Prozess mit einer Evaluation der vorhandenen Mittel beginnt, sind andere Einstiegspunkte in den Prozess nicht prinzipiell ausgeschlossen. Fischer & Reuber (2011) beschreiben hier beispielsweise die Möglichkeit eines Prozesseinstiegs durch die Interaktion mit potentiellen Stakeholdern. Diese Interaktionen können als ein erster Schritt notwendig sein, wenn die für eine effektuative Vorgehensweise erforderliche Mittelgrundlage erst erschaffen werden muss.

2.2. Kausales Verhalten

Eine Orientierung an den Effectuation-Prinzipien in Form von effektuativem Handeln und Verhalten repräsentiert eine adäquate Möglichkeit, stark ausgeprägter Umgebungsunsicherheit zu begegnen (Sarasvathy, 2001). In einer schwach unsicheren Umgebung hingegen, in der Entscheidungsprobleme eher kausal geprägt sind, erweist sich eine Orientierung an den Causation-Prinzipien anstatt der Effectuation-Prinzipien als sinniger (Sarasvathy, 2001). Kausales Handeln und Verhalten als Manifestation dieser Orientierung wird vom Causation-Prozess jedoch nur grobgranular erfasst. Daher werden im Folgenden Verhaltensfacetten vorgestellt, die dem kausalen Verhalten zuzuordnen sind.

Planungsbemühungen werden in der Literatur als zentrales Element unternehmerischer Verhalten betrachtet. Entsprechend finden sich in der Literatur einige, rational geprägte Ansätze wieder (z.B. *Scientific Management* nach Taylor (1911) und *Administrative Management* nach Gulick & Urwick (2004)), die diese Planungsbemühungen, beispielsweise mit dem Ziel der Maximierung der Unternehmenseffizienz, fokussieren (Thompson, 2011). Im Entrepreneurship sind planerische Aktivitäten und hieraus resultierende Artefakte im Causation-Ansatz verankert (Harms & Schiele, 2012). Beispielhafte Ausprägungen der durch diesen Ansatz beschriebenen Aktivitäten stellen die Entwicklung und Planung von Unternehmensstrategien und Marketingmaßnahmen dar (Chandler et al., 2011). Geschäftspläne repräsentieren hierbei typische Artefakte einer kausalen Vorgehensweise (Liao & Gartner, 2006), und beschreiben die verschiedenen, kausal geprägten Entwicklungsmöglichkeiten eines Unternehmens auf der Basis von Prognosen (Derbyshire & Wright, 2014).[6] Durch diese mittels Planung und Prognosen angestrebte Berücksichtigung verschiedener Entwicklungseventualitäten soll ein Aufkommen unerwarteter Ereignisse vermieden werden (Dew et al., 2009a).

---

[5]In Sarasvathy (2003) wird diese Vorgehensweise mit der Erstellung einer Patchwork-Decke verglichen. Die schrittweise Herstellung einer solchen Decke ist zwar durch die Vorstellungskraft des Nähers und die jeweils verfügbaren Stoffstücke limitiert – das genaue Aussehen der Decke ist jedoch nicht *a priori* determiniert.

[6]Beispielhaft für solch prognostizierte Entwicklungen sind die erwarteten Umsätze, die mit verschiedenen Produktvarianten generiert werden könnten (Chandler et al., 2011).

Für eine adäquate Planung ist auch ein entsprechender Zielbezug wichtig. Die Spezifikation von beständigen Zielen auf Basis klarer Vorstellungen und eine sich daran anschließende Beschaffung der für die Erreichung der Ziele erforderlichen Mittel entspricht einer typisch kausalen Vorgehensweise (Chandler et al., 2011). Ein solch zielorientiertes Verhalten drückt sich beispielsweise in der *a priori*-Spezifikation eines Geschäftsmodells und einer daran anknüpfenden Beschaffung der für die Realisierung des Geschäftsmodells erforderlichen Mittel, z.B. „a specialized organizational structure, specialized personnel, and significant expenditures", aus (Andries et al., 2013, S. 306). Diese Mittel bzw. Ressourcen gilt es, einer im Causation-Ansatz verankerten, angestrebten Nutzenmaximierung entsprechend, optimal auszunutzen (Chandler et al., 2011). Mit diesem zielorientierten Verhalten ist die Implementierung von Kontrollprozessen verbunden, mit deren Hilfe der Erreichungsgrad der angestrebten Ziele überprüft, und ggf. erforderliche Maßnahmen für deren positive Beeinflussung vorbereitet werden können (Chandler et al., 2011).[7]

Aus der Marktperspektive zeigt sich ein zielorientiertes Vorgehen dahingehend, dass zunächst ein relevanter Markt identifiziert, dieser segmentiert, und anschließend eine Zielgruppe selektiert und adressiert wird (Sarasvathy, 2003). Im Zuge dieser marktanalytischen Vorgehensweise werden andere Marktakteure weniger als potentielle Partner, sondern vielmehr als Konkurrenten betrachtet, von denen es sich abzugrenzen gilt (Sarasvathy, 2001). Ein solches Konkurrenz-fokussiertes Verhalten äußert sich in einer entsprechend vermehrten Durchführung von Wettbewerbsanalysen zur Einschätzung der Konkurrenz (Chandler et al., 2011).

Entsprechend der Verwurzelung der kausalen Logik in der Entscheidungstheorie zeigt sich ein kausales Verhalten auch im Kontext von Entscheidungssituationen. Nach dem kausalen Ansatz präferieren Entscheidungsträger in Entscheidungssituationen jene Alternative, die den größten Nutzen stiftet. Dieses rationale (Bell et al., 1988), Ertrags-maximierende Verhalten zeichnet sich entsprechend durch die Suche nach bzw. Wahl der ertragsmaximalen Entscheidungsalternative (Schwartz et al., 2002) bzw. unternehmerischen Gelegenheit (Chandler et al., 2011) aus. Entsprechend werden Organisationen in klassischen, kausal geprägten Management-Ansätzen auch als „[...] vehicles for rational achievements" bezeichnet (Thompson, 2011, S. 5).

2.3. Effektuatives Verhalten

In der Effectuation-Literatur finden sich bislang nur wenige Studien, die die Effectuation-Prinzipien aus einer behavioristischen Perspektive betrachtet haben (Andries et al., 2013). Als mögliche Gründe können das junge Alter der Effectuation-Theorie, aber auch „[...] the complexity associated with developing consistent, observable behavioral variables from a cognition-based

---

[7] Andries et al. (2013) bezeichnen dieses zielgerichtete, kausale Vorgehen als *focused commitment*, als Gegenstück zu einer eher de-fokussierten, experimentellen Vorgehensweise.

theory and the difficulty related to developing and validating effectuation (and causation) measures" (Perry et al., 2012, S. 838) angeführt werden. Chandler et al. (2007) haben hier einen ersten Versuch der Operationalisierung der Effectuation- und Causation-Prinzipien unternommen und in Chandler et al. (2011) fortgeführt. Die im Zuge dieser Prinzipien-Operationalisierung ermittelten, effektuativen Verhaltensfacetten lassen sich wie folgt beschreiben.

Experimentelles Verhalten

Das Experimentieren als mögliche Strategie zur Bewältigung komplexer Herausforderungen repräsentiert eine spezifische Ausprägung effektuativen Verhaltens. Eine experimentelle Vorgehensweise kann sich beispielsweise im Rahmen der Entwicklung eines gewinnträchtigen Geschäftsmodells in einer mit Unsicherheit behafteten Umgebung zeigen (Chesbrough, 2010; Chandler et al., 2011). Sie manifestiert sich hier in der simultanen Entwicklung verschiedener Geschäftsmodellvarianten auf Basis der gegebenen Mittel (Andries et al., 2013; Chesbrough, 2010). Die entwickelten Modellvarianten werden in Folge evaluiert und entweder verworfen, oder bis hin zu einem finalen Geschäftsmodell verfeinert (Andries et al., 2013; Chandler et al., 2011). Durch diese Strategie der frühzeitigen Selektion von Geschäftsmodellvarianten und ihrer Anpassung an die Umgebungsbedingungen wird der insbesondere in den frühen Phasen von Unternehmensgründungen verorteten Unsicherheit begegnet. Dieses simultane Experimentieren mit verschiedenen Geschäftsmodellen ist nicht auf Neugründungen beschränkt. Auch etablierte Unternehmen können neue, innovative Geschäftsmodelle zur Gewinnung von Wettbewerbsvorteilen anstreben, obgleich es hierzu insbesondere Hürden in Form von bereits etablierten, organisationalen Strukturen zu überwinden gilt (Chesbrough, 2010).

Die beschriebene, experimentelle Vorgehensweise bezieht sich nicht nur auf Geschäftsmodelle. Ein experimentelles Vorgehen kann sich auch in der Generierung und Evaluation verschiedener Ertrags- und Vertriebsmodelle zeigen (Fisher, 2012). Auch im Produktkontext könnten Unternehmen verschiedene Prototypen ihrer Produkte erstellen (Fisher, 2012; Chandler et al., 2011), von denen die erfolgsträchtigste Variante selektiert wird. Eine darüber hinausgehende, iterative Anpassung der Produkte an die (Kunden)bedürfnisse führt letztendlich dazu, dass das final angebotene Produkt dem ursprüngliche entworfenen oder angedachten Produkt nur noch marginal ähnelt (Chandler et al., 2011).

Entsprechend dieser experimentellen Vorgehensweisen im unternehmerischen Kontext beschreiben McGrath (1995, S. 122) Unternehmen auch als „[...] competence-building experiments, involving some degree of trial-and-error learning". Durch diese *Trial-and-Error*-Methode kann eine geringe Erfolgsträchtigkeit von Geschäftsmodellen und Produkten bereits frühzeitig erkannt und weiterführende Verluste vermieden werden (Deligianni et al., 2017). Ein solch experimentelles Vorgehen ist insbesondere in mit starker Unsicherheit behafteten Umgebungen (z.B.

im effektuativen Problembereich) von Relevanz, da sich hier eine Bestimmung der Erfolgsträchtigkeit von Geschäftsmodellen und Produkten auf Prognosebasis nur schwer bewerkstelligen lässt (Milliken, 1987).

Verlustakzeptables Verhalten

Das effektuative, verlustakzeptable Verhalten zeichnet sich dadurch aus, dass in Entscheidungssituationen der mit den Handlungsalternativen verbundene Ressourceneinsatz anstatt des maximalen Nutzens als Entscheidungskriterium fungiert (Sarasvathy, 2001). Diese Ressourcenfokussierung ist insbesondere in jenen Situationen von Bedeutung, in denen sich die Nutzen der Alternativen aufgrund von Unsicherheit und einer ungewissen Zukunft nicht adäquat bestimmen lassen (Dew et al., 2009b). Der Entscheid für eine Alternative erfolgt daher auf Grundlage jener Ressourcen, deren Verlust im Negativfall als akzeptabel betrachtet wird (Chandler et al., 2011). In Folge können Entscheidungen auch so getroffen werden, dass diese nicht zu dem maximalen, aber dennoch zu einem zufriedenstellenden Nutzen bzw. Ertrag führen.

Dieses verlustakzeptable Verhalten weist Parallelen zu dem *Satisficing*-Konzept von Simon (1987) „[...] as a substitute behavioral rule for maximizing [...]" dahingehend auf, dass eine Alternative gesucht wird, „[...] that is not guaranteed to be either unique or in any sense the best [...]" (Kaufman, 1990, S. 36), sondern „[...] is good enough to meet some criterion" (Schwartz et al., 2002, S. 1184). Dem *Satisficing*-Konzept und Effectuation-Prinzip des akzeptablen Verlustes ist daher gemein, dass nach einer zufriedenstellenden Alternative gesucht wird, die mit einem akzeptablen Ressourcenverlust im Negativfall einhergeht. Die Abgrenzung des effektuativen verlustakzeptablen Verhaltens von dem kausalen, Ertrag-maximierenden Verhalten zeigt sich entsprechend analog in der Abgrenzung des *Satisficing*-Konzepts von dem *Maximizing*-Konzept (Schwartz et al., 2002).

Auch aus theoretischer Perspektive sind Unterschiede dahingehend erkennbar, dass das Prinzip der akzeptablen Verlustes fest in der Verhaltenstheorie verankert ist, während das Prinzip des maximalen Ertrags der neoklassischen Investitionstheorie zuzuordnen ist, die von den Verhaltenswissenschaften eher ablehnend betrachtet wird (Dew et al., 2009b).

Flexibles Verhalten

Ein effektuativ-flexibles Verhalten, als Gegenstück zum kausalen, planerischen Verhalten, ist insbesondere durch eine Anpassung der Handlungen an sich ändernde Umgebungsbedingungen gekennzeichnet (Chandler et al., 2011). Die Änderungen der Umgebungsbedingungen können sich beispielsweise auf Mittelzu- und -abgänge beziehen, sodass sich die Flexibilität hier aus dem Grad der Anpassung der Handlungen und unternehmerischen Ziele an die jeweilige Mittelsituation ergibt (Daniel et al., 2015). Mit diesen unterschiedlichen Mittelsituationen können ebenso unterschiedliche, aus Sicht der Entscheidungsträger leistbare Ressourceneinsätze verbunden sein. Eine solche Variation des Akzeptanzniveaus im Hinblick auf mögliche Verluste kann dann eine entsprechende Neubewertung der Entscheidungsalternativen nach sich ziehen. Auch unerwartete Ereignisse sind als Manifestation sich ändernder Umgebungsbedingungen zu verstehen (Thompson, 2011). Ein flexibles Verhalten zeigt sich hier in der Ausrichtung der Handlungen an der Ausnutzung der mit solchen Ereignissen verbundenen unternehmerischen Gelegenheiten (Chandler et al., 2011). Durch diese flexible Ausnutzung von unternehmerischen Gelegenheiten wird die Entwicklung des Gründungsvorhabens bzw. Unternehmens vorangetrieben (Chandler et al., 2011). Komplementär zu dieser anvisierten Weiterentwicklung wird ein vermehrt flexibles Vorgehen mit einer verminderten Inbetrachtziehung einer Unternehmensauflösung in Verbindung gebracht (DeTienne & Chandler, 2010).

Auf Mesoebene zeigt sich ein flexibles Verhalten eher im Gründungskontext denn bei etablierten Unternehmen, da dieses Verhalten insbesondere für Unternehmensgründungen ob der ausgeprägten Umgebungsunsicherheit und Zielunklarheit von Relevanz ist (Sarasvathy, 2001). Etablierte Unternehmen hingegen orientieren sich vermehrt an „[...] policies, procedures, and routines [...]", die einer flexiblen Vorgehensweise eher entgegenstehen (Chandler et al., 2011, S. 380).

Kooperatives Verhalten

Nach dem Effectuation-Ansatz sind Kooperationen für Unternehmen bzw. Unternehmensgründungen von zentraler Bedeutung (Chandler et al., 2011). Im Gründungskontext erweitern Kooperationspartner einerseits die unternehmerischen Möglichkeiten durch die Einbringung eigener Mittel in die Unternehmung, beschränken andererseits die Diversität der unternehmerischen Entwicklung durch eigene Zielvorstellungen (Read et al., 2009b). Durch diese, aus dem Einbezug von Kooperationspartnern resultierende Mittelverbreiterung, der Reduktion von Zielunklarheiten und der Verteilung des unternehmerischen Risikos wird einer ausgeprägten Umgebungsunsicherheit begegnet (Chandler et al., 2011; Sarasvathy, 2001).

Im Kontext etablierter Unternehmen weisen Kooperationen, „[...] as a way to acquire essential resources and implement plans", auch Bezüge zum kausalen Ansatz auf (Chandler et al., 2011, S. 387). Diese kausale Bedeutung von Kooperationen unterscheidet sich von jener im Gründungskontext dadurch, das im Kontext etablierter Unternehmen passende Kooperationspartner auf Basis gesetzter Ziele gesucht werden, während Kooperationspartner im Gründungskontext durch ihre gestalterische Einflussnahme diese Ziele mitbestimmen (Daniel et al., 2015).

Im Einzelnen zeigt sich ein effektuativ-kooperatives Verhalten in dem Eingehen von Kooperationen mit Lieferanten und (potentiellen) Kunden (Sarasvathy, 2003), aber auch in dem Einbezug von anderen Organisationen in die eigene Unternehmung (Chandler et al., 2011). Während langfristige Vereinbarungen mit Lieferanten eine dauerhafte Versorgung mit den notwendigen Rohstoffen sicherstellen sollen, zielen langfristige Vereinbarungen mit Kunden eher auf eine Förderungen des Absatzes ab. Die Anzahl der eingegangenen Kooperationen und die Kapitalbeteiligungen von Partnern an der Unternehmung repräsentieren beispielhafte Metriken zur quantitativen Erfassung kooperativen Verhaltens (Read et al., 2009b).

2.4. Charakteristika effektuativer Entscheidungen

Grundlegend besitzt Effectuation die Konnotation einer zu Causation inversen Logik (Sarasvathy, 2003). Tatsächlich ist sie jedoch eher als Alternative zur kausalen Logik zu verstehen (Sarasvathy, 2008). Beide Ansätze verhalten sich orthogonal zueinander, d.h. die Anwendung der Causation-Logik schließt eine Anwendung der Effectuation-Logik nicht prinzipiell aus, sodass ein situativ kausales oder effektuatives Vorgehen ermöglicht wird (Perry et al., 2012).

Nach Sarasvathy (2001, S. 249) sind klassische, kausale Entscheidungssituationen durch „a given goal [...], a set of alternative means or causes [...], constraints on possible means [...], and criteria for selecting between the means [...]" gekennzeichnet. Ziele, Handlungsalternativen und eine wohldefinierte Strategie zur Bestimmung der optimalen Alternative sind bei diesen, klassischen Entscheidungsproblemen gegeben, sodass eine Entscheidungsfindung auf analytischem Wege ermöglicht wird. Es existieren jedoch auch Entscheidungssituationen, die diese Charakteristika von Stabilität nicht aufweisen und sich daher bei ihrer Lösung auf analytischem Wege gleichwohl schwieriger gestalten. Entscheidungsprobleme dieser Art, bei denen sich eher eine effektuative denn kausale Vorgehensweise eignet (Sarasvathy, 2001), werden dem sogenannten *effectual problem space* zugeordnet (Sarasvathy et al., 2008). Sarasvathy (2003, S. 206) bemisst diese Domäne effektuativer Entscheidungsprobleme mit den folgenden Charakteristika: „[...] the environment does not independently influence outcomes or even rules of the game (Weick & Kiesler, 1979), the future is truly unpredictable (Knight, 1921), and the decision maker is unsure of his/her own preferences (March, 1979)". Diese Charakteristika stehen jenen Eigenschaften der klassischen Entscheidungssituationen gegenüber: Ziele und Handlungsempfehlungen lassen sich hier nur schwer beschreiben bzw. ableiten, wenn die Einflüsse der Umwelt nicht klar beschrieben werden können, sich Zukunftsprognosen als zu unpräzise erweisen und die Strategie zur Entscheidungsfindung nicht eindeutig sind.

Die Charakteristika effektuativer Entscheidungsprobleme, kurz definiert durch die *Knight*'sche Unsicherheit[8], die Zielunklarheit[9] und die Umgebungsisotropie[10] (Sarasvathy et al., 2008), werden im Folgenden erläutert.

---

[8]engl.: *Knightian uncertainty*
[9]engl.: *goal ambiguity*
[10]engl.: *environmental isotropy*

Knight'sche Unsicherheit

Aus normativer Sicht können Entscheidungen unter Risiko, Unsicherheit oder *Knight*'scher Unsicherheit getroffen werden (Sarasvathy, 2008). Bei Entscheidungen unter Risiko sind die mit der Entscheidung verknüpften Umweltzustände und deren Eintrittswahrscheinlichkeiten bekannt oder können durch analytische Verfahren in Erfahrung gebracht werden (Alvarez & Barney, 2007; Gustafsson, 2006). Bei Entscheidungen unter Unsicherheit sind zwar die Umweltzustände bekannt, nicht aber die Wahrscheinlichkeiten, mit der diese Umweltzustände eintreten können (Sinn, 2012). Durch das Zurückgreifen auf Vergangenheitswerte kann jedoch versucht werden, aus diesen die fehlenden Eintrittswahrscheinlichkeiten abzuleiten.

Bei Entscheidungen unter *Knight*'scher Unsicherheit sind die Umweltzustände und deren Eintrittswahrscheinlichkeiten weder bekannt, noch können diese in Erfahrung gebracht werden (Grichnik, 2006; Gustafsson, 2006). Diese, auf eine mangelnde Vorhersagbarkeit bezogene Auffassung von Unsicherheit deckt sich mit den in der Literatur häufig angeführten Definitionen von Umgebungsunsicherheit als „an inability to assign probabilities as to the likelihood of future events" und „an inability to predict accurately what the outcomes of a decision might be" (Milliken, 1987, S. 134). Eine weitere, in der Literatur ebenfalls häufig aufgeführte Definition von Umgebungsunsicherheit beschreibt diese durch „a lack of information about cause-effect relationships" (Milliken, 1987, S. 134). Dieser Mangel an Prognosemöglichkeiten erschweren ein planerisches Vorgehen (Bhidé, 2000), sodass sich analytische bzw. kausale Verfahren hier als ineffektiv erweisen (Alvarez & Barney, 2007, 2005). In solchen Entscheidungssituationen eignet sich daher die Anwendung flexibler Strategien wie Bricolage (Alvarez & Barney, 2005, 2007) oder Effectuation (Sarasvathy, 2001). Effectuation ist hierbei nicht als Methode zur Eliminierung von Unsicherheit zu verstehen, sondern repräsentiert durch ihre Abkehr von der Notwendigkeit, Vorhersagen treffen zu müssen, eine alternative Möglichkeit des Umgangs mit Unsicherheit (Sarasvathy, 2003).

Zielunklarheit

Der Aspekt der Zielunklarheit ist dadurch charakterisiert, dass obgleich ein allgemeines und übergeordnetes Ziel verfolgt wird, die hieraus abgeleiteten Ziele und Vorgaben unklar sind (Sarasvathy et al., 2008). Im Gründungskontext kann eine erfolgreiche Gründung als ein solch übergeordnetes Ziel verstanden werden. Im Sinne der Zielunklarheit steht jedoch nicht fest, welche, möglicherweise konkurrierenden, strategischen Ziele sich hieraus ableiten, welche Ziele selektiert und fokussiert werden sollten, und auf welche Art und Weise diese Ziele erreicht werden können.

Auch das mangelnde Wissen um die Folgen des Entscheids für ein konkretes, strategisches Ziel stellt die Entscheidungsträger vor Herausforderungen bei ihrer Entscheidungsfindung (March,

1978). In Konsequenz verfolgen die Entscheidungsträger jene Ziele, die sie in ihrer einge-schränkten Rationalität als optimal erachten (Simon, 1996). Aufgrund der mangelnden Klar-heit sind diese Ziele jedoch als „[...] unstable, inconsistent, incompletely evoked, and imprecise [...]" zu betrachten (March, 1978, S. 598).

Der Effectuation-Ansatz adressiert dieses Problem effektuativer Entscheidungsprobleme da-durch, dass nicht vordefinierte Ziele, sondern vielmehr die zur Verfügung stehenden Mittel die Ausgangslage bilden. Auf Basis dieser gegebenen Mittel werden mögliche, erreichbare Ziele überlegt, verfolgt und ggf. angepasst. Nach dem Effectuation-Ansatz besteht somit keine Not-wendigkeit, die zu verfolgenden Ziele zu Gründungsbeginn zu definieren – vielmehr festigen sie sich mit Voranschreiten des Gründungsvorhabens.

Umgebungsisotropie

Das Konzept der Umgebungsisotropie beschreibt eine Unklarheit eines Entscheidungsträgers dahingehend, welche Aspekte der Umgebung für die Entscheidungsfindung von Relevanz sind und daher in den Entscheidungsfindungsprozess mit einbezogen werden sollten (Sarasvathy et al., 2008). Aus informatorischer Sicht zeigt sich diese Unklarheit bzw. Unsicherheit darin, dass sich bei einer gegebenen Fülle an Informationen die Frage nach und eine Fokussierung auf jene wenigen, relevanten Informationen schwierig gestaltet (Sarasvathy et al., 2008). Kalinic et al. (2012, S. 8) präzisieren diese Facette des effektuativen Problembereiches: „Isotropy indi-cates that *ex ante* it is not clear which pieces of the environment can be useful. Therefore, the process of collecting information is difficult and cannot be set up in a traditional manner as we do not know which information to pay attention to and which to ignore."

2.5. Auswirkungen kausaler und effektuativer Vorgehensweisen

Für ein ganzheitliches Verständnis von Effectuation und Causation sind auch die Auswirkungen effektuativer und kausaler Vorgehensweisen bzw. Verhalten zu betrachten.

Die unternehmerische Performance als beispielhafter und bedeutsamer Leistungsindikator lässt sich aus verschiedenen Perspektiven betrachten und entsprechend operationalisieren, beispiels-weise durch das Umsatz- und Ertragswachstum und die Vermögens- bzw. Kapitalrendite (Read et al., 2009b). Die Literatur beschreibt hier einen positiven Zusammenhang zwischen verschie-denen Facetten der unternehmerischen Performance und den Effectuation-Dimensionen der Mittelorientierung, der Kooperationen und der Ausnutzung unternehmerischer Gelegenheiten auf Mesoebene (Read et al., 2009b; Deligianni et al., 2017).

Im Detail wird das Wachstum eines Unternehmens, als spezifischer Indikator unternehmerischer Performance, von verschiedenen Faktoren beeinflusst und gilt als ausschlaggebend für den unternehmerischen Erfolg (Baum et al., 2001). Ein kausales, zielorientiertes Vorgehen im Sinne einer frühzeitigen Fixierung auf ein bestimmtes Geschäftsmodell führt beispielsweise zu einem gesteigerten Unternehmenswachstum (Baum & Locke, 2004). Entsprechend analog haben Andries et al. (2013) in ihren Fallstudien herausgefunden, dass das Experimentieren mit verschiedenen Geschäftsmodellen, ob der damit verbundenen Verzögerung der Gründungsaktivitäten, hingegen mit einem tendenziell geringeren Wachstum des Unternehmens in Verbindung gebracht wird.

Hinsichtlich des langfristigen Unternehmensbestands als weitere Erfolgsgröße fördert ein planerisches Vorgehen den Bestand eines neugegründeten Unternehmens (Liao & Gartner, 2006). Die mit einer solch planerischen Vorgehensweise verbundene, frühzeitige Fixierung auf ein bestimmtes Geschäftsmodell bedeutet jedoch einen vermehrten Aufwand bei späteren Änderungen des Modells (Andries et al., 2013). Solche Änderungen bzw. Anpassungen sind beispielsweise dann erforderlich, wenn das Geschäftsmodell zu Beginn des Gründungsvorhabens, beispielsweise aufgrund unklarer Kundenbedarfe, fehlspezifiziert wurde. Eine solche Fehlspezifikation in Verbund mit einer mangelnden, flexiblen Anpassung kann dann den Erfolg des Gründungsvorhabens gefährden (DeTienne & Chandler, 2010). Allerdings verursacht eine spätere, wiederholte Anpassung des Geschäftsmodells Kosten, die das langfristige Überleben des Unternehmens ebenfalls gefährden können. Diese Kosten können sich beispielsweise aus den erforderlichen Restrukturierungsmaßnahmen der Unternehmensorganisation, der notwendigen Beschaffung neuer Ressourcen und der Entwicklung neuer Produkte ergeben.

Obgleich die frühzeitige Fixierung auf ein Geschäftsmodell in einer eher statischen Umgebung durchaus als adäquate Strategie betrachtet werden kann, eignet sich in einem dynamischen Umfeld aufgrund der gesteigerten Gefahr einer Fehlspezifikation eine eher experimentelle Strategie (Chesbrough, 2010). Das Experimentieren mit verschiedenen Geschäftsmodellen fördert hier die Gewinnung eines evaluierten und angepassten Modells (Andries et al., 2013). Diese Angepasstheit des Geschäftsmodells an die Bedürfnisse des Marktes wirkt sich wiederum positiv auf den langfristigen Bestand eines erfolgreich gegründeten Unternehmens aus (Andries et al., 2013). Die frühe Verfolgung einer solch effektuativen Strategie in einer unsicheren Umgebung steigert zwar nicht die Wahrscheinlichkeit des Gründungserfolgs selbst (Sarasvathy, 2003), allerdings können die mit einem Gründungsmisserfolg einhergehenden Kosten bei einem effektuativen Vorgehen, aufgrund eines tendenziell früher auftretenden Misserfolgs und der Prinzip-basierten Begrenzung von Kosten, geringer ausfallen (Sarasvathy, 2001).

Darüber hinaus wurden die Ansätze von Effectuation und Causation im Kontext verschiedener Markteintrittsstrategien im Rahmen von Internationalisierungsprozessen betrachtet. Nach der

Neuen Institutionenökonomik wird bei diesen Eintrittsstrategien insbesondere zwischen markt-basierten (Fokussierung auf Exporte), hybriden (Fokussierung auf Kooperationsverträge) und organisationalen Strategien (derivative Gründungen von Tochtergesellschaften) unterschieden (Harms & Schiele, 2012). In diesem Sinne wurde ein Zusammenhang zwischen einem kausalen Vorgehen und der Wahl einer organisationalen, als unflexibel zu bezeichnenden Markteintrittsstrategie nachgewiesen (Harms & Schiele, 2012).

Die vorgestellten Unternehmensindikatoren und ihre Bezüge zum Effectuation-Ansatz sind nicht als erschöpfend zu betrachten, sondern repräsentieren vielmehr einen ersten Schritt zur Verfestigung und Weiterentwicklung des Ansatzes aus der wissenschaftlichen Perspektive. Die Erforschung von weiteren Auswirkungen effektuativer und kausaler Vorgehensweisen, aber auch von Determinanten, die ein effektuatives und kausales Verhalten beeinflussen könnten, wird daher in Aussicht gestellt. Eine Betrachtung der Umgebung und Persönlichkeit als potentielle und anerkannt bedeutsame Verhaltensdeterminanten erfolgt im folgenden Kapitel.

3. Umgebung und Persönlichkeit als Verhaltensdeterminanten

Die Persönlichkeit eines Menschen ist in der Literatur konzeptuell nicht einheitlich und präzise definiert. Dementsprechend hat die Forschung verschiedene, sich teils überlappende, teils gegensätzliche Ansätze zur Beschreibung der Persönlichkeit hervorgebracht (Caprara & Cervone, 2000). Eine eher grobgranulare Definition der Persönlichkeit ist in Brandstätter (2011, S. 223) zu finden, der sie als „[...] descriptions of a person's mean level of her/his states [...]" auffasst. Roberts et al. (2006, S. 1) fassen Persönlichkeitseigenschaften[1] detailreicher als „[...] relatively enduring patterns of thoughts, feelings, and behavior [...]" auf. Rauch & Frese (2007b, S. 355) definieren Persönlichkeitseigenschaften aus einer reaktiven Perspektive als „[...] dispositions to exhibit a certain kind of response across various situations [...]", und subsumieren hierunter auch „biological determinants [...], broad personality factors [...], motives [...] and generalized attitudes and beliefs". Nach dieser Auffassung, an der sich die vorliegende Arbeit orientiert, lassen sich Persönlichkeitseigenschaften als Merkmale eines Menschen betrachten (Brandstätter, 2011), die spezifische Reaktionsverhalten begünstigen oder hemmen können (Rauch & Frese, 2007b).

Hinsichtlich der Stabilität dieser Merkmale ist den ursprünglich vorherrschenden Betrachtungsweisen gemein, dass sie Persönlichkeitseigenschaften als unveränderlich betrachten (Roberts et al., 2006). Auch nach aktuellen Studien gelten Persönlichkeitseigenschaften als stabil und beständig (Ajzen, 2005), werden jedoch entgegen früherer Ansichten nicht mehr als völlig unveränderlich betrachtet (Rauch & Frese, 2007b; Roberts et al., 2006). Nach der *Fünf-Faktoren*-Theorie entwickelt sich die Persönlichkeit eines Menschen in seiner Kindheit und gilt erst im Erwachsenenalter als stabil und unbeeinflussbar durch die Umwelt (McCrae & Costa, 2008). Andere Ansätze hingegen sehen einen Einfluss der Umwelt und des Alters auf die Persönlichkeitsentwicklung als durchaus gegeben an (Roberts & DelVecchio, 2000). Nach diesen Ansätzen ergibt sich eine Beständigkeit der Persönlichkeit aus den Interaktionen mit dem sozialen Umfeld und aus den eingenommenen, sozialen Rollen (Kogan, 1990).

---

[1] engl.: *personality traits*

Persönlichkeitseigenschaften können als Prädiktoren für menschliches Handeln und Verhalten, so auch unternehmerisches Verhalten, betrachtet werden (Fishbein & Ajzen, 2011; Rauch & Frese, 2007b; Brandstätter, 2011). Bei der Überlegung solcher Einflüsse der Persönlichkeit ist jedoch der Kontext bzw. die Umgebung zu berücksichtigen (Tett et al., 2013), da in Umgebungen, die ein spezifisches Verhalten erwarten lassen, eher die Umgebung selbst denn die Persönlichkeit als Verhaltensdeterminante zu betrachten ist (Mischel, 1977). An die zu überlegenden Einflüsse der Persönlichkeit auf ein effektuatives und kausales Verhalten richtet sich daher nicht nur der Anspruch einer adäquaten Selektion von Persönlichkeitseigenschaften, die als Prädiktoren in Frage kommen (Rauch & Frese, 2007b; Tett et al., 2013), sondern auch der Anspruch einer ebenso adäquaten Verortung der vermuteten Einflüsse in jener Umgebung, in der eher eine Einflussnahme der Persönlichkeit denn der Umgebung unterstellt werden kann.

Zu diesem Zweck wird im folgenden Kapitel der Ansatz der Situationsstärke vorgestellt, mit dessen Hilfe zwischen verschiedenen Umgebungen hinsichtlich des erwarteten Verhaltens differenziert, und so eine adäquate Verortung der Persönlichkeitseinflüsse in einer stark respektive schwach unsicheren Umgebung ermöglicht wird. Effektuative und kausale Verhaltensunterschiede, die aus unterschiedlichen Verhaltenserwartungen aufgrund einer unterschiedlich stark ausgeprägten Umgebungsunsicherheit resultieren können, werden in einem ersten Schritt postuliert.

3.1. Einfluss der Umgebung auf ein effektuatives und kausales Verhalten

Die Bedeutsamkeit der Umgebung für das Verhalten (*Interaktionismus*) wird von Mischel (1977) in seinem Ansatz der Situationsstärke aufgegriffen, der hinsichtlich der Umgebung zwischen *starken* und *schwachen* Situationen unterscheidet. Diese Situationsstärke wird von Meyer et al. (2010, S. 122) definiert als „[...] implicit or explicit cues provided by external entities regarding the desirability of potential behaviors". In einer starken Situation ist das erwartete Verhalten erkennbar, sodass hier eher die Situation denn die Persönlichkeit für eine Vorhersage des Verhaltens herangezogen werden sollte (Beaty et al., 2001). In schwachen Situationen hingegen ist das erwartete Verhalten nicht erkennbar, sodass in diesem Fall insbesondere die Persönlichkeit als Verhaltenstreiber zu sehen ist (Beaty et al., 2001). Zusammengefasst beschreiben Beaty et al. (2001, S. 131), verweisend auf Mischel (1977), dass „[...] in strong situations, individuals' behavior is more a function of the situation than of their personality [and] in weak situations, individuals rely, to a greater extent, on individual differences in personality to guide behavior". Obgleich ein Einfluss der Persönlichkeit in starken Situationen nicht völlig ausgeschlossen wird, so ist er im Vergleich zu schwachen Situationen deutlich schwächer ausgeprägt aufgrund der dortigen Verhaltenshomogenität (Meyer et al., 2010, 2009): „It has been well known for some time that dispositional effects are likely to be strongest in relatively weak situations and weakest in relatively strong situations" (Davis-Blake & Pfeffer, 1989, S. 387).

Der Ansatz der Situationsstärke wurde von der Entrepreneurship-Forschung bereits aufgegriffen und beispielsweise im Kontext der Unternehmenskultur (O'Reilly & Chatman, 1996) und der Unternehmensorganisation (Cooper & Withey, 2009) betrachtet. Eine Adaption dieses Ansatzes im Kontext der Umgebungsunsicherheit zur Herleitung effektuativer und kausaler Verhaltensunterschiede wird im Folgenden vorgenommen.

Der Differenzierung dieses Ansatzes zwischen starken und schwachen Situationen folgend, lässt eine Umgebung mit einer gering ausgeprägten Unsicherheit in ihrer Rolle als starke Situation ein kausales Verhalten erwarten. Diese Erwartungshaltung der Umgebung an ein kausales Verhalten ergibt sich aus ihren, dem effektuativen Problembereich entgegengesetzten Merkmalsausprägungen in Form einer geringen *Knight*'schen Unsicherheit, klaren Zielvorgaben und einer geringen Informationsisotropie (Sarasvathy et al., 2008). Eine solch stabile Umgebung erlaubt beispielsweise die Durchführung von Analysen zur Bestimmung der Erfolgsträchtigkeit unternehmerischer Gelegenheiten, die Spezifikation wohldefinierter Ziele und ein insbesondere planerisches Vorgehen (Hmieleski et al., 2015; Anderson & Paine, 1975). Ein planerisches Vorgehen wird dann in Betracht gezogen, „[...] when the organization can afford the costs of planning, when the objectives are operationally definable, and when the environment is reasonably predictable and stable" (Anderson & Paine, 1975, S. 818).

Unerfahrene Entrepreneure könnten die geringe Unsicherheit einer Umgebung und die Erwartung bzw. Sinnhaftigkeit einer kausalen Vorgehensweise bzw. kausaler Aktivitäten in einer solchen Umgebung erkennen (Jauch & Kraft, 1986), und in einem vermehrt kausalen Verhalten zeigen (Anderson & Paine, 1975). Insbesondere die in dieser Umgebung klar definierten Ziele „[...] provides a 'strong situation' as to requisite behavior [...]" (Porter & Latham, 2013, S. 62). Eine stark unsichere Umgebung hingegen lässt, aufgrund der dort niedrigeren Situationsstärke für ein kausales Verhalten, ein vermindert kausales Verhalten erwarten. Diese reduzierte Erwartung an ein kausales Vorgehen ergibt sich daraus, dass sich die Erfolgsaussichten von unternehmerischen Gelegenheiten nicht auf analytischem Wege ermitteln lassen und auch Geschäftspläne nicht auf verlässlichen Angaben, sondern eher auf „[...] conjecture and weak assumptions [...]" aufbauen (Hmieleski et al., 2015, S. 292).

Ausgehend davon, dass unerfahrene Entrepreneure die Unsicherheit ihrer Umgebung (Jauch & Kraft, 1986) und die damit verbundene Erwartung an ein kausales Verhalten adäquat einschätzen können (Perry et al., 2012; Matthews & Scott, 1995), wird folgende Hypothese formuliert.

H_{1a}: Unerfahrene Entrepreneure zeigen in einer Umgebung mit geringer Unsicherheit mehr kausales Verhalten als in einer Umgebung mit starker Unsicherheit.

In einer stark unsicheren Umgebung leitet sich das erwartete Verhalten aus den Charakteristika des effektuativen Problembereichs im Sinne einer stark ausgeprägten *Knight*'schen Unsicherheit, unklaren Zielvorgaben und einer starken Informationsisotropie ab (Sarasvathy, 2001). Eine solche Umgebung lässt eher ein effektuatives denn kausales Verhalten erwarten (Sarasvathy, 2001).

Nach der Effectuation-Theorie zeigen erfahrene Entrepreneure ein vermehrt effektuatives Verhalten in einer solch unsicheren Umgebung (Sarasvathy, 2008). Unerfahrene Entrepreneure orientieren sich, ob ihrer mangelnden Expertise und entsprechend der Theorie, weniger an dieser Logik. Allerdings wurde eine grundlegende Anpassung der kognitiven Prozesse im Spannungsfeld von Effectuation und Causation an die Umgebung, wenngleich auch in geringerem Maße als bei erfahrenen Entrepreneuren, auch bei unerfahrenen Entrepreneuren festgestellt (Gustafsson, 2006). Eine solche Anpassung des Denkens und in Folge effektuativen Handelns an die Situation kann, aufgrund einer grundlegenden Verankerung der Effectuation-Logik im menschlichen Denken (Sarasvathy et al., 2014) und in Verbund mit „[...] a natural preference for effectuation [...]" (Sarasvathy, 2008, S. 48), auch unbewusst erfolgen (Kalinic et al., 2014). Bei dem unbewussten Entscheid für ein effektuatives Vorgehen kann die wahrgenommene Umgebungsunsicherheit von Relevanz sein: „[...] the use of effectual and causal logics is a choice that an individual may make dependent on the amount of uncertainty that he or she perceives [...]" (Perry et al., 2012, S. 856). Demnach könnten unerfahrene Entrepreneure aufgrund ihrer mangelnden Expertise und konform zur Effectuation-Theorie einer effektuativen Vorgehensweise zwar nicht bewusst (Gustafsson, 2006), ihr jedoch unbewusst in einer stark unsicheren Umgebung folgen (Perry et al., 2012).

Zusammengefasst kann die Wahrnehmung der Umgebung von entscheidender Bedeutung für ein effektuatives Verhalten auch bei unerfahrenen Entrepreneuren sein. Unter Einbezug des Ansatzes der Situationsstärke stellt sich nun die Frage, welche „[...] implicit or explicit cues [...]" einer stark ausgeprägten Umgebungsunsicherheit ein effektuatives Verhalten erwarten lassen (Meyer et al., 2010, S. 122). Zu diesen *cues* zählen beispielsweise mangelnde Prognosemöglichkeiten und ein Mangel an Informationen (Anderson & Paine, 1975), die eine Analyse von Produkten und Dienstleistungen hinsichtlich ihrer Erfolgsträchtigkeit verhindern (Hmieleski et al., 2015). Darüber hinaus erschwert eine mangelnde Prognosemöglichkeit die Erstellung von auf Planungen basierenden Artefakten, wie beispielsweise Geschäftspläne (Hmieleski et al., 2015). Auch mangelnde oder uneindeutige Zielvorgaben lassen eine eher flexible Zielgestaltung erwarten (Hmieleski et al., 2015; Porter & Latham, 2013).

Ausgehend von der Befähigung unerfahrener Entrepreneure, diese Ausprägungen einer starken Umgebungsunsicherheit wahrnehmen (Jauch & Kraft, 1986) und einer effektuativen Vorgehensweise unbewusst zu folgen zu können (Kalinic et al., 2014), wird ein in seinen Ausmaßen zwar nicht mit dem Verhalten von erfahrenen Entrepreneuren vergleichbares, jedoch trotzdem vermehrt effektuatives Verhalten in einer stark unsicheren Umgebung vermutet.

H_{1b}: Unerfahrene Entrepreneure zeigen in einer Umgebung mit starker Unsicherheit mehr effektuatives Verhalten als in einer Umgebung mit geringer Unsicherheit.

Diese Verhaltenserwartungen sind nicht als Verhaltensvorgaben zu verstehen, sondern beschreiben vielmehr eine Erwünschtheit bestimmter Verhalten durch „[...] implicit or explicit cues [...]" (Meyer et al., 2010, S. 122). In diesem Sinne wird ein effektuatives Verhalten in einer stark unsicheren und ein kausales Verhalten in einer schwach unsicheren Umgebung erwartet (starke Situation). Ein effektuatives Verhalten in einer schwach unsicheren und ein kausales Verhalten in einer stark unsicheren Umgebung ist weniger auf solche *cues*, sondern eher auf die Persönlichkeit zurückzuführen (schwache Situation).

Dieser Ansatz der differenzierten Einflussnahme der Persönlichkeit in Abhängigkeit von der Situationsstärke weist Ähnlichkeiten zur *Trait Activation Theory* (TAT) auf, die ebenfalls eine umgebungsabhängige Einflussnahme der Persönlichkeit beschreibt (Tett et al., 2013; Lievens et al., 2006). Beide Ansätze unterscheiden sich jedoch dahingehend, dass der Ansatz der Situationsstärke zwischen der Stärke des Einflusses der Persönlichkeit differenziert (Mischel, 1977), während die TAT die generelle Relevanz von Persönlichkeitseigenschaften für einen definierten Kontext betrachtet (Tett et al., 2013).[2]

Entsprechend der TAT sind im weiteren Verlauf Persönlichkeitseigenschaften zu identifizieren, die für ein effektuatives bzw. kausales Verhalten relevant sein könnten. Aufgrund des hierzu festgestellten Mangels an Studien, jedoch der Verankerung von Effectuation und Causation in der Entrepreneurship-Disziplin, werden als Grundlage für den Entrepreneurship-Kontext relevante Persönlichkeitseigenschaften aus der Literatur ermittelt.

3.2. Zur Rolle der Persönlichkeit im Entrepreneurship

Wie bereits zu Beginn erwähnt, wird die Rolle der Persönlichkeit in der Entrepreneurship-Forschung kontrovers diskutiert. Zum Einen wird der Standpunkt vertreten, dass die Persönlichkeit weder ein relevantes Unterscheidungsmerkmal zwischen Entrepreneuren und Nicht-Entrepreneuren repräsentiert, noch Bezüge zu unternehmerischen Verhalten aufweist (Gartner, 1985). Zum Anderen lassen verschiedene Metastudien inzwischen durchaus eine Relevanz spezifischer und breiter Persönlichkeitseigenschaften für die Entrepreneurship-Disziplin erkennen (Brandstätter, 2011).

---

[2]Lievens et al. (2006, S. 248) beschreiben diesen Unterschied metaphorisch mit „[...] trait relevance is akin to which channel a radio is tuned to whereas situation strength is more similar to volume [...]".

Aufgrund der Vielzahl der in den Metastudien ermittelten Persönlichkeitseigenschaften wird im Folgenden eine Auswahl jener Eigenschaften betrachtet, die für die Entrepreneurship-Disziplin spezifisch sind. Hieran schließt sich eine Fokussierung auf breite, jedoch ebenfalls für den Entrepreneurship-Kontext relevante Persönlichkeitseigenschaften an.

3.2.1. Spezifische Persönlichkeitseigenschaften

Eine Auswahl populärer und für die Entrepreneurship-Disziplin spezifische Persönlichkeitseigenschaften ist in Tabelle 3.1 abgebildet. Diesen Persönlichkeitseigenschaften sind Studien zugeordnet, die unterschiedlich starke Ausprägungen der verglichenen Gruppen in der jeweiligen Eigenschaft feststellen konnten. Darüber hinaus sind in der Tabelle insbesondere unternehmens- und gründungsbezogene Effekte aufgeführt, die von der Literatur mit der jeweiligen Persönlichkeitseigenschaft in Verbindung gebracht werden.

Tabelle 3.1.: Literaturüberblick zu Gruppenunterschieden und Effekten spezifischer Persönlichkeitsmerkmale im Entrepreneurship

Eigenschaft	Gruppen	Effekte
Leistungsmotivation (*need for achievement*)	Entrepreneure und Manager (Carland & Carland, 1991; Begley & Boyd, 1987); Entrepreneure und Nicht-Entrepreneure (Cools & Van den Broeck, 2007; Ahmed, 1985; Perry, 1990)	Wahl einer unternehmerischen Karriere und Unternehmensperformance (Collins et al., 2004); Ausnutzung unternehmerischer Gelegenheiten (Shane, 2003); Unternehmenserfolg (Rauch & Frese, 2007b)
Innere Kontrollüberzeugung (*internal locus of control*)	Entrepreneure und Nicht-Entrepreneure (Cools & Van den Broeck, 2007; Ahmed, 1985); Studenten der Wirtschaftswissenschaften (Brockhaus, 1975)	Ausnutzung unternehmerischer Gelegenheiten (Shane, 2003); Gründungsentscheid und Unternehmenserfolg (Brandstätter, 2011); Berufliche Zufriedenheit und Leistung (Judge & Bono, 2001)
Risikofreudigkeit (*risk-taking propensity*)	Entrepreneure und Manager (Stewart & Roth, 2001; Carland et al., 1995; Carland & Carland, 1991); Entrepreneure und Nicht-Entrepreneure (Ahmed, 1985; Begley & Boyd, 1987)	Ausnutzung unternehmerischer Gelegenheiten (Shane, 2003); Gründungsintentionen (Zhao et al., 2010)

Tabelle 3.1.: Literaturüberblick zu Gruppenunterschieden und Effekten spezifischer Persönlichkeitsmerkmale im Entrepreneurship *(Fortsetzung)*

Eigenschaft	Gruppen	Effekte
Verallgemeinerte Selbstwirksamkeit (*generalized self-efficacy*)	Entrepreneure und Nicht-Entrepreneure (Tyszka et al., 2011; Macko & Tyszka, 2009; Cools & Van den Broeck, 2007); Erfinder (Markman et al., 2002)	Gründungsintentionen (Bullough et al., 2014; Laguna, 2013); Gründungsentscheid und Unternehmenserfolg (Rauch & Frese, 2007b); Berufliche Zufriedenheit und Leistung (Judge & Bono, 2001)
Innovativität (*innovativeness*)	Entrepreneurship- und MBA-Studenten (Sexton & Bowman, 1986); Entrepreneure und Manager (Carland & Carland, 1991); Entrepreneure und Nicht-Entrepreneure (Tuunanen & Hyrsky, 1997)	Gründungsentscheid und Unternehmenserfolg (Rauch & Frese, 2007b); Unternehmensperformance und Adoption von Innovationen (Verhees & Meulenberg, 2004)
Unabhängigkeit (*need for autonomy*)	Entrepreneure und Nicht-Entrepreneure (Shane, 2003)	Gründungsintentionen (Shane, 2003); Gründungsentscheid und Unternehmenserfolg (Brandstätter, 2011; Frese & Fay, 2001)
Proaktive Persönlichkeit (*proactive personality*)	Entrepreneure und Nicht-Entrepreneure (Cools & Van den Broeck, 2007)	Proaktives Verhalten (Frese & Fay, 2001); Gründungsintentionen (Crant, 1996); Gründungsentscheid und Unternehmenserfolg (Brandstätter, 2011; Frese & Fay, 2001); Beruflicher Erfolg (Seibert et al., 2001)
Stresstoleranz (*stress tolerance*)	Entrepreneure und Manager (Rauch & Frese, 2007b)	Gründungsintentionen (Bullough et al., 2014); Gründungsentscheid und Unternehmenserfolg (Brandstätter, 2011; Rauch & Frese, 2007b)
Beharrlichkeit (*tenacity*)	-	Unternehmenswachstum (Baum & Locke, 2004)
Zielorientierung (*goal orientation*)	-	Unternehmenswachstum (Baum & Locke, 2004); Wahl einer unternehmerischen Karriere (Culbertson et al., 2011)
Flexibilität (*flexibility*)	Männliche und weibliche Entrepreneure (Ndubisi, 2008); Entrepreneure und Manager (Envick & Langford, 2000)	-

Tabelle 3.1.: Literaturüberblick zu Gruppenunterschieden und Effekten spezifischer Persönlichkeitsmerkmale im Entrepreneurship *(Fortsetzung)*

Eigenschaft	Gruppen	Effekte
Leidenschaft *(passion)*	-	Gründungsintentionen (De Clercq et al., 2013); Gründungsverhalten (Murnieks et al., 2014); Unternehmenswachstum (Baum & Locke, 2004)
Kreativität *(creativity)*	Entrepreneure und Andere (Cromie, 2000)	Flexible Problemlösung (Cromie, 2000); Entwicklung von Innovationen (Baron & Tang, 2011)

Die *Leistungsmotivation* zählt zu jenen Eigenschaften, die in der Entrepreneurship-Forschung
eine historisch gewachsene Beachtung fanden. Sie manifestiert sich in der Bewältigung schwieriger Aufgaben und der Überwindung von Hürden zur Erbringung von Höchstleistungen; dazu motivierend, sich selbst und andere zu übertreffen (Shaver & Scott, 1991; Rauch & Frese, 2007b). Bei einem Vergleich von Nicht-Entrepreneuren mit Entrepreneuren wurde festgestellt, dass Entrepreneure eine tendenziell höhere Leistungsmotivation aufweisen (Cools &
Van den Broeck, 2007; Ahmed, 1985; Perry, 1990). Im spezifischen Vergleich von Entrepreneuren mit Managern haben Carland & Carland (1991) und Begley & Boyd (1987) bei Entrepreneuren eine höhere Leistungsmotivation ermittelt; Perry (1990) konnte jedoch keine Unterschiede
zwischen diesen beiden Personengruppen feststellen. Hinsichtlich konkreter Effekte wurden
positive Zusammenhänge zwischen der Leistungsmotivation und verschiedenen, unternehmerischen Verhalten festgestellt (Shane, 2003), z.B. der Entscheid für eine unternehmerische Karriere bzw. Gründung eines Unternehmens (Collins et al., 2004; Rauch & Frese, 2007b), der
Unternehmenserfolg (Rauch & Frese, 2007b), der verstärkten Ausnutzung unternehmerischer
Gelegenheiten (Shane, 2003) und der Unternehmensperformance (Collins et al., 2004).

Die Persönlichkeitseigenschaft der *Kontrollüberzeugung* lässt sich aus einer inneren und äuße-
ren Perspektive betrachten. Die externe Kontrollüberzeugung (*external locus of control*) ist nach
Robinson et al. (2013, S. 414) definiert als „[...] a pervasive belief that outcomes are not deter-
minable by one's personal efforts"; die interne Kontrollüberzeugung (*internal locus of control*)
hingegen „[...] is the belief that outcomes are contingent upon actions". Insbesondere die innere
Kontrollüberzeugung, d.h. die Überzeugung von der Möglichkeit einer eigenen Einflussnahme,
spielt bei der Untersuchung unternehmerischer Verhalten eine wichtige Rolle (Shaver & Scott,
1991). Menschen mit einer niedrigen, inneren Kontrollüberzeugung könnten beispielsweise den
Erfolg einer Gründung als nicht oder nur schwer durch sich selbst beeinflussbar betrachten,
und so von einem Gründungsvorhaben abbringen (Rauch & Frese, 2007b; Mueller & Thomas,

2001). Hierzu konform haben Brockhaus (1975) festgestellt, dass Studenten der Wirtschaftswissenschaften mit Gründungsabsichten eine stärkere, innere Kontrollüberzeugung aufwiesen als jene Studenten ohne Gründungsabsichten. Auch im generellen Vergleich von Entrepreneuren mit Nicht-Entrepreneuren haben Cools & Van den Broeck (2007) und Ahmed (1985) eine ausgeprägtere, innere Kontrollüberzeugung bei Entrepreneuren festgestellt. Eine solch ausgeprägte, innere Kontrollüberzeugung steht in Verbund mit einer verstärkten Ausnutzung unternehmerischer Gelegenheiten (Shane, 2003), vermehrten Unternehmensgründungen und einem größeren, unternehmerischem Erfolg (Brandstätter, 2011). Des Weiteren wurde ein positiver Einfluss der Kontrollüberzeugung auf die Zufriedenheit mit dem Beruf und die berufliche Leistung festgestellt (Judge & Bono, 2001).

Die Verortung der *Risikofreudigkeit* als Persönlichkeitseigenschaft gestaltet sich in der Literatur nicht einheitlich. Nach Zhao & Seibert (2006) und Zhao et al. (2010) kann die Risikofreudigkeit einerseits als eigene Persönlichkeitseigenschaft, andererseits auch als eine Facette breit aufgestellter Persönlichkeitseigenschaften betrachtet werden. Auch die wissenschaftlichen Erkenntnisse zu Einflüssen und Zusammenhänge dieser Persönlichkeitseigenschaft sind in der Literatur nicht konsistent. Obgleich die Risikofreudigkeit ein wichtiger Einflussfaktor für Gründungsabsichten (Zhao et al., 2010) und die Ausnutzung unternehmerischer Gelegenheiten (Shane, 2003) repräsentiert, konnte Brockhaus (1980) keinen Unterschied zwischen Gründern und anderen Personengruppen hinsichtlich ihrer Risikofreudigkeit feststellen. Entsprechend den Angaben in der Tabelle wurden in anderen Studien jedoch signifikante Unterschiede dahingehend ermittelt, dass Entrepreneure im Vergleich zu Nicht-Entrepreneuren bzw. Managern eine höhere Risikofreudigkeit aufweisen. Rauch & Frese (2007b) und Shaver & Scott (1991) führen diese uneindeutige Erkenntnislage auf die Anwendung verschiedener Messinstrumente und konzeptuelle Probleme zurück. Die konzeptuelle Problematik wird dadurch beschrieben, dass weniger die Risikofreudigkeit als Charaktermerkmal, sondern vielmehr die Wahrnehmung des Risikos aus Sicht der jeweils handelnden Person für eine Einflussnahme von Relevanz ist (Shaver & Scott, 1991; Perry, 1990). Zusammengefasst ist die wissenschaftliche Erkenntnislage hinsichtlich der Risikofreudigkeit-Persönlichkeitseigenschaft daher als diffus zu bezeichnen.

Die *Selbstwirksamkeit* wird aus der Wahrnehmungsperspektive definiert als „[...] personal judgements of one's capabilities to organize and execute courses of action to attain designated goals [...]" (Zimmerman, 2000, S. 83). Die Literatur differenziert hier zwischen einer verallgemeinerten (*generalized*) und einer kontextbezogenen (*specific*) Selbstwirksamkeit (Baum & Locke, 2004), wobei nur die verallgemeinerte Selbstwirksamkeit als Persönlichkeitseigenschaft verstanden wird (Rauch & Frese, 2007b). In diesem Sinne haben Tyszka et al. (2011), Macko & Tyszka (2009) und Cools & Van den Broeck (2007) eine höhere Selbstwirksamkeit bei Entrepreneuren im Vergleich zu Nicht-Entrepreneuren festgestellt. Markman et al. (2002) betrachteten die Selbstwirksamkeitsausprägungen von Erfindern technologischer Innovationen und stellten fest, dass gründende Erfinder eine ausgeprägtere Selbstwirksamkeit aufweisen. Im Kontext möglicher Effekte wird eine ausprägte Selbstwirksamkeit in Zusammenhang mit vermehrten Gründungsintentionen (Bullough et al., 2014; Laguna, 2013), vermehrten Unternehmensgründungen und einen gesteigerten Gründungserfolg (Rauch & Frese, 2007b) gebracht. Darüber hinaus übt sie einen positiven Einfluss auf die Zufriedenheit mit dem Beruf und die berufliche Leistung aus (Judge & Bono, 2001).

Bei der *Innovativität* differenziert die Literatur zwischen *innate innovativeness* als Persönlichkeitseigenschaft und *actualized innovativeness* als innovatives Verhalten (Midgley & Dowling, 1978). Da im vorliegenden Kontext Persönlichkeitsmerkmale betrachtet werden, soll der Fokus auf ebendiesem Verständnis von Innovativität als „[...] an individual's tendency to be attracted to and creative with new and different stimuli" liegen (Ridgway & Price, 1994, S. 72). In einem übergreifenden Vergleich fassen Mueller & Thomas (2001) zusammen, dass Entrepreneure im Vergleich zu Nicht-Entrepreneuren als innovativer gelten: Entrepreneurship-Studenten gelten als innovativer im Vergleich zu MBA-Studenten (Sexton & Bowman, 1986), und Entrepreneure als innovativer im Vergleich zu Nicht-Entrepreneuren im Allgemeinen (Tuunanen & Hyrsky, 1997) und Managern im Besonderen (Carland & Carland, 1991; Rauch & Frese, 2007b). Im Kontext möglicher Einflussnahmen steht die Innovativität in positivem Zusammenhang mit vermehrten Unternehmensgründungen und dem Unternehmenserfolg (Rauch & Frese, 2007b), sowie mit der Unternehmensperformance und einer gesteigerten Adoption von Innovationen (Verhees & Meulenberg, 2004).

Die Persönlichkeitseigenschaft der *Unabhängigkeit* ist durch eine Loslösung von Vorgaben und Restriktionen charakterisiert (Rauch & Frese, 2007b). Im Detail beschreiben Harrell & Alpert (1979, S. 259) Unabhängigkeit als „'the quality or state of being independent, free and self directing'", D'Intino et al. (2007, S. 112) Unabhängigkeit im beruflichen Kontext als „[...] the extent to which a person needs or is eager to express individual initiative in performing a job". Der Metastudie von Shane (2003) ist zu entnehmen, dass sich Entrepreneure von Nicht-Entrepreneuren durch eine stärkere Unabhängigkeit unterscheiden. Darüber hinaus werden gesteigerte Gründungsintentionen (Shane, 2003) und Gründungen, sowie der Unternehmenserfolg (Brandstätter, 2011; Frese & Fay, 2001) mit einer gesteigerten Unabhängigkeit in Verbindung gebracht. Insgesamt betrachtet existieren jedoch nur wenige empirische Studien zu Effekten resultierend aus der Unabhängigkeitspersönlichkeitseigenschaft (Vecchio, 2003).

Die *Proaktivität* als Persönlichkeitseigenschaft gilt als Prädiktor für proaktives Verhalten (Frese & Fay, 2001) und ist in Bateman & Crant (1993, S. 103) definiert als „[...] the relatively stable tendency to effect environmental change". Neben der direkten Einflussnahme auf das äquivalente Verhalten steht eine ausgeprägte, proaktive Persönlichkeit in Zusammenhang mit gesteigerten Gründungsabsichten (Crant, 1996) und Unternehmensgründungen (Frese & Fay, 2001), einem charismatischen Führungsstil (Crant & Bateman, 2000) und mit dem beruflichen (Seibert et al., 2001) bzw. unternehmerischen (Brandstätter, 2011; Frese & Fay, 2001) Erfolg. Entsprechend der vermehrten Gründungsabsichten und Gründungen besitzen Entrepreneure im Vergleich zu Nicht-Entrepreneuren eine stärkere, proaktive Persönlichkeit (Cools & Van den Broeck, 2007).

Die Bedeutsamkeit der *Stresstoleranz* im Entrepreneurship ergibt sich daraus, dass Unternehmensgründungen in einer mit Unsicherheit behafteten Umgebung ein Aufkommen von Stress, auch aufgrund von „[...] a high workload and [...] financial and personal risks", begünstigen können (Rauch & Frese, 2007b, S. 359). Auch Entscheidungssituationen im Entrepreneurship-Kontext und die von Entrepreneuren vielfältig eingenommenen Rollen und damit verbundenen, teils unerkannten und konfliktionären Erwartungshaltungen (z.B. ausgehend von Familie und Beruf) wirken als Stressoren (Buttner, 1992). Ein vermehrter Stress wiederum kann sich negativ auf die Gesundheit auswirken (Buttner, 1992). Eine ausgeprägte Stresstoleranz ist daher für Entrepreneure wichtig und zeigt sich in der Tat eher bei Entrepreneuren als bei Managern (Rauch & Frese, 2007b). Darüber hinaus wurden positive Zusammenhänge zwischen einer gesteigerten Stresstoleranz und vermehrten Gründungsintentionen (Bullough et al., 2014), Unternehmensgründungen und dem unternehmerischem Erfolg festgestellt (Brandstätter, 2011; Rauch & Frese, 2007b).

Die *Beharrlichkeit* ist in Baum & Locke (2004, S. 588) definiert als „[...] a trait that involves sustaining goal-directed action and energy even when faced with obstacles". Diese Persönlichkeitseigenschaft nimmt in der Entrepreneurship-Forschung ebenfalls eine wichtige Rolle ein, da Entrepreneure mit einer starken Ausprägung in dieser Charaktereigenschaft ihre Ziele selbst unter schwierigen Bedingungen, die sich bei Unternehmensgründungen typischerweise zeigen, weiterverfolgen (Baum & Locke, 2004). Hinsichtlich konkreter Effekte steht eine ausgeprägte Beharrlichkeit in indirekt positivem Zusammenhang mit dem Unternehmenswachstum, mediiert durch „[...] communicated vision, goals, and self-efficacy" (Baum & Locke, 2004, S. 597). Obgleich Entrepreneure typischerweise eine ausgeprägte Beharrlichkeit aufweisen (Cornwall & Naughton, 2003), sind Vergleichsstudien von Entrepreneuren mit anderen Gruppen hinsichtlich ihrer Ausprägung in dieser Persönlichkeitseigenschaft rar.

Bei der Persönlichkeitseigenschaft der *Zielorientierung* differenziert die Literatur zwischen einer lern- und leistungsorientierten Perspektive: „A learning orientation is characterized by a desire to increase one's task competence, whereas a performance orientation reflects a desire to do well and to be positively evaluated by others [...]" (Phillips & Gully, 1997, S. 794). Entsprechend dieser Differenzierung fokussiert die lernorientierte Zielorientierung eine Förderung der eigenen Fähigkeiten durch herausfordernde Situationen (Culbertson et al., 2011). Die leistungsorientierte Perspektive hingegen geht von einer Begrenztheit der eigenen Fähigkeiten aus, sodass der Fokus auf den den eigenen Fähigkeiten entsprechenden Aufgaben mit dem Ziel der Gewinnung positiver Rückmeldungen liegt (Culbertson et al., 2011). Beide Dimensionen verhalten sich jedoch orthogonal zueinander und sind dementsprechend nicht als gegensätzlich zu betrachten. Ein Vergleich von Entrepreneuren mit Managern lässt keine Unterschiede bei der Zielorientierung erkennen (Sadler-Smith et al., 2003). Hinsichtlich konkreter Effekte geht von der Zielorientierung ein direkter Einfluss auf das Unternehmenswachstum (Baum & Locke, 2004), in Verbund mit einer ausgeprägten Selbstwirksamkeit ein Einfluss auf die Wahl einer unternehmerischen Karriere aus (Culbertson et al., 2011).

Auch bei der *Flexibilität* handelt es sich um eine für Entrepreneure typische Persönlichkeitseigenschaft (Stevenson & Jarillo, 2007). Ndubisi (2008) haben mit Fokussierung auf das Geschlecht von Entrepreneuren festgestellt, dass männliche Entrepreneure eine flexiblere Prädisposition als weibliche Entrepreneure besitzen. Darüber hinaus weisen Entrepreneure geschlechtsunabhängig eine größeren Flexibilität als Manager auf (Envick & Langford, 2000).

Die *Leidenschaft* wird in De Clercq et al. (2013, S. 2) aus der beruflichen Perspektive beschrieben als „[...] the extent to which people 'love' to work and derive joy from investing in work-related activities [...]". Murnieks et al. (2014, S. 1587) definieren Leidenschaft aus der Entrepreneurship-Perspektive als „[...] a strong, positive inclination toward entrepreneurial activities". Aus dieser Perspektive haben Murnieks et al. (2014) einen direkten, positiven Einfluss von Leidenschaft auf ein unternehmerisches Verhalten bei Entrepreneuren festgestellt. Bei weitergehenden Betrachtungen scheint von der Leidenschaft jedoch ein eher indirekter denn direkter Einfluss auszugehen. So moderiert sie beispielsweise den Einfluss der Machbarkeit und Erwünschtheit einer Selbstständigkeit auf die Intention zu gründen (De Clercq et al., 2013). Auch das Unternehmenswachstum wird von der beruflichen Leidenschaft nicht direkt, sondern indirekt von einem Mediator beeinflusst (Baum & Locke, 2004). Im Hinblick auf die Rolle der Leidenschaft-Persönlichkeitseigenschaft als Prädiktor ist im Kontext von Investitionsentscheidungen für das erfolgreiche Einwerben von Kapital eher eine ausreichende Vorbereitung denn die Leidenschaft des Gründers von Bedeutung (Chen et al., 2009). Obgleich bereits erste Zusammenhänge zwischen der Leidenschaft und weiteren Konstrukten im Entrepreneurship-Kontext untersucht wurden, ist nach wie vor ein Mangel an empirischen Studien zur Leidenschaft im Gründungskontext zu erkennen (Murnieks et al., 2014). Entsprechend diesem festgestellten Mangel sind keine Studien bekannt, die Entrepreneure mit anderen Personengruppen hinsichtlich ihrer Leidenschaft verglichen haben.

Auch die *Kreativität* aus der Perspektive einer Persönlichkeitseigenschaft (Eysenck, 1983) spielt in der Entrepreneurship-Forschung eine wichtige Rolle. Ihre Bedeutsamkeit ergibt sich insbesondere daraus, dass Entrepreneure im Vergleich zu anderen Personengruppen als kreativer gelten (Cromie, 2000). Diese Kreativität wird nicht nur mit einer ausgeprägten Offenheit für neue Erfahrungen in Verbindung gebracht (Li et al., 2015), sondern steht auch in positivem Zusammenhang mit der Verfolgung unkonventioneller, flexibler Problemlösungsansätze (Cromie, 2000), positiven Affektzuständen (Delgado-Garcia et al., 2012) und der Entwicklung von Innovationen in insbesondere dynamischen Umgebungen (Baron & Tang, 2011).

Dieser Überblick über für die Entrepreneurship-Disziplin spezifischen Persönlichkeitseigenschaften und zugehörigen Effekte soll als Grundlage für die Überlegung von potentiellen Einflüssen der Persönlichkeit auf effektuatives bzw. kausales Verhalten dienen. Diese Grundlage ist jedoch, insbesondere ob der Spezifität der vorgestellten Eigenschaften, nicht als erschöpfend zu betrachten. Daher wird im Folgenden eine ergänzende Betrachtung breit aufgestellter Persönlichkeitseigenschaften aus der Entrepreneurship-Perspektive vorgenommen.

3.2.2. Breite Persönlichkeitseigenschaften

Neben spezifischen Persönlichkeitseigenschaften sind auch breit aufgestellte Persönlichkeitseigenschaften, die nicht ausschließlich einem spezifischen Kontext zuzuordnen sind, für die Entrepreneurship-Disziplin von Relevanz. Ihre Erklärungskraft ist im Hinblick auf unternehmerische Verhaltensweisen aufgrund ihrer mangelnden Spezifität zwar tendenziell schwächer ausgeprägt, jedoch ist ihr Einfluss nicht als unbedeutend anzusehen (Leutner et al., 2014).

Als etablierter Vertreter breit aufgestellter Persönlichkeitseigenschaften gilt das *Fünf-Faktoren-*Modell (FFM, auch *Big Five* genannt), das sich aus den Persönlichkeitsfaktoren bzw. Dimensionen der *Extraversion*, *Neurotizismus*, *Gewissenhaftigkeit*, *Offenheit* und *Verträglichkeit* zusammensetzt (Paunonen & Ashton, 2001). Extravertierte Menschen gelten als ambitioniert und gesellig, neurotizistische Menschen als unsicher und emotional instabil, und verträgliche Menschen als kooperativ und rücksichtsvoll (Ciavarella et al., 2004). Darüber hinaus lassen sich gewissenhafte Menschen als zuverlässig, fleißig und ordnungsliebend, offene Menschen als einfallsreich und weltoffen beschreiben (Ciavarella et al., 2004).

Das FFM wurde bereits in einer Vielzahl von Studien aufgegriffen, in „[...] self-reports and ratings, in studies of adults and children, in a variety of theoretically based questionnaires, and in the analysis of adjectives from several different languages" (Costa et al., 1991, S. 887). Auch in der Entrepreneurship-Disziplin fanden die fünf Persönlichkeitsfaktoren Beachtung. Unter insbesonderem Einbezug der Meta-Metastudie von Brandstätter (2011) führt Tabelle 3.2 Gruppen mit unterschiedlich starken Faktorausprägungen auf, und ergänzt relevante Effekte, die mit den fünf Faktoren in Verbindung gebracht werden.

Tabelle 3.2.: Literaturüberblick zu Gruppenunterschieden und Effekten der *Big Five* Persönlichkeitseigenschaften im Entrepreneurship

Faktor	Gruppen	Effekte
Extraversion (*extraversion*)	Entrepreneure und Manager (Brandstätter, 2011)	Gründungsintentionen (Zhao et al., 2010; Ismail et al., 2009); Unternehmensperformance (Zhao et al., 2010); Ausnutzung unternehmerischer Gelegenheiten (Shane, 2003)
Neurotizismus (*neuroticism*)	Entrepreneure und Manager (Zhao & Seibert, 2006)	Gründungsintentionen und Unternehmensperformance (Zhao et al., 2010); Berufliche Zufriedenheit und Leistung (Judge & Bono, 2001); Beruflicher Erfolg (Judge et al., 1999); Kündigung des Berufs (Barrick & Mount, 1996)
Gewissenhaftigkeit (*conscientiousness*)	Entrepreneure und Manager (Zhao & Seibert, 2006)	Gründungsintentionen (Brice, 2004; Zhao et al., 2010); Unternehmensperformance (Zhao et al., 2010); Langfristiger Unternehmensbestand (Ciavarella et al., 2004); Beruflicher Erfolg (Judge et al., 1999); Zielorientiertes Verhalten (DeNeve & Cooper, 1998); Kündigung des Berufs (Barrick & Mount, 1996); Ideenentwicklug (Batey et al., 2010)
Offenheit (*openness*)	Entrepreneure und Manager (Zhao & Seibert, 2006)	Gründungsintentionen (Zhao et al., 2010; Ismail et al., 2009; Brice, 2004); Langfristiger Unternehmensbestand (Ciavarella et al., 2004); Unternehmensperformance (Zhao et al., 2010); Ideenentwicklung (Batey et al., 2010)
Verträglichkeit (*agreeableness*)	Entrepreneure und Manager (Zhao & Seibert, 2006)	Gründungsintentionen (Brice, 2004); Ausnutzung unternehmerischer Gelegenheiten (Shane, 2003)

Die *Extraversion*-Persönlichkeitseigenschaft nimmt in der Entrepreneurship-Disziplin eine wichtige Rolle ein, da mit ihr Adjektive wie „[...] durchsetzungsfähig, dominant, tatkräftig, aktiv, gesprächig und enthusiastisch [...]" verbunden werden – jene Eigenschaften, die insbesondere für die sozialen Interaktionen zwischen Entrepreneuren und Stakeholdern von Bedeutung sind (Zhao & Seibert, 2006, S. 260). Menschen mit einer niedrigen Ausprägung in der Extraversion-Persönlichkeitseigenschaft gelten als zurückhaltend und ruhig, und sind daher in den beschriebenen, notwendigen Interaktionen eher gehemmt (Ismail et al., 2009). Im Vergleich von Entrepreneuren mit Managern zeichnen sich Entrepreneure durch eine stärker ausgeprägte Extraversion aus (Brandstätter, 2011) – Zhao & Seibert (2006) konnten hier jedoch keine unterschiedliche Ausprägung feststellen. Darüber hinaus steht eine ausgeprägte Extraversion, insbesondere bei Frauen (Zhang et al., 2009), in positivem Zusammenhang mit gesteigerten Gründungsabsichten (Zhao et al., 2010; Ismail et al., 2009), mit einer gesteigerten, unternehmerischen Performance (Zhao et al., 2010) und beschreibt eine verstärkte Ausnutzung unternehmerischer Gelegenheiten (Shane, 2003). Im Hinblick auf einen langfristigen Unternehmensbestand ist kein Einfluss der Extraversion-Persönlichkeitseigenschaft zu erkennen (Ciavarella et al., 2004).

Die *Neurotizismus*-Persönlichkeitseigenschaft beschreibt die emotionale Stabilität eines Menschen (Ismail et al., 2009). Mit einer starken Ausprägung in Neurotizismus, entsprechend einer geringen emotionalen Stabilität, wird eine Neigung zu „[...] Angst, Feindseligkeit, Niedergeschlagenheit, Unsicherheit, Impulsivität und Verletzlichkeit [...]" in Verbindung gebracht (Zhao & Seibert, 2006, S. 260). Eine geringe neurotizistische Ausprägung steht hingegen in Zusammenhang mit einem ausgeprägten „[...] Selbstbewusstsein, Gelassenheit, Ausgeglichenheit und Entspannung [...]" (Zhao & Seibert, 2006, S. 260). Eine solche geringe Ausprägung von Neurotizismus entspricht einer ausgeprägten emotionalen Stabilität (Zhao et al., 2010). Der Bezug des Neurotizismus zum Entrepreneurship zeigt sich darin, dass Entrepreneure im Rahmen ihres Gründungsvorhabens zwar eine große Verantwortung tragen und mit Rückschlägen konfrontiert werden, mit diesen aber aufgrund ihrer emotionalen Stabilität (Zhao & Seibert, 2006) und positiven Sichtweise entsprechend umzugehen wissen (Zhao et al., 2010; Zhang et al., 2009). Hinsichtlich spezifischer Effekte steht eine ausgeprägte, emotionale Stabilität in Zusammenhang mit gesteigerten Gründungsabsichten (Zhao et al., 2010), einer gesteigerten, unternehmerischen Performance (Zhao et al., 2010) und einer vermehrten, beruflichen Zufriedenheit und Leistung (Judge & Bono, 2001). Entsprechend einer gesteigerten Leistung werden auch die berufliche Position und das Einkommen positiv (Judge et al., 1999) und die Neigung zur Kündigung des Berufes negativ (Barrick & Mount, 1996) von einer ausgeprägten Stabilität beeinflusst. Zusammenhänge mit einem langfristigen Unternehmensbestand sind hingegen nicht erkennbar (Ciavarella et al., 2004).

Die *Gewissenhaftigkeit*, sich zusammensetzend aus der Leistungsmotivation und der Zuverlässigkeit, wird von Zhao & Seibert (2006, S. 261) beschrieben als „[...] an individual's degree of organization, persistence, hard work, and motivation in the pursuit of goal accomplishment". Ebendiese Verfolgung von Zielen spiegelt sich in einem entsprechend zielorientierten Verhalten wider (DeNeve & Cooper, 1998). Eine niedrige Ausprägung von Gewissenhaftigkeit, beschrieben durch „[...] to disregard instruction, avoid order, and act impulsively", zielt hingegen auf ein eher kreatives Verhalten ab, beispielsweise im Zuge der Ideenentwicklung (Batey et al., 2010, S. 92). Im unternehmerischen Kontext steht eine ausgeprägte Gewissenhaftigkeit in Zusammenhang mit gesteigerten Gründungsabsichten (Brice, 2004; Zhao et al., 2010), einer gesteigerten Unternehmensperformance (Zhao et al., 2010) und einem langfristigen Unternehmensbestand (Ciavarella et al., 2004). Auch die Zufriedenheit mit dem Beruf und die berufliche Position (und die damit verbundenen Einkünfte) werden von der Gewissenhaftigkeit positiv beeinflusst (Judge et al., 1999), sodass gewissenhafte Arbeitnehmer weniger zu einer Kündigung ihres Berufes neigen (Barrick & Mount, 1996). Im übergreifenden Vergleich von Entrepreneuren mit Managern wurde festgestellt, dass Entrepreneure als gewissenhafter im Vergleich zu Managern gelten Zhao & Seibert (2006).

Menschen mit einer ausgeprägten *Offenheit* gelten als wissbegierig, innovativ und einfallsreich (Zhao & Seibert, 2006). Sie denken kreativ und sind offen sowohl für neue Erfahrungen, als auch für neue Ideen (Batey et al., 2010; Ismail et al., 2009). Eine niedrige Ausprägung in dieser Eigenschaft hingegen steht in Verbund mit Eigenschaften wie „[...] conventional, narrow in interests, and unanalytical" (Ismail et al., 2009, S. 56). Eine ausgeprägte Offenheit wird vermehrt von Entrepreneuren verkörpert (Zhao & Seibert, 2006) – sich zeigend in der Entdeckung von Neuem, der Entwicklung kreativer Lösungen und innovativen Unternehmensstrategien (Ismail et al., 2009). Darüber hinaus steht eine Offenheit für neue Erfahrungen in positivem Zusammenhang mit gesteigerten Gründungsabsichten (Zhao et al., 2010; Ismail et al., 2009; Brice, 2004) und einer gesteigerten Unternehmensperformance (Zhao et al., 2010). Hinsichtlich des langfristigen Unternehmensbestands haben Ciavarella et al. (2004) einen negativen Zusammenhang mit der Offenheit von Entrepreneuren festgestellt, und führen als mögliche Erklärungen eine durch die Offenheit motivierte, jedoch übermäßige Verfolgung von verschiedenen Entscheidungsoptionen an. Darüber hinaus fordern etablierte, langfristig existierende Unternehmen eher Management- denn Gründungsfähigkeiten, und bemessen viele unternehmerische Aktivitäten mit einem routinierten Charakter, der jedoch von offenen Menschen als weniger erstrebenswert betrachtet werden kann (Ciavarella et al., 2004).

Als *verträglich* geltende Menschen werden als „vertrauensvoll, nachsichtig, fürsorglich, uneigennützig, und gutgläubig" beschrieben, und legen Wert auf positive, kooperative und zwischenmenschliche Beziehungen (Zhao & Seibert, 2006, S. 261). Menschen mit einer niedrigen Ausprägung in der Verträglichkeits-Persönlichkeitseigenschaft hingegen gelten als manipulativ, rücksichtslos und egozentrisch, und nutzen Menschen zu ihrem eigenen Vorteil aus (Zhao & Seibert, 2006). Im Entrepreneurship-Kontext konnten Zusammenhänge zwischen der Verträglichkeit-Persönlichkeitseigenschaft und der beruflichen Leistung (Ciavarella et al., 2004), gesteigerten Gründungsabsichten (Zhao et al., 2010) und eines langfristigen Unternehmensbestands (Ciavarella et al., 2004) nicht nachgewiesen werden. Brice (2004) wiesen jedoch einen negativen Zusammenhang zwischen der Verträglichkeit und Gründungsabsichten nach. Des Weiteren wirkt eine ausgeprägte Verträglichkeit hemmend auf die Ausnutzung unternehmerischer Gelegenheiten (Shane, 2003). Im Vergleich verschiedener Gruppen haben Zhao & Seibert (2006) festgestellt, dass Entrepreneure niedrigere Ausprägungen in der Verträglichkeit-Persönlichkeitseigenschaft als Manager aufweisen.

Die Relevanz des FFM für die Entrepreneurship-Disziplin wurde durch den vormaligen Vergleich von Entrepreneuren mit anderen Personengruppen und aufgezeigten Zusammenhängen der Persönlichkeitsfaktoren mit weiteren, bedeutenden Konstrukten begründet. Die im vorherigen Kapitel ermittelten, für Entrepreneurship-Disziplin spezifischen Persönlichkeitseigenschaften werden um diese Faktoren des FFM ergänzt, und bilden so in ihrer Gänze nun die Grundlage für die Überlegung und Formulierung von Einflüssen der Persönlichkeit auf effektuatives und kausales Verhalten.

3.3. Einflüsse der Persönlichkeit auf effektuatives und kausales Verhalten

Das anvisierte Forschungsziel, den Einfluss der Persönlichkeit im Kontext von Effectuation und Causation zu untersuchen, erfordert eine Selektion jener Persönlichkeitseigenschaften, die für eine Erklärung effektuativer und kausaler Verhalten relevant sein können.

Exemplarisch könnten die Leistungsmotivation, die innere Kontrollüberzeugung und die Risikofreudigkeit, als „'hallmarks of the entrepreneurial personality'", betrachtet werden (Ciavarella et al., 2004, S. 468), die in Zusammenhang mit einer vermehrten Ausnutzung unternehmerischer Gelegenheiten stehen (Shane, 2003). Eine vermehrte Ausnutzung solcher Gelegenheiten könnte auch eine flexible Ausnutzung von sich ergebenden Gelegenheiten bedeuten und somit eine relevante Facette effektuativ-flexiblen Verhaltens beschreiben. Auch die Persönlichkeitseigenschaften der Flexibilität und Kreativität, Erstere trivialerweise und Letztere aufgrund ihres Zusammenhangs mit der Entwicklung unkonventioneller und flexibler Lösungsansätze (Cromie, 2000), könnten ein flexibles Verhalten begünstigen. Darüber hinaus könnte eine gesteigerte Innovativität aufgrund einer vermehrten Bereitschaft für Veränderungen (Sommer et al., 2017) mit einem vermehrt effektuativ-flexiblen und effektuativ-experimentellen Verhalten in Zusammenhang gebracht werden. Auf Mesoebene lässt sich ein solcher Zusammenhang durch das Verständnis von „[...] organizational innovativeness as [...] the degree of flexibility of organizations [and] an organization's tendency for experimentation [...]" begründen (Sommer et al., 2017, S. 301). Weitere Persönlichkeitseigenschaften wie jene der Zielorientierung und der Beharrlichkeit, Letztere als „[...] trait that involves sustaining goal-directed action [...]" (Baum &

Locke, 2004, S. 588), könnten ob ihrer Zielfokussierung ein zielorientiertes und damit kausales Verhalten begünstigen (Chandler et al., 2011).

Diese überlegten Einflüsse sind jedoch nur von exemplarischer Natur. Durch den festgestellten Mangel an Studien zur Relevanz der Persönlichkeit im Kontext von Effectuation und Causation lassen sich entsprechend vielfältige Einflussmöglichkeiten überlegen. Aufgrund dieser Vielfalt ist daher eine Vorabeingrenzung auf jene Persönlichkeitseigenschaften vorzunehmen, die für eine Erklärung effektuativer und kausaler Verhalten in Frage kommen können.

Bei den ermittelten, spezifischen und breiten Persönlichkeitseigenschaften ließen sich verstärkte Ausprägungen der Eigenschaften insbesondere bei der Gruppe der (erfahrenen) Entrepreneuren verorten. Aufgrund der Fokussierung der vorliegenden Arbeit auf unerfahrene Entrepreneure soll der Persönlichkeitsfokus insbesondere auf den *Big Five* liegen, da (1) diese als breit aufgestellte Persönlichkeitseigenschaften auch zur Charakterisierung von unerfahrenen Entrepreneuren herangezogen werden können, (2) sich trotz ihrer Breite konzeptuell mit spezifischen, Entrepreneurship-bezogenen Persönlichkeitseigenschaften überlappen,[3] (3) „[...] as inferred hypothetical constructs that are causally responsible for the individual's dispositional tendencies [...]" eine Neigung zu effektuativem und kausalem Verhalten beschreiben können (Caprara & Cervone, 2000, S. 68) und (4) zudem als stabil und etabliert gelten.

Obgleich die Faktoren der *Big Five* zur Vorhersage von menschlichem Verhalten herangezogen werden können, wird ihre Erklärungskraft in der Literatur kontrovers diskutiert (Paunonen & Ashton, 2001). Der Grund für diese Kontroverse liegt in den Faktoren selbst, die sich zwar aus unterschiedlichen, sich jedoch im gewissen Rahmen ähnelnden Dimensionen bzw. Facetten zusammensetzen (Costa & MacCrae, 1992; Costa et al., 1991). Obgleich das Spektrum der *Big Five* durch Messungen auf Facetten-Ebene vollumfänglich abgedeckt wird, gehen die individuellen Beiträge der Facetten bei Messungen auf Faktorebene hingegen verloren (Paunonen & Ashton, 2001). Für eine präzise Herleitung persönlichkeitsbezogener Hypothesen ist eine Berücksichtigung der einzelnen Facetten jedoch unabdingbar (Brandstätter, 2011; Barrick, 2005; Costa et al., 1991). Aus diesem Grund werden im Folgenden jene Facetten der *Big Five* betrachtet, die für ein effektuatives und kausales Verhalten relevant sein könnten (Tett et al., 2013).

Über die als relevant erachteten Facetten der *Big Five* hinaus wird die Persönlichkeitseigenschaft der Risikofreudigkeit als zusätzlicher, potentieller Einflussfaktor betrachtet, da sie (1) einen engen Bezug zur Entrepreneurship-Disziplin aufweist (Brockhaus, 1980), (2) sich die wissenschaftliche Erkenntnislage jedoch insbesondere bei dieser Eigenschaft als zwiespältig

---

[3]Die Proaktivität weist beispielsweise Querbezüge zu den *Big Five* Dimensionen Extraversion, Neurotizismus, Offenheit und Gewissenhaftigkeit auf (Brandstätter, 2011). Darüber hinaus steht die Gewissenhaftigkeit in Zusammenhang mit der Eigenschaft der inneren Kontrollüberzeugung (Ciavarella et al., 2004). Auch die Risikofreudigkeit lässt sich als spezifische Ausprägung der *Big Five* Faktoren interpretieren (Zhao & Seibert, 2006; Zhao et al., 2010).

erweist, und (3) darüber hinaus für die Wahrnehmung der Umgebungsunsicherheit von Relevanz ist (Shaver & Scott, 1991; Perry, 1990).

In den Erläuterungen zum Einfluss der Umgebungsunsicherheit (vgl. Kapitel 3.1) wurde festgehalten, dass eine stark unsichere Umgebung ein eher effektuatives und eine schwach unsichere Umgebung ein eher kausales Verhalten erwarten lässt (starke Situation). Entsprechend werden ein effektuatives Verhalten in einer schwach unsicheren Umgebung und ein kausales Verhalten in einer stark unsicheren Umgebung eher auf die Persönlichkeit denn auf die Umgebung zurückgeführt (schwache Situation). Einflüsse der Persönlichkeit auch in starken Situationen werden nach dem Ansatz der Situationsstärke zwar nicht prinzipiell ausgeschlossen, jedoch wird hier eine entsprechend schwächere Einflussnahme vermutet (Davis-Blake & Pfeffer, 1989). Aufgrund einer stärkeren Einflussnahme der Persönlichkeit in schwachen Situationen werden die folgend postulierten Einflüsse der als relevant erachteten Facetten der *Big Five* und der Risikofreudigkeit-Persönlichkeitseigenschaft auf jene Umgebung konkretisiert, die für das beeinflusste Verhalten als schwache Situation zu interpretieren ist. Die postulierten Einflüsse werden in Hypothesenform spezifiziert und in einem Strukturmodell dargestellt.

3.3.1. Neurotizismus: Ängstlichkeit

Die Neurotizismus-Persönlichkeitseigenschaft setzt sich aus den Facetten der *Ängstlichkeit*, *Reizbarkeit*, *Depression*, *Befangenheit*, *Impulsivität* und *Verletzlichkeit* zusammen. Mit der Ängstlichkeit-Dimension werden Sorge und Nervosität in Verbindung gebracht (Pearman & Storandt, 2005). Eine gesteigerte Reizbarkeit manifestiert sich in Wut, Ärger und Frustration (Pearman & Storandt, 2005). Die Dimension der Depression lässt sich durch Traurigkeit, Hoffnungslosigkeit, ein geringes Selbstwertgefühl und Verzweiflung beschreiben (Schimmack et al., 2004). Befangene Menschen haben Angst, das Falsche zu tun und sich so peinlichen Situationen auszusetzen (Pearman & Storandt, 2005). Schwierige Situationen wirken auf diese Menschen entsprechend einschüchternd (Treiber et al., 2013a). Impulsivität steht in Verbindung mit eiligen, begierigen und von Spontaneität geprägten Handlungen (Whiteside & Lynam, 2001). Menschen mit ausgeprägter Verletzlichkeit gelten als stressanfällig (Pearman & Storandt, 2005) und zeigen in stressigen Situationen ein eher gefühlsbetontes denn kontrolliertes Verhalten (Costa & MacCrae, 1992).

Bei der Ängstlichkeit-Dimension ist zu differenzieren, ob sie als relativ beständige Charaktereigenschaft oder als situative Erscheinung betrachtet wird (Spielberger & Reheiser, 2004). Als Charaktereigenschaft bzw. Persönlichkeitsmerkmal, verankert in Freuds Auffassung von neurotischer Angst (Freud, 1921), ist Ängstlichkeit zu verstehen als „[...] the propensity to experience high levels of anxiety across time and situations [...]" (Maner et al., 2007, S. 673). Reiss (1997, S. 201) definiert sie in ähnlicher Form als „[...] a general propensity to respond anxiously to a wide range of stressors [...]". Entsprechend ihrer Abgrenzung von einer situativen Ängstlichkeit (*state anxiety*) wird diese Art der Ängstlichkeit auch als *trait anxiety* bezeichnet (Spielberger & Reheiser, 2004). Aufgrund der Fokussierung der vorliegenden Arbeit auf Persönlichkeitseigenschaften wird sich im Folgenden an diesem persönlichkeitsbezogenen Verständnis von Ängstlichkeit orientiert.

Ängstliche Menschen gelten als pessimistisch und besorgt (MacLeod et al., 1991). Sie neigen nicht nur zu einer übermäßigen Evaluation ihrer Umgebung im Hinblick auf mögliche Gefahren (Stöber, 1997), sondern besitzen auch eine Neigung „[...] to estimate self-referent negative events as more likely, and self-referent positive events as less likely [...]" (Butler & Mathews, 1987, S. 562). Entsprechend leben ängstliche Menschen „[...] in a world of inflated subjective risk" (Stöber, 1997, S. 465). Allerdings sind ängstliche Menschen durchaus bestrebt, ebendiese Gefahren bzw. Risiken zu vermeiden (Maner et al., 2007).

Ein Vorgehen nach dem effektuativen Prinzip des akzeptablen Verlustes beschreibt eine beispielhafte Risikovermeidungsstrategie (Wiltbank et al., 2009). Die Risikovermeidung basiert bei diesem Prinzip auf der Evaluation der mit Entscheidungsalternativen verbundenen, möglichen Verluste im Hinblick auf ihre Akzeptanz (Kalinic et al., 2014). Im Rahmen einer Verfolgung dieser Risikovermeidungsstrategie könnten sich gerade ängstliche Menschen für jene Alternative entscheiden, die mit einem nur geringen, potentiellen Verlust behaftet ist, auch wenn diese Alternative einen vergleichsweise geringeren Ertrag stiftet. Ein solcher Zusammenhang zwischen der Ängstlichkeit und einer Vermeidung von Verlusten wurde in der Literatur bereits aufgegriffen: „Specifically, anxiety increases [...] the tendency to avoid potential negative outcomes, even at the cost of missing potential gains" (Hartley & Phelps, 2012, S. 4). In Ergänzung hierzu hat Gaul (1977) im Kontext von Lotterien festgestellt, dass nicht-ängstliche Menschen eher mögliche Gewinne, ängstliche Menschen hingegen eher die Höhe ihrer potentiellen Verluste fokussieren.

Verallgemeinert ist festzuhalten, dass ängstliche Menschen im Vergleich zu nicht-ängstlichen Menschen vermehrt risikoaverse Verhaltensweisen zeigen (Giorgetta et al., 2012). Diese Fokussierung ängstlicher Menschen in ihrer Risikoaversion auf die Begrenzung von Verlusten anstatt des Verfolgens ertragsmaximaler Alternativen mag auch auf unerfahrene Entrepreneure zutreffen. Dementsprechend könnten ängstliche, unerfahrene Entrepreneure ein vermehrt effektuatives Verhalten nach dem Prinzip des akzeptablen Verlustes insbesondere in einer schwach unsicheren Umgebung (geringe Situationsstärke) zeigen. Diese vermutete Einflussnahme der Ängstlichkeit wird durch folgende Hypothese ausgedrückt.

H$_2$: Ängstlichkeit hat einen positiven Einfluss auf ein effektuativ-verlustakzeptables Verhalten in einer schwach unsicheren Umgebung.

3.3.2. Extraversion: Geselligkeit & Aktivität

Die Extraversion-Persönlichkeitseigenschaft umfasst die Dimensionen *Herzlichkeit, Gesellig-keit, Durchsetzungsvermögen, Aktivität, Erlebnishunger* und *Heiterkeit*. Mit der Facette der Herzlichkeit wird ein herzliches bzw. freundschaftliches Zugehen auf andere Menschen und eine Etablierung ebensolcher zwischenmenschlicher Beziehungen beschrieben (Nussbaum & Bendixen, 2003). Herzliche Menschen fühlen sich inmitten von anderen Menschen wohl (Trei-ber et al., 2013a) und wollen Streitigkeiten vermeiden, die dieses Wohlsein gefährden könnten (Nussbaum & Bendixen, 2003). Menschen mit einer starken Ausprägung in der Geselligkeit-Fa-cette werden als kontaktfreudig und gesprächig beschrieben (Millon et al., 2002; Rhodes et al., 2004). Menschen mit einem ausgeprägten Durchsetzungsvermögen gelten als energisch und dominant (Nussbaum & Bendixen, 2003). Sie werden mit einer gesteigerten Streitlust in Ver-bindung gebracht, da ihnen Streitsituationen die Möglichkeit eröffnen, die eigenen Anliegen durchzusetzen (Nussbaum & Bendixen, 2003; Blickle, 1997). Die Aktivität-Facette bemisst Menschen mit einer starken Ausprägung in dieser Facette mit Adjektiven wie aktiv, tatkräftig und energisch (Millon et al., 2002). Die Erlebnishunger-Facette lässt sich beschreiben durch „[...] a need for thrills, risk-taking and strong stimulation" (De Bruin & Rudnick, 2007, S. 156). Entsprechend dieser Beschreibung wollen erlebnishungrige Menschen Neues erleben und sind bereit, hierzu entsprechende Risiken auf sich zu nehmen (Aluja et al., 2003; Zuckerman, 2014). Die Heiterkeit-Facette „[...] facilitates the induction of exhilaration [...]", unter anderem in Form von Lächeln und Lachen (Ruch et al., 1996, S. 305).

Für eine Erklärung von effektuativ-kooperativem Verhalten ist insbesondere die Geselligkeit-Fa-cette von Interesse. Diese Dimension der Extraversion-Persönlichkeitseigenschaft zielt auf die Kontaktfreudigkeit ab (Millon et al., 2002), und beschreibt ein Wohlbefinden von kontaktfreudi-gen Menschen inmitten von Gruppen und Menschenmengen (Treiber et al., 2013a; Major et al., 2006). Entsprechend dieses angestrebten Wohlbefindens können extravertierte Menschen auf größere, soziale Netze zurückgreifen (Pollet et al., 2011; Ciavarella et al., 2004).

Für Entrepreneure repräsentiert das mit zunehmender Erfahrung wachsende Gründernetzwerk als soziales Netz eine wichtige Grundlage für ihre unternehmerischen Aktivitäten.[4] Obgleich unerfahrene Entrepreneure im Sinne von Nicht-Entrepreneuren typischerweise noch auf kein umfangreiches Gründungsnetzwerk zurückgreifen können, kann jedoch der Aufbau eines sol-chen Netzes von der Kontaktfreudigkeit positiv beeinflusst werden (Wolff & Kim, 2012; Pollet et al., 2011; Wolff et al., 2008; Ciavarella et al., 2004). Hierzu konform formulieren Ciavarella et al. (2004, S. 470) auf Faktor-Ebene, dass „[...] being extraverted should facilitate the develop-ment of social networks [...]". Auch auf Facetten-Ebene werden die Facetten der Extraversion

---

[4]Filion (1990) sieht daher die Gründungserfahrung (*entrepreneurial know-how*) als ebenso wichtig an wie das soziale Netz (*entrepreneurial know-who*).

dahingehend beschrieben, dass diese „[...] should promote positive and cooperative interactions with others in the course of accomplishing work" (LePine & van Dyne, 2001, S. 327). Das Eingehen von Kooperationen im Sinne eines Einbindens von Anderen in das eigene Gründungsvorhaben, auch zum Aufbau eines Gründernetzwerkes, könnte daher von insbesondere kontaktfreudigen, unerfahrenen Entrepreneuren angestrebt werden. Daher wird ein Einfluss der Kontaktfreudigkeit auf ein vermehrt effektuativ-kooperatives Verhalten in einer schwach unsicheren Umgebung vermutet und durch folgende Hypothese präzisiert.

H_3: Geselligkeit hat einen positiven Einfluss auf ein effektuativ-kooperatives Verhalten in einer schwach unsicheren Umgebung.

Die Persönlichkeit als Einflussfaktor ist nicht nur für ein kooperatives Verhalten von Relevanz, sondern wird auch als „[...] strongest predictor of engagement in development activity [...]" angesehen (Major et al., 2006, S. 927). Im unternehmerischen Kontext können die experimentelle Entwicklung und flexible Anpassung von Produkten, Dienstleistungen und Geschäftsmodellen als Entwicklungsaktivitäten verstanden (Sosna et al., 2010), und in Folge von der Persönlichkeit beeinflusst werden (Major et al., 2006). Entsprechend der Verortung einer solch experimentellen und flexiblen Vorgehensweise im Effectuation-Ansatz (Andries et al., 2013; Fisher, 2012) wird die Persönlichkeit für ein effektuativ-experimentelles und effektuativ-flexibles Verhalten als relevant betrachtet.

Bei der Überlegung spezifischer Einflüsse der Persönlichkeit im Kontext der Extraversion interessiert insbesondere die Aktivität-Facette. Menschen mit einer starken Ausprägung in dieser Facette gelten als schnelllebig, lernbegierig und beschäftigt (Major et al., 2006; Rhodes et al., 2004). Dieses Bedürfnis nach Beschäftigung könnte durch ein Experimentieren mit verschiedenen Produkten, Dienstleistungen und Geschäftsmodellen erfüllt werden. Darüber hinaus bilden die bei dieser experimentellen Vorgehensweise erlangten Erkenntnisse hinsichtlich der Erfolgsträchtigkeit der konzipierten Produkte, Dienstleistungen und Geschäftsmodelle die Grundlage für ihre mögliche Weiterentwicklung (Sosna et al., 2010). Der im Rahmen dieses Entwicklungsprozesses erlangte Lernzuwachs (Arend et al., 2015) kann insbesondere von aktiven Menschen entsprechend ihrer Lernbegierde angestrebt werden (Major et al., 2006).

Zusammengefasst könnten Menschen, und damit auch unerfahrene Entrepreneure, mit einer ausgeprägten Aktivität eine Befriedigung ihrer Beschäftigungs- und Lernbedürfnisse in einer experimentellen und flexiblen Vorgehensweise finden (Andries et al., 2013; Sosna et al., 2010; Major et al., 2006). Ein entsprechend positiver Einfluss der Aktivität-Facette auf ein effektuativ-experimentelles und effektuativ-flexibles Verhalten, insbesondere in einer schwach unsicheren Umgebung aufgrund der dort vergleichsweise geringeren Situationsstärke für ein effektuatives Verhalten, wird daher erwartet.

H_{4a}: Aktivität hat einen positiven Einfluss auf effektuativ-experimentelles Verhalten in einer schwach unsicheren Umgebung.

H_{4b}: Aktivität hat einen positiven Einfluss auf effektuativ-flexibles Verhalten in einer schwach unsicheren Umgebung.

3.3.3. Offenheit: Handlungen

Die Persönlichkeitseigenschaft der Offenheit umfasst die Facetten *Phantasie, Ästhetik, Gefühle, Handlungen, Ideen* und *Werte* (McCrae, 1993). Menschen mit einer ausgeprägten Phantasie besitzen eine lebhafte Vorstellungskraft (Moutafi et al., 2006), die jedoch mit „[...] an antisocial tendency [...]" in Verbindung gebracht wird (Garcia & Cuevas, 2005, S. 137). Mit der Ästhetik-Facette lässt sich nach Moutafi et al. (2006, S. 33) „[...] an interest and an appreciation of art und beauty [...]" in Verbindung bringen. Die Gefühle-Facette zielt auf eine besondere Empfänglichkeit für und eine stärkere Wahrnehmung von Emotionen ab (Wainwright et al., 2008). Menschen mit einer starken Ausprägung in der Handlungen-Facette gelten als exzentrisch und auf der Suche nach Neuem (Millon et al., 2002). Die Ideen-Facette wird mit einem Nachgehen von „[...] manifold array of cultural and intellectual interests [...]" in Verbindung gebracht (Wainwright et al., 2008, S. 275). Die Werte-Facette zielt auf ein Überdenken bzw. Hinterfragen von religiösen, politischen und juristischen Ansichten ab (Treiber et al., 2013a).

Für eine mögliche Erklärung von flexiblem Verhalten im Kontext der Effectuation-Logik interessiert insbesondere die Handlungen-Facette. Für Menschen mit einer starken Ausprägung in dieser Facette sind Veränderungen erstrebenswert (Jackson, 1974; McCrae, 1993). Bekanntem und Gewohntem stehen sie hingegen eher ablehnend gegenüber (Moutafi et al., 2006). Dieses Bedürfnis nach Veränderung wird in ähnlichen Konzepten wie der Sensationsgier, als „[...] the need for varied, novel, and complex situations and experiences [...]" (Zuckerman, 2014, S. 10), und der proaktiven Persönlichkeit, auch zu verstehen als „[...] tendency to effect environmental change [...]" (Major et al., 2006, S. 928), aufgegriffen. Positive Zusammenhänge zwischen diesen Konzepten und der Handlung-Facette wurden bereits empirisch belegt (Garcia & Cuevas, 2005; Aluja et al., 2003; Major et al., 2006).

Auf Faktor-Ebene ist festzuhalten, dass offene Menschen eine eher flexible Grundhaltung einnehmen (McCrae, 1994; Whitbourne, 1986). Auch auf Facetten-Ebene reagieren handlungsorientierte Menschen durch ein flexibles (John et al., 2008) und adaptives (Albrecht et al., 2014) Verhalten auf Veränderungen (Yukl & Mahsud, 2010). Entsprechend bezeichnen McCrae & Costa (2003, S. 49) die Handlungen-Facette auch als „[...] the opposite of rigidity [...]". Unerfahrene Entrepreneure mit einer starken Ausprägung in der Handlungen-Facette könnten dieses flexible Verhalten auch im Sinne der Effectuation-Logik zeigen, die durch ihre Flexibilität-Dimension ein flexibles und adaptives Verhalten beschreibt (Chandler et al., 2011). Ein entsprechender Einfluss der Handlungen-Facette auf ein effektuativ-flexibles Verhalten in einer schwach unsicheren Umgebung wird durch folgende Hypothese ausgedrückt.

H_5: Handlungen hat einen positiven Einfluss auf ein effektuativ-flexibles Verhalten in einer schwach unsicheren Umgebung.

3.3.4. Verträglichkeit: Vertrauen

Der *Big Five* Faktor der Verträglichkeit, der insbesondere auf das zwischenmenschliche Verhalten abzielt (Costa et al., 1991), setzt sich aus den Facetten *Vertrauen, Geradlinigkeit, Altruismus, Konformität, Bescheidenheit* und *Gutherzigkeit* zusammen. Costa et al. (1991, S. 888) definieren Vertrauen als „[...] the tendency to attribute benevolent intents to others [...]". Entsprechend dieser unterstellten Intentionen und des in andere Menschen gesetzten Vertrauens (Howard & Howard, 1995) gelten vertrauensselige Menschen als gutgläubig (Millon et al., 2002). Die Facette der Geradlinigkeit beschreibt Menschen mit einer starken Ausprägung als aufrichtig und direkt (Howard & Howard, 1995; Costa et al., 1991). Altruistische Menschen gelten als uneigennützig und großzügig (Waller & Zavala, 1993), und zeigen eine ausgeprägte Hilfsbereitschaft (Howard & Howard, 1995). Konforme Menschen gelten als verträglich und gefällig (Waller & Zavala, 1993). Die Facette der Konformität kommt insbesondere in Konfliktsituationen dahingehend zum Tragen, dass sich konforme Menschen in diesen Situationen Anderen fügen (Costa et al., 1991). Bescheidene Menschen werden als zurückhaltend (Howard & Howard, 1995) und sich am Durchschnitt orientierend beschrieben (Treiber et al., 2013a). Gutherzige Menschen lassen sich eher von ihren Gefühlen (Costa et al., 1991) denn von rationalem Denken leiten (Howard & Howard, 1995).

Nach Costa et al. (1991) repräsentiert die Facette des Vertrauens den Kern des Verträglichkeitsfaktors. Ein ausgeprägtes Vertrauen steht in Verbindung mit einer verminderten Angst vor menschlicher Nähe und Zurückweisungen (Noftle & Shaver, 2006), sowie in Zusammenhang mit einer vermindert perfektionistischen Erwartungshaltung (Hill et al., 1997). Darüber hinaus wird das Vertrauen als wichtiger Treiber für unternehmerische Verhalten betrachtet (Goel & Karri, 2006), beispielsweise für den Wissensaustausch in (Mooradian et al., 2006) und die Führung von Unternehmen (Judge & Bono, 2000).

Auch im Kontext von Kooperationen nimmt das Vertrauen einen wichtigen Stellenwert ein. Die Relevanz ergibt sich daraus, dass nicht nur die Verträglichkeit auf Faktor-Ebene, sondern auch das Vertrauen auf Facetten-Ebene in positivem Zusammenhang mit der Anwendung kooperativer Strategien steht (Ross et al., 2003; LePine & van Dyne, 2001; DeNeve & Cooper, 1998). Hierzu konform beschreiben Rousseau et al. (1998) aus der Verhaltensperspektive, dass Vertrauen kooperatives Verhalten und die Bildung von Netzwerkbeziehungen fördert. Da die

Effectuation-Dimension der Kooperationen das Treffen von Vereinbarungen mit verschiedenen Partnern beschreibt (Chandler et al., 2011), könnte dieses effektuativ-kooperative Verhalten von der Vertrauen-Facette positiv beeinflusst werden.

Die Bedeutsamkeit von Vertrauen im Kontext von Effectuation wird in der Literatur jedoch kontrovers diskutiert (vgl. Goel & Karri (2006); Sarasvathy & Dew (2008); Karri & Goel (2008)). Karri & Goel (2008) halten abschließend fest, dass das Konzept des (übermäßigen) Vertrauens nicht der Effectuation-Logik entgegen steht, und ein Einfluss des Charakters nicht prinzipiell ausgeschlossen werden sollte. Ein entsprechend möglicher Einfluss von Vertrauen auf ein effektuativ-kooperatives Verhalten in einer schwach unsicheren Umgebung wird daher durch folgende Hypothese formuliert.

H$_6$: Vertrauen hat einen positiven Einfluss auf ein effektuativ-kooperatives Verhalten in einer schwach unsicheren Umgebung.

3.3.5. Gewissenhaftigkeit: Ordnung & Besonnenheit

Der Faktor der Gewissenhaftigkeit wird mit der Befolgung von Regeln und der Aufnahme von Mühen in Verbindung gebracht (Barrick, 2005). Er besitzt sowohl einen proaktiven (Leistung und Leistungsstreben) als auch hemmenden (Genauigkeit und Vorsicht) Charakter (Costa et al., 1991). Im Einzelnen umfasst die Gewissenhaftigkeit die Dimensionen *Kompetenz, Ordnung, Pflichtbewusstsein, Leistungsstreben, Selbstdisziplin* und *Besonnenheit* (Costa et al., 1991). Die Facette der Kompetenz wird in Costa et al. (1991, S. 889) aufgefasst als „[...] the sense that one is capable, sensible, and accomplished". Der Ordnung-Facette wird ein organisiertes und aufgeräumtes Gestalten der Umgebung zugeschrieben (Costa et al., 1991; Pearman & Storandt, 2005). Die Pflichtbewusstsein-Facette zielt auf ein Einhalten von Verpflichtungen (Pearman & Storandt, 2005) und Verhaltensstandards ab (Costa et al., 1991). Das Streben nach Leistung, nach Costa et al. (1991) übereinstimmend mit der vormals erläuterten Persönlichkeitseigenschaft der Leistungsmotivation, „[...] is described as ambitiousness and motivation [...]" (Pearman & Storandt, 2005, S. 153). Die Facette der Selbstdisziplin zielt auf eine persistente Erledigung von Aufgaben ab (Pearman & Storandt, 2005), unbeeinflusst von möglichen Störfaktoren (Costa et al., 1991). Mit der Besonnenheit-Facette verbinden Costa et al. (1991, S. 890) „[...] caution, planning, and thoughtfulness". Dieses, den eigentlichen Handlungen vorausgehende Durchdenken des eigenen Vorhabens ist für die Besonnenheit-Facette zentral (Pearman & Storandt, 2005).

Der Faktor der Gewissenhaftigkeit lässt sich beschreiben als „[...] an individual's degree of organization, persistence, hard work, and motivation in the pursuit of goal accomplishment" (Zhao & Seibert, 2006, S. 261). Entsprechend dieser Auffassung legen sich gewissenhafte Menschen auf Ziele fest (DeNeve & Cooper, 1998; Barrick et al., 1993), die sie auf organisierte Art und Weise zu erreichen versuchen (Zhao & Seibert, 2006). Ebendieses organisierte, planerische und zielgerichtete Vorgehen ist auch für die Causation-Logik zentral (Fisher, 2012), sodass sich hier ein konzeptueller Zusammenhang zwischen dem Faktor der Gewissenhaftigkeit und der Causation-Logik offenbart. Erste empirische Belege für einen solchen Zusammenhang sind bereits in der Literatur zu finden (Bean, 2010). Da jedoch in der vorliegenden Arbeit Einflüsse nicht auf Faktor-, sondern auf Facetten-Ebene postuliert werden, soll dieser Bezug nun auf Facetten-Ebene überprüft werden. Aufgrund ihres semantischen Bezugs interessieren hier insbesondere die Facetten der Ordnung und der Besonnenheit.

Mit der Ordnung-Facette werden Eigenschaften wie „organized, methodical, ordered" in Verbindung gebracht (Millon et al., 2002, S. 172). Entsprechend dieser Eigenschaften beschreiben Costa et al. (1991, S. 889) die Ordnung-Facette als „[...] the tendency to keep one's environment tidy and well organized [...]". Die Eigenschaften der Organisiertheit, des Planvollen und des Geordneten wurden der Gewissenhaftigkeit auf Faktor-Ebene bereits zugeschrieben (Zhao & Seibert, 2006), und sind auch hier nun in der Ordnung-Facette verortet. Dementsprechend findet sich der Bezug zu einer kausalen Vorgehensweise auch bei der Ordnung-Facette wieder. Diesen Bezug fokussierend, umfasst die kausale Logik Aktivitäten wie die Entwicklung und Planung von Unternehmensstrategien, von Produktions- und Marketingbemühungen und von Kontrollprozessen (Treiber et al., 2013a). Ebendieses Planerische wird von der Ordnung-Facette referenziert. Aus diesem Grund wird ein positiver Einfluss der Ordnung-Facette auf ein kausales Verhalten, hier in einer stark unsicheren Umgebung aufgrund der dort niedrigeren Situationsstärke für ein kausales Verhalten, unterstellt.

H$_7$: Ordnung hat einen positiven Einfluss auf kausales Verhalten in einer stark unsicheren Umgebung.

Darüber hinaus wird die Besonnenheit-Facette als relevant für ein kausales Verhalten betrachtet. Menschen mit einer starken Ausprägung in dieser Facette gelten als bedächtig, gründlich und sorgfältig (Millon et al., 2002). Sie lassen bei ihren Aktivitäten Vorsicht walten und gehen ihrer Vorsicht entsprechend planerisch vor (Costa et al., 1991). Wie bereits erwähnt, ist ein planerisches Vorgehen für die kausale Logik zentral (Fisher, 2012), sodass sich auch zwischen der Besonnenheit-Facette und einer kausalen Vorgehensweise eine konzeptuelle Ähnlichkeit zeigt. Aufgrund dieser konzeptuellen Nähe wird ein positiver Einfluss der Besonnenheit-Persönlichkeitsfacette auf ein kausales Verhalten in einer stark unsicheren Umgebung erwartet und durch folgende Hypothese ausgedrückt.

H$_8$: Besonnenheit hat einen positiven Einfluss auf kausales Verhalten in einer stark unsicheren Umgebung.

3.3.6. Risikofreudigkeit

Wie bereits zu Beginn erwähnt, gestaltet sich die wissenschaftliche Erkenntnislage hinsichtlich der Risikofreudigkeit-Persönlichkeitseigenschaft im Entrepreneurship-Kontext uneinheitlich. Diese unklare Erkenntnislage äußert sich in widersprüchlichen Ergebnissen, so beispielsweise bei der Differenzierung zwischen Entrepreneuren und Nicht-Entrepreneuren auf Basis ihrer Risikofreudigkeit (Stewart & Roth, 2001; Carland et al., 1995; Begley & Boyd, 1987; Brockhaus, 1980). Als Gründe für diese Widersprüchlichkeit führen Shaver & Scott (1991) und Perry (1990) verschiedene, konzeptuelle Betrachtungsweisen (Risikofreudigkeit als Persönlichkeitseigenschaft vs. die Wahrnehmung von Risiken) und die Verwendung unterschiedlicher Messinstrumente an. Im Sinne einer adäquaten, konzeptuellen Betrachtung soll der Fokus daher im Folgenden auf der Risikofreudigkeit als Persönlichkeitseigenschaft liegen.

Die Risikofreudigkeit als Persönlichkeitseigenschaft wird von Sitkin & Pablo (1992, S. 12) definiert als „[...] the tendency of a decision maker either to take or to avoid risks". Eine starke Ausprägung in dieser Eigenschaft steht, entsprechend dieser Definition, in Zusammenhang mit einer ausgeprägten Bereitschaft, Risiken einzugehen (Stewart & Roth, 2001). Aus der Verhaltensperspektive manifestiert sich eine stark ausgeprägte Risikofreudigkeit daher in einem risikoaffinen Verhalten, während eine gering ausgeprägte Risikofreudigkeit ein entsprechend risikoaverses Verhalten begründet (Brockhaus, 1980).

Die Begrenzung von (unternehmerischen) Verlusten (Ye et al., 2008) und das insbesondere Treffen von Entscheidungen, die nicht als verhängnisvoll für ein Unternehmen zu betrachten sind (Kahneman & Lovallo, 1993), sind als risikoaverse Verhaltensweisen zu verstehen. Ebendiese Verhaltensweisen lassen sich der *Affordable Loss* Dimension der Effectuation-Logik zuordnen, die einen Verlust-begrenzenden und vorsichtigen Einsatz von Ressourcen beschreibt (Chandler et al., 2011; March & Zur, 1987).[5] Daher wird unterstellt, dass eine geringe Ausprägung in der Risikofreudigkeit-Persönlichkeitseigenschaft zu einem vermehrt risikoaversen Verhalten im Sinne des Effectuation-Prinzips des akzeptablen Verlustes in einer schwach unsicheren Umgebung führt. Diese Vermutung einer negativen Einflussnahme wird von Read et al. (2009b, S. 583) gestützt, die die Risikofreudigkeit als „[...] a natural inverse of the heuristic described by effectuation [...]" beschreiben.

H9: Risikofreudigkeit hat einen negativen Einfluss auf effektuativ-verlustakzeptables Verhalten in einer schwach unsicheren Umgebung.

---

[5]Obgleich einer augenscheinlichen Ähnlichkeit zum Konzept der Verlustvermeidung (*Loss Aversion*), fokussiert das *Affordable Loss* Prinzip eher die Begrenzung von Verlusten (Sarasvathy, 2014; Read et al., 2009b).

3.4. Strukturmodelle zum Einfluss der Persönlichkeit

Die vormals formulierten Hypothesen beschrieben verschiedene Einflüsse von Facetten der *Big Five* Persönlichkeitseigenschaften und der Risikofreudigkeit auf effektuatives und kausales Verhalten. Während die Einflüsse der Persönlichkeit auf die effektuativen Verhaltensfacetten in einer schwach unsicheren Umgebung aufgrund der dort niedrigeren Situationsstärke verortet wurden, wurden Einflüsse der Persönlichkeit auf ein kausales Verhalten in einer stark unsicheren Umgebung vermutet. Dementsprechend lassen sich die formulierten Hypothesen unter Berücksichtigung der Stärke der Umgebungsunsicherheit dichotom auf ein effektuatives oder kausales Verhalten hin klassifizieren. Aus dieser Klassifikation ergeben sich zwei Strukturmodelle, die die hypothetisierten Einflüsse abbilden (Albers & Götz, 2006): Eines zu den Einflüssen der Persönlichkeit auf die effektuativen Verhaltensfacetten und eines zu den Einflüssen der Persönlichkeit auf ein kausales Verhalten.

Das Strukturmodell zu den effektuativen Verhaltensfacetten ist, konform zur Literatur, in Abbildung 3.1 als mehrstufiges Modell konzipiert. Die Mehrstufigkeit ergibt sich aus den Einflüssen der Persönlichkeit auf die verschiedenen, effektuativen Verhaltensfacetten in einer schwach unsicheren Umgebung in einer ersten Stufe, und aus der Formierung eines gesamteffektuativen Verhaltens aus den einzelnen Verhaltensfacetten in einer zweiten Stufe (Perry et al., 2012; Chandler et al., 2011).

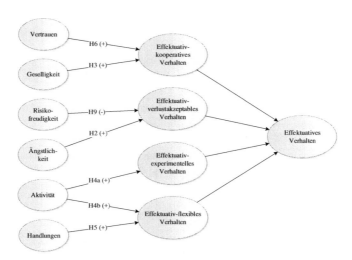

Abbildung 3.1.: Strukturmodell zum Einfluss der Persönlichkeit auf effektuatives Verhalten in einer schwach unsicheren Umgebung

Die referenzierten Hypothesen und Einflussarten (positiver bzw. negativer Einfluss) sind im Strukturmodell annotiert. Obgleich nicht nur das spezifische, sondern auch gesamteffektuative Verhalten von der Persönlichkeit beeinflusst werden könnte, wurde sich in der vorliegenden Arbeit im Rahmen einer feingranularen Betrachtung der Persönlichkeit und effektuativer Verhaltensfacetten auf ebendiese spezifischen Einflüsse konzentriert. Die Notwendigkeit einer feingranularen Betrachtung der einzelnen Verhaltensfacetten wird durch ihre mögliche Disjunktheit bereits begründet (Chandler et al., 2011). Entsprechend dieser Betrachtungsweise wurden keine Hypothesen für eine Einflussnahme der Persönlichkeit auf ein gesamteffektuatives Verhalten aufgestellt, obgleich eine solche Einflussnahme nicht ausgeschlossen wird. Die (1) Güte der von Perry et al. (2012) beschriebenen Fügung der effektuativen Verhaltensfacetten zu einem gesamteffektuativen Verhalten und (2) mögliche Einflüsse der betrachteten Persönlichkeitseigenschaften auf dieses übergeordnete Verhalten werden jedoch im Rahmen der empirischen Auswertung explorativ überprüft.

Causation hingegen wurde von Perry et al. (2012) als eindimensionales Konstrukt konzipiert. Das zugehörige Strukturmodell, das die in einer stark unsicheren Umgebung vermuteten Einflüsse der Persönlichkeit auf ein kausales Verhalten darstellt, ist in Abbildung 3.2 abgebildet.

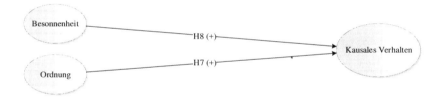

Abbildung 3.2.: Strukturmodell zum Einfluss der Persönlichkeit auf ein kausales Verhalten in einer stark unsicheren Umgebung

Für eine empirische Überprüfung dieser Modelle bzw. der dort verankerten Einflüsse ist eine adäquate Erhebungsmethodik zu finden. Bei der Bestimmung der Ausprägungen in den Persönlichkeitseigenschaften kann auf etablierte Methoden und Indikatoren zurückgegriffen werden (z.B. die Verwendung validierter Indikatoren aus der Persönlichkeitsliteratur in Fragebögen (McCrae & John, 1992)). Die Bestimmung von effektuativem und kausalem Verhalten von unerfahrenen Entrepreneuren gestaltet sich aufgrund der mangelnden Gründungserfahrung gleichwohl schwieriger. Die Entwicklung eines interaktiven Simulationsansatzes zur so ermöglichten Bestimmung dieser Verhalten repräsentiert eine Lösung, die im folgenden Kapitel vorgestellt wird.

4. FSim als Bezugsrahmen zur Bestimmung effektuativer und kausaler Verhalten

Die Bestimmung von effektuativem bzw. kausalem Verhalten gestaltet sich bei unerfahrenen Entrepreneuren schwieriger als bei erfahrenen Entrepreneuren. Obgleich Indikatoren zur Bestimmung effektuativen und kausalen Verhaltens entwickelt und validiert wurden (Chandler et al., 2011),[1] ist eine retrospektive Bestimmung der Ausprägungen von unerfahrenen Entrepreneuren in diesen Indikatoren nicht möglich, da diese trivialerweise keine oder nur geringe Gründungserfahrungen vorweisen können. Think-Aloud-Protokolle, wie sie in experimentellen Studien zu Effectuation und Causation verwendet wurden (Deligianni et al., 2017), eignen sich eher zur Erforschung effektuativer Denkprozesse denn effektuativer Verhalten (Perry et al., 2012). Darüber hinaus fokussieren Studien zu Effectuation eher qualitative denn quantitative Ansätze (Deligianni et al., 2017), und begründen damit auch einen motivatorischen Mangel zur Entwicklung quantitativer Ansätze.

Ein möglicher Ansatz zur Erhebung von quantitativen Daten zur Bestimmung von effektuativem und kausalem Verhalten repräsentiert die Simulation. Der Einsatz von Simulationen erlaubt die systematische Durchführung von Experimenten unter Verwendung spezifischer Stimuli bei Konstanthaltung der Umgebungsbedingungen (Jespersen, 2005). Zudem erlaubt die Angabe eines Szenarios eine realitätsnahe Gestaltung des Simulationskontextes (Jespersen, 2005). Obgleich sich aus der Anwendung simulativer Ansätze unter Experimentalbedingungen eine gesteigerte interne Validität ergeben kann, ist die Gefahr einer geringen externen Validität als nachteiligen Faktor zu berücksichtigen (Jespersen, 2005).

Der Einsatz von Simulationen im Entrepreneurship ist nicht als neuartig zu bezeichnen (Stumpf et al., 1991), jedoch betrachteten bislang nur wenige Studien spezifische Ansätze wie Effectuation und Causation im Simulationskontext. Der Fokus der Effectuation-Theorie auf erfahrene Entrepreneure kann die fehlende Notwendigkeit der Betrachtung beider Ansätze aus der Simulationsperspektive und damit den Mangel an Studien durchaus begründen. In den wenigen exis-

---

[1] Die folgende Aussage repräsentiert einen beispielhaften Indikator zur Messung effektuativ-experimentellen Verhaltens (Chandler et al., 2011, S. 382): *We experimented with different products and/or business models.*
•

tierenden Studien, beispielhaft von Schlueter et al. (2011) und Sunny Yang & Chandra (2013), kamen agenten-basierte Simulationen zur Anwendung, die jedoch das Verhalten menschlicher Akteure nicht miteinbezogen. Menschliche Akteure repräsentieren allerdings das zentrale Element für ein effektuatives und kausales Verhalten.

Insgesamt betrachtet zeichnet sich ein Mangel an Methoden und Werkzeugen zur Erhebung quantitativer Daten zu effektuativem und kausalem Verhalten bei unerfahrenen Entrepreneuren ab (Chandler et al., 2011; Fisher, 2012; Eberz et al., 2015). Perry et al. (2012, S. 849 ff.) stimmen dieser Einschätzung zu und schlagen vor, dass „[...] future researchers develop instruments that measure effectuation- and causation-related behaviors". Gustafsson (2006) konkretisiert diesen Vorschlag in ihrem Forschungsausblick und schlägt die Entwicklung einer computerbasierten Simulation unter Verwendung von Szenarien vor. Mittels Szenarien sollen verschieden unsichere Umgebungen erzeugt und randomisiert einem Nutzer zugeordnet werden können, sodass sich durch den Einsatz der Simulation in Laborexperimenten Verhaltensunterschiede, resultierend aus verschieden unsicheren Umgebungen, ermitteln lassen (Gustafsson, 2006; Read et al., 2009b). Ebendiese Ermittlung von Verhalten und Verhaltensunterschieden ist für die vorliegende Arbeit zentral.

Mit *FSim* wird eine prototypische Entwicklung einer interaktiven Verhaltenssimulation anvisiert, die es dem Nutzer ermöglicht, sowohl effektuative als auch kausale Verhaltensweisen im Kontext spezifischer Szenarien zu offenbaren. Bei der Entwicklung von FSim wird sich an den Richtlinien des *Design Science* Ansatzes orientiert. Dieser wissenschaftliche Ansatz zeichnet sich dadurch aus, dass „[...] knowledge and understanding of a problem domain and its solution are achieved in the building and application of the designed artifact" (Hevner et al., 2004, S. 75). Der wissenschaftliche Zugewinn spiegelt sich in „[...] the combined novelty and utility of constructed artifacts" wieder (March & Storey, 2008, S. 726). Hevner et al. (2004, S. 75) grenzen diesen Ansatz von dem *Behavioral Science* Paradigma ab „[that] seeks to develop and verify theories that explain or predict human or organizational behavior". Obgleich die vorliegende Arbeit das Verhalten von unerfahrenen Entrepreneuren fokussiert und damit in den Verhaltenswissenschaften zu verorten ist, wird mit FSim die Entwicklung eines methodischen Vehikels nach dem Design Science Ansatz zur Ermöglichung spezifischer Verhalten angestrebt. Mit der Entwicklung von FSim soll eine erstmalige Lösung geschaffen werden, die die Frage beantwortet, wie mittels einer interaktiven Simulation effektuatives und kausales Verhalten (von unerfahrenen Gründern) zugelassen und in Folge erfassbar gemacht werden kann. Die hierbei zu berücksichtigenden Design Science Richtlinien sind in Tabelle 4.1 aufgeführt.

Tabelle 4.1.: Design Science Research Guidelines (aus Hevner et al. (2004, S. 83))

Guideline	Description
Guideline 1: Design as an Artifact	Design-science research must produce a viable artifact in the form of a construct, a model, a method, or an instantiation.
Guideline 2: Problem Relevance	The objective of design-science research is to develop technology-based solutions to important and relevant business problems.
Guideline 3: Design Evaluation	The utility, quality, and efficacy of a design artifact must be rigorously demonstrated via well-executed evaluation methods.
Guideline 4: Research Contributions	Effective design-science research must provide clear and verifiable contributions in the areas of the design artifact, design foundations, and/or design methodologies.
Guideline 5: Research Rigor	Design-science research relies upon the application of rigorous methods in both the construction and evaluation of the design artifact.
Guideline 6: Design as a Search Process	The search for an effective artifact requires utilizing available means to reach desired ends while satisfying laws in the problem environment.
Guideline 7: Communication of Research	Design-science research must be presented effectively both to technology-oriented as well as management-oriented audiences.

Mit dem FSim-Prototypen selbst wird ein Software-Artefakt (*instantiation*) im Sinne des Design Science Ansatzes beschrieben (Guideline 1). Die Relevanz von FSim als technische Lösung für unternehmensbezogene Probleme spiegelt sich in einer anvisierten Nutzung des Prototypen zur Erfassung und Förderung effektuativen Verhaltens im Rahmen von Weiterbildungsangeboten für unerfahrene Entrepreneure wieder (Guideline 2). Die Sensibilisierung unerfahrener Gründer für effektuatives Verhalten im Umgang mit starker Unsicherheit unter Simulationsbedingungen könnte dabei helfen, Fehler bei späteren, realen Gründungen zu vermeiden. Die Evaluation des Prototypen erfolgt (1) durch *Black Box*-Testen, (2) auf qualitativer Basis durch die Befragung ausgewählter Nutzer, (3) qualitativ und quantitativ im Rahmen eines durchzuführenden Pretestes sowie (4) quantitativ im Sinne einer Messung des Benutzbarkeit bei der Haupterhebung (Guideline 3). Der geforderte Forschungsbeitrag zeigt sich unmittelbar in der Entwicklung von FSim als innovative, interaktive Simulation, die effektuatives und kausales Verhalten in einer virtuellen Umgebung zulässt und eine Erforschung dieser Verhalten auch bei Menschen ohne Gründungsexpertise ermöglicht (Guideline 4). Hinsichtlich des geforderten

Zurückgreifens auf etablierte, wissenschaftliche Methoden bei der Erstellung von Artefakten wird sich im vorliegenden Fall bei der Entwicklung von FSim an etablierten Vorgehensweisen aus der Softwaretechnik-Disziplin orientiert (Guideline 5). Der softwaretechnische Entwicklungsprozess beginnt mit (1) einer Vision von dem zu entwickelnden System resultierend in einer groben Architekturskizze, (2) einem Glossar wichtiger Begriffe einschließlich deren Beziehungen zueinander resultierend in einem Domänenmodell und (3) einer Liste von Anforderungen. Die Entwicklung von Artefakten erfolgt nach dem Design Science Ansatz nicht einmalig, sondern iterativ und inkrementell durch einen mehrfach durchlaufenen *build-and-evaluate loop* (Hevner et al., 2004, S. 78). Entsprechend sind die Architekturskizze, das Glossar und die Anforderungsliste, aber auch der FSim-Prototyp selbst iterativ und inkrementell zu verfeinern und weiterzuentwickeln. In der vorliegenden Arbeit soll jedoch ein erster Entwicklungszyklus dieser Artefakte als *Satisficing*-Lösung, „[...] without explicitly specifying all possible solutions" (Hevner et al., 2004, S. 89), genügen (Guideline 6). Durch die Veröffentlichung der ersten Schritte des Entwicklungsprozesses in der wissenschaftlichen Community (vgl. Eberz et al. (2015); Eberz & Von Korflesch (2016)) wurde der geforderten Kommunikation der geleisteten Forschungsarbeit bereits Rechnung getragen (Guideline 7).

Im Sinne des softwaretechnischen Entwicklungsprozesses werden im Folgenden die Architekturskizze, das Glossar und die an FSim gerichteten Anforderungen vorgestellt.[2] Hieran schließt sich die Implementierung und eine erste Evaluation des Prototypen an.

4.1. Architekturskizze als Vision von FSim

Unter Softwarearchitektur kann eine „[...] unifying vision for system and software development" verstanden werden (Clements et al., 2003, o.S.). Dementsprechend muss eine Softwarearchitekturskizze nicht zwingend eine Implementationsstruktur abbilden, sondern kann auch der Illustration einer grundlegenden Vision von der zu entwickelnden Software dienen (Armour et al., 1999). Die Entwicklung einer Softwarearchitektur wird in Perry & Wolf (1992, S. 44) als „the art or science of [...] especially designing and building [...]" definiert, und referenziert damit das schöpferisch geprägte Entwicklungsparadigma des Design Science Ansatzes (Offermann et al., 2010). Eine Architekturskizze als Artefakt dieses Entwicklungsprozesses und Vision von FSim ist in Abbildung 4.1 dargestellt.

---

[2]Die Architekturskizze, das Domänenmodell und die fallstudienbasierten Anforderungen wurden bereits in Eberz et al. (2015) veröffentlicht.

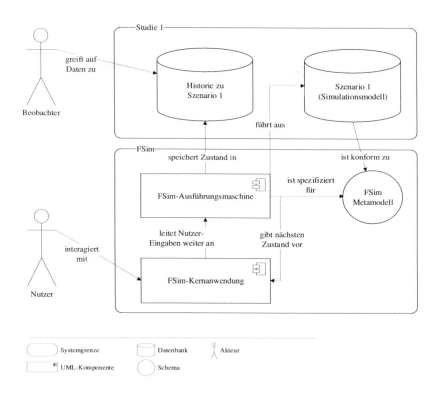

Abbildung 4.1.: Architekturskizze von FSim (aus Eberz et al. (2015))

Die dargestellte Architekturskizze von FSim sieht insbesondere zwei Akteurs-Rollen vor: die des Nutzers und die des Beobachters. Während der Nutzer mit der FSim-Kernanwendung über eine grafische Benutzeroberfläche interagiert, interessiert sich der Beobachter für das im Rahmen dieser Interaktionen gezeigte Nutzungsverhalten im Spannungsfeld von Effectuation und Causation. Entsprechend dieses Interesses greift der Beobachter auf die von FSim gespeicherten Daten zu. Die FSim-Kernanwendung, dargestellt als UML-Komponente, nimmt über die grafische Benutzeroberfläche die Befehle des Nutzers entgegen (z.B. der Aufruf von Analysefunktionen, Änderungen der Produktpalette, Anfragen von Kooperationen) und leitet diese an die FSim-Ausführungsmaschine weiter.

Die Komponente der FSim-Ausführungsmaschine ist von zentraler Bedeutung für den Simulationsablauf. Sie ist spezifiziert für das FSim-Metamodell, das als Domänenmodell diejenigen

Konzepte, deren Beziehungen und Attribute beschreibt, die feste Bestandteile des Effectuation- und Causation-Ansatzes sind. Auf Basis dieses Metamodells lassen sich konkrete Szenarien (in Abbildung 4.1 exemplarisch als Szenario 1 im Kontext von Studie 1 bezeichnet) beschreiben, die Instanzen des FSim-Metamodells repräsentieren und als Eingabe für die FSim-Ausführungsmaschine dienen. Die FSim-Ausführungsmaschine führt ein solches Szenario aus, indem sie basierend (1) auf dem aktuellen Simulationszustand, (2) den durch das Szenario vorgegebenen Simulationsparametern und (3) den Befehlen bzw. Eingaben des Nutzers die Simulation in den nächsten Simulationszustand überführt. Dieser nächste Zustand, einschließlich potentiell auftretender Ereignisse, wird an die FSim-Kernanwendung weitergeleitet und beschreibt hierdurch den Übergang zur nächsten Simulationsperiode. Die Kernanwendung wiederum präsentiert dem Nutzer als Feedback (Arend et al., 2015) die durch diesen Folgezustand beschriebenen Simulationsbedingungen (z.b. generierte Umsätze und Veränderungen des Marktes).

Die vom Nutzer durchlaufenen Zustände bzw. Simulationsperioden werden von der FSim-Ausführungsmaschine als Historie zum entsprechenden Szenario in einer Datenbank abgelegt. In dieser Historie werden alle simulationsrelevanten Vorkommnisse, insbesondere die Handlungen des Nutzers und seine Interaktion mit der Benutzeroberfläche, mit Zeitstempeln versehen und fortgeschrieben. Darüber hinaus werden die Ausprägungen wichtiger Kennzahlen für jede Simulationsperiode festgehalten. Der Beobachter kann zu Analysezwecken während oder im Anschluss an die Simulation auf diese Historie zugreifen.

4.2. Domänenmodell als FSim Glossar

Für einen ersten Entwurf von FSim ist ein dediziertes Verständnis der zugrundeliegenden Fachdomäne vonnöten (Jacobson & Bylund, 2000). Dieses Verständnis wird durch ein Glossar erlangt, das die Konzepte der Domäne mit ihren Eigenschaften und Beziehungen strukturiert abbildet. Ein solches Glossar lässt sich als UML-Klassendiagramm, als Metamodell der zu beschreibenden Domäne, visuell modellieren. Entsprechend dieses Domänenbezugs werden solche Diagramme auch als Domänenmodelle bezeichnet (Rupp, 2007). In diesen Domänenmodellen werden Konzepte durch Klassen und Beziehungen zwischen den Konzepten durch Assoziationen, dargestellt als Kanten zwischen den Klassen, abgebildet. Durch eine (typisierte) Attributierung der Klassen lassen sich Eigenschaften von Konzepten modellieren.

Das in der vormals vorgestellten Architekturskizze verankerte FSim-Metamodell beschreibt die Domäne effektuativer und kausaler Verhalten durch eine strukturierte Menge solcher Konzeptbeschreibungen in Form eines Schemas. Dieses Domänenmodell ist auf Basis der in Eberz et al. (2015) ermittelten Literatur und den dort beschriebenen Grundlagen und Fallstudien entstanden, und zeigt in Abbildung 4.2 Konzepte des Effectuation- und Causation-Ansatzes einschließlich ihrer Beziehungen untereinander, die für die Entwicklung von FSim relevant sind.

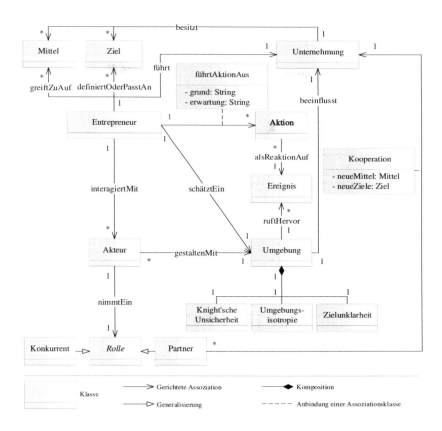

Abbildung 4.2.: Domänenmodell von FSim (in Anlehnung an Eberz et al. (2015))

Das Konzept *Entrepreneur*, das die handelnde Person bzw. den FSim-Nutzer repräsentiert,[3] ist unmittelbar mit den Konzepten *Mittel, Ziel, Unternehmung, Umgebung, Akteur* und *Aktion* assoziiert. Während sich die gerichtete Assoziation (siehe Pfeilspitzen) *greiftZuAuf* auf die Klasse *Mittel* bezieht und damit insbesondere das Effectuation-Prinzip der Mittelorientierung abbildet, bezieht sich die Assoziation *definiertOderPasstAn* auf die Klasse *Ziel* zur insbesonderen Abbildung des Causation-Prinzips der Zielorientierung. Durch die Annotation der Eins an den Anfängen und des Kleene-Sterns (*) an den Enden der beiden Assoziation wird ausgedrückt, dass der FSim-Nutzer als Entrepreneur auf beliebig viele Mittel zugreifen und beliebig viele Ziele definieren kann. Die erworbenen Mittel (z.B. Rohstoffe) und spezifizierten Ziele

---

[3] In der initialen Version von FSim ist zunächst nur genau ein Nutzer als Entrepreneur vorgesehen.

sind der virtuellen Unternehmung inhärent. Dieser Besitz von Mitteln und die Verfolgung von Zielen durch die Unternehmung wird durch die Assoziation *besitzt* beschrieben.

Die Führung des Unternehmens durch den Entrepreneur wird durch die Assoziation *führt* ausgedrückt. Die mit dieser Führung einhergehenden Aktivitäten werden durch die Klasse *Aktion* abgebildet. Eine Beschränkung der Anzahl der durchführbaren Aktivitäten soll nicht erfolgen und wird durch den Kleene-Stern ausgedrückt. Die Bindung der Klasse *führtAktionAus* an die Assoziation zwischen *Entrepreneur* und *Aktion* dient ihrer genaueren Beschreibung durch die Möglichkeit der Angabe von Gründen und Erwartungen.

Die vom Entrepreneur durchgeführten Aktionen können grundlegend von seiner Wahrnehmung der *Umgebung* geprägt sein (Assoziation *schätztEin*). Die Relevanz der Umgebungswahrnehmung ergibt sich daraus, dass die Umgebung das Unternehmen des Entrepreneurs beeinflussen kann (Assoziation *beeinflusst*); z.b. ist das Marktverhalten für die Höhe des Unternehmensumsatzes relevant. Die erzeugte Umgebung ist insbesondere durch die *Knight'sche Unsicherheit*, die *Umgebungsisotropie* und die *Zielunklarheit* als Komponenten des *effectual problem space* gekennzeichnet, die im Domänenmodell als Komposition bzw. Bestandteile der Umgebung modelliert sind. Die vom Entrepreneur durchgeführten Aktionen können aber auch als Reaktionen auf dezidiert auftretende Ereignisse im Sinne des Effectuation-Prinzips der Ausnutzung unerwarteter Ereignisse verstanden werden (modelliert durch die Assoziation *alsReaktionAuf* zwischen den Klassen *Aktion* und *Ereignis*). Diese aufkommenden Ereignisse sind der virtuellen Umgebung inhärent (Assoziation *ruftHervor*).

Darüber hinaus wird die Umgebung von den sich in ihr befindlichen Akteuren in ihrer *Rolle* als *Konkurrenten* oder *Partner*[4] mitgestaltet (Assoziation *gestaltenMit*). Diese Mitgestaltung der Umgebung manifestiert sich im Falle von aufkommender Konkurrenz in einer Umverteilung der Marktanteile, während aufkommende potentielle Kooperationspartner neue Kooperationsmöglichkeiten in der virtuellen Umgebung eröffnen. Der Entrepreneur hat hier die Möglichkeit, durch Interaktionen mit Konkurrenten (z.B. Marketingkampagnen, die die eigene Marktposition stärken sollen) und mit potentiellen Partnern (z.B. Eingehen oder Lösen von Kooperationen), dargestellt durch die Assoziation *interagiertMit*, die Umgebung mitzugestalten. Im spezifischen Falle der *Kooperation* mit einem Partner (modelliert als Assoziationsklasse) bringt diese wiederum neue Mittel und Ziele in die Unternehmung ein.

Für die Modellierung effektuativer und kausaler Verhalten ist die Klasse *Aktion* von besonderer Relevanz, da diese Klasse die möglichen Aktivitäten des Nutzers bzw. Entrepreneurs abbildet. Eine Klassifikation dieser Aktivitäten als effektuativ oder kausal erfordert jedoch eine feingranulare Betrachtung der *Aktion*-Klasse, die in Abbildung 4.3 vorgenommen wird.

---

[4]Die Abbildung dieser Rollen erfolgt durch das Modellierungsmittel der Generalisierung. Der geschlossene Pfeil zwischen den Konzepten *Konkurrent* bzw. *Partner* und *Rolle* ist zu lesen als „Ein Konkurrent bzw. Partner ist eine Rolle". Alle Assoziationen der abstrakten Klasse *Rolle* werden geerbt.

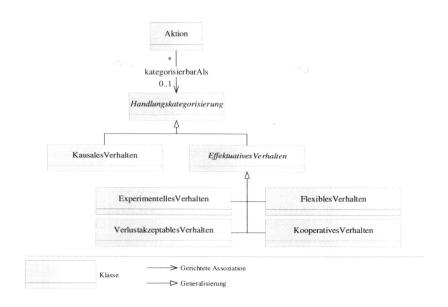

Abbildung 4.3.: Handlungskategorisierung der Nutzeraktionen (UML-Klassendiagramm, in Anlehnung an Eberz et al. (2015))

Durch die Assoziation *kategorisierbarAls* zwischen der Klasse *Aktion* und der abstrakten Klasse *Handlungskategorisierung* wird ausgedrückt, dass FSim insbesondere Aktionen ermöglichen soll, die sich einer konkreten Handlungskategorie zuordnen lassen. Im Detail sollen die durchführbaren Aktionen dem kausalen (Klasse *KausalesVerhalten*) oder einem effektuativen Verhalten (abstrakte Klasse *EffektuativesVerhalten*) zugeordnet werden können. Im Falle einer effektuativen Verhaltensweise wird zwischen einem experimentellen, verlustakzeptablen, flexiblen und kooperativen Verhalten unterschieden und im Modell durch das Modellierungsmittel der Generalisierung ausgedrückt. Die Möglichkeit einer mangelnden Kategorisierbarkeit einer durchgeführten Nutzeraktionen wird jedoch nicht ausgeschlossen und wird im Modell durch die Angabe der Multiplizität *0..1* für die Assoziation *kategorisierbarAls* an der Klasse *Handlungskategorisierung* berücksichtigt.

Das entwickelte Domänenmodell einschließlich der soeben vorgestellten Handlungskategorisierung ist als ein erster Entwurf zu betrachten. Obgleich für eine prototypische Realisierung von FSim als ausreichend betrachtet, ist das entwickelte Domänenmodell zukünftig iterativ und inkrementell zu validieren und anzupassen. Dessen Reife muss insbesondere durch eine Anwendung des Prototypen weiter untermauert werden. Das Domänenmodell dient nicht nur der Erlangung eines ganzheitlichen Verständnisses von Effectuation und Causation als Fachdomäne, sondern repräsentiert auch eine wichtige Grundlage für die adäquate Bestimmung von Anforderungen, die sich an das zu entwickelnde System richten (Jacobson & Bylund, 2000). Diese Anforderungen werden im folgenden Kapitel erhoben und vorgestellt.

4.3. Anforderungen an FSim

Unter einer Anforderung wird „[...] eine Aussage über eine Eigenschaft oder Leistung eines Produktes, eines Prozesses oder der am Prozess beteiligten Personen" verstanden (Rupp, 2007, S. 14). Im vorliegenden Kontext beziehen sich die zu ermittelnden Anforderungen auf Aussagen über Eigenschaften und Leistungen von FSim als interaktive Simulation zur Ermöglichung effektuativer und kausaler Verhalten. Grundlegende Eigenschaften und Zusammenhänge als Bestandteile des zu entwickelnden Systems wurden bereits durch das Domänenmodell beschrieben. Zur Wahrung einer einheitlichen Vision ist bei der nun folgenden Anforderungserhebung auf eine Konformität der erhobenen Anforderungen zu den Aussagen des Domänenmodells zu achten (Rupp, 2007). Die Erhebung der Anforderungen selbst ist hierbei nicht als einmaliger Vorgang, sondern als kreativer, iterativer und inkrementeller Prozess zu verstehen (Rupp, 2007). Dementsprechend ist die prototypische Entwicklung von FSim, die auf diesen initial erhobenen Anforderungen basiert, nicht als final zu betrachten.

Hinsichtlich der Arten von Anforderungen unterscheidet die Literatur insbesondere zwischen *funktionalen* und *nicht-funktionalen* Anforderungen. Während eine funktionale Anforderung „[...] eine vom System oder von einer Systemkomponente bereitzustellende Funktion des betrachteten Systems" beschreibt, werden alle übrigen Anforderungsarten (z.B. Qualitätsanforderungen oder Anforderungen an die Benutzeroberfläche) unter dem Begriff der nicht-funktionalen Anforderungen subsumiert (Rupp, 2007, S. 18). Eine weitere Unterscheidung kann auf Basis der Verbindlichkeit der Anforderungen erfolgen. Der Grad der Verbindlichkeit einer Anforderung spiegelt sich in ihrer Formulierung wider: Während durch das Schlüsselwort *muss* eine zwingend zu erfüllende Anforderung beschrieben wird, lassen die Schlüsselwörter *sollte* und *kann* eine schwächere Verbindlichkeit erkennen (Rupp, 2007). Solche Anforderungen mit einer schwächeren Verbindlichkeit können dann beispielsweise in späteren Entwicklungsiterationen erfüllt werden (Rupp, 2007).

Im Folgenden werden zunächst die funktionalen Anforderungen vorgestellt, die aus Fallstudien und etablierten Messkonstrukten aus der Literatur abgeleitet wurden. Hieran schließt sich eine Vorstellung der an FSim gerichteten, nicht-funktionalen Anforderungen an.

4.3.1. Fallstudienbasierte, funktionale Anforderungen

Initiale, funktionale Anforderungen an FSim wurden in Eberz et al. (2015) aus Fallstudien und Gedankenexperimenten aus der Literatur abgeleitet, mit einer eindeutigen ID versehen und in Kategorien unterteilt. Diese Anforderungen und die geplante Art ihrer Umsetzung im FSim-Prototypen werden im Folgenden beschrieben.

Allgemeine Anforderungen

An FSim gerichtete, funktionale Anforderungen, die sich nicht in eine spezielle Kategorie einordnen lassen, sind in Tabelle 4.2 aufgeführt.

Tabelle 4.2.: Funktionale Anforderungen an FSim aus der Kategorie „Allgemein"

ID	Anforderung	Umsetzung in FSim
1	FSim muss die Angabe eines klar definierten Anwendungskontextes erlauben.	Der Anwendungskontext wird in FSim durch ein Szenario beschrieben.
2	FSim muss den wiederholten Ablauf desselben Szenarios innerhalb eines Anwendungskontextes erlauben.	Jedes Szenario kann beliebig oft durchlaufen werden. Jeder Durchlauf ist eindeutig identifizier- und einem Szenario zuordenbar.
3	FSim muss die Elemente des *effectual problem space* abbilden können.	Die *Knight*'sche Unsicherheit lässt sich in FSim durch eine hohe Marktdynamik, nicht-deterministisches Verhalten und mangelnde Analyseergebnisse erzeugen. Eine ausgeprägte Zielunklarheit lässt sich durch verschiedene Vorschläge zu möglichen Zielen, Produkten oder Geschäftsmodellen bewirken. Eine starke Umgebungsisotropie kann durch einen Überfluss an Informationen in Form einer unüberschaubaren Menge an Produktionsfaktoren erzielt werden.
4	FSim muss Protokoll führen, welche Elemente der Benutzerschnittstelle wann vom Nutzer angesehen und verwendet werden.	Das Aufrufen der Bedienelemente und die Häufigkeit der Aufrufe wird chronologisch protokolliert.

Anforderung 1 beschreibt, dass FSim die Angabe eines klar definierten Anwendungskontextes erlauben muss. Diese Anforderung ist trivial dadurch begründet, dass der Nutzer bzw. Entscheider eine spezifische Handlungsumgebung benötigt, an der er sich im Rahmen seiner Entscheidungsfindung orientieren kann. Auch aus technischer Sicht gestaltet sich die Simulation einer völlig offenen Welt, ohne jegliche Systemgrenze, schwierig. Die Spezifikation einer

Anwendungsdomäne ist daher vonnöten und konfligiert nicht mit der mit dem Effectuation-Ansatz konnotierten Offenheit, wie die Auffassung von Sarasvathy (2001, S. 249f) von effektuativen Entscheidungssituationen zeigt: „A decision involving effectuation [...] consists of a given set of means, [...] a set of effects or possible operationalizations of generalized aspirations [...], constraints on (and opportunities for) possible effects [...]". Diese Begrenzung der zur Verfügung stehenden Mittel und erreichbaren Ziele unterstützt die Konkretisierung der Simulation auf eine spezifische Anwendungsdomäne. Die Realisierung dieser Anforderung bzw. eines Anwendungskontextes erfolgt grundsätzlich durch die Möglichkeit der Spezifikation von beliebig vielen Szenarien für FSim, die sich zum einen durch natürlichsprachliche Beschreibungen (z.B. eine Beschreibung der Branche), und zum anderen durch quantifizierbare Simulationsparameter auszeichnen.

Das Durchlaufen eines solchen Szenarios soll nicht nur einmalig möglich sein – vielmehr muss FSim nach *Anforderung 2* den wiederholten Ablauf eines Szenarios erlauben. Unter einem wiederholten Szenario-Ablauf wird hierbei nicht ein rekonstruierter Ablauf verstanden, sondern die Fähigkeit von FSim adressiert, beliebig oft durch ein gegebenes Szenario parametrisiert werden zu können. Durch die Realisierung dieser Anforderung soll FSim nicht nur für die Erhebung quantitativer Daten zur Gewinnung einer ausreichend großen Stichprobe eingesetzt werden können, sondern auch eine Vergleichbarkeit der Szenario-Durchläufe von verschiedenen Nutzern ermöglichen. Von FSim wird diese Anforderung dahingehend umgesetzt, dass jeder Simulationsdurchlauf eindeutig identifiziert und dem zugrundeliegenden Szenario zugeordnet werden kann. Ein Simulationsdurchlauf ist hierbei in diskrete, chronologisch aufeinanderfolgende Zustände (Simulationsperioden, in deren Rahmen der Nutzer seine Aktivitäten durchführt) unterteilt und hinsichtlich der Anzahl an Perioden unbeschränkt. Realweltlich ließe sich eine solche Simulationsperiode mit einem Geschäftsjahr vergleichen. Die Ergebnisbildung in der Simulation erfolgt dementsprechend nicht nur per vollständigem Simulationsdurchlauf, sondern auch auf feingranularer Ebene zum Abschluss einer jeden diskreten Simulationsperiode (vgl. die Architekturskizze zu FSim in Abbildung 4.1: Speicherung der Zustände durch die FSim-Ausführungsmaschine). Auf diese Weise wird ein Vergleich der Ergebnisse der Simulationsperioden über verschiedene Szenario-Durchläufe hinweg ermöglicht.

Bei der Gestaltung der Simulationsparameter ist darauf zu achten, dass diese die in *Anforderung 3* geforderten Elemente des *effectual problem space* in unterschiedlichen Ausprägungsstärken abbilden können. FSim muss muss sowohl vergleichsweise stabile Umgebungen, aber auch mit starker Unsicherheit behaftete Umgebungen erschaffen können, in der sich effektuative Vorgehensweisen als sinnhaft erweisen (Sarasvathy, 2008).

Die *Knight*'sche Unsicherheit als ein Charakteristikum effektuativer Entscheidungsprobleme wird in FSim dadurch operationalisiert, dass sich per Szenario festlegen lässt, ob die Durchführung einer Marktanalyse zu Ergebnissen führt, oder den Nutzer davon in Kenntnis setzt, dass keine validen Ergebnisse aufgrund mangelnder Prognosemöglichkeiten gewonnen werden konnten. Auch eine starke Dynamik der Märkte (z.b. starke Schwankungen der Nachfrage, eine hohe Fluktuation der Marktteilnehmer) und ein nicht-deterministisches Verhalten seitens FSim bei der Bestimmung der Nachfrage lassen sich per Szenario konfigurieren, um diese Art von Unsicherheit zu erzeugen (Child, 1972; Duncan, 1972).

Eine stark ausgeprägte Zielunklarheit als weiteres Charakteristikum lässt sich in FSim dadurch erreichen, dass dem Nutzer, beispielsweise in der Beschreibung eines Szenarios, verschiedene Vorschläge zu Produkten, Geschäftsmodellen oder Zielen unterbreitet werden. Diese Vorschläge dienen jedoch nur des Aufzeigens der verschiedenen unternehmerischen Möglichkeiten und sind ohne Empfehlungscharakter zu formulieren, sodass der Entscheid für ein oder mehrere unternehmerische Ziele alleine dem Nutzer obliegt. Mit der Vorgabe eindeutiger und spezifischer Ziele lässt sich hingegen eine schwach ausgeprägte Zielunklarheit realisieren.

Eine ausgeprägte Umgebungsisotropie als drittes Charakteristikum lässt sich in FSim durch die Erzeugung einer künstlichen Informationsflut bewirken (Sarasvathy et al., 2008). Hierzu ist dem Nutzer eine in nicht vertretbarer Zeit erfassbare Fülle an Informationen zu unterbreiten, beispielsweise in Form von einer unüberschaubaren Menge an verfügbaren Produktionsfaktoren. Auf diese Weise wird der Nutzer mit dem Problem konfrontiert, die für ihn relevanten Informationen im Sinne geeigneter Produktionsfaktoren zu selektieren. Eine nur geringe Auswahl an verfügbaren Produktionsfaktoren hingegen schränkt das Entscheidungsspektrum bzw. die Informationsvielfalt ein, sodass hier eine nur geringe Umgebungsisotropie erzeugt wird.

In *Anforderung 4* wird die Notwendigkeit beschrieben, die vom Nutzer betrachteten und verwendeten Bedienelemente, die von der FSim-Kernanwendung bereitgestellt werden, chronologisch zu protokollieren. Die auf diese Weise operationalisierte Nutzung von FSim soll Aufschluss über das Nutzerverhalten geben. Beispielsweise könnte ein häufiges Aufrufen einer Marktanalyse-Funktion oder eine häufige Betrachtung von Charts auf ein kausales Verhalten hindeuten (Chandler et al., 2011). Die Realisierung dieser Anforderung in FSim erfolgt zum einen durch eine Protokollierung der Aufrufe von spezifischen Funktionen/Ansichten im Rahmen der chronologisch angelegten Historie, und zum anderen durch die Speicherung der Häufigkeiten dieser Aufrufe für jede durchlaufene Simulationsperiode.

Anforderungen aus der Mittel- und Zielorientierung

Die folgenden Anforderungen in Tabelle 4.3 zielen darauf ab, sowohl eine mittel- als auch zielorientierte Vorgehensweise zu ermöglichen.

Tabelle 4.3.: Funktionale Anforderungen an FSim aus der Kategorie „Mittel und Ziele"

ID	Anforderung	Umsetzung in FSim
5	FSim muss die Definition von Mitteln erlauben.	Mittel können für jedes Szenario in Form von Informationen, sozialen Kontakten und Sachmitteln spezifiziert werden.
6	Fsim muss eine differenzierte Betrachtung/Klassifikation der Mittel erlauben.	FSim differenziert insbesondere zwischen Mitteln auf Mikroebene (Informationen und persönliche Kontakte) und Mesoebene (Sachmittel und Kooperationen).
7	Fsim muss es dem Nutzer erlauben, Informationen zu seinen verfügbaren und erreichbaren Mitteln zu erhalten.	Sowohl die verfügbaren als auch erreichbaren Mittel werden in entsprechenden Übersichten angezeigt.
8	FSim muss die Definition von Zielen erlauben.	Der Nutzer hat die Möglichkeit, seine Ziele natürlichsprachlich zu formulieren.
9	FSim muss die optionale Angabe eines ersten Ziels für den Nutzer erlauben.	Die Formulierung eines Ziels ist von Beginn an möglich.
10	FSim muss die Entwicklung von Zielen über die Zeit aufzeichnen.	Die vom Nutzer formulierten Ziele werden nach jeder Simulationsperiode gespeichert.

Mit den *Anforderungen 5* und *6* wird insbesondere das Effectuation-Prinzip der Mittelorientierung referenziert. Nicht nur die Abbildung von Mitteln selbst, sondern auch deren differenzierte Betrachtung auf Mikroebene (Mittel betreffend den Nutzer) und Mesoebene (Mittel betreffend das Unternehmen des Nutzers) sind als essentielle Anforderungen zu verstehen, die sich an FSim richten. Da die Simulation komplexer Wirtschaftssysteme keine zentrale Komponente von FSim repräsentiert, erübrigt sich die Betrachtung von Mitteln auf Makroebene (vgl. die effektuative Differenzierung von Mitteln nach Tabelle 2.2).

Auf Mikroebene sind die Charaktereigenschaften und Fähigkeiten (*who I am*) dem Nutzer immanent und nicht Bestandteil der Simulation im Sinne einer zu simulierenden Persönlichkeit. Das Wissen des Nutzers (*what I know*) besteht zum einen aus seinem Vorwissen und Vorerfahrungen (die ebenfalls nicht Gegenstand der Simulation sind), zum anderen aber auch aus dem Wissen, das er im Rahmen seiner Nutzung von FSim erlangt. Zur Feststellung von Vorerfahrungen kann FSim den Nutzer zu etwaigen Vorerfahrungen (z.B. Gründungserfahrungen in Jahren (Read et al., 2009a), eine vormalige Nutzung von FSim) befragen. Das von FSim vermittelte Wissen hingegen basiert insbesondere auf jenen Informationen, die in den Szenarien hinterlegt und dem Nutzer entsprechend seiner Anfragen mitgeteilt werden. Der Umfang der dort hinterlegten Informationen lässt sich dann als Ausmaß dieser dem Nutzer zur Verfügung gestellten Mittelart interpretieren. Soziale Netze (*whom I know*) werden in FSim auf Mikroebene dahingehend abgebildet, dass für jedes Szenario fiktive, dem Entrepreneur bzw. Nutzer nahestehende Kooperationspartner (z.b. Familienmitglieder und Freunde) spezifiziert werden können. Der Umfang dieser Mittelart entspricht der Größe des sozialen Netzes (Read et al., 2009a); in FSim der Anzahl der im Szenario spezifizierten, als dem Nutzer verbunden definierten Kooperationspartner.

FSim erlaubt jedoch nicht nur die Definition von Mitteln auf Individualebene, sondern auch auf organisationaler Ebene durch die Möglichkeit der Spezifikation von Sachmitteln (*who I am*) und von Kooperationsmöglichkeiten (*whom I know*). Der Organisationsbezug zeigt sich darin, dass sich die spezifizierten Sachmittel – dem Domänenmodell entsprechend – im Besitz des Unternehmens befinden. Darüber hinaus können Kooperationsmöglichkeiten für die Unternehmung des Nutzers durch die Spezifikation von fiktiven Unternehmen als potentielle B2B-Kooperationspartner geschaffen werden. Auf die Abbildung von Humanressourcen (*what I know*) wurde verzichtet, da (1) es sich bei FSim um einen interaktiven Simulationsansatz handelt mit entsprechender Fokussierung auf den Nutzer/das Individuum (Mikroebene), (2) der Nutzer den Überblick über den Funktionsumfang von FSim bewahren soll und (3) im Rahmen einer prototypischen Entwicklung zunächst die primären, weniger unterstützenden, betriebswirtschaftlichen Funktionen realisiert werden sollten.

Die in *Anforderung 7* geforderten Informationen zu den verfügbaren und erreichbaren Mitteln sind sowohl für eine mittel- als auch zielorientierte Vorgehensweise essentiell. Unter Berücksichtigung der vormaligen Anforderungen 5 und 6 gilt es daher, die im Szenario natürlichsprachlich hinterlegten Informationen selbst, aber auch jene zu Sachmitteln und Kooperationspartnern (differenziert zwischen bereits beschafft/akquiriert und beschaffbar/akquirierbar) bereit zu stellen. Diese Bereitstellung erfolgt in FSim mittels entsprechender Informationsbeschaffungsfunktionen (z.B. Durchführung einer Marktanalyse) und durch tabellarische Übersichten des Unternehmensinventars (umfasst die bereits beschafften Sachmittel), der Ressourcen von Zulieferern (umfasst die beschaffbaren Sachmitteln) und der Kooperationen (umfasst sowohl die bereits akquirierten als auch akquirierbaren Kooperationspartner).

Von *Anforderung 8*, die die Möglichkeit der Definition von Zielen fordert, wird das zur effektuativen Mittelorientierung kausale Pendant der Zielorientierung referenziert. Die Realisierung dieser Anforderung erfolgt durch ein Freitext-Eingabefeld, das dem Nutzer die natürlichsprachliche Formulierung seiner Ziele, Strategien und Visionen ab der ersten Simulationsperiode ermöglicht. *Anforderung 9* wird auf diese Weise erfüllt. Konform zu der an FSim gerichteten Offenheit, ein effektuatives und kausales Vorgehen gleichermaßen zu ermöglichen, ist eine Angabe von Zielen durch den Nutzer jedoch nicht verpflichtend. Werden allerdings Ziele spezifiziert und im weiteren Simulationsverlauf modifiziert, so sind diese Zielangaben bzw. Zieländerungen im Sinne der Nachverfolgbarkeit einer ziel- oder mittelorientierten Vorgehensweise festzuhalten (*Anforderung 10*).[5] Diese geforderte Aufzeichnung der Entwicklung von Zielen über die Zeit erfolgt in FSim durch eine Speicherung der vom Nutzer in dem genannten Eingabefeld getätigten Eingaben zum Abschluss einer jeden diskreten Simulationsperiode.

Akteursbezogene Anforderungen

Die Anforderungen in Tabelle 4.4 beziehen sich auf die abzubildenden Akteure bzw. Akteurs-rollen einschließlich ihrer Eigenschaften, Ziele und Verhalten.

Tabelle 4.4.: Funktionale Anforderungen an FSim aus der Kategorie „Akteure"

ID	Anforderung	Umsetzung in FSim
11	FSim muss die Definition von Akteuren erlauben.	Akteure können in unbegrenzter Anzahl definiert werden.
12	FSim muss insbesondere die Akteurs-Rollen der Kooperationspartner und Konkurrenten abbilden können.	FSim differenziert zwischen diesen beiden Rollen und bildet sie nativ ab.
13	FSim muss die Ziele und Verhalten von Akteuren abbilden können.	Ziele von Kooperationspartnern lassen sich auf Parameterbasis spezifizieren. Kooperationsangebote können von Kooperationspartnern zurückgezogen werden. Das Ziel von Konkurrenten ist die Gewinnung von Marktanteilen; entsprechend reduziert sich der Marktanteil des Nutzerunternehmens um einen konfigurierbaren Prozentsatz.
14	FSim muss die Kategorisierung und Beschreibung von Akteuren erlauben.	FSim kategorisiert Akteure in Kooperationspartner und Konkurrenten. Partner können natürlichsprachlich klassifiziert werden.

Nach *Anforderung 11* muss FSim die Definition von Akteuren erlauben. In FSim werden Akteure durch Software-Agenten abgebildet, die sich in beliebiger Anzahl für ein Szenario konfigurieren lassen und mit denen der Nutzer interagieren kann. Im Rahmen einer solchen Interaktion nimmt jeder Akteur genau eine spezifische Rolle ein. In diesem Sinne fordert *Anforderung 12* die insbesondere Abbildung der Akteurs-Rollen der Kooperationspartner und Konkurrenten, da Kooperationspartner bzw. die Möglichkeit des Eingehens von Kooperationen für ein effektuatives Verhalten, und Konkurrenten bzw. die Möglichkeit der Durchführung von Wettbewerbsanalysen für ein kausales Verhalten zentral sind.

---

[5]Eine häufige Anpassung von Zielen kann beispielsweise als effektuativ-flexibles Verhalten interpretiert werden (Chandler et al., 2011).

Im Rahmen der Spezifikation von Konkurrenten für ein Szenario erlaubt FSim die Angabe einer Obergrenze hinsichtlich der Anzahl der gleichzeitig aktiven Konkurrenten auf einem virtuellen Markt, die Angabe von Wahrscheinlichkeiten für das Aufkommen bzw. Verdrängen von Konkurrenten und die Angabe eines prozentualen Marktanteils, der von einem virtuellen Konkurrenten gehalten wird. Zwischen den Konkurrenten selbst wird in FSim nicht weiter differenziert – diese werden gegenüber dem Nutzer lediglich als existent mit denen von ihnen gehaltenen Marktanteilen ausgewiesen. Das Verhalten der Konkurrenten im Sinne ihres Aufkommens äußert sich in einer Reduktion des von dem Unternehmen des Nutzers gehaltenen Marktanteils, mündend in geringeren Umsätzen (*Anforderung 13*).

Kooperationspartner werden in FSim grundlegend durch ihre Namen und natürlichsprachlichen Beschreibungen abgebildet (*Anforderung 14*). Durch die Verwendung entsprechender Schlüsselwörter lässt sich zwischen den Arten der angebotenen Kooperationen unterscheiden (z.B. „Familienmitglied" als nahestehende Person vs. „Lieferant A" als Unternehmen). Darüber hinaus lässt sich das Verhalten der Kooperationspartner im Hinblick auf das Zustandekommen einer Kooperation durch die Angabe einer Akzeptanzwahrscheinlichkeit steuern (*Anforderung 13*).[6] Durch Adjustieren dieser Wahrscheinlichkeit lässt sich zu einer Reduktion oder Verstärkung der von FSim erzeugten Umgebungsunsicherheit beitragen. Weitere Parameter zur Charakterisierung von Kooperationen bilden die von den Kooperationspartnern bei erfolgreicher Akquise eingebrachten Mittel und die für ein Zustandekommen der Kooperation vom Nutzer zu erfüllenden Anforderungen. Auf insbesondere die Art dieser Mittel und Anforderungen von virtuellen Kooperationspartnern wird bei den spezifischen Anforderungen zur Abbildung von Kooperationsmöglichkeiten genauer eingegangen.

Aktionsbezogene Anforderungen

Die in Tabelle 4.5 aufgeführten Anforderungen fokussieren insbesondere die Aktionsmöglichkeiten des Nutzers.

Tabelle 4.5.: Funktionale Anforderungen an FSim aus der Kategorie „Aktionen"

ID	Anforderung	Umsetzung in FSim
15	FSim muss die Definition von Aktionen erlauben.	FSim zeichnet sich durch einen wohldefinierten Aktionsumfang aus.
16	FSim kann Aktionen zur Marktanalyse bereitstellen.	Die Marktanalyse kann in einem Report münden, der sowohl marktübergreifende als auch produktspezifische Marktinformationen umfasst.

---

[6]Ein Wert von 100 würde dementsprechend ein sicheres Zustandekommen der Kooperation, ein Wert von 0 hingegen einen sicheren Rückzug des Kooperationspartners bedeuten.

Tabelle 4.5.: Funktionale Anforderungen an FSim aus der Kategorie „Aktionen" *(Fortsetzung)*

ID	Anforderung	Umsetzung in FSim
17	FSim kann Aktionen zur Analyse der Konkurrenz bereitstellen.	Die Wettbewerbsanalyse graphisch Aufschluss über die Verteilung der eigenen Marktanteile und jene der Konkurrenz.
18	FSim kann Aktionen zur Erstellung einer Werbekampagne bereitstellen.	Werbekampagnen, einschließlich der Kosten ihrer Durchführung und bewirkte Steigerung der Nachfrage, können für jedes Szenario definiert werden.
19	FSim muss dem Nutzer unterschiedliche Finanzierungsmöglichkeiten zur Auswahl stellen.	Eine Finanzierung ist durch Kredite und durch Geld von fiktiven Freunden und Bekannten möglich.
20	FSim soll dem Nutzer unerwartete Ereignisse (zufällig oder determiniert) präsentieren.	Spezifische Ereignisse können in einer determinierten oder zufälligen Simulationsperiode mit einer definierbaren Wahrscheinlichkeit ausgelöst und dem Nutzer präsentiert werden.

Nach *Anforderung 15* müssen die vom Nutzer durchführbaren Aktionen definiert sein. Durch die Definition von Handlungsmöglichkeiten im Rahmen eines abgegrenzten Handlungsspielraumes (vgl. Anforderung 1) werden nicht nur die grundlegenden Aktivitäten einer effektuativen und kausalen Vorgehensweise beschrieben, sondern durch die Abgeschlossenheit des Handlungsspielraumes auch eine Vergleichbarkeit der Vorgehensweisen bewirkt. Die Umsetzung dieser Anforderung spiegelt sich in FSim in dem Funktionsumfang bzw. den Handlungsmöglichkeiten wider, die durch die folgenden Anforderungen konkretisiert werden.

Anforderung 16 zielt auf die Möglichkeit der Durchführung einer Marktanalyse als typisch kausale Aktivität ab (Sarasvathy, 2001). Die Umsetzung in FSim erfolgt als eigenständige, mit (variablen) Kosten bemessbare Analysefunktion, die dem Nutzer einen Report zurückliefern kann,[7] der auf den folgenden, per Szenario konfigurierbaren Komponenten basiert. Zum Einen umfasst der Report allgemeine Informationen wie (1) die maximale, prozentuale Schwankung der Nachfrage über alle Märkte, (2) die durchschnittliche Fluktuation der Marktteilnehmer in allen Märkten und (3) die Bedürfnisse der potentiellen Kunden (per Szenario natürlichsprachlich beschreibbar). Zum Anderen umfasst der Report produktspezifische Marktinformationen für jedes, vom Nutzer konfigurierte Produkt. Dazu bestimmt FSim im Hintergrund für jedes angebotene Produkt einen eigenen Markt bzw. eine eigene Nachfragefunktion. Zu den entsprechend produktspezifischen Marktinformationen zählen dann (1) die nachgefragte Menge des

---

[7]Ein Szenario lässt sich zur Generierung von Unsicherheit auch dahingehend konfigurieren, dass die Durchführung einer Marktanalyse nicht zum Erfolg führt. In diesem Fall wird der Nutzer darüber informiert, dass keine verlässlichen Marktinformationen ermittelt werden konnten.

jeweiligen Produktes zu dem vom Nutzer angegebenen Produktpreis, (2) die Sättigungsmenge, (3) der Prohibitivpreis, (4) die Anzahl der Wettbewerber und (5) ein fiktives Kunden-Feedback im Sinne eines Optimierungsvorschlags für jedes Produkt.

Obgleich durch den Ergebnisreport der Marktanalyse bereits abgedeckt, sieht *Anforderung 17* die explizite Bereitstellung einer Wettbewerbsanalysefunktion als typische Ausprägung einer kausalen Aktivität vor (Sarasvathy, 2001). Durch diese Explikation der Wettbewerbsanalyse soll eine differenzierte Nutzung der Markt- und Wettbewerbsanalysefunktion erfasst werden. Die Realisierung der Wettbewerbsanalyse erfolgt in FSim mittels eines Drop-Down Menüs, aus dem der Nutzer eines seiner Produkte selektiert. Als Resultat wird, sofern ein Markt bzw. eine Nachfrage für das gewählte Produkt existiert, ein Kuchendiagramm angezeigt, das Aufschluss über die Verteilung der eigenen Marktanteile und jene der Konkurrenz gibt.

Anforderung 18 fordert, dass FSim Aktionen zur Erstellung einer Werbekampagne bereitstellen kann. Die Bedeutsamkeit dieser Anforderung liegt, wie bereits im Kontext der Markt- und Wettbewerbsanalyse erläutert, auch hier darin, dass das Planen und Anfertigen von Werbekampagnen für ein kausales Verhalten bezeichnend und damit von FSim abzubilden ist (Sarasvathy, 2001). FSim bietet prinzipiell die Möglichkeit, Werbekampagnen für beliebig viele Szenarien zu erstellen. Eine Werbekampagne ist hierbei durch einen entsprechenden Namen, die bei ihrer Durchführung anfallenden Kosten und einem frei wählbarem Multiplikator zur Steigerung der Nachfrage bei Aktivierung der Kampagne gekennzeichnet. Die Aktivierung der Kampagne selbst erfolgt in der Simulation durch den Nutzer. Die per Szenario konfigurierten Werbekampagnen müssen nicht zu Beginn der Simulation zu Verfügung stehen – ihre Verfügbarkeit lässt sich auch an das Zustandekommen entsprechender Kooperationen koppeln.

Nach *Anforderung 19* müssen dem Nutzer unterschiedliche Finanzierungsmöglichkeiten zur Verfügung gestellt werden. Das Zurückgreifen auf die verschieden angebotenen Finanzierungsmöglichkeiten soll Aufschluss über ein effektuatives respektive kausales Verhalten geben. Trivialerweise lässt sich ein Zurückgreifen auf die sich bereits im Besitz befindlichen Finanzmittel (Vermögen des Unternehmens des Nutzers) als mittelorientieres und damit effektuatives Vorgehen betrachten. Auch das Zurückgreifen auf die von Freunden und Bekannten angebotenen Finanzmittel als zinsfreie, finanzielle Unterstützung entspricht einer effektuativen Finanzierungsform (Read et al., 2009a). Eine Finanzierung durch Kredite hingegen könnte auf Basis gesetzter Ziele angestrebt werden und würde damit eher das kausale Prinzip der Zielorientierung referenzieren. FSim setzt beide Finanzierungsmöglichkeiten und damit die Anforderung um, indem für jedes Szenario die Höhe des Startkapitals, die maximale Kreditsumme und Darlehenszinssatz, und das von fiktiven Freunden und Bekannten maximal bereitgestellte Kapital definiert werden kann. Zur Wahrung der Entscheidungsfreiheit hat der Nutzer während der Simulation gleichermaßen die Möglichkeit, Kredite bis zur maximalen Höhe aufzunehmen bzw. zu tilgen oder auf Finanzmittel von Freunden und Bekannten zurückzugreifen bzw. diese zurückzuzahlen. Für eine entsprechende Nachverfolgbarkeit der vom Nutzer getroffenen Finanzierungsentscheidungen werden die Höhe des Unternehmensvermögens und Art und Höhe der in Anspruch genommenen Finanzierungsarten zum Abschluss einer jeden Simulationsperiode gespeichert.

Anforderung 20 beschreibt, dass dem Nutzer unerwartete Ereignisse (zufällig oder determiniert ausgelöst) präsentiert werden sollen. Unter Ereignissen werden hierbei nicht nur negative Vorfälle, sondern auch unternehmerische Gelegenheiten im positiven Sinne verstanden, die vom Nutzer nach dem Effectuation-Prinzip der unerwarteten Ereignisse ausgenutzt werden können (Sarasvathy, 2003). In FSim werden dem Nutzer Ereignisse in Form eines Hinweisfensters zu Beginn einer Simulationsperiode präsentiert. Die Ereignisse selbst werden durch generische Parameter wie der Simulationsperiode ihres Auftretens (oder als zufällig auftretend konfiguriert), ihrer Eintrittswahrscheinlichkeit und ihre Wiederholbarkeit beschrieben. Zudem kann per Szenario definiert werden, ob mehrere Ereignisse in einer Simulationsperiode auftreten dürfen. Durch eine entsprechende Parameterbelegung kann ein (nicht-)deterministisches Verhalten von FSim bewirkt und die Umgebung damit (de-)stabilisiert werden (Child, 1972). Darüber hinaus ist mit jedem Ereignis ein Effekt verbunden, der bei Auslösung des Ereignisses bewirkt wird. Von dem FSim-Prototypen werden die folgenden Effekte abgebildet.

- Ein neuer Produktionsfaktor wurde entdeckt und kann vom Nutzer von seinem Lieferanten erworben werden.

- Es fand ein fiktiver Diebstahl statt, der zum Verlust des kompletten Bestandes eines zufälligen Produktionsfaktors beim Nutzer führt.

- Es kommt zu einem fiktiven Marktaufschwung, sodass die Nachfrage nach einem zufällig gewählten Produkt des Nutzers gesteigert wird (die Steigerung der Nachfrage und die Dauer des Marktaufschwungs können per Szenario konfiguriert werden).

- Es kommt zu einem fiktiven Markteinbruch, sodass die Nachfrage nach einem zufällig gewählten Produkt des Nutzers reduziert wird (die Reduktion der Nachfrage und die Dauer des Markteinbruchs können per Szenario konfiguriert werden).[8]

- Die Konkurrenz hat Geschäftsgeheimnisse ausspioniert, sodass ein maximaler Wettbewerb (mündend in einer reduzierten Nachfrage) für ein zufällig gewähltes Produkt des Nutzers generiert wird.

- Die Konkurrenz wurde erfolgreich verdrängt, sodass der Nutzer eine Monopolstellung (mündend in einer gesteigerten Nachfrage) für ein zufällig gewähltes Produkt hat.

---

[8]Der Marktaufschwungs- und Markteinbruchseffekt schließen sich gegenseitig aus.

Diese Effekte bzw. Ereignisse dienen insbesondere als potentielle Stimuli für effektuatives Verhalten. Das Aufkommen neuer Produktionsfaktoren oder der Verlust von sich bereits im Besitz befindlichen Faktoren könnten den Nutzer dazu ermuntern, neue Produkte zu erstellen oder existierende Produkte zu entfernen. Marktaufschwünge und -einbrüche, sowie Veränderungen hinsichtlich der Konkurrenzsituation könnten ebenfalls eine Anpassung des Produktportfolios durch den Nutzer nach sich ziehen. Solch flexible Verhaltensweisen, verstanden als Reaktionen auf die ausgelösten Ereignisse, sind beispielhaft für eine Anwendung der Effectuation-Logik. Nur geringfügige oder keine Verhaltensänderungen hingegen deuten eher auf eine Verfolgung der Causation-Logik hin (Chandler et al., 2011).

Nutzerzentrierte Anforderungen

Die in Tabelle 4.6 aufgeführten Anforderungen beziehen sich insbesondere auf den FSim-Nutzer. Die Erfassung von Gründen und erwarteten Auswirkungen seiner Handlungen sind diesen Anforderungen zentral.

Tabelle 4.6.: Funktionale Anforderungen an FSim aus der Kategorie „Nutzer"

ID	Anforderung	Umsetzung in FSim
21	FSim muss von einem einzigen Nutzer bedienbar sein.	FSim ist auf einen Einbenutzerbetrieb ausgerichtet.
22	FSim muss die vorherige Erfahrung des Nutzers aufnehmen können.	Die Ermittlung von Erfahrungen mit Unternehmensgründungen und mit FSim erfolgt über einen Fragebogen.
23	FSim muss die Eingabe eines Grundes für das Handeln des Nutzers abfragen und speichern können.	Bei Abschluss jeder Simulationsperiode hat der Nutzer die Möglichkeit, die Gründe für seine Handlungen zu formulieren.
24	FSim soll die Erwartungen des Nutzers an die Auswirkungen seiner Handlungen abfragen können.	Der Nutzer kann die von ihm formulierten Begründungen um seine Erwartungen ergänzen.
25	FSim soll den Bezug einer Begründung des Nutzers und der Ursache strukturiert und explizit erfassen können.	Bei Abschluss jeder Simulationsperiode werden die Simulationsperiode und erreichten Ergebnisse, sowie die vom Nutzer angegebenen Gründe gespeichert.
26	FSim muss die chronologische Abfolge von Handlungen des Nutzers abfragen können.	Jede Nutzeraktivität wird mit einem Zeitstempel versehen und protokolliert.
27	FSim muss es dem Nutzer erlauben, Kommentare zu formulieren und zu hinterlegen.	Der Nutzer kann Kommentare in einem separaten Freitextfeld formulieren und hinterlegen.

Anforderung 21 beschreibt, dass FSim von einem einzigen Nutzer bedienbar sein muss. Hintergrund dieser Anforderung ist die so ermöglichte Bestimmbarkeit des effektuativen und kausalen Verhaltens eines einzelnen Nutzers, losgelöst von einer möglichen Einflussnahme anderer Nutzer (Barrick, 2005). Entsprechend dieser Anforderung ist FSim auf einen Einbenutzerbetrieb ausgelegt. Interaktionen zwischen den verschiedenen FSim-Simulationsinstanzen sind nicht möglich. Eine zukünftige Weiterentwicklung in Richtung Mehrbenutzerbetrieb wird aber nicht ausgeschlossen und böte das Potential, Verhaltensinterdependenzen zwischen den Nutzern zu erforschen.

Für die Erforschung des Nutzerverhaltens ist es nach *Anforderung 22* wichtig, die Vorerfahrungen des Nutzers aufzunehmen. Diese Vorerfahrungen in Form von realen Gründungserfahrungen und Vorerfahrungen im Umgang mit FSim sind zwar nicht für die Simulation selbst (vgl. Anforderung 5 und 6), jedoch für eine Interpretation des Nutzerverhaltens relevant. Diese Relevanz ergibt sich einerseits aus der Effectuation-Theorie, nach der insbesondere erfahrene Gründer der Effectuation-Logik folgen (Fisher, 2012). Dementsprechend ist eine Kontrolle der Gründungserfahrung für eine adäquate Verhaltensbeurteilung unerlässlich. Andererseits können sich Lerneffekte aus einer vormaligen Nutzung von FSim ergeben, die das folgende Nutzerverhalten beeinflussen und daher entsprechend festzuhalten sind. Die Umsetzung der Anforderung erfolgt in FSim durch Ausgabe eines Fragebogens im Anschluss an die eigentliche Simulation. Der Nutzer wird hier zu seinen Vorerfahrungen, konkret zu (1) einer bereits erfolgten Nutzung von FSim, (2) der Anzahl real gegründeter Unternehmen und (3) der Gründungsexpertise in Jahren befragt.

Des Weiteren muss FSim die Gründe (*Anforderung 23*) und Erwartungen (*Anforderung 24*) des Nutzers für bzw. an sein Handeln erfassen können. Eine Erfassung dieser Gründe (z.B. ausgelöste Ereignisse) und Erwartungen ist wichtig, um das zugehörige Verhalten des Nutzers genau verstehen zu können (Perry et al., 2012). Im Zuge einer Umsetzung dieser Anforderungen in FSim ist zu überlegen, auf welche Art und Weise Gründe und Erwartungen erfasst und in Folge ausgewertet werden können. Eine strukturierte Erfassung, beispielsweise mittels eines elektronischen Fragebogens mit vordefinierten Gründen und Erwartungen als Antwortmöglichkeiten, erlaubt bzw. vereinfacht zwar eine automatisierte und statistische Auswertung, könnte aber aufgrund der beschränkten Antwortmöglichkeiten nicht alle relevanten Gründe und Erwartungen des Nutzers abdecken. Durch die Ausgabe eines Fragebogen mit offen gehaltenen Antwortmöglichkeiten hingegen können diese Gründe und Erwartungen genauer erfasst werden. Der Auswertungsaufwand ist jedoch aufgrund der natürlichsprachlich formulierten, unterschiedlich ausfallenden Antworten entsprechend höher ausgeprägt.

Für FSim wird zur Realisierung beider Anforderungen eine semi-strukturierte Lösung (vergleichbar mit einem semi-strukturierten Interview) angestrebt (Fylan, 2005). Die strukturierte

Komponente dieser Lösung besteht darin, dass die dem Nutzer gestellten Fragen zur Erfassung der Gründe für und Handlungen an sein Handeln vordefiniert, und auf die wesentlichen Handlungsmöglichkeiten in FSim begrenzt sind. Die Erfassung der Antworten selbst erfolgt hingegen in natürlichsprachlicher Form durch Freitexteingabefelder, losgelöst von jedweden Antwortvorgaben, um so die gesamte Breite an Gründen und Erwartungen erfassen zu können. Die dem Nutzer während der Simulation gestellten Fragen sind im Folgenden aufgeführt.

- Warum haben Sie sich in dieser Periode für eine bestimmte Rechtsform / Lager / Werbekampagne entschieden?

- Sofern Sie Produktionsfaktoren gekauft/verkauft haben: warum haben Sie sich für diese (und nicht andere) Faktoren entschieden?

- Warum haben Sie genau die nun existierenden (und nicht andere) Produkte erstellt? Aus welchen Gründen haben Sie Produkte verändert/gelöscht?

- Warum haben Sie Markt-/Wettbewerbsanalysen durchgeführt? Welche Ergebnisse haben Sie sich erhofft?

- Warum sind Sie Kooperationen eingegangen oder haben Kooperationen aufgelöst?

- Haben Sie ein eigenes Gehalt angegeben? Falls zutreffend, warum in der angegebenen Höhe?

- Warum haben Sie einen Kredit aufgenommen/getilgt oder Geld von Freunden/Bekannten in Anspruch genommen bzw. zurückgezahlt?

Im Zuge der Beantwortung dieser Fragen durch den Nutzer ist nach *Anforderung 25* auf eine explizite und strukturierte Erfassung der angegebenen Gründe und Ursachen zu achten, um eine Zuordnung der Antworten zum gezeigten Verhalten zu ermöglichen. Hieran angelehnt fordert *Anforderung 26* die Möglichkeit einer chronologischen Erfassung der vom Nutzer durchgeführten Aktivitäten. Diese Verhaltenschronologie soll nicht nur ein ganzheitliches Bild des expliziten Nutzerverhaltens vermitteln, sondern auch zur Ableitung impliziter Verhalten (z.B. auffallend lange Pausen zwischen bestimmten Aktivitäten) dienen. Die Umsetzung beider Anforderung in FSim erfolgt durch (1) eine Speicherung der vom Nutzer durchlaufenen Simulationsperioden einschließlich der erzielten Ergebnisse, (2) einer chronologischen Protokollierung der vom Nutzer durchgeführten Handlungen in Echtzeit und (3) einer Erfassung der Gründe des Nutzers für sein Handeln durch Anzeige der aufgelisteten Fragen zum Ende einer jeden Simulationsperiode.

Zur Erfassung von Erwartungen und Gründen des Nutzers, die über die aufgeführten Fragestellungen hinausgehen, und zur Explikation weiterer Gedanken fordert *Anforderung 27* die

Möglichkeit einer Angabe von Kommentaren. In FSim wird diese Anforderung durch die Bereitstellung eines separaten Kommentar-Freitextfeldes umgesetzt. Die Eingaben in diesem Feld werden von FSim zum Ende einer jeden Simulationsperiode gespeichert.

Interaktionsbezogene Anforderungen

Die in Tabelle 4.7 aufgeführten Anforderungen fokussieren insbesondere die zu ermöglichenden Interaktionen zwischen dem Nutzer und den Akteuren, sowie dem Nutzer und der Simulationsumgebung.

Tabelle 4.7.: Funktionale Anforderungen an FSim aus der Kategorie „Interaktionen"

ID	Anforderung	Umsetzung in FSim
28	FSim muss Interaktionen zwischen Akteuren und zwischen den Akteuren und dem Nutzer erlauben.	Der Nutzer kann mit Kooperationspartnern direkt und Konkurrenten indirekt interagieren.
29	FSim soll Konflikte zwischen den Akteuren und mit dem Nutzer abbilden können.	Die Beziehung des Nutzers zur Konkurrenz ist per Definition konfliktbehaftet. Konflikte zwischen Kooperationspartnern und dem Nutzer werden durch die Angabe einer Wahrscheinlichkeit des Rückzugs des Kooperationsangebots simuliert.
30	FSim muss es dem Nutzer erlauben, mit anderen Akteuren Kooperationen einzugehen.	Kooperationsangebote können für jedes Szenario konfiguriert, zeitlich gesteuert angezeigt, vom Nutzer eingegangen und gelöst werden.
31	FSim muss die Assoziation von Akteuren, Zielen und Mitteln erlauben.	Kooperationspartner als Akteure bringen spezifizierbare Mittel und Ziele i.S.v. vom Nutzer zu erfüllende Bedingungen in die Unternehmung ein.
32	FSim muss Auswirkungen von Aktionen auf die Umwelt abbilden.	Die Handlungen des Users beeinflussen die Simulationsumgebung (z.B. Einnahmen und Ausgaben, Produktgestaltung, Nachfrage, Kooperationen, Produktion, ...)

Nach *Anforderung 28* sollen die von FSim abgebildeten Akteure miteinander und mit dem Nutzer interagieren können. Daher sind für die vom FSim-Prototypen abgebildeten Akteurs-Rollen der Kooperationspartner und Konkurrenten entsprechende Interaktionsmöglichkeiten zu spezifizieren, die nach *Anforderung 29* auch konfliktbehaftet sein können.

Die Interaktion der simulierten Konkurrenz mit dem Nutzer erfolgt indirekt dadurch, dass jeder aufkommende Konkurrent den Marktanteil des Unternehmens des Nutzers reduziert. In umgekehrter Richtung hat der Nutzer die Möglichkeit, mittels Marketing-Kampagnen wiederum auf aufkommende Konkurrenz zu reagieren. Die Reaktion gestaltet sich derart, dass eine Marketing-Kampagne den Marktanteil des Unternehmens des Nutzers erhöht und die Marktanteile der Konkurrenz reduziert. Diese Beziehung zwischen dem Nutzer und der simulierten Konkurrenz ist per Definition konkurrierend, und daher als konfliktbehaftet zu betrachten.

Die geforderten Interaktionsmöglichkeiten beziehen sich nicht nur auf die Konkurrenz, sondern auch auf Kooperationspartner. Die in *Anforderung 30* geforderte Möglichkeit des Nutzers, Kooperationen eingehen zu können, bedingt in FSim entsprechende Interaktionen. Diese Interaktionen des Nutzers mit den potentiellen Kooperationspartnern erfolgen grundlegend über die FSim-Oberfläche. Dem Nutzer wird hierzu eine tabellarische Übersicht zu Verfügung gestellt, die verfügbare, eingegangene, abgelehnte und aufgekündigte Kooperationsvereinbarungen auflistet. Der Zeitpunkt der Verfügbarkeit eines Kooperationsangebotes kann individuell für jedes Angebot durch Angabe einer Simulationsperiode konfiguriert werden. Auf diese Weise lässt sich eine kooperative Unterstützung zeitlich gezielt anbieten.

Die Interaktion zwischen dem Nutzer und den potentiellen Kooperationspartnern (Anforderung 28) zum Aufbau einer Kooperation kann nun dahingehend erfolgen, dass der Nutzer einen der aufgeführten, verfügbaren Kooperationspartner zu akquirieren versucht, und so die angebotene Kooperation im Erfolgsfall in den Zustand *Kooperation eingegangen* bzw. bei Misserfolg in den Zustand *Kooperation abgelehnt* überführt. Hierbei kann die Wahrscheinlichkeit des Rückzugs eines Kooperationsangebots, das zu einer Ablehnung der Kooperation führt, für jede Kooperation individuell angegeben werden. Auf diese Weise lässt sich ein fiktiver Konflikt zwischen dem Nutzer und dem Kooperationspartner simulieren (Anforderung 29). Von FSim wird jedoch nicht nur das Eingehen, sondern auch das Lösen einer Kooperation durch den Nutzer als grundlegende Interaktionsmöglichkeit unterstützt. In diesem Sinne kann per Kooperationsangebot definiert werden, ob es sich um eine kündbare oder unkündbare Kooperation handelt. Die Bedeutsamkeit dieser Charakterisierung von Kooperationen liegt darin, dass die Präferenz des Nutzers von kündbaren bzw. unkündbaren Kooperationen Aufschluss über seine Bevorzugung von langfristigen gegenüber kurzfristig kündbaren Kooperationsangeboten geben kann.

Hinsichtlich der Gestaltungsmöglichkeiten von Kooperationsangeboten muss FSim nach *Anforderung 31* die Assoziation von Akteuren zu Mitteln und Zielen erlauben. In diesem Sinne werden unter Mittel die von den Kooperationspartnern eingebrachten Kooperationsleistungen und unter Zielen die vom Nutzer zu erfüllenden Kooperationsbedingungen verstanden. Diese Sichtweise entspricht dem Rollenverständnis von Partnern im Effectuation-Prozess, nach dem Kooperationspartner im Sinne von Stakeholdern bei ihrer Akquise neue Mittel (Kooperationsleistung), aber auch neue Ziele (Kooperationsbedingung) in die Unternehmung einbringen (Wiltbank et al., 2006; Sarasvathy et al., 2014). Zur Umsetzung dieser Anforderung können im FSim-Prototyp für jedes Kooperationsangebot die folgenden Kooperationsleistungen spezifiziert und miteinander kombiniert werden.

- Der Nutzer erhält für die Dauer der Kooperation eine spezifizierte Menge eines spezifizierten Produktionsfaktors in jeder Simulationsperiode.

- Für die Dauer der Kooperation wird eine spezifizierte Lagermöglichkeit zur Verfügung gestellt.

- Der Kooperationspartner ermöglicht für die Dauer der Kooperation die Durchführung einer spezifizierten Werbekampagne.

- Der Nutzer erhält in jeder Periode einen markt- bzw. produktbezogenen Verbesserungsvorschlag zu einem zufällig gewählten Produkt.

- Dem Nutzer wird einen spezifizierter Vorschlag für ein neues Produkt einschließlich seiner Zusammensetzung unterbreitet.

Diesen Kooperationsleistungen werden Ziele bzw. Bedingungen der Kooperationspartner gegenübergestellt, die es vom Nutzer zu akzeptieren bzw. als prinzipielle Voraussetzung für das Zustandekommen der Kooperation zu erfüllen gilt.

- Die Kooperation bedingt die einmalige Zahlung einer spezifizierten Summe.

- Für die Dauer der Kooperation fällt in jeder Simulationsperiode eine spezifizierte Gebühr an.

- Der Kooperationspartner ist mit einem spezifizierten, prozentualen Anteil an den Einnahmen des Unternehmens des Nutzers zu beteiligen.

Obgleich der Nutzer durch Marketing-Kampagnen und Kooperationen bereits seine Umgebung beeinflusst, werden in *Anforderung 32* eine explizite Auswirkungen der Nutzeraktionen auf die Umwelt gefordert. Diese Anforderung ist dadurch begründet, dass Menschen auch in der realen Welt mit ihrer Umgebung interagieren und diese entsprechend beeinflussen. FSim stellt zwar nur eine parametrisierte, virtuelle Simulationsumgebung bereit, jedoch wird der Nutzer auch hier als interaktiver Part der Simulation verstanden, der mit seinen Handlungen die Simulationsumgebung beeinflussen und mit ihr interagieren kann.

Der prinzipielle Einfluss der Nutzeraktionen auf die virtuellen Umgebung wurde bereits in der Architekturskizze dahingehend abgebildet, dass die FSim-Ausführungsmaschine insbesondere die von der FSim-Kernanwendung weitergeleiteten Nutzereingaben, aber auch den aktuellen Simulationsstand und die vorgegebenen Simulationsparameter als Grundlage für die Bestimmung des Folgezustands berücksichtigt. Mit diesem Zustandsübergang verbundene Effekte, verstanden als Unterschiede zwischen der ursprünglichen und sich hieran anschließenden Simulationsperiode, zeigen sich in FSim insbesondere in Form von marktlichen Veränderungen. Wichtige dieser insbesondere auf die Nutzereingaben zurückzuführenden Effekte sind im Folgenden als Gesetzesmäßigkeiten bzw. Ursache-Wirkungs-Beziehungen formuliert.

- Die Zusammensetzung eines vom Nutzer konfigurierten Produktes wird durch einen *Produkt-Fit*-Index bewertet.[9] Diese Bewertung und der vom Nutzer veranschlagte Produktpreis haben einen direkten Einfluss auf die Nachfrage nach diesem Produkt.

- Eine vom Nutzer gewählte Werbekampagne steigert gleichermaßen die Nachfrage nach all seinen Produkten.

- Durch Verwendung der Marktanalyse-Funktion können marktübergreifende und produktspezifische Informationen beschafft werden. Der Nutzer kann diese Informationen für die Anpassung seiner Produkte an die Marktbedürfnisse verwenden und so die Nachfrage nach seinen Produkten steigern.

- Je größer das vom Nutzer gewählte, virtuelle Lager, desto mehr Produkte können in einer Simulationsperiode hergestellt und je nach Nachfrage verkauft werden.

- Mit der Aufnahme eines Kredites sind vom Nutzer zu leistende Zinszahlungen verbunden (reguliert durch einen Darlehenszinssatz). Hierbei gilt: Je höher die Kreditsumme, desto höher die Zinszahlungen.

- Bei der Anbahnung einer Kooperation durch den Nutzer kann diese entweder zustande kommen oder das Kooperationsangebot vom virtuellen Partner zurückgezogen werden. Mit einer Kooperationsvereinbarung werden neue Mittel in die Unternehmung eingebracht und zu erfüllende Bedingungen gestellt. Gekündigte Kooperationen können nicht erneut eingegangen werden.

4.3.2. Konstruktbasierte, funktionale Anforderungen

Obgleich die vormals erläuterten, funktionalen Anforderungen eine wichtige Grundlage für die Entwicklung von FSim repräsentieren, so ist deren alleinige Umsetzung im Hinblick auf die Verfügbarkeit von etablierten Skalen zur Messung von Effectuation und Causation als unzureichend zu betrachten. Daher werden die bereits erhobenen, fallstudienbasierten Anforderungen

---

[9]Die Güte eines Produktes im Sinne seiner Annahme durch den Markt wird in FSim durch einen Produkt-Fit-Index aus dem Intervall $[0, \infty]$ operationalisiert. Je stärker der berechnete *Fit* eines Produktes gegen ∞ konvergiert, umso größer fällt die nachgefragte Menge nach diesem Produkt aus (eine Konvergenz gegen 0 hat den entsprechend gegenteiligen Effekt). Die genauen mathematischen Grundlagen zur Berechnung diese Index und der Nachfrage werden in den Anhängen A.1 und A.2 erläutert.

um jene Anforderungen ergänzt, die den Messindikatoren von operationalisierten Effectuation- und Causation-Konstrukten entsprechen.

Anforderungen aus dem Causation-Konstrukt

Anforderungen bzw. Indikatoren, die von Chandler et al. (2011) zur Messung von Causation entwickelt und validiert wurden, und die anvisierten Maßnahmen für ihre Umsetzung in FSim sind in Tabelle 4.8 aufgelistet.

Tabelle 4.8.: Funktionale Anforderungen an FSim aus dem Causation-Konstrukt

ID	Anforderung/Indikator	Umsetzung in FSim
33	We analyzed long run opportunities and selected what we thought would provide the best returns.	Verschiedene Produkte können konfiguriert, analysiert und das erfolgsträchtigste Produkt beibehalten werden. Langfristige Kooperationsmöglichkeiten können analysiert und eingegangen werden.
34	We developed a strategy to best take advantage of resources and capabilities.	Der Nutzer kann seine verfolgten Strategien natürlichsprachlich in einem Freitextfeld für Strategien, Ziele und Visionen hinterlegen.
35	We designed and planned business strategies.	*siehe Anforderung 34*
36	We had a clear and consistent vision for where we wanted to end up.	*siehe Anforderung 34*
37	We organized and implemented control processes to make sure we met objectives.	Kontrollwerkzeuge sind in FSim in Form von Reportings, Charts und tabellarischen Übersichten implementiert.
38	We researched and selected target markets and did meaningful competitive analysis.	Der Nutzer kann Markt- und Wettbewerbsanalysen in FSim durchführen.
39	We designed and planned production and marketing efforts.	Produkte und Produktionsprogramme können vom Nutzer gestaltet werden. Eine Marketing-Kampagne kann vom Nutzer selektiert werden.

Anforderung 33 zielt auf eine Analyse langfristiger, unternehmerischer Gelegenheiten ab, von denen jene mit dem größten Ertrag selektiert wird. Die hier geforderte Analysemöglichkeit wird von FSim aus der Produktperspektive dahingehend realisiert, dass der Nutzer sein Produktportfolio beliebig zusammenstellen und mittels der Marktanalyse-Funktion evaluieren kann. Auf Basis der Analyseergebnisse kann sich der Nutzer dann für jenes Produkt entscheiden, das den größten Nutzen stiftet. Aufgrund der weitreichenden Interpretationsmöglichkeiten von unternehmerischen Gelegenheiten müssen sich diese nicht nur auf Produkte beziehen. Auch der Ver-

gleich verschiedener, langfristiger Kooperationsangebote und der anschließende Entscheid für das nutzenmaximale Angebot entspricht einer Ausprägung der in der Anforderung formulierten Vorgehensweise. Zur Realisierung dieser Ausprägungsform ermöglicht FSim die Spezifikation verschiedener, unkündbarer Kooperationsangebote, aus denen der Nutzer dann das ertragsmaximale Kooperationsangebot wählen kann.

Die *Anforderungen 34* und *35* beschreiben eine Entwicklung und Planung von Unternehmensstrategien bzw. Strategien zur bestmöglichen Ausnutzung von Ressourcen und Fähigkeiten. Da solche Strategien individuell geprägt sind, gestaltet sich deren systematische Abbildung bzw. Erfassung durch FSim schwierig. Diese Problematik zeigt sich auch bei der Umsetzung von *Anforderung 36*, die die Erfassbarkeit einer klaren und beständigen Vision von den unternehmerischen Zielen fokussiert. Diese dem Nutzer inhärente Vision von den unternehmerischen Zielen kann durchaus den vorgegebenen Szenario-Zielen entsprechen (vgl. die nach Anforderung 3 abzubildende Ziel(un)klarheit), allerdings kann der Nutzer auch eigene Zielvorstellungen haben, die von diesen Szenario-Zielen abweichen. Aufgrund der verschieden möglichen Visionen von unternehmerischen Zielen manifestiert sich auch hier das Problem ihrer systematischen und formalen Erfassung. Aus diesem Grund werden in FSim sowohl die Visionen und Zielvorstellungen des Nutzers, als auch die vom Nutzer verfolgten Strategien durch ein Freitexteingabefeld für Strategien, Ziele und Visionen natürlichsprachlich zum Ende einer jeden Simulationsperiode erfasst.

Anforderung 37 fordert die Organisation und Implementierung von Kontrollprozessen, um die Erreichung gesteckter Ziele zu überwachen und sicherzustellen. In FSim hat der Nutzer hierzu die Möglichkeit, auf verschiedene Kontrollfunktionen zurückzugreifen. Zu diesen von FSim zur Verfügung gestellten Kontrollfunktionen zählen Reporting-Funktionen (z.B. die Zusammenfassung der in einer Simulationsperiode vorgefallenen Ereignisse und der Bericht der Marktanalyse), tabellarische Übersichten (z.B. zum Lagerbestand, verfügbare Mittel, das Produktionsprogramm, Kooperationen, Finanzen) und Charts (Entwicklung von Produktion und Nachfrage, Umsatzentwicklung, Verteilung der Marktanteile).

Anforderung 38 beschreibt die Suche und Selektion von Zielmärkten und die Durchführung von Wettbewerbsanalysen. Diese kausalen Aktivitäten werden von FSim durch die Bereitstellung einer Markt- und Wettbewerbsanalysefunktion grundlegend unterstützt. Die Art und Weise der Abbildung dieser beiden Analysefunktionen wurde bereits im Kontext der Anforderungen 16 und 17 erläutert.

Anforderung 39 umfasst die Entwicklung und Planung von Produktions- und Marketingbemühungen. Die durch diesen Indikator ausgedrückte Anforderung an die Produktion wird von FSim dahingehend umgesetzt, dass der Nutzer die Möglichkeit hat, Produkte auf Basis der sich in seinem Besitz befindlichen Produktionsfaktoren zu konzipieren, diese im Rahmen der

Produktionsprogrammplanung jeweils mit einer definierten Produktionsmenge zu versehen und einen Verkaufspreis festzulegen. Hinsichtlich der geforderten Möglichkeit der Entwicklung und Planung von Marketingbemühungen können in FSim Marketing-Kampagnen per Szenario spezifiziert werden (vgl. Anforderung 18). Der Nutzer kann dann während der Simulation zwischen den zur Verfügung gestellten Marketing-Kampagnen wählen.

Neben der gewählten Marketing-Kampagne können sowohl das Produktportfolio selbst, als auch die per Produkt angegebene Produktionsmenge und festgelegte Produktpreis im Verlauf der Simulation angepasst werden. Durch eine Speicherung dieser Daten zum Ende einer jeden Simulationsperiode lassen sich Änderungen über den Simulations- bzw. Zeitverlauf hinweg nachvollziehen. Das Festhalten dieser Änderungen ist für eine Bewertung des so aufgezeichneten Vorgehens, beispielsweise als effektuativ im Sinne einer flexiblen Anpassung der Produktions- und Marketingbemühungen an sich ändernde Umgebungsbedingungen (Chandler et al., 2011), wichtig.

Anforderungen aus dem Effectuation-Konstrukt

Jene von Chandler et al. (2011) validierten Indikatoren zur Bestimmung von Effectuation sind als an FSim gerichtete Anforderungen in Tabelle 4.9 aufgeführt. Analog zu den bereits erläuterten Anforderungen des Causation-Konstrukts wird im Folgenden beschrieben, wie FSim das durch den jeweiligen Indikator ausgedrückte, effektuative Verhalten ermöglicht und damit die Anforderung erfüllt.

Tabelle 4.9.: Funktionale Anforderungen an FSim aus dem Effectuation-Konstrukt

ID	Anforderung/Indikator	Umsetzung in FSim
40	We experimented with different products and/or business models.	Verschiedene Produkte können zusammengestellt, modifiziert und gelöscht werden. Verschiedene Geschäftsmodelle werden unterstützt.
41	The product/service that we now provide is essentially the same as originally conceptualized.[a]	Im Produktportfolio verankerte Produkte können beibehalten werden.
42	The product/service that we now provide is substantially different than we first imagined.	Entsprechend der Veränderungen im Produktportfolio können sich die angebotenen Produkte von den ursprünglichen Vorstellungen des Nutzers unterscheiden.

Tabelle 4.9.: Funktionale Anforderungen an FSim aus dem Effectuation-Konstrukt *(Fortsetzung)*

ID	Anforderung/Indikator	Umsetzung in FSim
43	We tried a number of different approaches until we found a business model that worked.	Der Nutzer kann sein Geschäftsmodell über den Simulationsverlauf hinweg anpassen und dessen Erfolg durch den ermittelten Gewinn bewerten.
44	We were careful not to commit more resources than we could afford to lose.	Die Einsatzmengen der Produktionsfaktoren sind vom Nutzer frei wählbar.
45	We were careful not to risk more money than we were willing to lose with our initial idea.	Der Nutzer kann sich im Rahmen der vorgegebenen Kostenparameter für die kostengünstigsten Alternativen entscheiden.
46	We were careful not to risk so much money that the company would be in real trouble financially if things didn't work out.	Der Nutzer kann über die Art und Höhe seiner finanziellen Investitionen (unter Berücksichtigung der vorgegebenen Kostenparameter) entscheiden.
47	We adapted what we were doing to the resources we had.	Verschiedene Ressourcen können dem Nutzerunternehmen zugeordnet werden, sodass der Nutzer seine Aktivitäten an diesen gegebenen Mitteln ausrichten kann.
48	We allowed the business to evolve as opportunities emerged.	Kooperationsangebote und Ereignisse können für verschiedene Simulationsperioden konfiguriert und vom Nutzer ausgenutzt werden.
49	We were flexible and took advantage of opportunities as they arose.	Der Nutzer kann Leistungen aus Kooperationen in Anspruch nehmen und seine Produktion der durch Ereignisse gesteigerten/reduzierten Nachfrage anpassen.
50	We avoided courses of action that restricted our flexibility and adaptability.	Der Nutzer kann unkündbare Kooperationen und starre Produktportfolios bzw. Produktionsprogramme vermeiden.
51	We used a substantial number of agreements with customers, suppliers and other organizations and people to reduce the amount of uncertainty.	Kooperationen können mit frei konfigurierbaren Partnern eingegangen und auf die Kooperationsleistung zur Reduktion von Unsicherheit zurückgegriffen werden.
52	We used pre-commitments from customers and suppliers as often as possible.	FSim unterstützt die insbesondere Abbildung verschiedener Kooperationen mit Kunden und Lieferanten.

[a] Revers codiert.

Die Möglichkeit des Experimentierens mit verschiedenen Produkten und/oder Geschäftsmodellen wird von *Anforderung 40* gefordert. Für ein Experimentieren mit verschiedenen Produkten stellt FSim entsprechende Funktionen zur Konzeption, zur Modifikation und zum Entfernen
von Produkten aus dem Produktportfolio bereit. Entsprechend der Nutzung dieser Funktionen
kann der Nutzer die Zusammensetzung des Produktportfolios über den Zeit- bzw. Simulationsverlauf hinweg verändern. Allerdings muss FSim nach *Anforderung 41* auch die Beibehaltung
bereits konzipierter Produkte unterstützen. Hintergrund dieser gegensätzlich formulierten Anforderung ist die reverse Kodierung des Indikators, d.h. die Veränderung/Entfernung von Produkten anstatt ihrer Beibehaltung entspricht einer effektuativ-experimentellen Vorgehensweise.
An dieser Veränderlichkeit lehnt sich *Anforderung 42* an, die auf einen Unterschied zwischen
den ursprünglichen Produkt-/Dienstleistungsvorstellungen und den letztendlich angebotenen
Produkten bzw. Dienstleistungen abzielt. Zur Realisierung dieser beiden Anforderungen bietet FSim nicht nur die Möglichkeit der Modifikation des Produktportfolios durch den Nutzer,
sondern unterstützt auch die Beibehaltung bereits konfigurierter Produkte.

Darüber hinaus fordert Anforderung 40 die Möglichkeit des Experimentierens mit verschiedenen Geschäftsmodellen. Dieses Experimentieren mit verschiedenen Geschäftsmodellen und
die Bestimmung ihrer Erfolgsträchtigkeit im Sinne eines „funktionierenden" Geschäftsmodells
wird durch *Anforderung 43* nochmals expliziert. Die Erfolgsträchtigkeit bzw. „Funktion" eines Geschäftsmodells wird in FSim durch die Gewinnermittlung operationalisiert. Obgleich in
der Literatur keine einheitliche Definition von einem Geschäftsmodell existiert, versuchen sich
Morris et al. (2005, S. 727) an einer ganzheitlichen Betrachtungsweise und verstehen ein Geschäftsmodell als „[...] a concise representation of how an interrelated set of decision variables
in the areas of venture strategy, architecture, and economics are addressed to create sustainable
competitive advantage in defined markets". Obgleich die Gewinnung von Wettbewerbsvorteilen
hier als zentrales Ziel aufgefasst wird, lässt sich ein Geschäftsmodell selbst, entsprechend der
Breite dieser Definition, aus verschiedenen Perspektiven betrachten. Jene Geschäftsmodellper-
spektive, die nach Morris et al. (2005) in der Literatur am Häufigsten eingenommen wird, ist
die der Wertschöpfung. Unternehmerische Entscheidungen aus dieser Wertschöpfungsperspek-
tive „[...] address the nature of the product/service mix, the firm's role in production or service
delivery, and how the offering is made available to customers" (Morris et al., 2005, S. 729).
Demnach sind nicht nur die konzipierten Produkte und deren Produktion elementare Bestandteile eines Geschäftsmodells, sondern auch die zugehörigen Vertriebs- und Marketingmechanis-
men. Die Ermöglichung verschiedener Geschäftsmodelle in FSim erfordert dementsprechend
neben der Produktgestaltung auch die Abbildung spezifischer Vertriebs- und Marketingwege
(Andries et al., 2013). Die Abbildung von Marketingbemühungen bzw. Marketingkampagnen
in FSim wurde bereits von den Anforderungen 39 und 18 gefordert. In Ergänzung hierzu können verschiedene Vertriebswege in FSim durch ihre Bezeichnung (z.B. Direktvertrieb via In-

ternet-Shop), ihren Einfluss auf den Umsatz und ihre umsatzanteiligen Kosten abgebildet werden (Dent, 2011). FSim kann nicht nur Geschäftsmodelle von Produktionsbetrieben abbilden, sondern unterstützt auch den Handel mit Produktionsfaktoren als alternatives Geschäftsmodell. Durch die Gestaltung entsprechender Kooperationen können Produktionsfaktoren vom Nutzer rabattiert beschafft und zum regulären Preis weiterverkauft werden.

Aus der Perspektive des Effectuation-Prinzips des akzeptablen Verlustes fordert *Anforderung 44*, Ressourcen in einem Maße und mit einer solchen Vorsicht einsetzen zu können, dass ihr möglicher Verlust als akzeptabel betrachtet werden kann. Aufgrund des generellen Charakters des Ressourcenbegriffes lässt FSim den in der Anforderung formulierten Ressourceneinsatz auf verschiedene Art und Weise zu. Bei der Interpretation von Ressourcen als Material bzw. Produktionsfaktoren hat der Nutzer die Möglichkeit, diese in selbst bestimmbaren Mengen zu erwerben, in Produkte einfließen zu lassen, oder zu veräußern. Ein vorsichtiger Ressourceneinsatz kann sich hier dahingehend zeigen, dass Produktionsfaktoren im Rahmen des Experimentierens mit verschiedenen Produkten zunächst nur in geringen Mengen erworben und die Produktionsmengen der experimentell entwickelten Produkte gering gehalten werden. Auf diese Weise lässt sich ein Verlust von Produktionsfaktoren durch ihre Verwendung in unrentablen Produkten begrenzen.

Auch der Einsatz von Finanzmitteln im Rahmen der Realisierung der anfänglichen Geschäftsidee soll nach *Anforderung 45* auf vorsichtige Art und Weise erfolgen. Bei den im Rahmen der Realisierung der Geschäftsidee vom Nutzer zu treffenden Entscheidungen sind die mit den Entscheidungsalternativen verbundenen Kosten zwar durch das Szenario grundlegend vorgegeben, liegen hinsichtlich ihrer finalen Höhe jedoch auch im Ermessensbereich des Nutzers. Die Faktorpreise der Produktionsfaktoren sind beispielsweise per Szenario vordefiniert, jedoch entscheidet der Nutzer selbst über die Art und Menge der zu beschaffenden Faktoren und beeinflusst damit die Höhe der unmittelbaren Beschaffungskosten. Auch die Kosten für die Durchführung der Marktanalyse, die mit der Anzahl der vom Nutzer konzipierten Produkte skalieren, sind entsprechend vom Umfang des Produktportfolios abhängig und damit vom Nutzer in ihrer Höhe beeinflussbar. Darüber hinaus können in FSim verschieden bepreiste Werbekampagnen, Lagermöglichkeiten, Rechtsformen und Kooperationsangebote für ein Szenario spezifiziert und dem Nutzer während der Simulation angeboten werden. Die Wahl der jeweils kostengünstigsten Entscheidungsalternative zu Beginn der Simulation kann dann auf einen entsprechend vorsichtigen Einsatz von Finanzmitteln bei der Realisierung der anfänglichen Geschäftsidee hindeuten.

Anforderung 46 fokussiert ebenfalls den vorsichtigen Einsatz von Finanzmitteln, jedoch hier im Hinblick auf die übergreifende Vermeidung von finanziellen Problemen für die Unternehmung. Durch die vormals erläuterte und von FSim ermöglichte Entscheidungsfreiheit des Nutzers hinsichtlich der Art und Höhe seiner finanziellen Investitionen, lediglich begrenzt durch die vordefinierten Kostenparameter des Szenarios, wird diese Anforderung umgesetzt. Um den Nutzer darüber hinaus bei der Erkennung finanzieller Probleme zu unterstützen, bietet FSim einen Überblick über die Ausgaben und Einnahmen der sowohl vergangenen als auch aktuellen Simulationsperiode und ermöglicht so eine Verfolgung der Unternehmensentwicklung aus der Finanzperspektive.

Im Kontext der Effectuation-Dimension der Flexibilität beschreibt *Anforderung 47* eine Ausrichtung der unternehmerischen Aktivitäten an den gegebenen Ressourcen. Entsprechend der im Rahmen von Anforderung 5 und 6 erläuterten Abbildung von Ressourcen bzw. Mitteln in FSim werden hierunter Informationen, Sach- und Finanzmittel, sowie Kontakte bzw. Kooperationspartner verstanden. Ressourcen können dem Nutzerunternehmen bereits in der ersten Simulationsperiode als gegeben zugeordnet werden: die informatorische Ausgangslage wird durch eine zu Simulationsbeginn emittierte Szenariobeschreibung gestaltet, Sach- und Finanzmittel (einschließlich der Finanzmittel von fiktiven Freunden und Bekannten) können dem Unternehmensinventar zu Beginn hinzugefügt bzw. zugeordnet, und Kooperationen ab der ersten Simulationsperiode angeboten werden. Der Nutzer kann dann seine unternehmerischen Aktivitäten an diesen gegebenen Mitteln durch Zurückgreifen auf selbige ausrichten (Effectuation-Prinzip der Mittelorientierung). In umgekehrter Form zeigt sich eine mangelnde Ausrichtung der unternehmerischen Aktivitäten an den gegebenen Ressourcen dadurch, dass der Nutzer explizit Ressourcen zur Erreichung spezifischer Ziele beschafft (Causation-Prinzip der Zielorientierung): Informationen werden explizit eingeholt, die benötigten Produktionsfaktoren eingekauft und Finanzmittel in Form von Krediten (als nicht-gegebene Finanzmittel) entsprechend der gesetzten Ziele beschafft.

Ebenso aus der Perspektive der Flexibilität beschreibt *Anforderung 48* das Zulassen einer Unternehmensentwicklung entsprechend aufkommender, unternehmerischer Gelegenheiten. FSim bildet diese Gelegenheiten durch aufkommende Kooperationsangebote und ausgelöste Ereignisse ab. Das Aufkommen von Kooperationen gestaltet sich in FSim derart, dass sich die Sichtbarkeit eines Kooperationsangebotes an eine definierte Simulationsperiode koppeln lässt. Auch Ereignisse lassen sich entweder einer definierten oder zufälligen Simulationsperiode zuordnen und mit einer definierten Eintrittswahrscheinlichkeit versehen. Durch eine Ausnutzung dieser aufkommenden Kooperationsangebote bzw. Ereignisse entwickelt sich die Unternehmung des Nutzers entsprechend weiter.

Die Ausnutzung aufkommender, unternehmerischer Möglichkeiten wird von *Anforderung 49* nochmals explizit aufgegriffen. Die Ausnutzung von Kooperationsangeboten lässt sich auf die mit den Kooperationen verknüpften Kooperationsleistungen konkretisieren. Diese Leistung kann aus Produktionsfaktoren, die dem Nutzer bei erfolgreichem Zustandekommen der Kooperation zu Verfügung gestellt werden, aber auch neuen Lagermöglichkeiten und neuen Marketing-

Kampagnen bestehen. Auch Optimierungsempfehlungen zu den Produkten des Nutzers oder Vorschläge für neue Produkte sind als Kooperationsleistungen in FSim abgebildet. Durch die Nutzung dieser Kooperationsleistungen (z.b. Verwendung der neuen Produktionsfaktoren in Produkten oder die Umsetzung der Produktoptimierungen) entwickelt sich das virtuelle Unternehmen weiter. Die Ausnutzung von Ereignissen hängt insbesondere von der Art des ausgelösten Ereignisses (vgl. Anforderung 20) ab. Ein im Rahmen eines Ereignisses neu entdeckter Produktionsfaktor kann vom Nutzer erworben und in verschiedene Produkte eingearbeitet werden. Die Ereignisse des Marktaufschwungs und der erfolgreichen Verdrängung der Konkurrenz bewirken eine Steigerung der Nachfrage. Als Reaktion hierauf könnte der Nutzer seine Produktionsmengen an die gesteigerte Nachfrage anpassen. Im weiteren Sinne können auch negative Ereignisse ein flexibles Reaktionsverhalten nach sich ziehen. Der Verlust des kompletten Bestandes eines Produktionsfaktors könnte dazu führen, dass der Nutzer dieses Ereignis als Impuls für die Konzeption alternativer Produkte betrachtet, die den verlustigen Faktor nicht für ihre Herstellung benötigen. Ein Markteinbruch oder eine maximale Konkurrenz bewirken eine Reduktion der Nachfrage. Auch hier könnte der Nutzer durch Reduktion der Produktionsmengen flexibel auf diese Ereignisse reagieren.

Nicht nur die Verfolgung einer flexiblen Vorgehensweise, sondern auch die Möglichkeit der Vermeidung jener Vorgehen, die die Flexibilität und Anpassungsfähigkeit einschränken, ist nach *Anforderung 50* von FSim abzubilden. Dementsprechend muss FSim grundlegend sowohl flexible als auch unflexible Vorgehensweisen erlauben. In diesem Sinne erlaubt FSim die Spezifikation von sowohl kündbaren als auch unkündbaren Kooperationsvereinbarungen. Der Verzicht auf unkündbare Vereinbarungen, als die die Flexibilität einschränkende Art von Kooperationen, kann als Vermeidung einer unflexiblen Vorgehensweise interpretiert werden. Auch die Anpassung des Produktportfolios bzw. Produktionsprogrammes an die Marktbedürfnisse anstatt der Beibehaltung eines starren Portfolios bzw. Produktionsprogrammes entspricht einer eher flexiblen denn unflexiblen Vorgehensweise, die vom Nutzer bevorzugt werden kann.

Aus der effektuativen Perspektive von Kooperationen beschreibt *Anforderung 51* das Eingehen von Kooperationen mit Kunden, Zulieferern und weiteren Personen und Organisationen zur Reduktion von Unsicherheit. Auf Basis der bereits erläuterten Kooperationsfunktionalität wird diese Anforderung in FSim dahingehend umgesetzt, dass durch die natürlichsprachlich angebbaren Bezeichnungen der Kooperationspartner (z.B. befreundeter Kunde oder Bekannter) eine Differenzierung der Kooperationspartner ermöglicht wird. Die Art und Weise, wie zu einer Reduktion von Unsicherheit beigetragen wird, hängt dabei von der Art der Kooperationsleistung ab. Bei Hinweisen zur Produktoptimierung werden dem Nutzer dienliche, durch ihre Güte der Informationsisotropie entgegenwirkende Informationen zu Verfügung gestellt. Geleistete Vorschläge zu neuen Produkten können vom Nutzer als zu realisierende Ziele im Rahmen seiner Produktgestaltung aufgefasst werden und damit unklaren Zielvorstellungen entgegenwirken.

Eine persistente Belieferung mit Produktionsfaktoren in einer definierten Menge reduziert im Speziellen die mit der Materialbeschaffung verbundenen Unsicherheit.

In Ergänzung zu der genannten Anforderung beschreibt *Anforderung 52* das so oft wie mögliche Zurückgreifen des Nutzers auf Vorverpflichtungen von Kunden und Lieferanten. Entsprechend der Gestaltbarkeit von Kooperationen bietet FSim die Möglichkeit, verschiedene Kooperationsmöglichkeiten mit Kunden und Lieferanten zu spezifizieren. Im Rahmen des Eingehens solcher Kooperationen werden die Kooperationsleistungen als (Vor)verpflichtungen der Kooperationspartner betrachtet und damit die Anforderung von FSim erfüllt.

4.3.3. Nicht-funktionale Anforderungen

Neben den bislang erläuterten, funktionalen Anforderungen wurden in Eberz et al. (2015) auch nicht-funktionale Anforderungen erhoben, die sich an FSim richten. Diese sind, einschließlich der Art ihrer geplanten Umsetzung, in Tabelle 4.10 aufgeführt.

Tabelle 4.10.: Nicht-funktionale Anforderungen an FSim

ID	Anforderung	Umsetzung in FSim
53	FSim muss dem Nutzer den Anwendungskontext in adäquater Form (d.h. innerhalb von 10 Minuten erfassbar) präsentieren.	Dem Nutzer wird zu Beginn eine natürlichsprachliche Beschreibung des Szenarios präsentiert.
54	Die erfassten Daten müssen effizient, d.h. innerhalb einer Minute, abfragbar sein.	Die Historie wird in einer MySQL-Datenbank abgelegt. SQL-Anfragen werden innerhalb weniger Sekunden beantwortet.
55	Die Bedienung von FSim muss innerhalb von 5 Minuten erlernbar sein.	Der Nutzer erhält durch einen Screencast eine Einführung in FSim. Die einzelnen Funktionen von FSim sind natürlichsprachlich beschrieben.
56	FSim muss dem Nutzer neutral erscheinen, d.h. das Tool darf von sich aus keinen Vorschlag für gewisses Handeln machen.	Der Screencast und die Funktionsbeschreibungen von FSim sind wertneutral gestaltet. Handlungsempfehlungen werden von FSim nicht ausgesprochen.
57	Die Nutzerschnittstelle von FSim muss sehr einfach zu bedienen sein (ähnlich einer Web-Anwendung oder einer Mobile-App).	FSim wird als *Single-Window-Applikation* konzipiert, setzt auf eine einfache Registernavigation und vermeidet Scrolling.

Anforderung 53 beschreibt, dass der im Rahmen der Parametrisierung von FSim geforderte Anwendungskontext so gestaltet sein und dem Nutzer präsentiert werden muss, dass er vom Nutzer innerhalb von 10 Minuten erfasst werden kann. Eine zu knappe Beschreibung des Kontextes würde die Simulation zu abstrakt und surreal erscheinen lassen; eine ausufernde Beschreibung dem Nutzer zu viele Details aufbürden. Durch einen innerhalb von 10 Minuten erfassbaren Anwendungskontext wird dem Nutzer seine Handlungsumgebung in einem adäquaten Umfang präsentiert. FSim ermöglicht eine Gestaltung des Anwendungskontextes in Form einer natürlichsprachlichen Szenario-Kurzbeschreibung, die dem Nutzer zu Beginn der Simulation präsentiert wird.

Nach *Anforderung 54* müssen die von FSim erfassten Daten effizient, d.h. innerhalb von einer Minute, abfragbar sein. Das Ziel dieser Anforderung ist die insbesondere Vermeidung umfassender, zeitaufwändiger Vorarbeiten zur Erfassung des Nutzerverhaltens. Das Nutzerverhalten selbst wird von FSim durch die Ausgabe eines elektronischen Fragebogens zum Ende der Simulation (Eigeneinschätzung des Nutzers), aber auch während der Simulation als Simulationshistorie (beobachtetes Verhalten) aufgezeichnet. Durch entsprechende Abfragemöglichkeiten soll dieses Verhalten effizient erfasst und sowohl über die verschiedenen Simulationsperioden eines Nutzers, als auch über verschiedene Nutzer hinweg verglichen werden können. Zu diesem Zweck speichert FSim die generierten Daten in *MySQL* als relationale Datenbank ab. Durch die Konzeption entsprechender Anfragen in der Anfrage- und Manipulationssprache *SQL* können diese Daten erfasst und für vergleichende Analysen aufbereitet werden. Die geforderte Zeiteffizienz wird dadurch erreicht, dass Anfragen an die MySQL-Datenbank typischerweise innerhalb von wenigen Sekunden beantwortet werden.

Anforderung 55 beschreibt, dass die Bedienung von FSim innerhalb von 5 Minuten erlernbar sein muss. Durch die Realisierung dieser Anforderung soll der Einarbeitungsaufwand für einen sicheren Umgang mit FSim möglichst gering gehalten werden. Hierzu wird ein Screencast mit einer Dauer von weniger als 5 Minuten entwickelt, der dem Nutzer zu Beginn der Simulation eine exemplarische, jedoch vollumfängliche Nutzung von FSim demonstriert. Durch dieses Einführungsvideo wird der Nutzer bereits vor der eigentlichen Simulation mit der FSim-Oberfläche vertraut gemacht. Da die Vorteilhaftigkeit von Screencasts gegenüber textbasierten Einführungen noch nicht eindeutig geklärt ist (Mery et al., 2014), ergänzen textuelle Kurzbeschreibungen zu den einzelnen Funktionen und ein in die Hauptoberfläche integrierter Texthilfebereich die Ersteinführung durch den Screencast.

Nicht nur bei der Konzeption des Screencasts und der Funktionserläuterungen, sondern auch bei der Gestaltung der Nutzungsmöglichkeiten von FSim im Allgemeinen ist nach *Anforderung 56* darauf zu achten, dass FSim als Verhaltenssimulation dem Nutzer neutral erscheint und keine Vorschläge für spezifische Verhalten unterbreitet (Stumpf et al., 1991). Diese Anforderung ist dadurch begründet, dass Vorschläge für spezifische Verhalten einem methodischen Störeinfluss gleichkommen, der die Entscheidungsfreiheit des Nutzers einschränkt. Die Bestimmung eines unverfälschten Verhaltens wäre somit nicht mehr möglich. Aus diesem Grund werden alle Funktionen von FSim im Screencast wertneutral demonstriert und die in die FSim-Oberfläche integrierten Funktionserläuterungen sachlich formuliert. Darüber hinaus wird dem Nutzer im Anschluss an den Screencast ein generischer Hinweis zur Benutzung von FSim gezeigt, der ihn darüber informiert, dass zwar der unternehmerische Erfolg das Primärziel des Nutzers darstellen soll, FSim jedoch keine „richtigen" oder „falschen" Wege pauschal vorsieht. Vielmehr solle sich der Nutzer während der Simulation so verhalten, wie er es für angemessen hält.

An den Anspruch der Neutralität von FSim anknüpfend fordert *Anforderung 57* eine einfache Bedienung von FSim. Der Anknüpfungspunkt besteht darin, dass die Gestaltung der FSim-Oberfläche und damit deren Bedienbarkeit das Nutzerverhalten beeinflussen und damit die geforderte Neutralität von FSim beeinträchtigen kann. Eine solche Beeinträchtigung könnte darin bestehen, dass Funktionen nicht aufgrund von geringeren Nutzungsabsichten, sondern vielmehr aufgrund einer schwereren Auffindbarkeit in geringerem Umfang genutzt werden. Durch eine übersichtliche Benutzeroberfläche und einer einfachen Bedienbarkeit soll einer solchen Beeinträchtigung entgegengewirkt werden. Aus diesem Grund wird FSim als *Single-Window*-Applikation unter Verwendung einer Registernavigation konzipiert. Durch diese offen gehaltene Navigationsart wird es dem Nutzer ermöglicht, schnell und nach eigenem Ermessen auf die gewünschten Navigations- bzw. Funktionsbereiche von FSim zuzugreifen. Die Bedienelemente sind hierbei pro Funktionsbereich so angeordnet, dass keine Notwendigkeit von Scrolling innerhalb des Hauptfensters besteht.

4.4. Implementierung von FSim

Ausgehend von der entworfenen Architekturskizze als grobe Vision vom FSim und dem Domänenmodell als Abbild relevanter Konzepte und Beziehungen von Effectuation und Causation, wurden in den vorherigen Kapiteln funktionale und nicht-funktionale Anforderungen erhoben, die sich an eine prototypische Implementierung von FSim richten. Im Zuge einer anvisierten Realisierung dieser Anforderungen durch den FSim-Prototypen wurden entsprechende Umsetzungsmaßnahmen herausgearbeitet.

Die Implementierung des Prototypen selbst erfolgt in der Programmiersprache *Java* unter Verwendung der Entwicklungsumgebung *Eclipse* und des GUI-Designers *JFormDesigner* zur Gestaltung der Nutzeroberflächen. Als Datenbanksystem zur insbesonderen Speicherung der Szenarien und Nutzerhistorien kommt eine *MySQL*-Datenbank zum Einsatz. Durch die Verwendung eines *JDBC*-Konnektors wird die Datenbank an FSim angebunden und somit ein Auslesen der Szenarioparameter und eine Speicherung der Nutzerhistorien ermöglicht. Darüber

hinaus kann mittels eines beliebigen MySQL-Clients direkt auf die Datenbank zugegriffen wer-
den, um bestehende Szenarien zu modifizieren, neue Szenarien zu hinterlegen oder gespeicherte
Nutzerhistorien auszulesen. Die dem FSim-Prototypen zugrunde liegende Datenstruktur ist in
Anhang A.4 als konzeptionelles *Entity-Relationship*-Diagramm abgebildet. Die Nutzung des
FSim-Prototypen gestaltet sich entsprechend dem in Abbildung 4.4 schematisch abgebildeten
Nutzungsablauf.

Abbildung 4.4.: Nutzungsablauf von FSim

Nach dem Start des Programms wird das Screencast-Video geladen, das dem Nutzer die Bedienung von FSim erläutert. Hieran schließt sich ein Begrüßungsdialog an, der den Nutzer darauf hinweist, dass keine spezifischen Handlungen oder Vorgehen erwartet werden. FSim wählt
währenddessen im Hintergrund zufällig eines der hinterlegten Szenario aus und präsentiert dem
Nutzer die im Szenario hinterlegte Beschreibung der Handlungsumgebung. Nach Schließen
des Szenario-Beschreibungsfensters durch den Nutzer werden die im Szenario hinterlegten Simulationsparameter eingelesen, die Hauptoberfläche angezeigt und die eigentliche, interaktive
Simulation eingeleitet. Die Hauptoberfläche von FSim als zentrales Element der interaktiven
Simulation ist in Abbildung 4.5 beispielhaft abgebildet.

Die einfach gehaltene Hauptoberfläche beginnt im oberen Bereich mit einer Status-Leiste, die
die aktuelle Simulationsperiode, das Vermögen des Unternehmens des Nutzers, die gewählte
Rechtsform, das gewählte Lager und die gehaltenen Unternehmensanteile überblicksartig an-
zeigt. Hierunter schließt sich eine Freitexteingabemöglichkeit für die Strategien, Ziele und Visionen des Nutzers an, die für jede Simulationsperiode separat gespeichert werden. Im mittleren
Bereich der Hauptoberfläche werden vergangene Ereignisse per Simulationsperiode chronologisch protokolliert und Statusinformationen zur Lagerauslastung angezeigt. Der untere Bereich
der Hauptoberfläche umfasst insbesondere die Navigationsmöglichkeiten zu den verschiedenen
Funktionsbereichen (Übersicht, Inventar, Produkte, Vertrieb, Marketing, Kooperationen, Finanzen und Sonstiges) von FSim. Durch die zugehörigen, textuellen Kurzerläuterungen erhält der
Nutzer einen zusammengefassten Überblick über die Bedeutungen der verschiedenen Funktionsbereiche.

Abbildung 4.5.: FSim Hauptoberfläche

Während der interaktiven Simulation kann der Nutzer seinen Aktivitäten zeitlich unbegrenzt nachgehen und diese durch Beendigung der jeweils aktuellen Simulationsperiode (Button *Go!*) abschließen. Bei Abschluss einer Simulationsperiode werden die Produktionsroutinen (entsprechend dem vom Nutzer aufgestellten Produktionsprogramm) und Vertriebsroutinen (entsprechend der virtuellen Nachfrage) automatisiert von FSim angestoßen.[10] Die hierbei erzielten Umsätze und weiteren Ergebnisse der abgeschlossenen Simulationsperiode werden in der Datenbank gespeichert. FSim bestimmt nun auf Basis dieser Ergebnisse und unter Berücksichtigung der vorgegebenen Szenarioparameter die Ausgangsbedingungen der folgenden Simulationsperiode. Diese neuen Ausgangsbedingungen werden von der FSim-Kernanwendung über die FSim-Oberfläche dargestellt und auf diese Weise der Übergang in die nächste Simulationsperiode vollzogen. Anstatt des Übergangs in die nächste Simulationsperiode hat der Nutzer zum Ende einer jeden Simulationsperiode auch die Möglichkeit, die Simulation zu beenden (Button *Beenden*). In diesem Fall wird der Nutzer nach einer letzten Ergebnisbildung zu den Fragebögen weitergeleitet, die der insbesonderen Erfassung seines wahrgenommenen Verhaltens, aber auch der Wahrnehmung der Umgebung und seiner Persönlichkeit dienen.

---

[10]Eine genaue Beschreibung dieser Routinen ist in Anhang A.3 zu finden.

4.5. Evaluation des Prototypen

Obgleich bei der prototypischen Implementierung alle erhobenen Anforderungen berücksichtigt wurden, ist unklar, ob sich FSim tatsächlich zur Bestimmung effektuativer und kausaler Verhalten eignet. Zur Klärung, in wie weit ebendiese Verhalten von FSim überhaupt ermöglicht werden, ist eine erste Evaluation des Prototypen vonnöten.

Zu diesem Zweck wurde ein Beispielszenario entwickelt und Testnutzer für eine erste Evaluation gesucht. Die Testnutzer sollten hierbei eine heterogene Gruppe bilden, um so verschiedene Nutzungsperspektiven und Nutzungsexpertisen abzudecken. Die Gruppe der Testnutzer setzte sich aus folgenden Personen zusammen: ein Professor aus dem Bereich Medien- und Dienstleistungsmanagement, ein Experte (Post-Doc) auf dem Gebiet der Softwaretechnik, zwei wissenschaftlicher Mitarbeiter aus dem Bereich des Managements und zwei Studenten des Studiengangs Informationsmanagement.

Den Evaluationsteilnehmern wurden in Einzelsitzungen zunächst der Sinn und Zweck von FSim (die virtuelle Gründung eines erfolgreichen Unternehmens) erläutert und diese dann gebeten, FSim frei von jedweden Erwartungshaltungen oder Vorgaben zu nutzen. Während der Simulation sollten die Teilnehmer ihr Nutzungsverhalten kommentieren und von etwaigen Auffälligkeiten und Unklarheiten berichten. Die hervorgebrachten Anmerkungen wurden dabei handschriftlich protokolliert. Nach einer einstündigen Simulationsphase wurden den Teilnehmern die von Chandler et al. (2011) entwickelten Indikatoren zur Messung von Effectuation und Causation vorgelegt und dazu befragt, ob die durch die Indikatoren ausgedrückten, effektuativen und kausalen Verhaltensweisen ihrer Meinung nach von FSim zugelassen wurden. Darüber hinaus wurden die Teilnehmer zu ihrer abschließenden Meinung hinsichtlich der Benutzbarkeit von FSim befragt.

Die angefertigten Protokolle sind in Anhang A.5 aufgeführt. Im Ergebnis ist festzuhalten, dass FSim nach Auffassung der Teilnehmer grundlegend sowohl effektuatives als auch kausales Verhalten zulässt. Hinsichtlich der Bedienbarkeit wurde von allen Teilnehmern eine die Bedienung beeinträchtigende Komplexität des Prototypen angemerkt. Auf Rückfrage nach der Dauer der Eingewöhnung zur Bewältigung dieser Komplexität wurde im Durchschnitt eine halbe Stunde genannt. Mit dieser Eingewöhnungszeit wird der in Anforderung 55 geforderte Zeitrahmen von 5 Minuten deutlich überschritten. Aus dieser Diskrepanz ergibt sich nicht nur die Notwendigkeit einer Überarbeitung der textuellen Hilfen, sondern auch die Notwendigkeit der Entwicklung eines Screencasts, der den Nutzer über die komplexen Funktionen von FSim visuell aufklärt. Auf diese Weise soll die Dauer der Eingewöhnung reduziert werden.

Während eine Überprüfung und Überarbeitung der textuellen Hilfen hinsichtlich ihrer Verständlichkeit als ein erster Schritt unmittelbar nach der Evaluation vorgenommen wurde, wird die Entwicklung eines Screencasts erst zur Haupterhebung angestrebt. Hintergrund dieser späteren

Entwicklung ist die zunächst anvisierte Gewinnung von zusätzlichem und umfangreicherem Feedback zur Benutzbarkeit von FSim im Rahmen eines noch durchzuführenden Pretests.

5. Forschungsdesign und Methodik

Das Ziel der vorliegenden Arbeit ist die Bestimmung des Verhaltens von unerfahrenen Entrepreneuren im Kontext von Effectuation und Causation. Im Rahmen dieser Verhaltensbestimmung werden die Persönlichkeitsmerkmale der unerfahrenen Entrepreneure und ihre Wahrnehmung der Umgebung als potentielle Verhaltensdeterminanten berücksichtigt. Aufgrund der eingangs erwähnten, wissenschaftstheoretischen Verortung der vorliegenden Arbeit in der empirischen Forschung gilt es ein Verfahren zu finden, dass dem empirischen Erkenntnisgewinn in dem beschriebenen Kontext zuträglich ist.

Grichnik (2006, S. 27) schlägt hierzu das *Experiment* als „[...] empirische[s] Verfahren mit informatorischem und entscheidungsorientiertem Fokus [...]" vor. Ebendiese Entscheidungsorientierung spiegelt sich im Effectuation-Ansatz wider. Die Literatur unterscheidet bei Experimenten insbesondere zwischen Feld- und Laborexperimenten (Wilde & Hess, 2007). Während Feldexperimente „[...] in der sozialen Realität [...]" durchgeführt werden, finden Laborexperimente unter kontrollierten Laborbedingungen statt (Töpfer, 2012, S. 245). Diese künstlichen Labor- bzw. Umgebungsbedingungen schmälern zwar die Übertragbarkeit der im Experiment gewonnenen Ergebnisse auf die Realität, erlauben jedoch die Kontrolle von Störfaktoren, die ein effektuatives bzw. kausales Verhalten ebenfalls beeinflussen könnten.

Aufgrund der Vorteile von Laborexperimenten, dass diese „[...] unmittelbar messbar unter kontrollierten und damit nachvollziehbaren Bedingungen ablaufen" (Töpfer, 2012, S. 246), hierdurch störende Umwelteinflüsse gering halten und zudem die gezielte Manipulation von Variablen erlauben, soll ein ebensolches Laborexperiment zur Überprüfung der aufgestellten Hypothesen durchgeführt werden (Shadish et al., 2002). Eine gezielte Manipulation von Variablen erfolgt im vorliegenden Kontext durch die dichotome Manipulation der Umgebungsunsicherheit, d.h. es wird die Simulation einer starken respektive schwachen Umgebungsunsicherheit mittels FSim angestrebt. Aus dieser dichotomen Manipulation resultiert folglich ein *1x2* Experimentaldesign. Die Zuteilung der Probanden zu den beiden Experimentalgruppen erfolgt randomisiert und klassifiziert das Experiment folglich als Zufallsexperiment (Shadish et al., 2002). Effektuative und kausale Verhaltensunterschiede, sowie gruppenspezifische Einflüsse der Persönlichkeit lassen in einem solchen Experiment ermitteln.

Ausgehend von dem anvisierten Experimentaldesign wird im Folgenden zunächst beschrieben, wie sich durch die Konzeption zweier Szenarien für FSim eine unterschiedlich starke Umgebungsunsicherheit erzeugen lässt (Gustafsson, 2006). Hierauf folgend wird eine Operationalisierung des effektuativen und kausalen Verhaltens, der Persönlichkeitseigenschaften und der wahrgenommenen Umgebungsunsicherheit durch die insbesondere Ermittlung von etablierten Messindikatoren vorgenommen. Die ermittelten Messindikatoren werden dann um relevante Kontrollvariablen ergänzt und im Befragungsbereich von FSim hinterlegt. Das Kapitel schließt mit einer Beschreibung der im Rahmen des durchzuführenden Experiments adressierten Zielgruppe als Vertreter der unerfahrenen Entrepreneure.

5.1. Simulation einer stark/schwach unsicheren Umgebung in FSim

Da die vormals aufgestellten Hypothesen Verhaltensunterschiede und unterschiedliche Einflüsse der Persönlichkeit in Abhängigkeit von der Umgebungsunsicherheit beschreiben, sind entsprechend unterschiedlich unsichere Umgebungen von FSim zu simulieren (Gustafsson, 2006). Die Methode der Simulation, und damit auch FSim, bietet in diesem Sinne die Möglichkeit, spezifische „[...] Umweltzustände durch bestimmte Belegungen der Modellparameter [...]" zu erzeugen (Wilde & Hess, 2007, S. 282). Dementsprechend werden zwei Szenarien mit unterschiedlichen Parameterkonstellationen spezifiziert, die FSim auf eine Umgebung mit schwacher bzw. starker Unsicherheit hin, konform zu den Charakteristika effektuativer Entscheidungsprobleme, parametrisieren.

5.1.1. Spezifikation geeigneter Szenarien

Bei der Spezifikation der Szenarien bzw. Szenario-Parameter für eine stark respektive schwach unsichere Umgebung ist darauf zu achten, dass sich die Umgebungsunterschiede in den Umgebungscharakteristika effektuativer Entscheidungsprobleme widerspiegeln. Dementsprechend ist Szenario 1 als schwach unsicheres Szenario mit klaren Zielvorgaben zu versehen und so zu gestalten, dass eine nur geringe *Knight*'sche Unsicherheit und Umgebungsisotropie bewirkt werden. Eine durch eine stark ausgeprägte *Knight*'sche Unsicherheit ausgedrückte, (1) mangelnde Vorhersagbarkeit zukünftiger Ereignisse und Ergebnisse (Milliken, 1987; Duncan, 1972), bewirkt durch eine hohe Umgebungsdynamik (Duncan, 1972; Boyd & Fulk, 1996; Bourgeois, 1985), (2) eine ausgeprägte Umgebungsisotropie (Sarasvathy et al., 2008; Milliken, 1987), bewirkt durch eine künstlich erzeugte Informationsflut (Sarasvathy et al., 2008), und (3) unklare Ziele hingegen in Szenario 2 als stark unsicheres Szenario zu realisieren. Bei der Entwicklung der Szenarien ist zudem auf eine realitätsnahe Gestaltung der Parameterausprägungen zu achten. Darüber hinaus sind Kunden, Lieferanten, Konkurrenten und Kooperationen als wichtige Elemente einer Gründungsumgebung (Bourgeois, 1985) bei der Gestaltung der Parameter zu berücksichtigen (Daft et al., 1988). Die für die beiden Szenarien entworfenen Parameterbelegungen sind in Tabelle 5.1 aufgeführt.

Tabelle 5.1.: Szenario-Parameter zur Simulation einer stark bzw. schwach unsicheren Umgebung

Parameter	Szenario (sicher)	Szenario (unsicher)
Name des Szenarios	Szenario 1	Szenario 2
Szenario-Beschreibung	*Sie schwärmen für exotische Gerichte und möchten Ihre Leidenschaft nun zum Beruf machen.*	*Sie schwärmen für exotische Gerichte und möchten Ihre Leidenschaft nun zum Beruf machen.*
	Ihre Idee ist, ein Unternehmen zu gründen, das exotische, haltbare Fertiggerichte selbst produziert und direkt, d.h. nicht über Zwischenhändler, an die Endkunden verkauft. Die angebotenen Gerichte können von den Kunden über einen Internet-Shop bestellt werden; der Versand der Gerichte erfolgt dann über einen Express-Paketdienstleister. Ihr Ziel ist nun, verschiedene Zutaten einzukaufen, diese zu Gerichten zu kombinieren und die gekochten Gerichte dann auf genanntem Wege zu verkaufen. Die von Ihnen angebotenen Gerichte sollen sich vor allem aus wenigen, vorwiegend teuren Zutaten zusammensetzen.	*Sie können ein Unternehmen gründen, das exotische Gerichte produziert und verkauft. Der Verkauf der Gerichte kann hierbei auf verschiedenen Wegen erfolgen, die sich entsprechend als unterschiedlich profitabel erweisen. Sie können auch, alternativ oder ergänzend, durch entsprechende Kooperationen exotische Zutaten in großen Mengen günstig einkaufen und teuer verkaufen. Aufgrund der Vielfalt der möglichen Geschäftsmodelle ist Ihre Positionierung im Markt und damit das konkrete, unternehmerische Ziel jedoch unklar.*
Anfänglicher Vermögensstand	2.000 EUR	2.000 EUR
Maximaler Betrag von Freunden und Bekannten	3.000 EUR	3.000 EUR
Maximale Kreditsumme	3.000 EUR	3.000 EUR
Sollzins	10%	10%

Tabelle 5.1.: Szenario-Parameter zur Simulation einer stark bzw. schwach unsicheren Umgebung *(Fortsetzung)*

Parameter	Szenario (sicher)	Szenario (unsicher)
Wählbare Rechtsformen	*OHG* (Personengesellschaft, Kosten: 250 EUR einmalig)	*OHG* (Personengesellschaft, Kosten: 250 EUR einmalig)
	GmbH (Kapitalgesellschaft, Kosten: 25.500 EUR einmalig)	*GmbH* (Kapitalgesellschaft, Kosten: 25.500 EUR einmalig)
Unterschiedlich verfügbare Produktionsfaktoren	6 Faktoren	60 Faktoren
Strategie zur Berechnung des Produkt-Fits	deterministisch	nicht-deterministisch
Produktions-/Nachfrage-Zyklen pro Simulationsperiode	30	30
Maximale Schwankung der Nachfrage	5%	50%
Vertriebswege	*Direkt via Internet-Shop u. Express-Paketversand* (2-facher Absatz, Kosten: 10% v. Umsatz)	*Direkt via Internet-Shop u. Express-Paketversand* (1,5-facher Absatz, Kosten: 20% v. Umsatz)
	Supermarkt (1,5-facher Absatz, Kosten: 5% v. Umsatz)	*Supermarkt* (1-facher Absatz, Kosten: 15% v. Umsatz)
	Lebensmittelgroßhandel (1,5-facher Absatz, Kosten: 5% v. Umsatz)	*Lebensmittelgroßhandel* (1-facher Absatz, Kosten: 15% v. Umsatz)
Die Marktanalyse führt zu einem Ergebnis	ja	nein
Fixkosten der Marktanalyse	150 EUR	150 EUR
Variable Kosten der Marktanalyse	250 EUR/Produkt	250 EUR/Produkt
Kosten der Wettbewerbsanalyse	50 EUR/Produkt	50 EUR/Produkt
Maximale Anzahl an Konkurrenten	0	9
Marktanteil pro Konkurrent	-	10%

Tabelle 5.1.: Szenario-Parameter zur Simulation einer stark bzw. schwach unsicheren Umgebung *(Fortsetzung)*

Parameter	Szenario (sicher)	Szenario (unsicher)
Wahrscheinlichkeit des Auftretens eines neuen Konkurrenten	-	50%
Wahrscheinlichkeit des Verdrängens eines Konkurrenten	-	0%
Verfügbare Marketing-Kampagnen	*Kampagne 1* (1,5-facher Absatz) (Kosten: 500 EUR/Simulationsperiode)	*Kampagne 1* (1,5-facher Absatz, Kosten: 500 EUR/Simulationsperiode)
	Kampagne 2 (2-facher Absatz) (Kosten: 1.000 EUR/Simulationsperiode)	*Kampagne 2* (2-facher Absatz, Kosten: 1.000 EUR/Simulationsperiode)
	Kampagne 3 (2,5-facher Absatz) (Kosten: 2.000 EUR/Simulationsperiode)	*Kampagne 3* (2,5-facher Absatz, Kosten: 2.000 EUR/Simulationsperiode)
Lagermöglichkeiten	*Kleines Lager* (max. 100 Einheiten, Kosten: 50 EUR/Simulationsperiode)	*Kleines Lager* (max. 100 Einheiten, Kosten: 50 EUR/Simulationsperiode)
	Mittleres Lager (max. 500 Einheiten, Kosten: 250 EUR/Simulationsperiode)	*Mittleres Lager* (max. 500 Einheiten, Kosten: 250 EUR/Simulationsperiode)
	Großes Lager (max. 1.000 Einheiten, Kosten: 500 EUR/Simulationsperiode)	*Großes Lager* (max. 1.000 Einheiten, Kosten: 500 EUR/Simulationsperiode)
Ereignisse und Eintrittswahrscheinlichkeiten	Entdecken eines neuen Produktionsfaktors (10%), 3 Faktoren à 1/3/6 EUR	Entdecken eines neuen Produktionsfaktors (10%), 3 Faktoren à 1/3/6 EUR
	Verlust des Bestands eines Produktionsfaktors (10%, wiederholend)	Verlust des Bestands eines Produktionsfaktors (10%, wiederholend)
		Marktaufschwung (25%)
		Markteinbruch (25%)
		Maximale Konkurrenz (25%)

Tabelle 5.1.: Szenario-Parameter zur Simulation einer stark bzw. schwach unsicheren Umgebung *(Fortsetzung)*

Parameter	Szenario (sicher)	Szenario (unsicher)
Nachfrage-Multiplikator beim Marktaufschwung	-	2
Dauer des Marktaufschwungs	-	5 Simulationsperioden
Nachfrage-Multiplikator beim Markteinbruch	-	0,5
Dauer des Markteinbruchs	-	5 Simulationsperioden
Mehrere Ereignisse können in einer Simulationsperiode auftreten	nein	nein

Durch die angegebene Szenario-Beschreibung erhält der Nutzer eine natürlichsprachliche Einführung in den jeweiligen Anwendungskontext. Da unterschiedliche Anwendungskontexte (z.B. verschiedene Branchen) zu ebenso unterschiedlichen Verhalten führen können,[1] sind beide Szenarien gleichermaßen in der Nahrungsmittelbranche verortet. Auf diese Weise sollen fehlerhafte Schlussfolgerungen aus Verhaltensunterschieden, die aus thematisch verschiedenen Anwendungskontexten bzw. unterschiedlichen Branchen resultieren, vermieden werden (Grichnik, 2006). In der Beschreibung von Szenario 1 werden dem Nutzer ein Geschäftsmodell bzw. unternehmerische Ziele und strategische Ausrichtungen hinsichtlich der Produktentwicklung explizit vorgegeben. In Szenario 2 hingegen werden verschieden mögliche Geschäftsmodelle aufgezeigt, ohne jedoch eines dieser Modelle explizit vorzugeben. Auf diese Weise soll erreicht werden, dass sich der Nutzer mit unklaren Zielvorstellungen konfrontiert sieht (Sarasvathy et al., 2008). Diese Zielunklarheit als Eigenschaft effektuativer Entscheidungsprobleme ist für Szenario 2 relevant.

Die Ersparnisse eines Gründers repräsentieren seine wichtigste Finanzierungsquelle, gefolgt von Finanzmitteln von Freunden und Bekannten (Ripsas & Tröger, 2015). Ersparnisse werden in FSim durch den anfänglich zur Verfügung gestellten Geldbetrag ausgedrückt. Zur Schaffung einer in dieser Hinsicht identischen Ausgangslage belaufen sich Ersparnisse in beiden Szenarien auf jeweils 2.000 EUR. Die von Freunden und Bekannten maximal beschaffbaren Finanzmittel sind jeweils in einer Höhe von 3.000 EUR angegeben. Diese, dem Privatumfeld zuzurechnen-

---

[1] Als Beispiel für den Einfluss des Anwendungskontextes könnten ein Websoftwareentwicklungsunternehmen und die klassische Produktion miteinander verglichen werden. Das Experimentieren mit verschiedenen Produktvarianten und deren Anpassung gestaltet sich bei Web-Applikationen leichter bzw. flexibler und ist mit geringeren Kosten verbunden als bei materiellen, traditionellen Gütern (Fisher, 2012). Hieraus resultierend könnte sich aufgrund der Art des Unternehmens eine unterschiedlich experimentelle Vorgehensweise zeigen.

de Gesamtsumme von 5.000 EUR entspricht einem realistischen Betrag, auf den Gründer, die aus der Arbeitslosigkeit heraus gegründet haben, typischerweise zurückgreifen können.[2] Diese Summe wird auch für die im vorliegenden Kontext betrachteten, unerfahrenen Entrepreneure als angemessen und realistisch betrachtet.

Kredite spielen bei Finanzierungsvolumina von unter 5.000 EUR zwar eine nur untergeordnete Rolle (Ripsas & Tröger, 2015), sind aber hier für die Erforschung effektuativer und kausaler Verhalten von Bedeutung, da sie eine legitime Ausprägung einer zielgerichteten Akquise von Finanzmitteln aus dem nicht-privaten Umfeld im Sinne des Causation-Ansatzes repräsentieren. Die maximale Kreditsumme ist in beiden Szenarien mit jeweils 3.000 EUR den von Freunden und Bekannten akquirierbaren Finanzmitteln angeglichen. Der zugehörige Sollzins in Höhe von 10% entspricht ungefähr dem bei Dispositionskrediten üblichen Zinssatz.[3]

Bei der Wahl der Rechtsform für sein Unternehmen kann der Nutzer zwischen der *Offenen Handelsgesellschaft* (OHG) und der *Gesellschaft mit beschränkter Haftung* (GmbH) wählen. Obgleich für die Gründung einer OHG zwei Personen erforderlich sind, FSim jedoch von nur einem Benutzer bedient werden kann, soll die OHG hier als exemplarischer Vertreter für eine Personengesellschaft beibehalten werden. Diese Ungenauigkeit hinsichtlich der Mindestpersonenanzahl kann vernachlässigt werden, wenn weniger die Rechtsform selbst, als vielmehr die Art der gewählten Rechtsform (OHG als Personengesellschaft bzw. GmbH als Kapitalgesellschaft) von Bedeutung ist.[4] Die Wandlung der Rechtsform von einer OHG in eine GmbH ist in dieser, jedoch nicht umgekehrter Richtung möglich (der Nutzer wird über diese Einschränkung informiert). Mit der Wahl der Rechtsform gehen unterschiedlich hohe Kosten einher, die vom Nutzer einmalig aufgewandt werden müssen.[5]

Die Menge der in einem Szenario zur Verfügung gestellten Produktionsfaktoren bzw. Sachmittel ist für die Umgebungsunsicherheit relevant. Durch die Bereitstellung einer vom Nutzer in nicht vertretbarer Zeit erfassbaren Menge an verschiedenen Produktionsfaktoren lässt sich eine Informationsflut erzeugen, die es dem Nutzer erschwert, den Überblick über die verfügbaren Produktionsfaktoren zu bewahren und die Relevanz der einzelnen Faktoren adäquat bewerten zu können (Schwartz et al., 2002). Diese aus der Informationsflut resultierende Unklarheit hinsichtlich der Bedeutsamkeit von Informationen im Sinne der Relevanz von Produktionsfaktoren (Dess & Beard, 1984) entspricht einer stark ausgeprägten Umgebungsisotropie. Ebendiese Umgebungsisotropie als Eigenschaft effektuativer Entscheidungsprobleme gilt es in Szenario 2 zu erzeugen.

---

[2] Vgl. Kurzbericht „Evaluation der Gründungs- und Begleitzirkel" des IfM Bonn, http://www.ifm-bonn.org/ /uploads/tx_ifmstudies/GIB-Arbeitspapiere-20.pdf, letzter Abruf: 03.11.2015

[3] Bei der Sparkasse Koblenz lag der Sollzins für Dispositionskredite am 04.11.2015 bei 9,28%.

[4] Der Nutzer wird über den Unterschied zwischen einer Kapital- und Personengesellschaft informiert.

[5] Vgl. Übersicht zu den „Gebühren des Handelsregisterverfahrens" der IHK Berlin von 2013, https:// www.ihk-berlin.de/Service-und-Beratung/recht_und_steuern/Firma_und_Rechtsformen/Handelsregister, letzter Abruf: 04.11.2015

Dies geschieht durch die zur Verfügungsstellung von einer im Vergleich zu Szenario 1 deutlich erhöhten Anzahl an Produktionsfaktoren. In beiden Szenarien wird die ganzzahlige Preisspanne von 1 bis 6 EUR gleichmäßig von den Faktoren (Szenario 1: 1 Faktor/Preiskategorie; Szenario 2: 10 Faktoren/Preiskategorie) abgedeckt. Auf diese Weise sollen Verzerrungen aufgrund unterschiedlicher Preis-Faktor-Aufteilungen vermieden werden. Zu Beginn der Simulation befinden sich bei beiden Szenarien jeweils 50 Einheiten eines spezifischen Faktors aus jeder Preiskategorie im Besitz des Nutzers, um auf diese Weise ein mittelorientiertes Vorgehen auf Basis gegebener (Sach)mittel zu ermöglichen. Darüber hinaus ist eine zielorientierte Beschaffung anderer bzw. weiterer Faktoren bzw. Faktormengen in unbegrenzter Höhe möglich.

Die bei der Produktkonzeption von FSim durchgeführten Berechnungen des Produkt-Fits als Grundlage für die zu generierende Nachfrage folgen in Szenario 1 einer deterministischen Strategie, d.h. der Produkt-Fit ist bei zwei in ihrer Zusammensetzung identischen Produkten ebenfalls identisch. In Szenario 2 wird bei der Berechnung des Produkt-Fits hingegen eine nicht-deterministische Strategie verfolgt, um so zu der Realisierung der für Szenario 2 geforderten *Knight*'schen Unsicherheit, als Charakteristikum einer Zukunft „[...] that was not only unknown, but unknowable even in principle", nachzukommen (Sarasvathy, 2008, S. 26). Diese nicht-deterministische Berechnungsstrategie in Szenario 2 zeigt sich konkret darin, dass die berechneten, optimalen Faktoreinsatzmengen im Rahmen der Konfiguration eines Produktes als Grundlage für die Berechnung des Produkt-Fits zufällig um bis zu 2 Mengeneinheiten variieren. Realweltlich lässt sich diese nicht-deterministische Berechnungsstrategie so interpretieren, dass ein Produkt, angeboten zu unterschiedlichen Zeitpunkten, auf entsprechend unterschiedliche Bedarfs- bzw. Nachfrageniveaus stößt: „Although firms can respond to demand uncertainty, it is a consistent source of uncertainty that firms cannot eliminate to the extent that customer preferences are unstable and changing" (Beckman et al., 2004, S. 262).

Obgleich der Simulationsverlauf in FSim in diskrete, aufeinanderfolgende Simulationsperioden unterteilt ist, sollen die Produktion und Nachfrage mit einem approximativ kontinuierlichen Charakter pro Simulationsperiode versehen werden. Fluktuationen im Produktions- und Nachfrageverlauf zeigen sich hierdurch in realistischerer Form, wie Abbildung 5.1 für ein Beispielprodukt in einer Simulationsperiode schematisch darstellt. Zur Realisierung dieser Verläufe teilt FSim pro Simulationsperiode die vom Nutzer spezifizierten Produktionsmengen und von FSim berechneten, nachgefragten Mengen zunächst gleichmäßig auf eine definierte Anzahl an Zyklen (hier: 30 Zyklen) auf. Entsprechend der Verfügbarkeit von Produktionsfaktoren und der Ausgestaltung von Schwankungsparametern ergeben sich Variationen im Produktions- und Absatzverlauf. Starke, nicht prognostizierbare Schwankungen der Nachfrage sind als Herausforderung und Manifestation einer unsicheren Umgebung zu betrachten (Arend et al., 2015). Da eine solche Umgebung durch Szenario 2 abgebildet werden soll, kann die Nachfrage in diesem Szenario um bis 50% (in Szenario 1 bis zu 5%) schwanken.

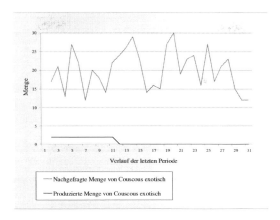

Abbildung 5.1.: Verlauf der Produktion und Nachfrage für ein Beispielprodukt

Produktion und Nachfrage sind jedoch nicht separat zu betrachten; vielmehr ist ihr Zusammenspiel im Rahmen des Vertriebs von Bedeutung (Kleinaltenkamp et al., 2006). Daher werden in beiden Szenarien die folgend in Klammern angegebenen Vertreter der von Dent (2011) als bedeutsam angesehenen Vertriebssysteme abgebildet: Direktvertrieb (via *Internet-Shop u. Express-Paketversand*), ein Intermediär (*Supermarkt* als exemplarischer Vertreter des Einzelhandels) und zwei Intermediäre (*Lebensmittelgroßhandel* als mehrstufiger Vertriebsweg). Im Rahmen der Ausgestaltung dieser Vertriebswege in den beiden Szenarien sind ihre Einflüsse auf den Absatz und anfallende Kosten zu definieren. Die Angabe realitätsnaher Kostenniveaus bzw. Absatzmodifikatoren erweist sich jedoch als problematisch, da sich die Kosten und die Rentabilität von Vertriebskanälen in der Praxis nur schwer bestimmen lassen (Dent, 2011). Aus diesem Grund wurden in den Szenarien zwar grundlegend fiktive Werte angegeben, sich bei der Ausgestaltung der Werterelationen jedoch an realistischen Angaben orientiert. In diesem Sinne lässt sich eine Steigerung des Absatzes aufgrund der Möglichkeit der unmittelbaren Einflussnahme auf den Vertriebsprozess und engerer Kundenbindungen eher bei dem Direktvertrieb denn indirekten Vertrieb erreichen (Kleinaltenkamp et al., 2006). Die mit dem Direktvertrieb verbundene Vertriebsorganisation verursacht allerdings typischerweise anteilige Kosten von 5-20% des erzielten Umsatzes (Kleinaltenkamp et al., 2006, S. 344). Bei dem Vertrieb via Intermediäre fallen diese Kosten vergleichsweise geringer aus (Kleinaltenkamp et al., 2006). Bei der Festlegung spezifischer Werte für die beiden Szenarien ist die für Szenario 2 geforderte Unsicherheit zu berücksichtigen. In der Tat kann sich Unsicherheit, resultierend aus „[...] the variability or instability of resources and/or influences in the environment [...]" (Achrol et al., 1983, S. 62), in einer verminderten Effizienz der Vertriebswege zeigen, beispielsweise in Form von gesteigerten

Kosten (Weitz & Jap, 1995; Tsay, 2002) und nicht generierten Umsätzen bzw. reduzierten Umsatzsteigerungen aufgrund marktlicher Veränderungen (Bergen et al., 1992). Marktliche Veränderungen in Form von Nachfrageschwankungen wurden bereits für Szenario 2 spezifiziert. Die verminderte Effizienz der Vertriebswege spiegelt sich in Szenario 2 in den im Vergleich zu Szenario 1 geringeren Umsatz-Multiplikatoren wieder. Zudem sind die Vertriebskosten in Szenario 2 vergleichsweise höher angegeben.

Die Ergebnisorientierung der Marktanalyse repräsentiert einen weiteren Parameter im Rahmen der Szenario-Gestaltung. Mittels der Durchführung einer Marktanalyse kann der Nutzer versuchen, hilfreiche, marktbezogene Informationen zu erlangen. In Szenario 1 werden dem Nutzer diese Informationen als Ergebnisse der Marktanalyse bereitgestellt und durch die Bekanntgabe von marktbezogenen Wahrscheinlichkeiten insbesondere Entscheidungssituationen unter Risiko geschaffen. In Szenario 2 hingegen werden bevorzugt Entscheidungssituationen unter *Knight*'scher Unsicherheit geschaffen, da die Marktanalyse hier allenfalls durchgeführt werden kann, als analytische Methode zur Beschaffung von Informationen aber zu keinem verwertbaren Ergebnis führt (Kalinic et al., 2014). Dieser Informationsmangel im Allgemeinen (Duncan, 1972) und das mangelnde Wissen um Eintrittswahrscheinlichkeiten im Besonderen (Milliken, 1987) bedeuten eine stärker ausgeprägte Unsicherheit für Szenario 2. Bei der Festlegung der Kosten für die Durchführung der Marktanalyse wurde sich an den Preisen für Marktforschungsreports aus dem Gastronomiebereich in Deutschland orientiert, die ein Kostenspektrum von 125 EUR bis 4.800 EUR abdecken.[6] Die Kosten für die Durchführung der Marktanalyse bewegen sich in beiden Szenarien mit jeweils 150 EUR fix zzgl. 250 EUR pro Produkt somit in einem realistischen Kostenrahmen. Die Kosten für die Durchführung der Wettbewerbsanalyse belaufen sich auf 50 EUR pro analysiertem Produkt. Damit entsprechen diese Kosten den anteiligen Kosten zur Beschaffung konkurrenzbezogener Informationen im Rahmen der Marktanalyse.

Die maximale Ausprägung des Wettbewerbs ist in beiden Szenarien unterschiedlich zu definieren, da der Wettbewerb einen Unsicherheitsfaktor repräsentiert und damit in Szenario 2 stärker ausgeprägt sein soll (Beckman et al., 2004). Aus diesem Grund sind in Szenario 1 keine Konkurrenten vorgesehen. In Szenario 2 hingegen können bis zu 9 Konkurrenten gleichzeitig auf einem Markt aktiv sein. Der von einem Konkurrenten gehaltene Marktanteil liegt bei 10%, sodass der Nutzer bei maximaler Konkurrenz in Szenario 2 nur noch 10% Marktanteil bei dem betroffenen Produkt besitzt. Die Wahrscheinlichkeit, dass ein neuer Konkurrent den Markt betritt, liegt bei 50%. Eine Verdrängung von Konkurrenten ist nicht möglich.

Zur Steigerung seines Absatzes hat der Nutzer die Möglichkeit, die angegebenen Marketing-Kampagnen durchzuführen. Die zu Simulationsbeginn verfügbaren Kampagnen sind in beiden Szenarien hinsichtlich ihrer Parameter zwar identisch, jedoch ist die bewirkte Absatzsteigerung

---

[6]Vgl. http://www.marktforschung.de, letzter Abruf: 17.11.2015

nur in Szenario 1 der Kampagnen-Bezeichnung beigefügt. Durch den Wegfall dieser Angabe in Szenario 2 erhält der Nutzer hier *a priori* keine Informationen über die Wirksamkeit der Kampagnen. Durch diesen Informationsmangel wird zur Umgebungsisotropie und damit zu der für Szenario 2 geforderten Unsicherheit beigetragen.

Hinsichtlich der Wahl des Produktionslagers hat der Nutzer in beiden Szenarien gleichermaßen die in der Tabelle aufgeführten Wahlmöglichkeiten zwischen einem kleinen, mittleren und großen Lager. Ein effektuatives bzw. kausales Verhalten des Nutzers kann sich in der Wahl des Lagers widerspiegeln. Die Wahl eines kleinen, kostengünstigen Lagers in den ersten Simulationsperioden kann in Einklang mit einer experimentellen Vorgehensweise im Sinne der Produktion von verschiedenen Produkten in kleinen Mengen gebracht werden. Der Entscheid für ein großes Lager zu Beginn in Verbund mit großen Produktionsmengen kann auf planerischen bzw. analytischen Aktivitäten (z.B. den Ergebnissen der Marktanalyse) beruhen und damit einer eher kausalen Vorgehensweise zugeordnet werden.

Die in den Szenarien abgebildeten Ereignisse decken das Ereignisspektrum von FSim auf unterschiedliche Weise ab. In beiden Szenarien besteht gleichermaßen eine Chance von 10%, einen neuen Produktionsfaktor zu entdecken oder den kompletten Bestand einen Produktionsfaktor (durch einen fiktiven Diebstahl) zu verlieren. Die für eine Entdeckung vordefinierten drei Faktoren entstammen in beiden Szenarien den Preisklassen 1, 3 und 6 EUR, und decken damit das Preisspektrum der insgesamt in den Szenarien abgebildeten Produktionsfaktoren ab. Marktbezogene Ereignisse (Marktaufschwung bzw. Marktabschwung und das Aufkommen maximaler Konkurrenz) sind in Szenario 1 als schwach unsicheres Szenario zur Vermeidung von Dynamik nicht vorgesehen. In Szenario 2 hingegen treten diese Ereignisse mit einer Wahrscheinlichkeit von jeweils 25% auf, und zielen damit auf eine instabile und unsichere, im Hinblick auf die Konkurrenz auch feindselige Umgebung ab (Beckman et al., 2004). Die Dauer eines Marktaufschwungs bzw. Markteinbruchs liegt bei jeweils 5 Simulationsperioden. Während dieser Zeit wird die Nachfrage entsprechend der angegebenen Werte verdoppelt respektive halbiert. Obgleich mehrere, simultan auftretende Ereignisse die für Szenario 2 geforderte Dynamik und Unsicherheit noch verstärken würden, erschweren sie jedoch das Zurückführen des Verhaltens des Nutzers auf ein singuläres Ereignis. Aus diesem Grund wird in beiden Szenarien maximal ein Ereignis pro Simulationsperiode ausgelöst.

Hinsichtlich der noch abzubildenden Kooperationsmöglichkeiten sind in beiden Szenarien vier Arten von Kooperationspartnern spezifiziert, die der Differenzierung von Evers et al. (2012) insbesondere zwischen *allied stakeholders* und *cooperative stakeholders* folgen. Eine solche Differenzierung ist notwendig, da der Bekanntheitsgrad des Kooperationspartners, obgleich hier nur fiktiv ausgeprägt, in einer unsicheren Umgebung dahingehend eine Rolle spielt, dass Kooperationen mit nahestehenden Partnern bevorzugt werden (Beckman et al., 2004).[7] Darüber hinaus erweisen sich nur bestimmte Kooperationskonstellationen als sinnhaft. Daher wurde eine Eingrenzung der verfügbaren Kooperationsmöglichkeiten vorgenommen. Alle in Tabelle 5.2 aufgeführten Kooperationsangebote sind in beiden Szenarien ab der ersten Simulationsperiode verfügbar und kommen mit 100%iger Wahrscheinlichkeit zustande.

Tabelle 5.2.: Kooperationsangebote in beiden Szenarien

Kooperationspartner	Kooperationsleistung	Kooperationsbedingung
Familienmitglied	Vorschlag für ein neues Produkt: *Früchtereis*	10% Umsatzbeteiligung
Familienmitglied	Vorschlag für ein neues Produkt: *Chilireis*	10% Umsatzbeteiligung
Familienmitglied	Vorschlag für ein neues Produkt: *Trüffelreis*	10% Umsatzbeteiligung
Freund	Kostenlose Lagereinrichtung: *Mittelgroße Lagerhalle* (max. 500 Einheiten)	10% Umsatzbeteiligung
Freund	Kostenlose Marketing-Kampagne: *Plakatwerbung (2-facher Absatz)*[a]	10% Umsatzbeteiligung
Stammkunde	Verbesserungsvorschlag für ein zufällig gewähltes Produkt	Ausgleichszahlung von 100 EUR/Simulationsperiode
Stammkunde	Verbesserungsvorschlag für ein zufällig gewähltes Produkt	Ausgleichszahlung von 100 EUR/Simulationsperiode
Stammkunde	Verbesserungsvorschlag für ein zufällig gewähltes Produkt	Ausgleichszahlung von 100 EUR/Simulationsperiode
Stammlieferant	Angebot zur periodischen Belieferung mit 50 Einheiten eines neuen Produktionsfaktors	Unmittelbare Beschaffungskosten, um 10% rabattiert
Stammlieferant	Angebot zur periodischen Belieferung mit 50 Einheiten eines neuen Produktionsfaktors	Unmittelbare Beschaffungskosten, um 10% rabattiert
Stammlieferant	Angebot zur periodischen Belieferung mit 50 Einheiten eines neuen Produktionsfaktors	Unmittelbare Beschaffungskosten, um 10% rabattiert

[a] Die Angabe zur Absatzsteigerung entfällt in Szenario 2.

---

[7] Kooperationsangebote von Partnern, deren Status auf eine starke Nähe zur virtuellen Unternehmung schließen lässt (z.b. Mitarbeiter oder Top-Manager – von Evers et al. (2012) unter dem Begriff der *allied stakeholder* subsumiert), könnten daher vom Nutzer als bedeutsamer wahrgenommen werden als jene Angebote von *cooperative* oder *neutral stakeholders*.

Als Vertreter der *allied stakeholders*, als „[...] closely tied horizontal actors [...]", dienen in beiden Szenarien fiktive Familienmitglieder und Freunde, die als dem Nutzer und Unternehmen nahestehend betrachtet werden (Evers et al., 2012, S. 50). Solch enge Beziehungen werden in der Literatur auch als *strong ties* bezeichnet (Sequeira et al., 2007). Die Nähe zum Unternehmen zeigt sich in der unternehmensspezifischen Beitragsleistung, aber auch in der geforderten Beteiligung des Familienmitglieds bzw. Freundes am Unternehmenserfolg (Evers et al., 2012). Zu den Beitragsleistungen zählen drei verschiedene Vorschläge zu konkreten Produktzusammensetzungen, das Anbieten einer kostenlosen Lagermöglichkeit und die Möglichkeit der kostenlosen Durchführung einer neuen Marketing-Kampagne. Ausgehend von einer starken Anbindung von Familie und Freunden an die Unternehmung sind diese Kooperationsangebote in den Szenarien als unkündbar markiert.

Stammkunden und Stammlieferanten als exemplarische Vertreter der *cooperative stakeholders* besitzen ebenfalls ein Interesse an dem Zustandekommen von Kooperationen, leisten jedoch einen vergleichsweise weniger unternehmensspezifischen Beitrag (Evers et al., 2012). Solch eher formal geprägte Beziehungen werden auch als *weak ties* bezeichnet (Sequeira et al., 2007). Konform zu dem weniger unternehmensspezifischen Beitrag sind die Kooperationsleistungen so konzipiert, dass bis zu drei Stammkunden als Kooperationspartner dem Nutzer Verbesserungsvorschläge für seine Produkte unterbreiten (im Gegenzug verlangen diese eine Ausgleichszahlung von 100 EUR pro Simulationsperiode) und bis zu drei Stammlieferanten den Nutzer mit Produktionsfaktoren zu einem um 10% rabattierten Preis beliefern. Diese Art von Kooperationsangeboten sind vom Nutzer prinzipiell kündbar. Diese Eigenschaft ist der Kündbarkeit der Verträge geschuldet, die in der Realität zur rechtlichen Untermauerung solcher Kooperationen typischerweise eingegangen werden.

5.1.2. Verifikation der Szenarien

Obgleich die beschriebenen Szenarien durch die unterschiedlich spezifizierten Parameter auf eine als unterschiedlich unsicher eingestufte Umgebung abzielen sollen, existiert hierfür noch kein empirischer Beleg. Eine hinreichende Beurteilung von Szenario 2 als ein Szenario, das FSim auf eine stark unsichere Umgebung hin parametrisieren kann und sich signifikant von Szenario 1 als schwach unsicheres Szenario unterscheidet, ist jedoch für die anvisierte, experimentellen Manipulation des Umgebungsunsicherheit unabdingbar (Boyd & Fulk, 1996). Aus diesem Grund wurde mittels einer Umfrage überprüft, ob die beiden Szenarien in ihren Parameterausprägungen auf eine unterschiedlich starke Umgebungsunsicherheit abzielen.

Die Durchführung dieser Befragung erfolgte unter Verwendung der Plattformen *clickworker* zur Gewinnung von Befragungsteilnehmern und *Unipark* für die eigentliche Durchführung der Online-Befragung. Nach einer kurzen Einführung wurde den Teilnehmern zufällig entweder die Beschreibung der Parameterbelegungen von Szenario 1 oder von Szenario 2 zugewiesen (die Beschreibungen sind in Anhang B aufgeführt). Die sich hieran anschließende Befragung des Nutzers zu seiner Einschätzung des jeweiligen Szenarios als stark bzw. schwach unsicher erfolgt unter Verwendung der in Tabelle 5.3 aufgeführten Indikatoren.

Tabelle 5.3.: Operationalisierung der Umgebungsunsicherheit

Umgebungsfacette	ID	Indikator (original)	Indikator (übersetzt und angepasst)
Umgebungsturbulenz	UK1	Very dynamic, changing rapidly in technical, economic, and cultural dimensions.	Sehr dynamisch, sich schnell ändernd
	UK2	Very risky, one false step can mean the firm's undoing.	Sehr risikobehaftet, ein falscher Schritt kann den Ruin bedeuten
	UK3	Very rapidly expanding through the expansion of old markets and the emergence of new ones.	Sehr schnell expandierend durch die Ausdehnung existierender Märkte und dem Aufkommen neuer Märkte
	UK4	Very stressful, exacting, hostile, hard to keep afloat.	Sehr stressig, anspruchsvoll, feindlich, schwer sich über Wasser zu halten
Zielunklarheit	UG1	The organization's mission is clear to almost everyone who works here.[a]	Der unternehmerische Auftrag ist klar.[a]
	UG2	It is easy to explain the goals of this organization to outsiders.[a]	Es ist einfach, Außenstehenden das Geschäftsmodell des Unternehmens zu erklären.[a]
	UG3	The organization has clearly defined goals.[a]	Das Unternehmen hat ein klar definiertes Geschäftsmodell.[a]
Umgebungsisotropie	UI1	How often do you believe that the information you have about this factor is adequate for decision making?	Die Informationen, die ich habe, sind für meine unternehmerischen Entscheidungen angemessen.[a]

[a] Revers codiert.

Die Unsicherheit der Umgebung lässt sich durch die *Knight*'sche Unsicherheit, die Zielunklarheit und die Umgebungsisotropie ausdrücken. Die Operationalisierung der *Knight*'schen Unsicherheit erfolgt über den Proxy der Umgebungsturbulenz (Waldman et al., 2001) als Ausdruck von Dynamik (Duncan, 1972; Boyd & Fulk, 1996), die in ausgeprägter Form eine Umgebung als „rapidly changing, unstable, and unpredictable" charakterisiert (Singh, 1986, S. 574).

Ebendiese letztgenannte Eigenschaft der mangelnden Vorhersagbarkeit ist für die *Knight*'sche Unsicherheit bezeichnend (Sarasvathy et al., 2008). Zur Operationalisierung der Zielunklarheit wird auf die Indikatoren von Stazyk & Goerdel (2011, S. 668) zurückgegriffen. Die Umgebungsisotropie wird durch einen Indikator zur Angemessenheit der zur Verfügung gestellten Informationen operationalisiert (Duncan, 1972, S. 318).

Die ursprünglichen Indikatoren wurden übersetzt und wie folgt an den Befragungskontext bzw. an die Simulationsbedingungen angepasst. Zur Loslösung von spezifischen Dimensionen wurde die Übersetzung von Indikator UK1 entsprechend gekürzt. Indikator UG1 adressierte in seiner ursprünglichen Formulierung die gesamte Belegschaft eines Unternehmens. Da es sich bei FSim um eine Einbenutzersimulation handelt, erfolgte auch hier eine entsprechende Kürzung der Formulierung. Der Begriff der Ziele wurde in den Indikatoren UG2 und UG3 aus Präzisionsgründen durch den Begriff des Geschäftsmodells ersetzt, um auf diese Weise einen spezifischen, unternehmerischen Bezug herzustellen. Die Messung von Indikator UI1 erfolgte in Duncan (1972) auf Ebene einzelner Umgebungskomponenten. Da im vorliegenden Kontext nur zwischen niedriger und hoher Unsicherheit auf Szenario-Ebene unterschieden wird, wurde der Indikator hierzu konform reformuliert. Im Rahmen der Befragungsgestaltung wurden die Indikatoren zur Umgebungsturbulenz mit der Frage eingeleitet: *Wie würden Sie die Umgebung beschreiben, in der sich Ihre Unternehmung befindet?* Die Zielunklarheit und Umgebungsisotropie wurden mit der Aussage eingeleitet: *Bitte geben Sie an, in wie weit Sie den folgenden Aussagen zustimmen.* Die Bestimmung der Ausprägungen in den Indikatoren erfolgte unter Verwendung einer 5-Punkte Likert-Skala (Asendorpf & Neyer, 2012).

Für die Online-Befragung, die am 14. Januar 2016 durchgeführt wurde, konnten 62 Teilnehmer gewonnen werden. Im Rahmen der Datenaufbereitung wurden ein Test-Datensatz eliminiert, jene Fälle ausselektiert, in denen die Teilnehmer Gründungserfahrungen angaben, und fehlende Werte entsprechend markiert. Nach diesen Bereinigungsmaßnahmen ergibt sich ein finaler Stand von 44 Datensätzen.

Die revers codierten Variablen wurden recodiert und *Cronbach's* Alpha als Maß für die Reliabilität der verwendeten Skalen bestimmt (Cortina, 1993). Hierbei ergaben sich $\alpha = 0,51$ für die Umgebungsturbulenz und $\alpha = 0,78$ für die Zielunklarheit. Obgleich nach diesen Werten bei der Zielunklarheit von einer guten Reliabilität der Skala ausgegangen werden kann, ist die Reliabilität der Skala zur Bestimmung der Umgebungsturbulenz mit $\alpha < 0,7$ schlecht ausgeprägt. Waldman et al. (2001) bestimmten in ihrer Studie ebenfalls ein geringes Alpha von $0,6$, betrachteten diesen Wert jedoch als akzeptabel aufgrund der Breite der verwendeten Indikatoren. Da die Messung der Umgebungsturbulenz im vorliegenden Fall einer ersten Vorabevaluation der Szenarien dient und die Breite der Skala für den geringen Alpha-Wert ursächlich sein kann, wird die ermittelte Reliabilität in diesem Kontext als akzeptabel betrachtet.

Die Ausprägungen der Teilnehmer in den latenten Konstrukten der Umgebungsturbulenz, der Zielunklarheit und der Umgebungsisotropie wurden durch Bildung der arithmetischen Mittel über die jeweils zugehörigen, manifesten Indikatoren bestimmt. Die zugehörigen Gruppenstatistiken sind in Tabelle 5.4 aufgeführt. Aufgrund der zunächst separierten Betrachtung der einzelnen Umgebungsfacetten wurde die paarweise Fallausschlussstrategie gewählt.

Tabelle 5.4.: Gruppenstatistiken zur Evaluation der Szenario-Parameter

Umgebungsfacette	Szenario	n	Mittelwert	Standard-abweichung	Standard-fehler
Umgebungsturbulenz	1	26	3,20	0,52	0,10
	2	18	3,88	0,55	0,13
Zielunklarheit	1	25	1,88	0,67	0,14
	2	17	2,55	0,77	0,19
Umgebungsisotropie	1	26	2,42	0,81	0,16
	2	18	3,00	1,24	0,29

Aufgrund der geringen Stichprobengrößen ($n < 30$), der ungleichen Gruppengrößen und einer mangelnden Normalverteilung wurde der *Mann-Whitney*-U-Test ausgewählt (Eid et al., 2010). Dieser nicht-parametrischer Test setzt, im Gegensatz zu den parametrischen Verfahren, keine Normalverteilung der Daten voraus und formuliert die Nullhypothese, dass die Verteilungen zwei unabhängiger Stichproben identisch sind (Eid et al., 2010). Dementsprechend lässt sich mittels dieses Tests überprüfen, ob sich die Szenario-Beschreibungen und damit die Wirkungspotentiale der Simulationsparameter in den drei Umgebungsdimensionen signifikant in den beiden Szenarien voneinander unterscheiden (Bestätigung der Alternativhypothese).

Tabelle 5.5.: Ergebnisse des *Mann-Whitney*-U-Tests zur Evaluation der Szenario-Parameter

	Umgebungsturbulenz	Zielunklarheit	Umgebungsisotropie
Mittlerer Rang (Szenario 1)	16,67	17,44	19,98
Mittlerer Rang (Szenario 2)	30,92	27,47	26,14
Mann-Whitney-U	385,5	314	299,5
z	3,66[**]	2,65[**]	1,65[+]

[**] $p < 0,01$; [*] $p < 0,05$; [+] $p < 0,1$

Die in Tabelle 5.5 aufgeführten Ergebnisse lassen erkennen, dass den Umgebungsfacetten in Szenario 2 höhere, mittlere Ränge als in Szenario 1 zugewiesen wurden. Demzufolge wurden die drei Umgebungsfacetten in Szenario 2 als stärker ausgeprägt eingeschätzt als in Szenario 1. Für Stichprobengrößen von $n > 20$ ist die Prüfgröße U approximativ normalverteilt, sodass sich der empirische U-Wert in die standardisierte Teststatistik z überführen lässt (Eid et al., 2010). Die hierdurch ermöglichte Ermittlung der Signifikanz der Gruppenunterschiede wurde für die einzelnen Umgebungsfacetten vorgenommen (Nachar, 2008): Umgebungsturbulenz ($p < 0,01$), Zielunklarheit ($p < 0,01$) und Umgebungsisotropie ($p < 0,1$). Im Ergebnis ist daher zu festzu-halten, dass sich Szenario 1 und Szenario 2 in den einzelnen Dimensionen der Umgebungsunsi-cherheit, die auf Basis natürlichsprachlicher Beschreibungen der Parameterbelegungen beurteilt wurden, signifikant voneinander unterscheiden.

5.2. Operationalisierung der Umgebung, des Verhaltens und der Persönlichkeit

Ausgehend von der ermöglichten Parametrisierung von FSim auf eine stark bzw. schwach un-sichere Umgebung hin gilt es nun, die Erfassung (1) der aus Sicht des Nutzers herrschenden Umgebungsunsicherheit, (2) des selbst wahrgenommenen Verhaltens im Kontext von Effectua-tion und Causation und (3) der Ausprägungen des Nutzers in den Persönlichkeitsmerkmalen zu konkretisieren. Hierzu werden in den folgenden Kapiteln die in der Befragung verwendeten Indikatoren und ihre Anpassung an den vorliegenden Kontext erörtert. Neben den im Rahmen der Befragung erhobenen Daten stellt FSim aufgezeichnete Daten aus der Simulation bereit (Nutzerhistorie), aus denen effektuatives und kausales Verhalten abgeleitet werden kann. Auf diese von FSim bereitgestellten Simulationsdaten und den hierauf aufbauenden Metriken zur Verhaltensoperationalisierung wird gesondert eingegangen.

5.2.1. Unsicherheit der Umgebung

Obgleich bereits nachgewiesen wurde, dass die Parameter der entwickelten Szenarien auf ei-ne signifikant unterschiedlich unsichere Umgebung abzielen, ist diese Art der Beurteilung der Umgebungsunsicherheit auf Basis der spezifizierten Simulationsparameter alleine jedoch un-zureichend (Jauch & Kraft, 1986). Der Grund hierfür ist, dass sich Unsicherheit nicht nur als objektive Eigenschaft einer Umgebung betrachten lässt, sondern auch als wahrgenommenes Phänomen verstanden werden kann (Milliken, 1987).[8] Diese subjektive Wahrnehmung der Un-sicherheit durch den Nutzer, d.h. die durch die unterschiedlichen Parameterkonstellationen be-

---

[8] Eine Übersicht über die verschiedenen Perspektiven der Umgebungsunsicherheit ist in Jauch & Kraft (1986) zu finden.

wirkten und erlebten Effekte, sind jedoch für sein Verhalten entscheidend (Anderson & Paine, 1975). Aus diesem Grund wird die vom FSim-Nutzer wahrgenommene Unsicherheit, auch zur Überprüfung der Wirksamkeit der Umgebungsmanipulation, durch die vormals verwendeten Indikatoren aus Tabelle 5.3 im Rahmen der Befragung im Anschluss an die Simulation erneut bestimmt.

5.2.2. Subjektive Einschätzung des Verhaltens

Als Grundlage für die Verhaltensbestimmung dienen die in der folgenden Tabelle 5.6 aufgeführten Indikatoren der Effectuation-Dimensionen bzw. des Causation-Konstruktes aus Chandler et al. (2011). Die aufgeführten Indikatoren wurden ins Deutsche übersetzt und bzgl. der „Ich"-Perspektive, zur Fokussierung der Perspektive des Nutzers, reformuliert. Bei der Reformulierung wurde der Untersuchungskontext berücksichtigt, da eine Verwendung spezifischer Skalen im falschen Kontext zu Missverständnissen und falschen Ergebnissen führen kann (Shaver & Scott, 1991). Daher wurden folgende Anpassungen vorgenommen.

Die Indikatoren EE2 und EE3 wurden auf Produkte konkretisiert, da das Angebot einer Dienstleistung in FSim nicht vordergründig ist. Die Formulierungen der Indikatoren EP2 und C4 wurden angepasst, um ihrer Umsetzung in FSim entsprechen zu können. Konkret wurde die Formulierung „pre-commitments" in Indikator EP2 durch „Vereinbarungen" ersetzt, da der Begriff der Vorverpflichtung als direkte Übersetzung, obgleich in seiner Bedeutung auf die Beiträge (*commitments*) und Bedingungen (*constraints*) von Kooperationen zur Unternehmung abzielend (Sarasvathy & Dew, 2003), nicht als intuitiv verständlich betrachtet wird. Der Indikator C4 wurde angepasst, da FSim keine eigene Implementierung, sondern nur die Nutzung von Kontrollmöglichkeiten bzw. Kontrollfunktionen durch den Nutzer vorsieht. Dementsprechend wurde die Phrase „organized and implemented" durch „nutzte" ersetzt.

Tabelle 5.6.: Operationalisierung der effektuativen und kausalen Verhalten

Konstrukt	ID	Indikator (original)	Indikator (übersetzt und angepasst)
Experimentelles Verhalten	EE1	We experimented with different products and/or business models.	Ich experimentierte mit verschiedenen Produkten und/oder Geschäftsmodellen.
	EE2	The product/service that we now provide is essentially the same as originally conceptualized.[a]	Die zuletzt angebotenen Produkte entsprechen im Wesentlichen den zu Beginn entworfenen Produkten.[a]

Tabelle 5.6.: Operationalisierung des effektuativen und kausalen Verhaltens *(Fortsetzung)*

Konstrukt	ID	Indikator (original)	Indikator (übersetzt und angepasst)
	EE3	The product/service that we now provide is substantially different than we first imagined.	Das Produkt, das ich jetzt anbiete, unterscheidet sich erheblich von meinen ursprünglichen Vorstellungen.
	EE4	We tried a number of different approaches until we found a business model that worked.	Ich probierte einige verschiedene Ansätze, bis ich ein Geschäftsmodell fand, das funktionierte.
Verlustakzeptables Verhalten	EA1	We were careful not to commit more resources than we could afford to lose.	Ich achtete darauf, nicht mehr Ressourcen einzusetzen, als ich zu verlieren bereit gewesen wäre.
	EA2	We were careful not to risk more money than we were willing to lose with our initial idea.	Ich achtete darauf, bei der anfänglichen Geschäftsidee nicht mehr Geld zu riskieren, als ich zu verlieren bereit gewesen wäre.
	EA3	We were careful not to risk so much money that the company would be in real trouble financially if things didn't work out.	Ich achtete darauf, nicht so viel Geld zu riskieren, dass das Unternehmen in Schwierigkeiten geraten würde, wenn die Dinge nicht so laufen.
Flexibles Verhalten	EF1	We adapted what we were doing to the resources we had.	Ich passte meine Tätigkeiten den Ressourcen an, die ich hatte.
	EF2	We allowed the business to evolve as opportunities emerged.	Ich erlaubte, dass sich das Unternehmen durch sich ergebende Gelegenheiten weiterentwickelt.
	EF3	We were flexible and took advantage of opportunities as they arose.	Ich war flexibel und nutzte die Vorteile sich ergebender Gelegenheiten.
	EF4	We avoided courses of action that restricted our flexibility and adaptability.	Ich vermied Vorgehensweisen, die meine Flexibilität und Anpassungsfähigkeit einschränkten.
Kooperatives Verhalten	EP1	We used a substantial number of agreements with customers, suppliers and other organizations and people to reduce the amount of uncertainty.	Ich ging eine bedeutende Anzahl an Vereinbarungen mit Kunden, Lieferanten und anderen Organisationen und Menschen ein, um Ungewissheit zu reduzieren.

Tabelle 5.6.: Operationalisierung des effektuativen und kausalen Verhaltens *(Fortsetzung)*

Konstrukt	ID	Indikator (original)	Indikator (übersetzt und angepasst)
	EP2	We used pre-commitments from customers and suppliers as often as possible.	Ich berücksichtigte Vereinbarungen mit Kunden und Lieferanten so oft wie möglich.
Kausales Verhalten	C1	We analyzed long run opportunities and selected what we thought would provide the best returns.	Ich analysierte langfristige unternehmerische Gelegenheiten und wählte jene, von denen ich dachte, dass sie mir die größten Erträge einbrächten.
	C2	We developed a strategy to best take advantage of resources and capabilities.	Ich entwickelte eine Strategie, um Ressourcen und Möglichkeiten bestmöglich auszunutzen.
	C3	We designed and planned business strategies.	Ich entwickelte und plante Unternehmensstrategien.
	C4	We organized and implemented control processes to make sure we met objectives.	Ich nutzte Kontrollmöglichkeiten, um sicher zu gehen, dass ich meine Ziele erreiche.
	C5	We researched and selected target markets and did meaningful competitive analysis.	Ich recherchierte und selektierte Zielmärkte und führte aussagekräftige Wettbewerbanalysen durch.
	C6	We had a clear and consistent vision for where we wanted to end up.	Ich hatte eine deutliche und beständige Vorstellung davon, wo ich enden wollte.
	C7	We designed and planned production and marketing efforts.	Ich entwickelte und plante Produktions- und Marketingbemühungen.

[a] Revers codiert.

5.2.3. Metriken zur Erfassung effektuativer und kausaler Verhalten

Neben der Ermittlung des Verhaltens aus Sicht des Nutzers im Rahmen der Befragung soll auch das beobachtete Verhalten für spätere Analysen ermittelt werden (Datentriangulation). Aus diesem Grund zeichnet FSim die Aktivitäten eines jeden Nutzers während der Simulation auf. Diese Aktivitäten werden nicht nur protokollarisch in einer Datenbank im Sinne einer Nutzerhistorie fortgeschrieben, sondern werden auch quantitativ durch Metriken erfasst, die der

Operationalisierung effektuativer und kausaler Verhalten dienen. Die Ausprägungen in diesen Metriken als beobachtetes Verhalten lassen sich dann mit den Befragungsdaten als wahrgenommenes Verhalten hinsichtlich ihrer Konsistenz vergleichen.

Um solche Vergleiche jedoch anstellen zu können, ist es erforderlich, die inhaltliche Konformität der rudimentär entwickelten und von FSim implementierten Metriken zu den effektuativen und kausalen Indikatoren zu gewährleisten. Aus diesem Grund wurden die Metriken unmittelbar aus den Formulierungen der Indikatoren der Effectuation- und Causation-Konstrukte abgeleitet. Tabelle 5.7 stellt diese abgeleiteten Metriken ihren entsprechend zugehörigen Indikatoren und Konstrukten gegenüber.

Tabelle 5.7.: Metriken zur Bestimmung effektuativer und kausaler Verhalten

Konstrukt	ID	Indikator (übersetzt und angepasst)	Metrik
Effectuation: Experimentieren	EE1	Ich experimentierte mit verschiedenen Produkten und/oder Geschäftsmodellen.	Durchschnittliche Variation der Produktpalette in Umfang und Zusammensetzung
	EE2	Die zuletzt angebotenen Produkte entsprechen im Wesentlichen den zu Beginn entworfenen Produkten.[a]	Prozentualer Anteil der in der ersten Periode konfigurierten und in der letzten Periode beibehaltenen Produkte[a]
	EE3	Das Produkt, das ich jetzt anbiete, unterscheidet sich erheblich von meinen ursprünglichen Vorstellungen.	*siehe EE2*
	EE4	Ich probierte einige verschiedene Ansätze, bis ich ein Geschäftsmodell fand, das funktionierte.	Durchschnittliche Änderungen der Produktpalette, des Vertriebsweges und der Marketing-Kampagne
Effectuation: Akzeptabler Verlust	EA1	Ich achtete darauf, nicht mehr Ressourcen einzusetzen, als ich zu verlieren bereit gewesen wäre.	_[b]
	EA2	Ich achtete darauf, bei der anfänglichen Geschäftsidee nicht mehr Geld zu riskieren, als ich zu verlieren bereit gewesen wäre.	(Durchschnittliches Betriebsvermögen)
	EA3	Ich achtete darauf, nicht so viel Geld zu riskieren, dass das Unternehmen in Schwierigkeiten geraten würde, wenn die Dinge nicht so laufen.	(Durchschnittliches Betriebsvermögen)

Tabelle 5.7.: Metriken zur Bestimmung effektuativer und kausaler Verhalten *(Fortsetzung)*

Konstrukt	ID	Indikator (übersetzt und angepasst)	Metrik
Effectuation: Flexibilität	EF1	Ich passte meine Tätigkeiten den Ressourcen an, die ich hatte.	Durchschnittliche Ausgaben für Rohstoffe[a]
	EF2	Ich erlaubte, dass sich das Unternehmen durch sich ergebende Gelegenheiten weiterentwickelt.	Prozentuale Verwendung von Rohstoffen aus Ereignissen in Produkten
	EF3	Ich war flexibel und nutzte die Vorteile sich ergebender Gelegenheiten.	Durchschnittlich prozentual bediente Nachfrage
	EF4	Ich vermied Vorgehensweisen, die meine Flexibilität und Anpassungsfähigkeit einschränkten.	Anzahl der eingegangenen, unkündbaren Kooperationen[a]
Effectuation: Vereinbarungen	EP1	Ich ging eine bedeutende Anzahl an Vereinbarungen mit Kunden, Lieferanten und anderen Organisationen und Menschen ein, um Ungewissheit zu reduzieren.	Anzahl der insgesamt eingegangenen Kooperationen
	EP2	Ich berücksichtigte Vereinbarungen mit Kunden und Lieferanten so oft wie möglich.	Anzahl der eingegangenen Kooperationen mit Lieferanten und Kunden
Causation	C1	Ich analysierte langfristige unternehmerische Gelegenheiten und wählte jene, von denen ich dachte, dass sie mir die größten Erträge einbrächten.	Anzahl der durchgeführten Marktanalysen
	C2	Ich entwickelte eine Strategie, um Ressourcen und Möglichkeiten bestmöglich auszunutzen.	_[b]
	C3	Ich entwickelte und plante Unternehmensstrategien.	_[b]
	C4	Ich nutzte Kontrollmöglichkeiten, um sicher zu gehen, dass ich meine Ziele erreiche.	Häufigkeit der Betrachtung der Produktions/Nachfrage- und Wettbewerbs-Charts

Tabelle 5.7.: Metriken zur Bestimmung effektuativer und kausaler Verhalten *(Fortsetzung)*

Konstrukt	ID	Indikator (übersetzt und angepasst)	Metrik
	C5	Ich recherchierte und selektierte Zielmärkte und führte aussagekräftige Wettbewerbsanalysen durch.	Anzahl der durchgeführten Markt- und Wettbewerbsanalysen
	C6	Ich hatte eine deutliche und beständige Vorstellung davon, wo ich enden wollte.	[b]
	C7	Ich entwickelte und plante Produktions- und Marketingbemühungen.	Durchschnittliche Änderungen der Produktpalette und gewählten Marketing-Kampagne[a]

[a] Revers codiert.
[b] Dieser Indikator soll qualitativ durch Auswertung der Freitexteingaben erfasst werden.

Indikator EE1 formuliert ein Experimentieren mit verschiedenen Produkten bzw. Geschäftsmodellen. Da die Entwicklung verschiedener Geschäftsmodelle in Indikator EE4 nochmals explizit fokussiert wird, soll die für Indikator EE1 aufzustellende Metrik insbesondere das Experimentieren mit verschiedenen Produkten abbilden. Als konkrete Metrik wird die Anzahl der entwickelten Produkte mit der Anzahl der Produktänderungen multipliziert, und das berechnete Produkt durch die Anzahl der durchlaufenen Simulationsperioden dividiert. Während die Anzahl der Produkte als erster Faktor die Produktvielfalt adressiert, quantifiziert die Häufigkeit der Produktänderungen als zweiter Faktor das Ausmaß der Anpassungen der Produktpalette. Die durch das mathematische Produkt ausgedrückte Variation der Produktpalette wird in Relation zur Anzahl der durchlaufenen Simulationsperioden gesetzt, und beschreibt damit als durchschnittliche Variation der Produktpalette eine experimentelle Vorgehensweise (Fisher, 2012; Chandler et al., 2011). Als Grundlage zur Bestimmung der Ausprägung in dieser Metrik protokolliert FSim in jeder Periode die vom Nutzer konfigurierten Produkte. Auf diese Weise können die Anzahl der konfigurierten Produkte und Änderungen in der Produktpalette über die verschiedenen, diskreten Simulationsperioden hinweg festgestellt werden.

Das finale Anbieten von Produkten, die bereits zu Gründungsbeginn konzipiert wurden, wird von *Indikator EE2* referenziert. Die Operationalisierung dieses Indikators erfolgt durch eine Metrik, die den prozentualen Anteil der in der ersten Periode konfigurierten und in der letzten Periode angebotenen Produkte (in Relation zu den insgesamt angebotenen Produkten in beiden Perioden) wiedergibt. *Indikator EE3* beschreibt einen hierzu ähnlichen Sachverhalt, referenziert aber nicht die zu Beginn entwickelten Produkte selbst, sondern vielmehr die anfänglichen Vorstellungen von den zu entwickelnden Produkten. Ausgehend jedoch von einer Manifestation der

Vorstellungen in einem entsprechenden Produktportfolio wird die entworfene Metrik auch als adäquat für Indikator EE3 betrachtet.

Indikator EE4 fokussiert ein Experimentieren mit verschiedenen Geschäftsmodellen bis hin zur Findung eines erfolgsträchtigen Modells. In FSim wird ein Geschäftsmodell durch die angebotenen Produkte, die gewählte Vertriebsart und die gewählte Marketing-Kampagne abgebildet. Ein Experimentieren mit Geschäftsmodellen beschreibt entsprechend Änderungen in diesen drei Komponenten. Daher berechnet sich die entwickelte Metrik, die die durchschnittliche Änderungsintensität des Geschäftsmodells quantifiziert, zunächst als Summe der Änderungen in diesen drei Komponenten. Die erste Komponente repräsentiert die Änderungen der Produktpalette, die zweite Komponente die Anzahl der Änderungen des Vertriebsweges und die dritte Komponente entspricht der Änderungshäufigkeit der Marketing-Kampagnen. Diese Summe der Änderungen wird in Relation zur Anzahl der durchlaufenen Simulationsperioden gesetzt, um so die durchschnittliche Änderungsintensität des Geschäftsmodells zu ermitteln. Diese Berücksichtigung der Anzahl der durchlaufenen Simulationsperioden ist wichtig, da sich Änderungen des Geschäftsmodells per Simulationsperiode zeigen und somit eine erhöhte Anzahl an durchlaufenen Perioden mit einer vermehrten Geschäftsmodellvariation einhergehen kann.

Im Kontext des Effectuation-Prinzips des akzeptablen Verlustes zielt das *Indikator EA1* auf die Vorsicht ab, nicht mehr Ressourcen einzusetzen, als man zu verlieren bereit gewesen wäre. Obgleich der Entscheid für kostengünstige Alternativen auf eine gewisse Vorsicht schließen lässt, können auch andere, gleichwohl höhere Kostenniveaus als akzeptabel betrachtet werden. Zudem geht das Selbstverständnis dieses Indikators durch die Verwendung des Ressourcen-Begriffes über das Monetäre hinaus und erschwert somit auch in anderen Kontexten die Ermittlung von Akzeptanzniveaus von potentiellen Ressourcenverlusten. Aufgrund dieser nur schwer messbaren Vorsicht hinsichtlich des Einsatzes von Ressourcen sollen die Eingaben in den Freitextfeldern Aufschluss darüber geben, in wie weit sich der Nutzer an einer vorsichtigen Vorgehensweise orientiert hat.

Indikator EA2 und *Indikator EA3* hingegen beziehen die genannte Vorsicht konkret auf monetäre Investitionen. Das Problem der objektiven Erfassung eines vorsichtigen Einsatzes von Finanzmitteln bleibt jedoch nach wie vor bestehen. Allerdings wird davon ausgegangen, dass sich ein vorsichtiger Einsatz von Finanzmitteln in tendenziell geringeren, unternehmerischen Verlusten widerspiegelt. Daher wird das durchschnittliche Betriebsvermögen des Nutzers, obgleich eher als Ergebnis eines vorsichtigen Finanzmitteleinsatzes zu interpretieren (daher in Klammern angegeben), als eine mögliche Metrik betrachtet.

Aus der Effectuation-Perspektive der Flexibilität beschreibt *Indikator EF1* eine Orientierung von Tätigkeiten an den sich im Besitz befindlichen Ressourcen. Konkretisiert auf die Beschaffung von Rohstoffen lässt sich aus dieser Aussage eine Konzentration auf gegebene anstatt zu beschaffende Rohstoffe bzw. Produktionsfaktoren ableiten. Da FSim den expliziten Erwerb von Rohstoffen protokolliert, sollen ebendiese Beschaffungsaktivitäten als Grundlage für die konform zu EF1 zu entwickelnde Metrik dienen. Konkret werden die mit der Beschaffung von Rohstoffen verbundenen, unmittelbaren Beschaffungskosten als Maß für eine Nicht-Orientierung an gegebenen Mitteln betrachtet. Obgleich die Endlichkeit der sich im Besitz des Nutzerunternehmens befindlichen Rohstoffe eine generelle Beschaffung von Produktionsfaktoren notwendig erscheinen lässt, so hat der Nutzer durchaus die alternative, effektuative Möglichkeit der Erlangung von Rohstoffen durch das Eingehen von Kooperationen. Daher wird die Metrik der durchschnittlichen Ausgaben für explizit beschaffte Rohstoffe als revers codiertes Maß für Indikator EF1 im Sinne einer mangelnden Mittelorientierung verstanden.

Das Zulassen einer unternehmerischen Weiterentwicklung durch sich ergebende Gelegenheiten wird von *Indikator EF2* formuliert. In den spezifizierten Szenarien werden solche Gelegenheiten durch Ereignisse ausgedrückt, die dem Nutzer bei ihrer zufallsgesteuerten Auslösung den Erwerb von neuen Rohstoffen ermöglichen. Diese vom Nutzer erworbenen, neuen Rohstoffe können dann in die Konzeption neuer Produkte einfließen, die aufgrund ihrer Neuartigkeit eine Weiterentwicklung des Unternehmens beschreiben. Entsprechend diesem Verständnis von einer unternehmerischen bzw. produktbezogenen Weiterentwicklung wird eine Metrik zur Messung des Indikators verwendet, die die prozentuale Verwendung der aus Ereignissen stammenden Rohstoffe in Produkten quantifiziert. Eine Bestimmung der Ausprägungen in dieser Metrik setzt voraus, dass die entsprechenden Ereignisse in der Simulation ausgelöst wurden.

Im Gegensatz zum vormals erläuterten Indikator, der sich auf die unternehmerische Weiterentwicklung auf Basis sich ergebender Gelegenheiten bezieht, fokussiert *Indikator EF3* eine flexible Ausnutzung von sich aus diesen Gelegenheiten ergebenden Vorteilen. Ein solch flexibles Vorgehen, obgleich nicht hierauf beschränkt, kann sich beispielsweise in angepassten Reaktionen des Unternehmens auf Schwankungen der Nachfrage zeigen (Carlsson, 1989). Eine in diesem Sinne flexible Bedienung bzw. Ausschöpfung einer gesteigerten Nachfrage (z.B. aufgrund eines Marktwachstumsereignisses als unternehmerische Gelegenheit) durch Anpassung der Produktion ist als ein vorteilhaftes Vorgehen zu werten, das in Einklang mit Indikator EF3 gebracht werden kann. Als Metrik zur Erfassung dieses Indikators wird daher die durchschnittlich prozentual bediente Nachfrage herangezogen.

Das Vermeiden von Vorgehen, die die Flexibilität und Anpassungsfähigkeit einschränken, wird von *Indikator EF4* expliziert. Die prinzipielle Ableitung einer geeigneten Metrik gestaltet sich hier schwierig, da die vermiedenen Vorgehensweisen in der Formulierung des Indikators nicht näher spezifiziert sind. Daher kann FSim diese Vorgehen in Folge nicht gezielt ermöglichen und ihre Vermeidung erfassen. In diesem Zusammenhang kommt erschwerend hinzu, dass ein Nichtverhalten als Maß der Vermeidungsbemühungen im Ermessen des Vermeidenden liegt

und sich objektiv nur schwer beobachten bzw. quantifizieren lässt. Ein erster Versuch zur Implementierung von Vorgehensweisen, die die Flexibilität und Anpassungsfähigkeit des Nutzers
einschränken, erfolgte durch die Abbildung von unkündbaren Kooperationen. Durch die damit
einhergehende, persistente Erfüllung der Kooperationsbedingungen werden Einschränkungen
geschaffen, denen der Nutzer bzw. sein Unternehmen dauerhaft unterliegt. Die Messung der
Befolgung dieser einschränkenden Vorgehensweise erfolgt durch die Bestimmung der Anzahl
der vom Nutzer eingegangenen, unkündbaren Kooperationen.

Im Kontext der Effectuation-Dimension der Vereinbarungen beschreibt *Indikator EP1* das Eingehen von einer bedeutenden Anzahl an Kooperationen mit Kunden, Lieferanten, Organisationen und Menschen zur Reduktion von Ungewissheit. Entsprechend dieser Verschiedenartigkeit
von Kooperationen erlaubt FSim eine freie Gestaltung der Kooperationspartner. Als potentielle
Metrik zur Erfassung der in bedeutender Anzahl eingegangenen, verschiedenen Kooperationen
bietet sich, eine entsprechende Variation der Kooperationspartner (wie in Szenario 1 und 2 beschrieben) und Stabilität der Kooperationen selbst (in beiden Szenarien bleiben eingegangene
Kooperationen bestehen) vorausgesetzt, die Gesamtzahl der vom Nutzer eingegangenen Kooperationen an. Darüber hinaus fordert *Indikator EP2* im Speziellen die explizite Betrachtung von
Kooperationen mit Kunden und Lieferanten. Da FSim zwischen den verschiedenen Kooperati-
onsarten differenzieren kann, wird hier als Metrik explizit die Anzahl der mit Lieferanten und
Kunden eingegangenen Kooperationen betrachtet.

Das eindimensionale Causation-Konstrukt setzt sich reflektiv aus 7 Indikatoren zusammen. *Indikator C1* zielt auf eine Analyse und die Selektion jener langfristiger, unternehmerischer Gelegenheiten ab, die aus Sicht der handelnden Person den maximalen Ertrag stiften. FSim stellt
zur Analyse dieser Gelegenheiten insbesondere die Funktion der Marktanalyse bereit, mittels
der der Nutzer nicht nur allgemeine, marktbezogene, sondern auch spezifische Informationen
zu seinen Produkten erhalten kann. Auf Basis der Ergebnisse der Marktanalyse kann der Nutzer den Erfolg der von ihm angebotenen Produkte bewerten, unrentable Produkte entfernen und
erfolgsträchtige Produkte durch deren Anpassung an die Marktbedürfnisse optimieren. Höhere
Erträge können auf auf diese Weise erzielt werden. Als adäquate Metrik, die das Ausmaß der
durchgeführten Analysen repräsentiert, bietet sich die Anzahl der vom Nutzer durchgeführten
Marktanalysen an.

Das Ausmaß der Entwicklung und Planung von Unternehmensstrategien (*Indikator C2*) und
von Strategien zur optimalen Ausnutzung von Ressourcen (*Indikator C3*) lässt sich nur schwer
durch quantitative Metriken erfassen. Als Grund hierfür ist anzuführen, dass diese Strategien
und die damit verbundenen Entwicklungs- und Planungsbemühungen individuell geprägt sind
und aufgrund ihres Prozesscharakters eine langfristige Betrachtung erfordern (Delmar & Shane,
2003). Aus diesen Gründen soll die Bestimmung des Ausmaßes der Entwicklung und Planung

von Strategien nicht auf quantitativer, sondern zur Erfassung ihrer Individualität und Breite stattdessen auf qualitativer Basis durch die Auswertung von Freitexteingaben erfolgen.

Indikator C4 beschreibt die Nutzung von Kontrollmöglichkeiten zur Überprüfung der Erreichung der anvisierten Ziele. Diese Kontrollmöglichkeiten werden in FSim insbesondere durch Charts realisiert, die die Produktions- und Nachfrageverläufe der vergangenen Simulationsperiode und die Marktverteilungen abbilden. Abweichungen zwischen Angebot und Nachfrage können so vom Nutzer festgestellt und die Produktion bzw. Produktpreise entsprechend angepasst werden. Durch die Betrachtung der Marktverteilungen kann der Nutzer die Position seines Unternehmens im Markt feststellen und seine unternehmerischen Aktivitäten hieran ausrichten. Zur Quantifizierung der Nutzung dieser Kontrollfunktionen werden die entsprechenden Betrachtungshäufigkeiten des Produktions-/Nachfrage- und Wettbewerbs-Charts konsolidiert ermittelt.

Die Recherche und Selektion von Märkten, sowie die Durchführung von Wettbewerbsanalysen werden durch *Indikator C5* beschrieben. Da die Funktion der Marktanalyse in FSim ebendieser Recherche und Selektion von Märkten dient, wird die Häufigkeit ihrer Durchführung als einen Teil der aufzustellenden Metrik betrachtet. Die Betrachtung der Wettbewerbs-Charts im Sinne einer Wettbewerbsanalyse repräsentiert in ihrer Häufigkeit den zweiten Teil der Metrik. Die Metrik als Gesamtzahl der durchgeführten Markt- und Wettbewerbsanalysen berechnet sich entsprechend additiv aus den beiden genannten Nutzungshäufigkeiten.

Indikator C6 formuliert eine deutliche und beständige Vorstellung von den unternehmerischen Zielen. Bereits im Rahmen der Interpretation dieses Indikators als Anforderung an FSim wurde festgestellt, dass die individuell geprägten Vorstellungen von den unternehmerischen Zielen dem Nutzer inhärent sind und sich ihre systematische und quantitative Erfassung entsprechend schwierig gestaltet. Aus diesem Grund erfolgt die Ermittlung der unternehmerischen Zielvorstellungen des Nutzers auch hier auf Grundlage seiner Eingaben in den Freitextfeldern.

Indikator C7 beschreibt die Entwicklung und Planung von Produktions- und Marketingbemühungen. Als Grundlage für eine adäquate Metrik werden die Änderungen der Produktpalette und der gewählten Marketing-Kampagne betrachtet. Ausgehend davon, dass vermehrte Änderungen eher einer flexiblen Vorgehensweise zuzurechnen sind und einem planerischen, kausalen Vorgehen entgegenstehen (Chandler et al., 2011), werden die zusammengefassten, durchschnittlichen Änderungen der Produktpalette und der Marketing-Kampagne als revers gestaltete Metrik zur Messung von Indikator C7 betrachtet.

Die vorgestellten, aus etablierten Messkonstrukten aus der Literatur abgeleiteten Metriken wurden entwickelt, um effektuatives und kausales Verhalten objektiv auf der Basis von Beobachtungen ermitteln zu können. Die entsprechend benötigten Beobachtungsdaten aus der Simulation werden von FSim automatisiert aufgezeichnet und zu Analysezwecken bereitgestellt. Die aufgestellten Metriken sind jedoch nicht als Substitut für, sondern vielmehr als Ergänzung zu den subjektiv geprägten Verhaltensdaten aus der Nutzerbefragung zu sehen.

5.2.4. Zur Bestimmung der Persönlichkeit

Neben der Befragung des Nutzers zu seiner Wahrnehmung der Umgebung und seinen Verhalten sind ebenso seine Ausprägungen in den Persönlichkeitsmerkmalen zu bestimmen. Die Bestimmung der Persönlichkeit erfolgt über das für die Erhebung von Persönlichkeitsausprägungen typische Instrument des Fragebogens (McCrae & John, 1992), der von FSim in elektronischer Form im Anschluss an die Simulation ausgegeben wird.

Die Operationalisierung der Persönlichkeitsfacetten der *Big Five* kann durch verschiedene Persönlichkeitsinventare erfolgen. Zu dem bekanntesten Inventaren zählen beispielsweise das NEO-PI-R Inventar nach *Costa* und *MacCrae* und der *International Personality Item Pool* (IPIP). Das IPIP Inventar als frei verfügbares Inventar existiert als deutschsprachige Variante und weist eine starke Ähnlichkeit zum NEO-PI-R Inventar sowohl auf Faktor- als auch Facetten-Ebene auf (Goldberg et al., 2006). Zur Operationalisierung der *Big Five* Persönlichkeitsfacetten wurde daher auf das von Treiber et al. (2013b) bzw. Treiber et al. (2013a) ins Deutsche übersetzte, auf 240 Indikatoren reduzierte IPIP Inventar zurückgegriffen.

Ausgehend von der Frage, in wie weit die von den Indikatoren formulierten Aussagen zutreffen, erfolgt die Messung der Indikatoren durch die folgende 5-Punkte Likert-Skala: *1 – gar nicht, 2 – eher nicht, 3 – unentschieden, 4 – eher ja, 5 – voll und ganz* (Asendorpf & Neyer, 2012). Die in den Hypothesen betrachteten Persönlichkeitsfacetten und zugehörigen Indikatoren sind in Tabelle 5.8 abgebildet.

Tabelle 5.8.: Operationalisierung der *Big Five* Persönlichkeitseigenschaften

Faktor	Facette	ID	Indikator
Neurotizismus	Ängstlichkeit	n1-31	Ich sorge mich leicht.[a]
		n1-61	Die meiste Zeit bin ich entspannt.[a]
		n1-91	Ich befürchte das Schlimmste.
		n1-121	Ich lasse mich von Ereignissen nicht leicht beunruhigen.[a]
		n1-151	Ich fürchte mich vor vielen Dingen.
		n1-211	Ich lasse mich leicht stressen.
		n1-241	Ich verliere mich in meinen Problemen.
		n1-271	Neuen Situationen passe ich mich leicht an.[a]

Tabelle 5.8.: Operationalisierung der *Big Five* Persönlichkeitseigenschaften *(Fortsetzung)*

Faktor	Facette	ID	Indikator
Extraversion	Geselligkeit	e2-7	Ich bevorzuge es, allein zu sein.[a]
		e2-37	Ich liebe große Parties.
		e2-67	Ich bleibe gerne alleine.[a]
		e2-97	Auf Parties spreche ich mit vielen verschiedenen Leuten.
		e2-127	Überlaufene Veranstaltungen mag ich nicht.[a]
		e2-157	Gerne bin ich Teil einer Gruppe.
		e2-187	Ich vermeide größere Menschenmengen.[a]
		e2-277	Ich suche die Stille.[a]
	Aktivität	e4-47	Ich bin immer beschäftigt.
		e4-77	Ich nehme mir gerne Zeit.[a]
		e4-107	Ich bin immer auf dem Sprung.
		e4-137	Ich lebe mein Leben in gemächlichen Bahnen.[a]
		e4-167	In meiner Freizeit unternehme ich viel.
		e4-197	Ich kann viele Dinge gleichzeitig regeln.
		e4-227	Ich reagiere schnell.
		e4-287	Ich reagiere nur langsam.[a]
Offenheit	Handlungen	o4-18	Ich bleibe bei Dingen, die ich kenne.[a]
		o4-48	Vielfalt ziehe ich der Routine vor.
		o4-78	Veränderungen mag ich nicht.[a]
		o4-108	Ich mag es, neue Orte zu erkunden.
		o4-138	Ich mag die Idee eines Wandels nicht.[a]
		o4-198	Ich bin ein Gewohnheitsmensch.[a]
		o4-258	Ich mag es, neue Erfahrungen zu machen.
		o4-288	Ich gehe am liebsten gewohnte Wege.[a]
Verträglichkeit	Vertrauen	a1-4	Ich misstraue anderen.[a]
		a1-34	Anderen gegenüber zeige ich Vertrauen.
		a1-94	Ich glaube, dass andere gute Absichten verfolgen.
		a1-124	Ich nehme mich vor anderen Menschen in Acht.[a]

Tabelle 5.8.: Operationalisierung der *Big Five* Persönlichkeitseigenschaften *(Fortsetzung)*

Faktor	Facette	ID	Indikator
		a1-154	Ich verlasse mich auf das, was Leute sagen.
		a1-184	Ich glaube an etwas grundsätzlich Moralisches im Menschen.
		a1-214	Ich glaube an das Gute im Menschen.
		a1-274	Ich glaube an etwas grundsätzlich Böses im Menschen.[a]
Gewissenhaftigkeit	Ordnungsliebe	c2-10	Ich vergesse es oft, Dinge an ihren Platz zurückzustellen.[a]
		c2-40	Ich mag Ordnung.
		c2-70	Ich hinterlasse eine Unordnung in meinem Zimmer.[a]
		c2-100	Ich mag es aufzuräumen.
		c2-130	Um mein Hab und Gut kümmere ich mich nicht.[a]
		c2-160	Am liebsten habe ich es, wenn alles perfekt ist.
		c2-190	Ich störe mich nicht an unordentlichen Leuten.[a]
		c2-220	Ich störe mich nicht an Unordnung.[a]
	Besonnenheit	c6-30	Ich beginne Dinge ohne darüber nachzudenken.[a]
		c6-60	Fehler vermeide ich.
		c6-120	Ich wähle meine Worte sorgfältig aus.
		c6-150	Ich handele gerne nach Lust und Laune.[a]
		c6-210	Ich überstürze Dinge.[a]
		c6-240	Ich mache verrückte Sachen.[a]
		c6-270	Desöfteren mache ich Pläne auf den letzten Drücker.[a]
		c6-300	Ich handle ohne nachzudenken.[a]

[a] Revers codiert.

Die Operationalisierung der zusätzlich betrachteten Risikofreudigkeit erfolgt mittels der in Das & Joshi (2007) verwendeten Indikatoren. Da die Indikatoren in ihrer ursprünglichen Form unternehmensbezogen formuliert sind, wurden diese nun in ihrer Interpretation als Persönlichkeitseigenschaft entsprechend personenbezogen reformuliert. Sowohl die ursprünglichen Formulierungen als auch die angepassten Indikatoren sind in Tabelle 5.9 aufgeführt.

Tabelle 5.9.: Operationalisierung der Risikofreudigkeit

ID	Indikator (original)	Indikator (übersetzt und angepasst)
risk-1	My organization has a strong proclivity for low-risk projects with normal and certain rates of return.[a]	Ich habe eine starke Neigung zu risikoarmen Investitionen, mit Gewinnen in regulärer und bekannter Höhe.[a]
risk-2	My organization has a strong proclivity for high-risk projects with chances of very high rates of return.	Ich habe eine starke Neigung zu risikoreichen Investitionen, mit Chancen auf hohe Gewinne.
risk-3	My organization typically adopts a cautious posture in order to minimize the probability of making costly decisions.[a]	Ich nehme typischerweise eine vorsichtige Haltung ein, um kostspielige Entscheidungen zu vermeiden.[a]
risk-4	My organization has top management who believe in exploring their environment gradually via timid, incremental behavior.[a]	Ich glaube daran, meine unternehmerische Umgebung nach und nach durch ein zaghaftes, schrittweises Vorgehen zu erkunden.[a]

[a] Revers codiert.

Die der Risikofreudigkeit zugeordneten Indikatoren beschreiben unter Berücksichtigung ihrer reversen Formulierungen eine starke Neigung zu ertrag- und risikoreichen Projekten bzw. eine Ablehnung von risikoarmen Projekten. Anstatt der Vermeidung von kostspieligen Entscheidungssituationen werden diese durch unvorsichtige Haltungen herausgefordert. Auch die Erkundung der unternehmerischen Umgebung gestaltet sich bei einer ausgeprägten Risikoneigung unvermittelt und überzeugt anstatt zaghaft und schrittweise.

5.3. Nutzerbezogene Kontrollvariablen

Neben der Betrachtung von Persönlichkeitsmerkmalen als spezifische, potentielle Einflussfaktoren auf effektuatives respektive kausales Verhalten sind weitere Variablen zu berücksichtigen, die diese Verhalten ebenfalls beeinflussen könnten. Als naheliegende Störeinflüsse kommen methodische Einflüsse in Betracht (Podsakoff et al., 2003), die sich aus der Nutzung von FSim ergeben können. Im Falle des Vorliegens eines solch methodischen Einflusses könnte das Verhalten des Nutzers weniger auf seine Persönlichkeit (oder die Umgebung), sondern vielmehr auf eine beispielsweise problematische Nutzung von FSim zurückgeführt werden. Hieraus ergibt sich die Notwendigkeit, die Benutzbarkeit von FSim zu ermitteln und als potentielle Verhaltensdeterminante zu berücksichtigen.

Potentielle Störgrößen sind jedoch nicht nur in der Methodik zu verorten. Auch dem Nutzer selbst sind Eigenschaften zuzuordnen, die zusätzlich Einfluss auf sein Verhalten nehmen könnten. Hierzu zählen der Ausbildungsstand des Nutzers, seine Expertise im Sinne von Berufs- bzw. Gründungserfahrungen und demographische Merkmale (Ismail et al., 2009; Gartner, 1985). Diese zusätzlich relevanten Einflussfaktoren werden im Folgenden vorgestellt.

5.3.1. Benutzbarkeit von FSim

Die Bestimmung der Benutzbarkeit von FSim erfolgt über die *System Usability Scale* (SUS), als „[...] a simple, ten-item scale giving a global view of subjective assessments of usability" (Brooke, 1996, S. 191). Die in dieser Skala verwendeten Indikatoren wurden übersetzt und der Begriff des Systems aus Präzisionsgründen durch „FSim" ersetzt. Die ursprünglichen Indikatoren und ihre angepassten Varianten sind in Tabelle 5.10 aufgeführt.

Tabelle 5.10.: Operationalisierung der Benutzbarkeit

ID	Indikator (original)	Indikator (übersetzt und angepasst)
u1	I think that I would like to use this system frequently.	Ich kann mir gut vorstellen, FSim häufig zu nutzen.
u2	I found the system unnecessarily complex.[a]	Ich empfand die Bedienung von FSim als unnnötig komplex.[a]
u3	I thought the system was easy to use.	Ich empfand FSim als einfach zu nutzen.
u4	I think that I would need the support of a technical person to be able to use this system.[a]	Ich hätte bei der Benutzung von FSim technische Unterstützung gebraucht.[a]
u5	I found the various functions in this system were well integrated.	Ich fand, dass die verschiedenen Funktionen in FSim gut integriert sind.
u6	I thought there was too much inconsistency in this system.[a]	Für mich gab es in FSim zu viele Unstimmigkeiten.[a]
u7	I would imagine that most people would learn to use this system very quickly.	Ich könnte mir vorstellen, dass die meisten Leute den Umgang mit FSim sehr schnell erlernen.
u8	I found the system very cumbersome to use.[a]	Ich empfand die Bedienung von FSim als sehr mühselig.[a]
u9	I felt very confident using the system.	Ich fühlte mich sicher im Umgang mit FSim.
u10	I needed to learn a lot of things before I could get going with this system.[a]	Ich musste einige Dinge lernen, bis ich mit FSim zurecht kam.[a]

[a] Revers codiert.

Die übersetzten und angepassten Indikatoren werden dem Nutzer im Befragungsteil der Simulation präsentiert mit der Bitte um Angabe, in wie weit er diesen Indikatoren zustimmt. Die

Messung der Indikatoren erfolgt unter Verwendung einer hinsichtlich der Wertezuordnung abgewandelten Form einer 5-Punkte Likert-Skala: *0 – gar nicht, 1 – eher nicht, 2 – unentschieden, 3 – eher ja, 4 – voll und ganz* (Asendorpf & Neyer, 2012). Diese Abbildung des ursprünglichen Wertebereichs 1 – 5 auf 0 – 4 ist notwendig, um die von Brooke (1996) aufgestellte Formel zur Berechnung der Benutzbarkeit anwenden zu können. Im Detail werden, nach Recodierung der revers formulierten Indikatoren, die ermittelten Werte aufsummiert und diese Summe mit 2,5 multipliziert, sodass die Benutzbarkeit durch einen Wert aus dem Intervall [0; 100] operationalisiert wird (Brooke, 1996). Die Interpretation dieses Wertes gestaltet sich dahingehend, dass ein SUS-Wert oberhalb von 68 auf eine gute Benutzbarkeit der betrachteten Software hindeutet (Brooke, 2013). Losgelöst von dieser Bewertung der Benutzbarkeit ist der SUS-Index selbst als Kontrollvariable mit in die Analysen einzubeziehen.

Neben der Benutzbarkeit können auch Lerneffekte, resultierend aus einer wiederholten Nutzung eines Programmes, das Nutzungs- und Nutzerverhalten beeinflussen. Aufgrund der erstmaligen, prototypischen Realisierung von FSim werden solche Lerneffekte zwar nicht erwartet, können jedoch für die sich an den Pretest anschließende Haupterhebung durch wiederholte Teilnahmen nicht grundlegend ausgeschlossen werden. Um solche Lerneffekte kontrollieren zu können, werden die Teilnehmer dazu befragt, ob sie FSim bereits zu einem früheren Zeitpunkt benutzt haben. Die Angabe einer früheren Benutzung von FSim kann dann als Grundlage für den Ausschluss dieser Fälle von weiteren Analysen dienen.

5.3.2. Ausbildung

Crant (1996) hypothetisieren einen positiven Zusammenhang zwischen der Ausbildung und Gründungsintentionen. Aufgrund eines möglichen Einflusses der Ausbildung auf ein sich aus den Intentionen ergebendes Gründungsverhalten (Fishbein & Ajzen, 2011) wird der Bildungsstand als relevant für ein effektuatives bzw. kausales Verhalten betrachtet. Aus diesem Grund wird der Nutzer zu seinem höchsten Schul- bzw. akademischen Abschluss befragt.[9]

Im spezifischen Kontext einer akademischen Ausbildung hat Gustafsson (2006) herausgefunden, dass obgleich Studenten eher zu analytisch fundierten Entscheidungen neigen, Unterschiede zwischen den einzelnen Studiengängen erkennbar sind. Während *Business Administration* Studenten eher zu analytisch fundierten Entscheidungen tendieren, neigen Studenten der Ingenieurswissenschaften und anderer Studiengänge eher zur Anwendung von Heuristiken. Aufgrund dieses unterschiedlichen Entscheidungsverhaltens wird der (abgeschlossene) Studiengang zusätzlich als relevante Kontrollvariable betrachtet.

---

[9]Der Nutzer hat hier die Möglichkeit, zwischen Hauptschulabschluss, Realschulabschluss, Abitur, Bachelor, Master/Diplom und Promotion zu wählen.

5.3.3. Expertise

Wie die Literatur zeigt, hat die Expertise bzw. Erfahrung nicht nur einen Einfluss auf die Bereitschaft zur und Erfolg bei der Ausnutzung unternehmerischer Gelegenheiten (Delgado-G-
arcia et al., 2012), sondern auch auf die Art und Weise der Ausnutzung dieser Gelegenheiten im Sinne einer effektuativen Vorgehensweise (Sarasvathy, 2008; Fischer & Reuber, 2011).
Delgado-Garcia et al. (2012, S. 410) differenzieren bei der Expertise insbesondere zwischen
„managerial experience, previous entrepreneurial experience, formal education and training".
Entsprechend dieser Differenzierung und der gegebenen Relevanz wird der Nutzer zu seiner Berufserfahrung (Jahre der Vollzeitbeschäftigung im Angestelltenverhältnis), seiner Gründungserfahrung (in Jahren und Anzahl der gegründeten Unternehmen insgesamt) und dem Gründungserfolg (Anzahl der erfolgreich gegründeten Unternehmen) (Fischer & Reuber, 2011), sowie zu
einer etwaigen Teilnahme an gründungsbezogenen Fortbildungs-/Lehrveranstaltungen befragt.
Die Erfassung der Gründungserfahrung ist trivialerweise notwendig, um den Fokus – entsprechend der formulierten Forschungsfragen – ausschließlich auf unerfahrene Gründer legen zu
können. Die Notwendigkeit der Erfassung der Teilnahme an einer gründungsbezogenen Fort-
bildung bzw. Lehrveranstaltung ist dadurch begründet, dass durch eine dortige Vermittlung der
Effectuation-Logik ein effektuatives Vorgehen expliziert werden und ein latenter Einfluss der
Persönlichkeit hierdurch verborgen bleiben könnte. Diese Möglichkeit der Erlernbarkeit von
Effectuation wurde in der Literatur bereits aufgegriffen: „[...] we suggest that insights may also
be gleaned about the effectuation process by using samples of entrepreneurship students to see
if the dimensions of effectuation can be taught [...]" (Perry et al., 2012, S. 848). Daher wird der
Nutzer explizit zur Kenntnis der Effectuation-Logik befragt.

5.3.4. Alter und Geschlecht

Demographische Merkmale spielen bei der Charakterisierung von und Differenzierung zwischen Gründern eine wichtige Rolle. Geschlechtliche Unterschiede zeigen sich beispielsweise
darin, dass Frauen im Vergleich zu Männern geringere Gründungsabsichten vorweisen (Crant,
1996) und entsprechend seltener Unternehmen gründen (Shirokova et al., 2016). Geschlechtliche Unterschiede zeichnen sich ebenso bei dem Entscheid zur Ausnutzung unternehmerischer
Gelegenheiten und dem mit der Ausnutzung verbundenen Erfolg ab (Delgado-Garcia et al.,
2012). Aufgrund dieser Bedeutsamkeit des Geschlechts für ein unternehmerisches Verhalten
wird der Nutzer zu seinem Geschlecht befragt.

Auch das Alter ist für unternehmerische Intentionen und Verhalten von Bedeutung. Jüngere, potentielle Entrepreneure weisen zwar vermehrte Gründungsintentionen auf, allerdings zeigt sich
eine vermehrte Überführung dieser Intentionen in tatsächliche Gründungen eher bei älteren Entrepreneuren (Shirokova et al., 2016). Darüber hinaus geht mit steigendem Alter eine höhere

Lebens- und Berufserfahrung einher (Baron, 2006), die wiederum Einfluss auf das strategische Entscheidungsverhalten nehmen kann (Tyler & Steensma, 1998). Zudem wird aufgrund der mit steigendem Alter wachsenden Erfahrung ein vermehrtes Eingehen von Kooperationen erwartet, sich letztendlich manifestierend in entsprechend größeren, sozialen Netzen (Shirokova et al., 2016). Da die mit zunehmendem Alter wachsende Expertise und größeren, sozialen Netze für eine effektuative Vorgehensweise zentral sind, wird eine Berücksichtigung des Alters als Kontrollvariable als notwendig erachtet.

5.4. Adressierte Zielgruppe

Die in der vorliegenden Arbeit formulierten Forschungsfragen fokussieren das effektuative und kausale Verhalten von unerfahrenen Entrepreneuren. Unter unerfahrenen Entrepreneuren werden nicht nur erstmalige Gründer, sondern auch jene Personen zu verstanden, die (noch) nicht gegründet haben. Haynie & Shepherd (2009, S. 701) differenzieren hierzu konform zwischen „[...] different levels of entrepreneurial nascency, including those that have not taken any steps toward entrepreneurial action". Zu klaren Abgrenzung der Merkmalsträger bzw. Definition der Grundgesamtheit, aus der die Stichprobe für die empirische Untersuchung gezogen werden soll, werden im Folgenden unter unerfahrenen Entrepreneuren jene Personen verstanden, die keine Gründungsexpertise vorweisen (Ucbasaran et al., 2008).

Studenten als beispielhafte Vertreter dieser Art von unerfahrenen Entrepreneuren eigenen sich aus folgenden Gründen zur Überprüfung der aufgestellten Hypothesen. Erstens gilt es in den Verhaltenswissenschaften bzw. in der Psychologie als etabliert, auf Studenten als Probanden und Vertreter der Erwachsenenpopulation zurückzugreifen. Haynie & Shepherd (2009, S. 701) formulieren hierzu konform, dass „[...] laboratory research that relied on mostly college students ,provides a firm basis for the generalization to the population of working people and adults' (Dipboye & Flanagan, 1979, S. 147)". Zweitens gehen Studenten, die ihr Vollzeitstudium an ihre schulische Ausbildung anknüpfen, während ihres Studiums typischerweise einer nebenberuflichen, nicht hauptberuflichen Beschäftigung nach. Von einer ausgeprägten Berufserfahrung und Gründungsexpertise ist daher nicht auszugehen. Drittens sind die Persönlichkeitsmerkmale im Individuum selbst verankert und gelten nach der Fünf-Faktoren-Theorie im Erwachsenenalter als relativ stabil (McCrae & Costa, 2008), sodass bei den betrachteten Studenten von keinen Persönlichkeitsschwankungen auszugehen ist.

6. Pretest

Nach Töpfer (2012, S. 289) dient ein Pretest der „[...] Eingrenzung und Präzisierung [...]" von Indikatoren zur „[...] Überprüfung der Verständlichkeit und der Eindeutigkeit [...]". Diese Notwendigkeit einer umfassenden Prüfung bezieht sich nicht nur auf Indikatoren, sondern auf das verwendete Forschungsinstrument im Allgemeinen: „No amout of intellectual exercise can substitute for testing an instrument designed to communicate with ordinary people" (Hunt et al., 1982, S. 269). Im vorliegenden Kontext ist ein durchzuführender Pretest daher nicht nur auf die in der Befragung verwendeten Indikatoren zu beziehen, sondern auch auf FSim im Sinne einer ganzheitlichen Prüfung des verwendeten Forschungsinstruments.

Entsprechend der vormals spezifizierten Zielgruppe wurde ein klassischer Pretest mit Studenten der Universität Koblenz-Landau vom 26.-28. Januar 2016 durchgeführt (Jacob et al., 2013). Bei der Einladung zum Pretest wurde eine Eingrenzung auf bestimmte Studiengänge oder Fachsemester zur Vermeidung einer einseitigen Stichprobenzusammensetzung nicht vorgenommen. Die Zuordnung der Teilnehmer zu einem der spezifizierten Szenarien erfolgte automatisiert und zufällig durch FSim. Die Dauer der interaktiven Simulation wurde auf eine Stunde begrenzt. Hinsichtlich der sich an die Simulation anschließenden Befragung wurde sich im Rahmen des Pretests auf die Persönlichkeitsausprägungen in den *Big Five* als zentrale Persönlichkeitsdeterminanten konzentriert. Alle Teilnehmer wurden zu Beginn gebeten, Unklarheiten und Probleme bei der Benutzung von FSim mündlich zu erläutern (*Befragten-Debriefing* (Jacob et al., 2013, S. 189)). Die gewonnenen Anmerkungen wurden schriftlich protokolliert und dienen als Grundlage für vorzunehmende Fehlerbehebungen (*Fixing*) und Anpassungen (*Changing*) von FSim.

Insgesamt konnten für den Pretest 29 Teilnehmer gewonnen werden. Für erste, statistische Analysen wurden die Befragungsdaten aus der SQL-Datenbank exportiert und in SPSS importiert. Im Rahmen der daraufhin erfolgten Datenaufbereitung wurden fehlende Werte durch den SPSS-SYSMIS-Wert substituiert, die revers codierten Variablen recodiert, die Messniveaus korrigiert und der SUS-Index berechnet. Nach Eliminierung von jenen Fällen, in denen Gründungserfahrungen angegeben wurden (3 Fälle), ergibt sich ein finaler Stand von 26 Datensätzen (Szenario 1: 17 Fälle, Szenario 2: 9 Fälle).

6.1. Ergebnisse der Reliabilitätsanalyse

In einem ersten Schritt ist die Zuverlässigkeit der verwendeten Messindikatoren zu bestimmen. Zur Bestimmung der Reliabilität wurde *Cronbach's* Alpha als Gütemaß für die verwendeten Skalen zur Erfassung der Verhalten, der Persönlichkeit und der Umgebungsunsicherheit berechnet (Cortina, 1993). Unverständlichkeiten und Probleme im Hinblick auf die verwendeten Skalen soll auf diese Weise identifiziert und vor Durchführung der Haupterhebung behoben werden. Die Alpha-Werte der einzelnen Konstrukte sind in Tabelle 6.1 aufgeführt.

Tabelle 6.1.: Pretest: Ergebnisse der Reliabilitätsanalyse

Aspekt	Konstrukt	Indikatoren	*Cron. α*
Verhalten	Effectuation: Experimentieren	EE1-EE4	0,46
	Effectuation: Akzeptabler Verlust	EA1-EA3	0,84
	Effectuation: Flexibilität	EF1-EF4	0,65
	Effectuation: Vereinbarungen	EP1-EP2	0,41
	Causation	C1-C7	0,80
Persönlichkeit	Ängstlichkeit	n1-X	0,86
	Geselligkeit	e2-X	0,81
	Aktivität	e4-X	0,70
	Handlungen	o4-X	0,80
	Vertrauen	a1-X	0,84
	Ordnungsliebe	c2-X	0,55
	Besonnenheit	c6-X	0,62
Umgebung	Umgebungsturbulenz	UK1-UK4	0,76
	Zielunklarheit	UG1-UG3	0,78
	Umgebungsisotropie	UI1	-

Hinsichtlich der Verhalten wurde für die Effectuation-Dimension des *Experimentierens* ein Alpha von $0,46$ bestimmt. Von einer akzeptablen Reliabilität ist bei Werten oberhalb von $0,7$ auszugehen, sodass sich für diese effektuative Verhaltensdimension eine schlechte Reliabilität abzeichnet. Eine detaillierte Betrachtung der Reliabilitätsanalyse offenbart jedoch, dass sich der Alpha-Wert durch Entfernung von Indikator EE4 auf $0,68$ verbessern lässt und damit an ein akzeptables Niveau heranreicht.

Aufgrund des sich aus der Entfernung von Indikator EE4 ergebenden Verbesserungspotentials scheint der Zusammenhang zwischen diesem und den übrigen Indikatoren bzw. der Gesamtskala schwach ausgeprägt zu sein. Dieser vermutet schwache Zusammenhang wird statistisch durch die vergleichsweise niedrigen, teils negativen Korrelationen des Indikators mit den übrigen Indikatoren ($EE1 = 0,08$; $EE2 = -0,16$; $EE3 = -0,16$) und der Gesamtskala ($-0,11$) bestätigt. Aus diesem Grund wird Indikator EE4 bei der Berechnung der Ausprägungen im latenten Experimentieren-Konstrukt nicht berücksichtigt. Inhaltlich kann der festgestellte, schwache Zusammenhang dadurch begründet werden, dass sich ein experimentelles Vorgehen bei den Indikatoren EE2 und EE3 ausschließlich und Indikator EE1 zusätzlich auf Produkte, sich bei Indikator EE4 jedoch ausschließlich auf Geschäftsmodelle bezieht. Darüber hinaus kann ein uneinheitliches Verständnis von einem Geschäftsmodell eine verlässliche Messung von Indikator EE4 erschweren. Zur Förderung eines einheitlichen Verständnisses von Geschäftsmodellen im Hinblick auf die Haupterhebung wurden die abgefragten Indikatoren daher um den folgenden, einleitenden Zusatz ergänzt: *Ein Geschäftsmodell beschreibt vereinfacht eine Kombination von Ihren Produkten, Ihrem Vertriebsweg, Ihrer Marketing-Kampagne, usw..*

Für die Effectuation-Dimension des *akzeptablen Verlustes* hingegen wurde ein Alpha von $0,84$ bestimmt, sodass hier von einer guten Reliabilität der Skala auszugehen ist.

Für die Effectuation-Dimension der *Flexibilität* wurde ein Alpha von $0,65$ ermittelt. Obgleich dieser Wert unterhalb des Schwellwertes von $0,7$ liegt und damit auf eine tendenziell schlechtere Reliabilität hindeutet, werden bereits Werte ab $0,6$ als akzeptabel betrachtet, wenn sich das gemessene Konstrukt in einem explorativen Forschungsstadium befindet (Hair et al., 2013; Weiber & Mühlhaus, 2010). Da die verwendeten Indikatoren zur Operationalisierung des Effectuation- und Causation-Konstrukts erstmalig von Chandler et al. (2011) entwickelt und validiert wurden, und diese nun ebenso erstmalig in einem Simulationskontext Anwendung finden, wird die ermittelte Reliabilität für die Effectuation-Dimension der Flexibilität als akzeptabel betrachtet.

Für die Effectuation-Dimension der *Vereinbarungen* wurde ein Alpha von $0,41$ ermittelt. Aufgrund der schlechten, nicht verbesserbaren Reliabilität wird diese Skala von weiteren Analysen ausgeschlossen. Chandler et al. (2011) bestimmten in ihrer Studie ebenfalls ein vergleichsweise niedriges Alpha von $0,62$ und führen als Grund für die niedrige Reliabilität eine zu schwache Repräsentation von Partnerschaften durch die Indikatoren an. Daher ergänzten Chandler et al. (2011) die beiden ursprünglichen Indikatoren um vier zusätzliche Indikatoren, die ebendiese Partnerschaften explizit adressieren. Die Autoren berichteten, dass hierdurch ein höheres Alpha von $0,86$ erreicht werden konnte. Aus diesem Grund soll die Operationalisierung der Effectuation-Dimension der Vereinbarungen in der Haupterhebung durch einen zusätzlichen Indikator erfolgen. Dieser zusätzlich aufgenommene Indikator EP3 expliziert nochmals den Kooperationsaspekt der Effectuation-Dimension: *We have focused on developing alliances with other people and organizations*; in übersetzter und an FSim angepasster Form: *Ich habe mich auf das Eingehen von Kooperationen mit anderen Menschen und Organisationen konzentriert* (Chandler et al., 2011, S. 386).

Für das eindimensionale *Causation*-Konstrukt wurde ein Alpha von 0, 80 bestimmt, sodass auch hier von einer guten Reliabilität der Skala auszugehen ist.

Hinsichtlich der *Big Five* Persönlichkeitseigenschaften wurden für die Persönlichkeitsfacetten der Ängstlichkeit, Geselligkeit, Aktivität, Handlungen, Vertrauen ebenfalls gute Reliabilitätswerte ($\geq 0, 7$) ermittelt. Die Reliabilität der Ordnungsliebe-Facette lässt sich durch die Entfernung von Indikator c2-130 (korrigierte Item-Skala-Korrelation: $-0, 18$) auf 0, 62, nach zusätzlicher Entfernung von Indikator c2-70 (korrigierte Item-Skala-Korrelation: 0, 08) auf 0, 67 verbessern. Daher werden diese beiden Indikatoren von der Berechnung der Ausprägungen im latenten Ordnungsliebe-Konstrukt ausgeschlossen. Auch die Reliabilität der Besonnenheit-Facette lässt sich durch die Entfernung von Indikator c6-30 (korrigierte Item-Skala-Korrelation: 0, 09) auf 0, 65 verbessern, sodass dieser Indikator ebenfalls von der Konstruktberechnung ausgeschlossen wird.

Für die Umgebungsfacetten der Umgebungsturbulenz wurden ein Alpha von 0, 76 und für die Zielunklarheit ein Alpha von 0, 78 ermittelt. Entsprechend dieser Werte ist von einer guten Reliabilität der Skalen auszugehen. Für die Umgebungsfacette der Umgebungsisotropie kann die interne Konsistenz der Skala nicht bestimmt werden, da sich diese Skala nur aus einem Indikator zusammensetzt.

6.2. Überprüfung der Manipulation

Im Rahmen des durchgeführten Pretests wurde jede Nutzerinstanz von FSim zufällig entweder mit Szenario 1 oder Szenario 2 parametrisiert. Eine bereits vorab durchgeführte und in Kapitel 5.1.2 beschriebene Verifikation der entworfenen Szenarien ergab, dass die unterschiedlich spezifizierten Parameter auf eine unterschiedlich stark unsichere Umgebung abzielen. Im Rahmen einer nun zu erfolgenden Überprüfung der Wirksamkeit der Manipulation soll festgestellt werden, ob die von FSim simulierten Umgebungen von den Nutzern tatsächlich als unterschiedlich unsicher wahrgenommen wurden.

Zu diesem Zweck wurden die Nutzer zu ihrer Wahrnehmung der Umgebung in den Umgebungsfacetten der Umgebungsturbulenz, der Zielunklarheit und der Umgebungsisotropie befragt. Die Ausprägungen in diesen Facetten wurden durch die Berechnung der arithmetischen Mittel über die jeweiligen Indikatorenausprägungen ermittelt. Die deskriptiven Statistiken sind für beide Szenarien in Tabelle 6.2 aufgeführt. Aufgrund der separierten Betrachtung der Umgebungsfacetten im Rahmen des Pretests wurde die paarweise Fallausschlussstrategie gewählt.

Tabelle 6.2.: Pretest: Gruppenstatistiken zur wahrgenommenen Umgebungsunsicherheit

Umgebungsfacette	Szenario	n	Mittelwert	Standard-abweichung	Standard-fehler
Umgebungsturbulenz	1	17	3,09	1,20	0,29
	2	9	2,97	0,54	0,18
Zielunklarheit	1	17	1,86	0,77	0,19
	2	8	2,33	0,93	0,33
Umgebungsisotropie	1	17	2,35	1,32	0,32
	2	9	3,11	0,93	0,31

Bei Betrachtung der aufgeführten Mittelwerte ist festzustellen, dass die Zielunklarheit (Mittlere Differenz: $0,47$) und die Umgebungsisotropie (Mittlere Differenz: $0,76$) in Szenario 2 stärker ausgeprägt sind. Bei der Umgebungsturbulenz zeigt sich eine umgekehrte Verteilung, jedoch liegen die Mittelwerte beider Szenarien mit einer mittleren Differenz von $0,12$ vergleichsweise naher beieinander. Im Folgenden ist nun zu prüfen, in wie weit sich die Manipulation als effektiv erwies, d.h. die Unsicherheit der Umgebung in beiden Szenarien als signifikant unterschiedlich stark wahrgenommen wurde.

Aufgrund des relativ kleinen Stichprobenumfangs und eine unterschiedlich starken Verteilung der Fälle auf die beiden Szenarien sind die erhobenen Daten zunächst auf ihre Normalverteilung hin zu prüfen. Ein durchgeführter *Shapiro-Wilk*-Test zeigt, dass die sich die Verteilungen der Umgebungsisotropie in beiden Szenarien auf einem Signifikanzniveau von $p < 0,05$ von der Normalverteilung unterscheiden. Parametrische Verfahren zum Vergleich der Mittelwerte würden in diesem Fall zu keinem verlässlichen Ergebnis führen (Eid et al., 2010). Nicht-parametrische Tests bei unabhängigen Stichproben, die keine Normalverteilung der Daten fordern und auch bei geringen Stichprobenumfängen angewandt werden können, sind daher vorzuziehen. Da der *Median*-Test eine niedrige Teststärke aufweist (Hedderich & Sachs, 2016), wurde der *Mann-Whitney*-U-Test durchgeführt. Die Testergebnisse sind in Tabelle 6.3 aufgeführt.

Tabelle 6.3.: Pretest: Ergebnisse des *Mann-Whitney*-U-Tests zur wahrgenommenen Umgebungsunsicherheit

	Umgebungsturbulenz	Zielunklarheit	Umgebungsisotropie
Mittlerer Rang (Szenario 1)	13,74	11,82	11,79
Mittlerer Rang (Szenario 2)	13,06	15,50	16,72
Mann-Whitney-U	72,5	88	105,5

Tabelle 6.3.: Pretest: Ergebnisse des *Mann-Whitney*-U-Tests zur wahrgenommenen Umgebungsunsicherheit *(Fortsetzung)*

	Umgebungsturbulenz	Zielunklarheit	Umgebungsisotropie
Exakte Signifikanz (2-seitig)	0,83	0,26	0,12
z	-0,22	1,18	1,64
Asymptotische Signifikanz (2-seitig)	0,83	0,24	0,10

Der *Mann-Whitney*-U-Test formuliert die Nullhypothese, dass sich die Verteilungen zweier unabhängiger Stichproben nicht voneinander unterscheiden. Durch die Angabe der exakten Signifikanz wird ausgedrückt, mit welcher Wahrscheinlichkeit die Nullhypothese als zutreffend betrachtet werden kann. Die zusätzlich angegebene, asymptotische Signifikanz unterscheidet sich von der exakten Signifikanz dadurch, dass diese von einer durch eine vergrößerte Stichprobe ausreichend approximierten Normalverteilung, ausgedrückt durch die standardisierte Teststatistik z, ausgeht (Nachar, 2008). Im Hinblick auf die Haupterhebung, die in Erwartung größere Stichproben liefert, sind daher diese zusätzlichen Signifikanzangaben von Interesse. Eine Betrachtung der asymptotischen Signifikanz kann jedoch zu vermehrten Typ I (fälschliche Ablehnung der Nullhypothese) und Typ II (fälschliche Annahme der Nullhypothese) Fehlern führen, wenn die Stichprobengrößen nicht berücksichtigt werden. Siegel & Castellan (1988) geben in diesem Sinne für eine zulässige Interpretation der asymptotischen Signifikanz beim U-Test Mindeststichprobenumfänge von $n_1 > 4$ und $n_2 > 10$ an. Da diese Stichprobenumfänge erreicht werden, wird die asymptotische Signifikanz als relevant betrachtet.

Ausgehend von einer Irrtumswahrscheinlichkeit von 5% ist jedoch Tabelle 6.3 zu entnehmen, dass die Nullhypothesen bei der Umgebungsturbulenz, der Zielunklarheit und der Umgebungsisotropie nicht verworfen werden können. Auch bei Erfüllung entsprechender Verteilungsannahmen deuten die asymptotischen Signifikanzangaben zwar auf eine verbesserte Wirksamkeit der Manipulation hin, liegen aber auch dann über den gängigen Akzeptanzniveaus von 5% bzw. 10% (schwache Signifikanz). Daher ist festzuhalten, dass sich die Manipulation der Umgebungsunsicherheit nicht in einer entsprechend unterschiedlichen Wahrnehmung der Umgebung zeigt.

Mögliche Gründe für die fehlgeschlagene Manipulation sind in den Feedback-Protokollen des Pretests zu finden. Einige Teilnehmer merkten an, die Szenario-Beschreibungen und damit auch etwaige Zielvorgaben während der Simulation nicht mehr im Gedächtnis gehabt zu haben. FSim sieht jedoch einen erneuten Einblick in die Szenario-Beschreibungen während der Simulation nicht vor. Eine verlässliche Einschätzung der Zielunklarheit im Befragungsteil hätte dadurch erschwert worden sein können. Für die Haupterhebung wird der Hauptoberfläche von FSim daher ein Button hinzugefügt, über den der Nutzer die hinterlegte Szenario-Beschreibung beliebig oft und auch während der Simulation aufrufen kann. Eine verlässlichere Beurteilung der Zielunklarheit soll auf diese Weise erreicht und eine erfolgreiche Manipulation in dieser Facette bewirkt werden.

Bei der Einschätzung der Umgebungsturbulenz gaben die Teilnehmer insbesondere das Ereignis des Verlustes des Bestands eines Produktionsfaktors als treibenden Faktor an. Da dieses Ereignis in beiden Szenarien mit der gleichen Wahrscheinlichkeit per Simulationsperiode ausgelöst werden konnte, kann dies die mangelnde, unterschiedliche Wahrnehmung der Umgebungsturbulenz in beiden Szenarien begründen. Im Hinblick auf die Haupterhebung wurde daher das Ereignis des Verlustes eines Produktionsfaktors aus Szenario 1 entfernt, um so in diesem Szenario zu einer Reduktion der Umgebungsdynamik beizutragen.

Zur Förderung einer unterschiedlich starken Umgebungsisotropie in den beiden Szenarien ist in den Ergebnissen der Marktanalyse in Szenario 1 nun ein konkreter Produktvorschlag enthalten (vormals wurde lediglich auf einen Bedarf nach exklusiven Produkten verwiesen, die sich aus wenigen, teuren Produktionsfaktoren zusammensetzen sollten). Durch diesen informatorisch relevanten und nun präzisierten Beitrag soll die Angemessenheit der zu Verfügung gestellten Informationen in Szenario 1 gesteigert werden.

Zusammengefasst ist festzuhalten, dass sich die Wahrnehmungen der Umgebungsunsicherheit in allen drei Umgebungsfacetten nicht signifikant voneinander unterscheiden. Obgleich sich dementsprechend die Manipulation im Pretest als ineffektiv erwies, sollen die erhobenen Daten jedoch explorativ auf erste, korrelative Zusammenhänge zwischen den Persönlichkeitsfacetten und den effektuativen und dem kausalem Verhalten überprüft werden. Eine solche Korrelationsanalyse wird im Folgenden durchgeführt.

6.3. Korrelationen zwischen Verhalten und Persönlichkeit

Mittels der Korrelationsanalyse sollen erste Zusammenhänge zwischen den Persönlichkeitsfacetten und dem effektuativen bzw. kausalen Verhalten identifiziert werden. Eine separate Betrachtung der Korrelationen für die beiden Szenarien erfolgt nicht, da sich die Manipulation der Unsicherheit, wie im vorherigen Kapitel erläutert, als unwirksam herausstellte. Des Weiteren wird die effektuative Dimension der Vereinbarungen von der Korrelationsanalyse ausgeschlossen, da sich die Reliabilität der Skala als unzureichend erwies. Aufgrund von Abweichungen der Verteilungen der gemessenen Konstrukte von der Normalverteilung werden die korrelativen Zusammenhänge durch die in Tabelle 6.4 angegebenen, nicht-parametrischen *Spearman*-Korrelationskoeffizienten ausgedrückt.

Tabelle 6.4.: Pretest: Korrelationsmatrix (Auszug) zum Verhalten und zur Persönlichkeit

	M	SD	1	2	3	4
1. Effectuation: Experimentieren	2,89	0,98				
2. Effectuation: Akzeptabler Verlust	3,71	0,95	-0,64**			
3. Effectuation: Flexibilität	3,64	0,67	0,32	-0,02		
4. Causation	3,52	0,85	-0,11	0,21	0,33	
5. Ängstlichkeit	2,54	0,75	-0,11	-0,21	-0,25	-0,19
6. Geselligkeit	3,34	0,69	0,59**	-0,25	0,48*	0,06
7. Aktivität	3,45	0,59	0,57**	-0,21	0,46*	-0,11
8. Handlungen	3,57	0,62	0,57**	-0,42+	0,38+	-0,07
9. Vertrauen	3,36	0,71	-0,18	0,20	0,13	0,17
10. Ordnungsliebe	3,39	0,65	-0,13	-0,18	0,10	0,11
11. Besonnenheit	3,24	0,58	-0,11	0,13	-0,03	-0,04

N=21 (listenweiser Fallausschluss).
$**\ p < 0,01;\ *\ p < 0,05;\ +\ p < 0,1$

Hinsichtlich der Verhalten zeichnet sich ein signifikant negativer Zusammenhang zwischen dem verlustakzeptablen und dem experimentellen Verhalten ab. Ein möglicher Grund für diesen Zusammenhang könnte ein Experimentieren der Nutzer mit explizit zu beschaffenden anstatt bereits gegebenen Mitteln darstellen. Mit dieser kausal geprägten Beschaffung von Mitteln können dann Kosten einhergehen, die nicht einem vorsichtigen Ressourceneinsatz im Sinne des Effectuation-Prinzips des akzeptablen Verlustes entsprechen (Chesbrough, 2010).

Bei den übrigen Verhaltensdimensionen wurden keine signifikanten Zusammenhänge festgestellt. Diese Unkorreliertheit der effektuativen Verhaltensfacetten untereinander und mit dem kausalen Verhalten bestätigt die von Chandler et al. (2011) beschriebene, konzeptionelle Unabhängigkeit der Verhaltensfacetten.

Die weiteren Korrelationswerte lassen erste, statistisch signifikante Zusammenhänge zwischen den Persönlichkeits- und Verhaltensfacetten erkennen. In diesem Sinne üben die Facetten der Geselligkeit und der Aktivität des *Big Five* Faktors der Extraversion gleichermaßen einen signifikant positiven Einfluss auf ein experimentelles und flexibles Verhalten aus. Die in den Hypothesen 4a und 4b formulierte Einflussnahme der Aktivität auf ein effektuativ-experimentelles und effektuativ-flexibles Verhalten, hier jedoch ohne Berücksichtigung der Umgebungsunsicherheit, wird von den Pretest-Daten daher bestätigt. Ein Einfluss der Geselligkeit-Facette auf diese Verhalten wurde jedoch nicht postuliert. In ihrer Rolle als Facette der Extraversion bildet sie allerdings auch Eigenschaften des Faktors ab. Da extravertierte Menschen als ambitioniert gelten und nach Herausforderungen suchen (Ciavarella et al., 2004), könnten auch gesellige Menschen diese Ambitionen besitzen und Herausforderungen in einem experimentellen und flexiblen Vorgehen finden.

Darüber hinaus gehen von der Handlungen-Facette des Offenheit-Faktors positive Einflüsse auf ein flexibles und experimentelles Verhalten, sowie ein negativer Einfluss auf ein verlustakzep-tables Verhalten aus. Der in Hypothese 5 formulierte, positive Einfluss der Handlungen-Facette auf ein effektuativ-flexibles Verhalten wird, ohne Berücksichtigung der Umgebungsunsicher-heit, von den Pretest-Daten bestätigt. Das der Facette inhärente Bedürfnis nach Veränderungen manifestiert sich jedoch nicht nur in einem reaktiven und flexiblen, sondern auch in einem proaktiven und experimentellen Verhalten. Ein Experimentieren mit verschiedenen, neuen Pro-dukten und Geschäftsmodellen führt zu neuartigen Veränderungen (Moutafi et al., 2006), die von Menschen mit einer starken Ausprägung in der Handlungen-Facette als erstrebenswert be-trachtet werden (McCrae, 1993). Dieses angestrebte Erzeugen von Neuem als Ausprägung von Veränderung kann daher den positiven Einfluss der Handlungen-Facette auf ein effektuativ-ex-perimentelles Verhalten erklären. Allerdings werden mit dem Streben nach Neuem bzw. Ver-änderungen auch höhere Kosten in Kauf genommen, die einem vorsichtigen, verlustbegrenzten Ressourceneinsatz jedoch entgegenstehen. Eine hierzu konforme Hemmung von verlustakzep-tablen Verhalten durch die Handlungen-Facette zeigt sich in den Daten auf einem schwach signifikanten Niveau.

Die festgestellten Einflüsse lassen eine Relevanz der Persönlichkeit für ein effektuatives und kausales Verhalten erkennen. Weiteren Aufschluss über die Rolle der Persönlichkeit und der Umgebungsunsicherheit sollen die Daten aus der Haupterhebung geben. Im Folgenden werden abschließend aus dem Pretest resultierende und zur Gewinnung verwertbarer Ergebnisse in der Haupterhebung notwendige Korrekturen und Ergänzungen vorgestellt.

6.4. Korrekturen und Ergänzungen

Neben den bereits formulierten Korrekturmaßnahmen für eine erfolgreiche Manipulation der Umgebungsunsicherheit richtet sich an FSim der Anspruch, eine ausreichende Benutzbarkeit zu gewährleisten. Im Pretest wurde die durchschnittliche Benutzbarkeit von FSim mit 65 von 100 Punkten im fünfzigsten Perzentil auf dem SUS-Index bewertet. Mit einer im Durchschnitt zu erreichenden Benutzbarkeit von 68 Punkten zeichnet sich daher bereits eine akzeptable Benutz-barkeit von FSim ab (Brooke, 2013). Um diese jedoch weiter zu verbessern, werden folgende Änderungen entsprechend der hervorgebrachten Anmerkungen vorgenommen.

- In Übereinstimmung mit den Ergebnissen aus der Evaluation von FSim gaben die Teil-nehmer des Pretests an, ungefähr eine halbe Stunde zur Eingewöhnung zu benötigen. Zur Behebung dieses Problems wird ein Screencast aufgezeichnet, der dem Nutzer zu Beginn der Simulation die einzelnen Funktionen von FSim überblicksartig vorstellt.[1] Durch die-sen Screencast mit einer Dauer von ca. 4 Minuten sollen die Eingewöhnungszeit reduziert und alle Teilnehmer auf den gleichen Kenntnisstand hinsichtlich der Bedienung von FSim gebracht werden.

- Die Teilnehmer gingen vermehrt von einer Akzeptanz von Dezimalzahlen bei der Fest-legung von Produktpreisen und Faktormengen aus. Da FSim die Eingabe ganzer Zahlen erwartet, sollen entsprechende Hinweise implementiert werden.

- Aufgrund der freien Kombinierbarkeit von Produktionsfaktoren zu Produkten fiel es den Teilnehmern schwer, den Überblick über die benötigten Faktormengen zu bewahren. Aus diesem Grund soll FSim eine Ansicht hinzugefügt werden, die die benötigten Faktormen-gen in Abhängigkeit von dem aufgestellten Produktionsprogramm auflistet.

- Unklare Begrifflichkeiten (z.B. Umbenennung des *Go*-Buttons in *Produzieren, verkaufen und zur nächsten Periode*) und Tippfehler sind zu korrigieren.

Zur Vermeidung von Erhebungseffekten, die nach Jacob et al. (2013, S. 39) bei Befragungen aufkommen können, werden zusätzlich folgende Maßnahmen ergriffen bzw. Bedingungen im Hinblick auf den Befragungsteil von FSim erfüllt.

- Im Rahmen der Evaluation des FSim-Prototypen und des durchgeführten Pretests wurden sprachliche Unklarheiten auch im Befragungsteil von FSim identifiziert und beseitigt. *Frageeffekte* resultierend aus schlecht gewählten bzw. missverständlichen Formulierun-gen sollen dadurch verhindert werden (Podsakoff et al., 2003).

- *Kontexteffekte*, d.h. Störeinflüsse resultierend aus der Abfolge der gestellten Fragen wer-den dadurch reduziert, dass im Befragungsteil zunächst das Verhalten und im Anschluss die Persönlichkeit des Nutzers ermittelt wird. Die Einschätzung des Verhaltens wird an erster Stelle ermittelt, um das Zeitfenster zwischen Simulation und retrospektiver Selbst-einschätzung des Verhaltens möglichst gering zu halten. Die Abfolge der gestellten Fra-gen ist für alle Teilnehmer identisch. Während der Befragung sind Rücksprünge zu vor-herigen Befragungsseiten nicht möglich, um so eine spätere Anpassung von bereits gege-benen Antworten zu verhindern.

---

[1] https://userpages.uni-koblenz.de/~eberz/fsim/video/fsim.avi

- Zur Kontrolle der Aufmerksamkeit der Probanden wird Indikator c6-150 doppelt abgefragt. Auf diese Weise sollen inkonsistentes Verhalten und *Akquieszenz* (inhaltsunabhängige Zustimmungstendenz) feststellt werden.

- Im Hinblick auf mögliche *Sponsorship*-Effekte ist anzumerken, dass die Probanden durch ein Anreizsystem (Gewinnspiel) zur Teilnahme an der Haupterhebung motiviert werden sollen. Die Durchführung des Experimentes selbst ist hiervon jedoch unabhängig.

- *Interviewer*-Effekte sollen dadurch vermieden werden, dass wissenschaftliche Hilfskräfte als Aufsichtspersonen ausgewählt werden, die nicht um die zu untersuchenden Effekte wissen und zudem dazu angehalten werden, den Teilnehmern keine Vorschläge zu konkreten Verhaltensweisen zu unterbreiten, sondern lediglich als (bedien)technische und organisatorische Ansprechpartner zur Verfügung zu stehen. Eine unbewusste Beeinflussung der Teilnehmer in ihren Verhalten durch Aufsichtspersonen soll dadurch verhindert werden.

- *Anwesenheitseffekte* können nicht völlig ausgeschlossen werden, da mehrere Teilnehmer im gleichen Raum am Experiment teilnehmen sollen. Einer durch Kommunikation ermöglichten, wechselseitigen Beeinflussung der Teilnehmer soll jedoch dadurch entgegengewirkt werden, dass Gespräche zwischen den Teilnehmern nicht erlaubt werden.

- Verzerrungen durch gegebene Antworten, die nicht der Meinung des Probanden entsprechen (*Non-Attitude*-Effekt), werden dadurch vermieden, dass keine der gestellten Fragen als Pflichtfragen klassifiziert sind.

- Zur Vermeidung von *Social Desirability*-Effekten werden die Simulation und Befragung anonym durchgeführt (Podsakoff et al., 2003), d.h. die Simulations- und Befragungsdaten können nicht einer konkreten Person zugeordnet werden. Auf diese Weise sollen die Teilnehmer dazu motiviert werden, auch private Fragen wie jene zur Persönlichkeit ehrlich und nicht in einem erwarteten Sinne zu beantworten.

7. Ergebnisse der Studie

Die Haupterhebung wurde vom 12.-16. Februar 2016 im Multimedia-Labor (mLab) an der Universität Koblenz-Landau durchgeführt. Die Teilnehmer wurden auf 2-Stunden-Zeitslots unter Berücksichtigung eines Maximums von 15 Teilnehmern pro Zeitslot verteilt. Für die Simulation inklusive Einführung durch den gezeigten Screencast wurde eine Nutzungsdauer von einer Stunde vorgegeben. Im Pretest wurde ersichtlich, dass die Befragung im Anschluss an die Simulation ca. 25 Minuten in Anspruch nimmt. Hieraus ergibt sich ein Gesamtzeitaufwand von ca. 1,5 Stunden pro Teilnehmer.

Die Befragungsteilnehmer wurden von den wissenschaftlichen Hilfskräften empfangen und instruierend auf folgende Punkte hingewiesen:

- Zeitlicher Rahmen von einer Stunde für die Simulation und ca. einer halben Stunde für die Befragung

- Keine Begrenzung der Simulationsperioden

- Keine Kommunikation der Teilnehmer untereinander

Für die Haupterhebung konnten insgesamt 68 Probanden, deren Teilnahme mit der Verlosung von Einkaufsgutscheinen angeregt wurde, gewonnen werden. Die in der Befragung erhobenen Daten wurden aus der SQL-Datenbank exportiert und in SPSS importiert. Im Rahmen der daraufhin erfolgenden Datenaufbereitung wurden folgende Schritte durchgeführt.

1. Der ursprüngliche Marker für fehlende Werte (-1) und eine Altersangabe von 0 wurden durch den SPSS-SYSMIS-Wert ersetzt.

2. Zur Vermeidung von Verzerrungen aufgrund von Lerneffekten oder Gründungserfahrungen wurden jene Datensätze entfernt, bei denen die Teilnehmer eine vorherige Nutzung von FSim (0 Datensätze) oder Gründungserfahrungen (3 Datensätze) angaben.

3. Revers codierte Variablen wurden recodiert. Zudem erfolgte eine numerische Recodierung des Geschlechts (1 = männlich; 2 = weiblich), des höchsten Bildungsstands (1 = Hauptschulabschluss; 2 = Realschulabschluss; 3 = Abitur; 4 = Bachelor; 5 = Master/Diplom; 6 = Promotion) und des Studienganges (1 = Informationsmanagement; 2 =

Informatik / Wirtschaftsinformatik / Computervisualistik / Web Science; 3 = 2-Fach-Bachelor; 4 = Bachelor of Education). Die Messniveaus der Variablen wurden korrigiert.

4. Die euklidische Distanz zwischen dem doppelt abgefragten Indikator c6-150 wurde berechnet. Jene Fälle mit einer euklidischen Distanz größer 2 (d.h. die gegebenen Antworten wichen um mehr als 1 Punkt auf der Likert-Skala voneinander ab) wurden entfernt (3 Datensätze), da die Konsistenz des Antwortverhaltens in diesen Fällen als unzureichend betrachtet wird.

5. Aufgrund der Sensibilität von statischen Verfahren gegenüber Ausreißern sind diese zu identifizieren und ggf. eliminieren. Hierzu werden die arithmetischen Mittel der Verhaltens-, Persönlichkeits- und Umgebungskonstrukte berechnet, und eventuelle Ausreißer auf Basis von *Box-Whisker*-Plots für die beiden Szenarien unter Verwendung von SPSS (paarweiser Fallausschluss) identifiziert. Im Ergebnis wurde bei dem Box-Plot zum Effectuation-Konstrukt der Flexibilität ein Fall als Ausreißer markiert, der sich jedoch vergleichsweise nahe am entsprechenden *Whisker* befand. Aufgrund der Interpretation eines Ausreißers als „ungewöhnlicher, nicht plausibler und widersprüchlicher Beobachtungswert" (Weiber & Mühlhaus, 2010, S. 145) und der Nicht-Erfüllung dieser Interpretation im vorliegenden Fall, wird dieser Fall nicht entfernt. Die Beibehaltung dieses Falles ist zulässig im Sinne der Aussage von Dawson (2011), dass es sich bei der Identifikation von Ausreißern mittels Box-Plots nicht um ein „hartes" Verfahren handelt und nicht jeder, im Box-Plot markierte Ausreißer tatsächlich als ein solcher zu sehen ist. Bei den Persönlichkeitsmerkmalen hingegen wurde ein Fall simultan in den Facetten Geselligkeit, Vertrauen und Besonnenheit als Ausreißer markiert. Hier wird die Interpretation dieses Falles als Ausreißer aufgrund seiner multiplen Identifikation als Solchen als erfüllt betrachtet und der entsprechende Fall entfernt (1 Datensatz).

6. Der SUS-Index als Maß der Benutzbarkeit wurde berechnet. Die durchschnittliche Benutzbarkeit von FSim wurde mit 72,5 von 100 Punkten im fünfzigsten Perzentil auf dem SUS-Index bewertet und hat sich damit im Vergleich zum Pretest um durchschnittlich 7,5 Punkte verbessert. Eine im Durchschnitt zu erreichende Benutzbarkeit von 68 Punkten wurde damit übertroffen, sodass von einer ausreichenden Benutzbarkeit ausgegangen wird (Brooke, 2013).

Nach Durchführung dieser Aufbereitungs- und Bereinigungsmaßnahmen ergibt sich ein finaler Stand von 61 Datensätzen.

7.1. Zusammensetzung der Stichprobe

Erste, deskriptive Statistiken zu den erhobenen Daten sind in Tabelle 7.1 aufgeführt.

Tabelle 7.1.: Deskriptive Statistiken zur Haupterhebung

Kriterium		Szenario 1	Szenario 2
Geschlecht	männlich	18 (56%)	16 (55%)
	weiblich	14 (44%)	13 (45%)
Alter	< 20 Jahre	2 (7%)	5 (17%)
	20-25 Jahre	23 (74%)	19 (65%)
	26-30 Jahre	3 (10%)	4 (14%)
	> 30 Jahre	3 (10%)	1 (3%)
Höchster Bildungsstand	Abitur	29 (94%)	24 (86%)
	Bachelor	2 (7%)	2 (7%)
	Master/Diplom	-	2 (7%)
Berufserfahrung (vollzeitbeschäftigt im Angestelltenverhältnis)	keine	24 (75%)	25 (86%)
	1 Jahr	5 (16%)	3 (10%)
	> 1 Jahr	3 (9%)	1 (3%)
Studiengang	IM	9 (28%)	13 (45%)
	WI / Inf. / CV / Web Science	9 (28%)	10 (35%)
	2-Fach-Bachelor	7 (22%)	5 (17%)
	Bachelor of Education	7 (22%)	1 (3%)
Semester	1.-6.	26 (82%)	23 (79%)
	7.-10.	3 (9%)	6 (21%)
	> 10.	3 (9%)	-
Kenntnis der Effectuation-Logik	ja	3 (9%)	1 (3%)
	nein	29 (91%)	28 (97%)
n		32	29

Die Prozentangaben wurden auf ganze Werte gerundet.

Die Statistiken deuten auf Charakteristika hin, die für Studenten als beispielhafte Vertreter für unerfahrene Entrepreneure typisch sind. Obgleich keine Restriktionen vorgegeben wurden, lassen die Daten eine Fokussierung auf Studenten der ersten 6 Semestern (entspricht der Regelstudienzeit eines Bachelor-Studienganges) erkennen. Das Abitur entspricht bei Bachelor-Studenten klassischerweise dem höchsten Bildungsabschluss (94% in Szenario 1 bzw. 86% in Szenario 2), die für den Beginn eines Studiums typischer Altersgruppe von 20-25 Jahren ist vorrangig vertreten (74% in Szenario 1 bzw. 65% in Szenario 2) und die meisten Probanden weisen keine mehrjährige Berufserfahrung auf (75% in Szenario 1 bzw. 86% in Szenario 2).

Zur Überprüfung, ob sich diese Verteilungen der Merkmale in den beiden Szenarien signifikant voneinander unterscheiden, wurde ein *Mann-Whitney*-U-Test durchgeführt. Im Ergebnis sind keine bzw. nur schwach signifikante Unterschiede hinsichtlich des Semesters ($U = 345$, $p < 0,1$), des höchsten Bildungsabschlusses ($U = 470$, $p > 0,1$), des Alters ($U = 373$, $p > 0,1$), der Berufserfahrung ($U = 410$, $p > 0,1$) und der Einschätzung der Benutzbarkeit (SUS) ($U = 326$, $p = 0,1$) festzustellen. Darüber hinaus lassen die Daten keine Fokussierung auf einen bestimmten Studiengang oder ein spezifisches Geschlecht erkennen. Auch von Verzerrungen aufgrund von Kenntnissen der Effectuation-Logik ist nicht auszugehen, da die Mehrheit der Probanden (91% in Szenario 1 bzw. 97% in Szenario 2) angaben, diese Logik nicht zu kennen. Darüber hinaus wurde der Forschungsgegenstand im Sinne der Untersuchung effektuativen und kausalen Verhaltens *a priori* nicht kommuniziert und die Frage zur Kenntnis der Effectuation-Logik, aus der man auf den Forschungsgegenstand hätte schließen können, erst mit Abschluss des Experiments gestellt, sodass auch bei jenen Probanden, die Kenntnisse der Effectuation-Logik angaben, nicht von einer Verzerrung der Ergebnisse ausgegangen wird.

7.2. Überprüfung von Reliabilität und Validität

Für weitere Auswertungen der erhobenen Daten ist es unerlässlich, die Güte ihrer Messung zu überprüfen. Mit der Güte sind konkret die *Reliabilität* als „[...] das Ausmaß, mit dem wiederholte Messungen eines Sachverhaltes mit einem Messinstrument auch die gleichen Ergebnisse liefern", und die *Validität* als „[...] das Ausmaß, mit dem ein Messinstrument auch das misst, was es messen sollte", gemeint (Backhaus et al., 2013b, S. 140). Die Bestimmung der Reliabilität erfordert jedoch eine Vorabüberprüfung der verwendeten Skalen hinsichtlich ihrer Dimensionalität. Diese Prüfung ist notwendig, da reflektiv gemessene Konstrukte auf der Annahme basieren, dass Veränderungen in den korrelierten Indikatoren auf *ein* latentes Konstrukt zurückgeführt werden können (Weiber & Mühlhaus, 2010). Eine (verborgene) Multidimensionalität kann sich in entsprechend schlechten Reliabilitätswerten widerspiegeln.

Zur Überprüfung der verwendeten Skalen auf Multidimensionalität wird eine explorative Faktorenanalyse durchgeführt, mit deren Hilfe verborgene Konzepte in den Daten aufgedeckt werden können. Weitergehende Überprüfungen der Messungen hinsichtlich ihrer Reliabilität und Validität erfordern zudem die Durchführung einer konfirmatorischen Faktorenanalyse. Mittels dieser Analyse wird überprüft, in wie weit die Daten zu einem *a priori* definierten Faktorenmodell passen.[1]

7.2.1. Ergebnisse der explorativen Faktorenanalyse

Zunächst ist zu prüfen, ob sich die erhobenen Daten für eine explorative Faktorenanalyse eignen. Dazu werden die *Kaiser-Meyer-Olkin*-Werte (KMO) ermittelt und der *Barlett*-Test auf Sphärizität durchgeführt. Von einer Eignung der Stichprobe kann ausgegangen werden, wenn der KMO-Wert über 0,5 liegt und sich der *Barlett*-Test als signifikant erweist (Annahme der Alternativhypothese, dass die Variablen in der Grundgesamtheit korreliert sind) (Backhaus et al., 2013a). Als Rotationsverfahren im Rahmen der Hauptkomponentenanalyse soll *Promax* als schiefwinkliges Verfahren zur Anwendung kommen, da im Falle einer Extraktion von mehreren Faktoren eine Korreliertheit der Faktoren unterstellt wird. Die ermittelten Werte und die Anzahl der extrahierten Komponenten sind in Tabelle 7.2 aufgeführt.

Tabelle 7.2.: Ergebnisse der explorativen Faktorenanalyse

Aspekt	Konstrukt	KMO-Wert	*Barlett*-Test auf Sphärizität (χ^2)	Extrahierte Komponenten
Verhalten	Effectuation: Experimentieren	0,55	26,18[**]	1
	Effectuation: Akzeptabler Verlust	0,56	45,23[**]	1
	Effectuation: Flexibilität	0,61	36,86[**]	1
	Effectuation: Vereinbarungen	0,68	57,40[**]	1
	Causation	0,78	129,61[**]	2
Persönlichkeit	Ängstlichkeit	0,82	145,96[**]	2
	Geselligkeit	0,80	174,24[**]	2
	Aktivität	0,66	119,30[**]	3
	Handlungen	0,84	174,62[**]	2
	Vertrauen	0,84	263,53[**]	1
	Ordnungsliebe	0,64	109,41[**]	3
	Besonnenheit	0,71	160,97[**]	3

---

[1] Eine tabellarische Gegenüberstellung der explorativen und konfirmatorischen Faktorenanalyse ist in Backhaus et al. (2013b, S. 126) zu finden.

Tabelle 7.2.: Ergebnisse der explorativen Faktorenanalyse *(Fortsetzung)*

Aspekt	Konstrukt	KMO-Wert	*Bartlett*-Test auf Sphärizität (χ^2)	Extrahierte Komponenten
	Risikofreudigkeit	0,73	96,69[**]	1
Umgebung	Umgebungsturbulenz	0,65	42,09[**]	1
	Zielunklarheit	0,69	51,22[**]	1

Hauptkomponentenanalyse mit Promax-Rotation (Kappa = 4) und *Kaiser*-Normalisierung. Angabe der Anzahl der extrahierten Komponenten nach dem *Kaiser*-Kriterium.
[**] $p < 0,01$; [*] $p < 0,05$; [+] $p < 0,1$

Obgleich eine Eindimensionalität der verwendeten Skalen erwartet wurde, zeigt sich diese nicht in allen Fällen. Wie der Tabelle zu entnehmen ist, wurden aus den Indikatoren zur Messung von Causation und den Persönlichkeitsfacetten (ausgenommen Vertrauen und Risikofreudigkeit) nach dem *Kaiser*-Kriterium (Eigenwerte größer 1) zwei bzw. drei Komponenten extrahiert. Die Bestimmung der Komponentenanzahl auf Grundlage des *Kaiser*-Kriteriums ist in der Literatur jedoch nicht unumstritten (Yeomans & Golder, 1982; Fabrigar et al., 1999). Daher erfolgt in den entsprechend multidimensionalen Fällen als alternative Methode zur Beurteilung der Dimensionalität eine zusätzliche Sichtung der zugehörigen *Scree*-Plots (aufgeführt in Anhang C) und der durch die extrahierten Komponenten erklärten Varianzanteile (Backhaus et al., 2013a).

Bei dem Causation-Konstrukt und den betroffenen Persönlichkeitsfacetten weisen die *Scree*-Plots bereits ab einschließlich der zweiten Komponente einen flachen Verlauf auf (hiervon insbesondere ausgenommen: Aktivität), d.h. die Eigenwerte unterscheiden sich hier nicht in einem deutlichem Maße voneinander. Auch die durch die extrahierten Komponenten erklärten Varianzanteile nehmen entsprechend ab. Die erklärten Varianzanteile und zugehörigen Eigenwerte der jeweils ersten drei Komponenten sind in Tabelle 7.3 aufgeführt.

Tabelle 7.3.: Eigenwerte und Varianzanteile der extrahierten Komponenten aus der explorativen Faktorenanalyse

Konstrukt	Eigenwerte der Komponenten			Erklärte Varianzanteile der Komponenten (%)		
	K_1	K_2	K_3	K_1	K_2	K_3
Causation	3,34	1,09	0,84	47,7	15,6	12,0
Ängstlichkeit	3,69	1,13	0,79	46,1	14,1	9,9

Tabelle 7.3.: Eigenwerte und Varianzanteile der extrahierten Komponenten aus der explorativen Faktorenanalyse *(Fortsetzung)*

	K_1	K_2	K_3	K_1	K_2	K_3
Konstrukt	Eigenwerte der Komponenten			Erklärte Varianzanteile der Komponenten (%)		
Geselligkeit	3,73	1,27	0,79	46,7	15,9	9,9
Ordnungsliebe	2,80	1,34	1,12	35,0	16,7	14,0
Handlungen	3,81	1,21	0,80	47,7	15,2	10,0
Besonnenheit	3,38	1,24	1,14	42,2	15,5	14,2
Aktivität	2,71	1,66	1,12	33,8	20,7	14,0

Während sich jeweils zwischen den Komponenten 1 und 2 vergleichsweise starke Differenzen zwischen den Eigenwerten und den erklärten Varianzanteilen zeigen, fallen diese zwischen den Komponenten 2 und 3 deutlich geringer aus. Auch wenn bei den aufgeführten Konstrukten nach dem *Kaiser*-Kriterium nicht von Eindimensionalität ausgegangen werden kann, so zeigen die zugehörigen *Scree*-Plots und die durch die ersten Komponenten in besonderem Maße erklärten Varianzanteile eine zumindest starke Gewichtung dieser Komponente. Bei der Aktivität-Facette lässt sich jedoch keine besondere Gewichtung erkennen, sodass Multidimensionalität nicht nur nach dem *Kaiser*-Kriterium, sondern auch auf Basis des gesichteten *Scree*-Plots und der aufgeführten Varianzverteilung nicht ausgeschlossen werden kann. Bei der Bewertung der im Rahmen der konfirmatorischen Faktorenanalyse zu ermittelnden Reliabilitätswerte ist die festgestellte Multidimensionalität zu berücksichtigen.

7.2.2. Ergebnisse der konfirmatorischen Faktorenanalyse

Die konfirmatorische Faktorenanalyse „[...] prüft das Vorliegen der vom Messmodell postulierten Struktur von Indikatorkorrelationen [...]" (Huber et al., 2007, S. 24). Bei der Konzeption und Interpretation dieser Messmodelle ist prinzipiell zu berücksichtigen, dass die Zusammenhänge zwischen latenter Variable und manifesten Indikatoren reflektiv oder formativ geprägt sein können. Reflektive Konstrukte manifestieren („reflektieren") sich in ihren zugehörigen Indikatoren, d.h. Änderungen in der latenten Variable verursachen entsprechende Änderungen in den Indikatoren (Backhaus et al., 2013b). Von einer Korreliertheit der Indikatoren wird hierbei ausgegangen (Backhaus et al., 2013b), sodass die Durchführung einer konfirmatorische Faktorenanalyse grundlegend ermöglicht wird (Töpfer, 2012). Formative Konstrukte hingegen werden aus ihren Indikatoren gebildet („geformt"), d.h. Änderungen einzelner Indikatoren führen zu entsprechenden Änderungen in der latenten Variable (Backhaus et al., 2013b). Eine Korreliertheit der Indikatoren wird nicht unterstellt, sodass alternative Verfahren zur Überprüfung der Messgüte angewandt werden müssen. Eine korrekte Klassifikation von Konstrukten als formativ oder reflektiv ist wichtig, da eine Fehlspezifikation zu fehlerhaften Ergebnissen führen kann (Huber et al., 2007).

Obgleich Causation und die Effectuation-Dimensionen, die Persönlichkeitsfacetten und die Umgebungsfacetten selbst als reflektive Konstrukte zu verstehen sind, bilden die Effectuation-Dimensionen und Umgebungsfacetten jeweils ein formatives Konstrukt höherer Ordnung im Sinne eines gesamteffektuativen Verhaltens bzw. einer Gesamtumgebungsunsicherheit (Perry et al., 2012). Dementsprechend liegt dem in Abbildung 3.1 dargestellten Strukturmodell ein hierarchisches, reflektiv-formatives Messmodell zugrunde (Hair et al., 2013).

Hinsichtlich der Auswahl eines Verfahrens zur Überprüfung des Messmodells können varianz- (z.B. PLS) oder kovarianzbasierte (z.b. LISREL und AMOS) Verfahren zur Anwendung kommen (Huber et al., 2007). Die ganzheitliche Betrachtung der Messstruktur in Verbund mit der Ermittlung zuverlässigerer Schätzer im Sinne von Faktorladungen machen die kovarianzbasierten Verfahren superior gegenüber den varianzbasierten Verfahren (Huber et al., 2007). Allerdings setzen kovarianzbasierte Verfahren reflektive Messmodelle (Backhaus et al., 2013b) und eine Normalverteilung der Daten voraus, während bei varianzbasierten Verfahren auch formative Konstrukte (Backhaus et al., 2013b) und nicht-normalverteilte Daten berücksichtigt werden können (Hair et al., 2013). Ein Einbezug der angesprochenen, formativen Konstrukte höherer Ordnung für spätere Strukturanalysen wird bei letztgenanntem Verfahren ermöglicht (Hair et al., 2011). Darüber hinaus kann PLS als varianzanalytisches Verfahren auch bei geringen Stichprobenumfängen eingesetzt werden. Henseler et al. (2009) begründen dies dadurch, dass PLS das zu prüfende Modell in Teilmodelle zerlegt, hierdurch dessen Komplexität reduziert und so bereits bei kleineren Stichproben zu entsprechenden Lösungen konvergiert.

Aufgrund der genannten Vorteile wird daher ein PLS-basiertes Verfahren in Betracht gezogen. Massive Abweichungen der Daten von der Normalverteilung können allerdings auch hier zu unzuverlässigen Ergebnissen führen (Hair et al., 2013). Ein durchgeführter *Shapiro-Wilk*-Test auf Normalverteilung erweist sich bei folgenden Konstrukten als signifikant ($p < 0,05$): Effectuation-Dimension Experimentieren (Szenario 1), Effectuation-Dimension Akzeptabler Verlust (Szenario 1), Persönlichkeitseigenschaft Risikofreudigkeit (Szenario 1) und die Umgebungsfacette Zielunklarheit (Szenario 1). Die Alternativhypothese einer nicht-normalverteilten Grundgesamtheit kann bei diesen Konstrukt-Ausprägungen nicht verworfen werden. Daher sind die Ausmaße der Abweichungen von der Normalverteilung zu ermitteln.

Von einer massiven Abweichung von der Normalverteilung und damit auch problematischen Anwendung des PLS-Verfahrens wird ausgegangen, wenn die absoluten Werte von Schiefe und Exzess der betrachteten Verteilungen größer 1 und größer als der jeweils zugehörige, doppelte

Standardfehler sind (Miles & Shevlin, 2001). Bei der Effectuation-Dimension des Experimentierens (Schiefe: $0,71$; Kurtosis: $-0,58$) und der Umgebungsfacette der Zielunklarheit (Schiefe: $0,54$; Kurtosis: $-0,40$) befinden sich die absoluten Werte von Schiefe und Exzess unterhalb des Grenzwertes von 1. Bei der Effectuation-Dimension des akzeptablen Verlustes (Schiefe: $-0,25$; Kurtosis: $-1,14$) und der Persönlichkeitseigenschaft der Risikofreudigkeit (Schiefe: $0,40$; Kurtosis: $-1,09$) überschreiten jedoch die absoluten Kurtosis-Werte den vorgegebenen Grenzwert. Diese absoluten Werte sind jedoch kleiner als der doppelte Standardfehler von $1,62$ für die Effectuation Dimension des akzeptablen Verlustes bzw. $1,64$ für die Risikofreudigkeit-Persönlichkeitseigenschaft. Zusammengefasst zeichnen sich bei den betroffenen Konstrukten nur moderate Abweichungen von der Normalverteilung ab, sodass das PLS-Verfahren angewandt werden kann.

Die Durchführung der konfirmatorischen Faktorenanalyse auf Basis von PLS erfolgt unter Verwendung des Analyse-Programms *SmartPLS*. Die Ergebnisse umfassen Gütemaße auf Indikator- und Konstrukt-Ebene für die reflektiv gemessenen Konstrukte niederer Ordnung. Eine Beurteilung der Güte der formativen Konstrukte höherer Ordnung erfolgt separat im sich hieran anschließenden Kapitel, da bei formativen Konstrukten andere Gütemaße zum Einsatz kommen als bei reflektiv gemessenen Konstrukten (Hair et al., 2013). Zur Beurteilung der Indikatorreliabilität der reflektiven Konstrukte wurden die Faktorladungen (äußere Ladungen) der Indikatoren ermittelt. Diese sind in Tabelle 7.4 aufgeführt.

Tabelle 7.4.: Ergebnisse der Reliabilitätsanalyse auf Indikator-Ebene

Aspekt	Konstrukt	Indikator	Faktorladung
Verhalten	Effectuation: Experimentieren	EE1	$0,50^{+}$
		EE2	$0,71^{*}$
		EE3	$0,72^{*}$
		EE4	$0,63^{+}$
	Effectuation: Akzeptabler Verlust	EA1	$0,58^{+}$
		EA2	$0,86^{*}$
		EA3	$0,89^{*}$
	Effectuation: Flexibilität	EF1	$0,40^{+}$
		EF2	$0,84^{*}$
		EF3	$0,80^{*}$
		EF4	$0,64^{+}$
	Effectuation: Vereinbarungen	EP1	$0,92^{*}$

Tabelle 7.4.: Ergebnisse der Reliabilitätsanalyse auf Indikator-Ebene *(Fortsetzung)*

Aspekt	Konstrukt	Indikator	Faktorladung
		EP2	0,83[*]
		EP3	0,78[*]
	Causation	C1	0,74[*]
		C2	0,79[*]
		C3	0,81[*]
		C4	0,46[+]
		C5	0,42[+]
		C6	0,76[*]
		C7	0,63[+]
Persönlichkeit	Ängstlichkeit	n1-31	0,60[+]
		n1-61	0,83[*]
		n1-91	0,43[+]
		n1-121	0,30
		n1-151	0,07
		n1-211	0,62[+]
		n1-241	-0,06
		n1-271	-0,15
	Geselligkeit	e2-7	0,87[*]
		e2-37	0,44[+]
		e2-67	0,80[*]
		e2-97	0,49[+]
		e2-127	0,46[+]
		e2-157	0,64[+]
		e2-187	0,62[+]
		e2-277	0,70[*]
	Aktivität	e4-47	0,80[*]
		e4-77	0,56[+]
		e4-107	0,73[*]
		e4-137	0,53[+]

Tabelle 7.4.: Ergebnisse der Reliabilitätsanalyse auf Indikator-Ebene *(Fortsetzung)*

Aspekt	Konstrukt	Indikator	Faktorladung
		e4-167	0,59[+]
		e4-197	0,55[+]
		e4-227	0,31
		e4-287	0,18
	Handlungen	o4-18	0,67[+]
		o4-48	0,64[+]
		o4-78	0,41[+]
		o4-108	0,62[+]
		o4-138	0,76[*]
		o4-198	0,79[*]
		o4-258	0,56[+]
		o4-288	0,75[*]
	Vertrauen	a1-4	0,78[*]
		a1-34	0,76[*]
		a1-94	0,81[*]
		a1-124	0,80[*]
		a1-154	0,74[*]
		a1-184	0,77[*]
		a1-214	0,72[*]
		a1-274	0,72[*]
	Ordnungsliebe	c2-10	0,39
		c2-40	0,78[*]
		c2-70	0,36
		c2-100	0,10
		c2-130	-0,26
		c2-160	0,50[+]
		c2-190	0,69[+]
		c2-220	0,67[+]
	Besonnenheit	c6-30	0,50[+]
		c6-60	0,80[*]

Tabelle 7.4.: Ergebnisse der Reliabilitätsanalyse auf Indikator-Ebene *(Fortsetzung)*

Aspekt	Konstrukt	Indikator	Faktorladung
		c6-120	0,83[*]
		c6-150	0,20
		c6-210	0,50[+]
		c6-240	0,17
		c6-270	0,28
		c6-300	0,81[*]
	Risikofreudigkeit	risk-1	0,63[+]
		risk-2	0,77[*]
		risk-3	0,90[*]
		risk-4	0,89[*]
Umgebung	Umgebungsturbulenz	UK1	0,70[+]
		UK2	0,82[*]
		UK3	0,44[+]
		UK4	0,84[*]
	Zielunklarheit	UG1	0,83[*]
		UG2	0,85[*]
		UG3	0,84[*]

[*] Faktorladung $\geq 0,7$; [+] Faktorladung $\geq 0,4$

Faktorladungen oberhalb von $0,7$ lassen auf eine gute Indikatorreliabilität schließen (Hair et al., 2013); Ladungen zwischen $0,4$ und $0,7$ gelten noch als akzeptabel (Weiber & Mühlhaus, 2010). Indikatoren mit Faktorladungen unterhalb von $0,4$ leisten einen zu geringen Beitrag zur Erklärung des Faktors und sind daher zu entfernen (Hair et al., 2013). Nach Entfernung der entsprechenden Indikatoren sind die betroffenen Konstrukte erneut auf ihre Normalverteilung hin zu überprüfen. Ein durchgeführter *Shapiro-Wilk*-Test stellt sich bei der Ängstlichkeit-Facette in Szenario 1 als signifikant ($p < 0,01$) heraus. Da jedoch Schiefe und Exzess kleiner 1 und kleiner als der zugehörige, doppelte Standardfehler sind, ist die Abweichung von der Normalverteilung als moderat zu betrachten (Miles & Shevlin, 2001).

Zur nun folgenden Beurteilung der Reliabilität und Validität auf Konstrukt-Ebene werden *Cronbach's* Alpha, die Faktorreliabilitäten und die durchschnittlich extrahierten Varianzen betrachtet (Weiber & Mühlhaus, 2010; Cortina, 1993).

Tabelle 7.5.: Ergebnisse der Reliabilitätsanalyse auf Faktor-Ebene

Aspekt	Konstrukt	Cron. α	Faktor-reliabilität	Durchschnittlich extrahierte Varianz
Verhalten	Effectuation: Experimentieren	0,53	0,74	0,42
	Effectuation: Akzeptabler Verlust	0,68	0,83	0,62
	Effectuation: Flexibilität	0,61	0,78	0,48
	Effectuation: Vereinbarungen	0,80	0,88	0,71
	Causation	0,81	0,84	0,45
Persönlichkeit	Ängstlichkeit	0,78	0,85	0,58
	Geselligkeit	0,83	0,84	0,42
	Aktivität	0,70	0,80	0,40
	Handlungen	0,83	0,86	0,44
	Vertrauen	0,90	0,92	0,58
	Ordnungsliebe	0,65	0,79	0,49
	Besonnenheit	0,78	0,84	0,51
	Risikofreudigkeit	0,82	0,88	0,65
Umgebung	Umgebungsturbulenz	0,68	0,80	0,51
	Zielunklarheit	0,79	0,88	0,70

Für eine ausreichende, interne Konsistenz einer Skala wird typischerweise ein Minimum von $0,7$ gefordert. Befindet sich das gemessene Konstrukt jedoch in einem explorativen Forschungsstadium, gelten bereits *Cronbach's* Alpha Werte ab $0,6$ als akzeptabel (Hair et al., 2013; Weiber & Mühlhaus, 2010). Obgleich die Verhaltens-, Persönlichkeits- und Umgebungskonstrukte bereits mehrfach validiert wurden und als entsprechend etabliert gelten, ist ihre Bewertung im vorliegenden Simulationskontext neuartig. Daher werden im vorliegenden Kontext Alpha-Werte ab $0,6$ als akzeptabel betrachtet. Entsprechend der Angaben in Tabelle 7.5 liegen die *Cronbach's* Alpha Werte mit einer Ausnahme über dem erforderlichen Minimum von $0,6$. Für die Effectuation-Dimension des Experimentierens wurde ein Alpha von $0,53$ ermittelt, sodass hier zunächst von einer schlechten, internen Konsistenz auszugehen ist. Hair et al. (2013) weisen allerdings darauf hin, dass die Faktorreliabilität bei der Verwendung von PLS ein zuverlässigeres Gütemaß als *Cronbach's* Alpha zur Einschätzung der Reliabilität darstellt. Nach Weiber & Mühlhaus (2010) und Hair et al. (2013) kann bei Faktorreliabilitätswerten zwischen $0,6$ und $0,95$ von einer guten Faktorreliabilität ausgegangen werden. Aus der Tabelle ist ersichtlich, dass die Reliabilitätswerte bei allen Konstrukten in diesem Intervall liegen, sodass auch bei dem Experimentieren-Konstrukt von einer ausreichenden Reliabilität ausgegangen werden kann.

Neben der Reliabilität ist auch die Validität der reflektiv gemessenen Konstrukte zu prüfen. Dazu werden die *Inhaltsvalidität*, die *Konvergenzvalidität* und die *Diskriminanzvalidität* als wichtige Bestandteile der Konstruktvalidität überprüft.

Aufgrund der Etabliertheit der verwendeten Konstrukte in der wissenschaftlichen Literatur wird davon ausgegangen, dass die Indikatoren ihre zugehörigen Konstrukte bzw. Konzepte in einem semantisch ausreichenden Maße reflektieren bzw. abbilden. Von einer ausreichenden Inhaltsvalidität wird daher ausgegangen.

Von einer ausreichenden Konvergenzvalidität kann ausgegangen werden, wenn die durchschnittlich extrahierte Varianz bei mindestens 50% liegt (Hair et al., 2013). Wie Tabelle 7.5 zu entnehmen ist, wird dieser Schwellwert bei einigen Konstrukten unterschritten. Fornell & Larcker (1981) merken allerdings an, dass die durchschnittlich extrahierte Varianz einem eher konservativen Maß entspricht. Da hinsichtlich der durchschnittlich extrahierten Varianz auch Werte ab $0,4$ bereits als akzeptabel betrachtet werden (z.B. in Huang et al. (2013); Faulin et al. (2012)), wird im vorliegenden Fall von einer ausreichenden Konvergenzvalidität ausgegangen.

Als drittes Kriterium ist die Diskriminanzvalidität zu prüfen. Die Diskriminanzvalidität bzgl. zweier Konstrukte beschreibt, dass sich diese Konstrukte empirisch und phänomenologisch voneinander unterscheiden (Henseler et al., 2015). Eine solch ausreichende Unterscheidung zwischen den Konstrukten ist erforderlich, um die im Strukturmodell beschriebenen Beziehungen zwischen den latenten Konstrukten verlässlich bewerten zu können (Henseler et al., 2015). Zur Überprüfung der Diskriminanzvalidität werden das *Fornell/Larcker*-Kriterium und der *Heterotrait-Monotrait-Ratio*-Ansatz (HTMT) betrachtet. Das *Fornell/Larcker*-Kriterium ist im Sinne einer ausreichenden Diskriminanzvalidität erfüllt, wenn die quadrierten Korrelationen des betrachteten Faktors mit allen übrigen Faktoren kleiner gleich der durchschnittlich extrahierten Varianz des betrachteten Faktors ist (Backhaus et al., 2013b). Die für eine Prüfung des Kriteriums notwendigen Korrelationswerte und durchschnittlich extrahierten Varianzen sind im Anhang in den Tabellen C.1 und C.2 aufgeführt. Im Ergebnis ist das *Fornell/Larcker*-Kriterium für die betrachteten Konstrukte erfüllt. Da die Beurteilung der Diskriminanzvalidität auf Basis dieses Kriteriums in der Literatur jedoch nicht unumstritten ist, werden zusätzlich die HTMT-Werte betrachtet (Henseler et al., 2015). Der HTMT-Wert repräsentiert den Quotienten aus der durchschnittlichen *heterotrait-heteromethod*- und der durchschnittlichen *monotrait-heteromethod*-Korrelation (Henseler et al., 2015). Bei Werten unterhalb von 0,85 kann von einer ausreichenden Diskriminanzvalidität ausgegangen werden (Henseler et al., 2015). Die ermittelten HTMT-Werte sind im Anhang in den Tabellen C.3 und C.4 aufgeführt. Im Ergebnis liegen alle Werte unterhalb von $0,85$, sodass auch unter Berücksichtigung der in der Literatur postulierten

Überlegenheit von HTMT gegenüber den klassischen Bewertungsmaßen von einer ausreichenden Diskriminanzvalidität ausgegangen werden kann (Henseler et al., 2015).

Entsprechend der nachgewiesenen Inhaltsvalidität, Konvergenzvalidität und Diskriminanzvalidität wird die Konstruktvalidität für die betrachteten Konstrukte als erfüllt betrachtet. Aufgrund der zudem ermittelten, guten Reliabilitäten auf Faktor-Ebene wird insgesamt von einer ausreichenden Reliabilität und Validität der reflektiv gemessenen Konstrukte ausgegangen.

Im Folgenden sind nun die formativ gemessenen Konstrukte des Modells, die Konstrukte höherer Ordnung der Gesamtunsicherheit und des gesamteffektuativen Verhaltens hinsichtlich ihrer Güte zu evaluieren.

7.2.3. Güteprüfung der formativen Konstrukte

Das gesamteffektuative Verhalten und die Gesamtumgebungsunsicherheit werden als formative Konstrukte höherer Ordnung verstanden. Während sich das gesamteffektuative Verhalten aus den einzelnen, effektuativen Verhaltensfacetten zusammensetzt, formiert sich die Gesamtunsicherheit aus der Umgebungsturbulenz (als Proxy für die *Knight'sche* Unsicherheit), der Zielunklarheit und der Umgebungsisotropie.

Die Messung beider Konstrukte erfolgt auf Grundlage des *Repeated-Indicator*-Ansatzes. Bei diesem Ansatz werden die Indikatoren der zugehörigen Konstrukte niederer Ordnung in ihrer Gänze dem Konstrukt höherer Ordnung zugeordnet (Hair et al., 2013). Die Messung des übergeordneten Konstruktes erfolgt dementsprechend durch den wiederholten Einsatz von Indikatoren. Dieser wiederholte Indikatoreinsatz ist bei reflektiv-formativen Messmodellen unter Verwendung des Messmodus B mit Pfadgewichtung anderen Ansätzen (z.B. dem hybriden Ansatz, der ein Splitten der Indikatoren vorschlägt) vorzuziehen, da dieser „[...] generally less biased [...] more precise parameter estimates and a more reliable higher-order construct score" liefert (Becker et al., 2012, S. 376). Allerdings können künstliche Residualkorrelationen durch den wiederholten Einsatz von Indikatoren erzeugt werden (Becker et al., 2012).

Die Bestimmung der Güte der formativen Konstrukte höherer Ordnung erfolgt nicht auf Grundlage der wiederholt zugeordneten Indikatoren, sondern auf Basis der zugehörigen Konstrukte niederer Ordnung (Becker et al., 2012). Als Gütemaß dienen hier die Pfadkoeffizienten, die den Einfluss der Konstrukte niederer Ordnung auf das zugehörige Konstrukt höherer Ordnung operationalisieren (Hair et al., 2013; Becker et al., 2012). Die Höhe der ermittelten Koeffizienten spiegelt dabei die Stärke der Einflussnahme wider.[2] Für eine adäquate Bestimmung der Pfadkoeffizienten sind die Konstrukte niederer Ordnung zunächst auf *Kollinearität* zu überprüfen.

---

[2]Die standardisierten Pfadkoeffizienten entstammen dem Intervall $[-1; 1]$. Koeffizienten nahe Null beschreiben einen schwachen, jene nahe +1 bzw. -1 einen starken Einfluss (Hair et al., 2013).

Das Vorliegen von Kollinearität lässt auf eine semantische Redundanz der Konstrukte schließen, sodass diese keinen ausreichend trennscharfen Beitrag zum Konstrukt höherer Ordnung leisten. Als Maß zur Beurteilung der Kollinearität kann der *Variance Inflation Factor* (VIF) herangezogen werden. VIF-Werte oberhalb von 5 deuten nach Hair et al. (2013, S. 170) auf das Vorliegen von Kollinearität hin. Sowohl bei den effektuativen Verhaltensfacetten (Experimentieren: $VIF = 1,14$; Akzeptabler Verlust: $VIF = 1,09$; Flexibilität: $VIF = 1,11$; Vereinbarungen: $VIF = 1,08$), als auch bei den Umgebungsfacetten (Umgebungsturbulenz: $VIF = 1,30$; Zielunklarheit: $VIF = 1,50$; Umgebungsisotropie: $VIF = 1,50$) liegen alle Werte unterhalb dieses Schwellwertes, sodass Kollinearität ausgeschlossen werden kann.

Zur Bestimmung der Pfadkoeffizienten einschließlich ihrer Signifikanz wird eine Strukturgleichungsanalyse (Weiber & Mühlhaus, 2010) in Kombination mit der *Bootstrapping*-Methode (Samples: 5.000, Messmodus B, Pfadgewichtung, keine Vorzeichenänderungen, 2-seitiger Signifikanztest) durchgeführt. Die durch die Pfadkoeffizienten bewerteten, strukturellen Beziehungen zwischen den Konstrukten niederer Ordnung und dem Konstrukt höherer Ordnung sind für das gesamteffektuative Verhalten in Abbildung 7.1 explizit dargestellt.

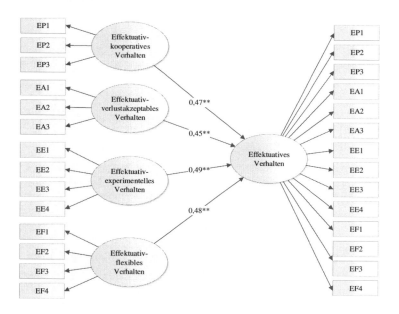

Abbildung 7.1.: PLS-Strukturgleichungsmodell zum gesamteffektuativen Verhalten

Die von den effektuativen Verhaltensfacetten in Richtung der Indikatoren abgehenden Pfeile beschreiben eine reflektive Messung dieser Verhaltenskonstrukte. Entsprechend dem *Repeated-Indicator*-Ansatz wurden die einzelnen Indikatoren der effektuativen Verhaltensfacetten zusätzlich dem übergeordneten Konstrukt des gesamteffektuativen Verhaltens zugeordnet.

Die zu überprüfenden, strukturellen Beziehungen spiegeln sich in den gerichteten Kanten wider, die von den einzelnen Verhaltensfacetten in Richtung eines gesamteffektuativen Verhaltens ausgehen. Die ermittelten und an diese Kanten annotierten Pfadkoeffizienten liegen in einem Wertebereich von $0,45$ bis $0,49$. Da Pfadkoeffizienten oberhalb von $0,2$ als bedeutsam gelten (Weiber & Mühlhaus, 2010), üben die effektuativen Verhaltensfacetten einen entsprechend starken und signifikanten Einfluss auf ein gesamteffektuatives Verhalten aus.

Die zu überprüfenden Beziehungen zwischen den einzelnen Facetten der Umgebungsunsicherheit als Konstrukte niederer Ordnung und der Gesamtumgebungsunsicherheit als Konstrukt höherer Ordnung wurden im Rahmen der anvisierten Manipulation separat modelliert und sind in Abbildung 7.2 abgebildet.

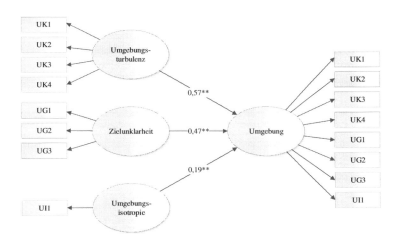

Abbildung 7.2.: PLS-Strukturgleichungsmodell zur Gesamtumgebungsunsicherheit

Die Höhen der ermittelten Pfadkoeffizienten zeigen, dass von der Umgebungsturbulenz und Zielunklarheit starke Einflüsse, und von der Umgebungsisotropie ein annähernd starker Einfluss auf die Gesamtumgebungsunsicherheit ausgeht (Weiber & Mühlhaus, 2010). Demzufolge tragen alle drei Facetten zur Bildung einer Gesamtunsicherheit bei.

Im Hinblick auf den angewandten *Repeated-Indicator*-Ansatz und der damit verbundenen, wiederholten Zuordnung der Indikatoren ist festzuhalten, dass die reflektiven Konstrukte die Varianz im formativen Konstrukt vollständig erklären. Da der Wert für R^2 dementsprechend bei $1,0$ liegt, erübrigt sich eine Betrachtung dieses Bestimmtheitsmaßes (Becker et al., 2012).

7.3. Überprüfung der Manipulation

In dem durchgeführten Experiment wurde die Umgebungsunsicherheit simultan in den Facetten der Umgebungsturbulenz (als Proxy für die *Knight'sche* Unsicherheit), der Zielunklarheit und der Umgebungsisotropie manipuliert. Hierbei sollte in Szenario 2 eine stärker ausgeprägte Umgebungsunsicherheit als in Szenario 1 bewirkt werden. Als Grundlage zur Überprüfung der Wirksamkeit der Manipulation wurden die Teilnehmer zu ihrer Einschätzung der Umgebung in den drei genannten Facetten in beiden Szenarien befragt. Die deskriptiven Statistiken zu diesen Facetten sind in Tabelle 7.6 aufgeführt.

Tabelle 7.6.: Gruppenstatistiken zur wahrgenommenen Umgebungsunsicherheit

Umgebungsfacette	Szenario	n	Mittelwert	Standard-abweichung	Standard-fehler
Umgebungsturbulenz	1	30	2,83	0,93	0,17
	2	28	3,63	0,73	0,14
Zielunklarheit	1	30	2,00	0,88	0,16
	2	28	2,75	1,05	0,20
Umgebungsisotropie	1	30	2,40	1,04	0,19
	2	28	3,36	1,03	0,19

Listenweiser Fallausschluss.

Mit der Strategie des listenweisen Fallausschlusses wird hier auf analytischem Wege eine ganzheitliche Einschätzung der Umgebung verfolgt. Bei Betrachtung der aufgeführten Mittelwerte ist festzustellen, dass die Wahrnehmung der Umgebungsturbulenz, der Zielunklarheit und der Umgebungsisotropie in Szenario 2 stärker als in Szenario 1 ausgeprägt sind. Zur Überprüfung der Wirksamkeit der Manipulation, d.h. ob sich die Wahrnehmungen bzw. diese Mittelwerte signifikant voneinander unterscheiden, ist eine geeignete, statistische Methode zu wählen, deren Voraussetzungen zur Anwendung von den Daten erfüllt werden.

Ein zur Überprüfung der Verteilungen der Daten auf ihre Normalverteilung durchgeführter *Shapiro-Wilk*-Test erweist sich bei der Zielunklarheit in Szenario 1 und der Umgebungsisotropie in beiden Szenarien als signifikant. Auf normalverteilten Daten basierende, parametrische Verfahren zum Vergleich der Mittelwerte werden daher als ungeeignet betrachtet (Eid et al., 2010). Aus diesem Grund wird der nicht-parametrische *Mann-Whitney*-U-Test zum Vergleich der Mittelwerte durchgeführt. Die Ergebnisse dieses Tests sind in Tabelle 7.7 aufgeführt.

Tabelle 7.7.: Ergebnisse des *Mann-Whitney*-U-Tests zur wahrgenommenen Umgebungsunsicherheit

	Umgebungsturbulenz	Zielunklarheit	Umgebungsisotropie
Mittlerer Rang (Szenario 1)	22,68	23,97	22,53
Mittlerer Rang (Szenario 2)	36,80	35,43	36,96
Mann-Whitney-U	624,5	586,0	629,0
z	$3,20^{**}$	$2,60^{**}$	$3,36^{**}$

$^{**} p < 0,01; \, ^{*} p < 0,05; \, ^{+} p < 0,1$

Wie den Angaben in der Tabelle zur standardisierten Teststatistik z zu entnehmen ist, werden die Umgebungsfacetten in den beiden Szenarien tatsächlich als unterschiedlich stark ausgeprägt wahrgenommen. Die Wirksamkeit der angestrebten Manipulation wird hierdurch bestätigt. Ausgehend von den nachgewiesenen, signifikanten Beiträgen der einzelnen Umgebungsfacetten zur Bildung einer Gesamtunsicherheit, lässt sich die Wirksamkeit der Manipulation auf die Gesamtunsicherheit verallgemeinern. Ein analytischer Vergleich der Verhalten, der im folgenden Kapitel vorgenommen wird, und eine Überprüfung der in einer stark respektive schwach unsicheren Umgebung verorteten Effekte werden so ermöglicht.

7.4. Analyse und Interpretation des Verhaltens

Die Analyse des Verhaltens erfolgt auf Basis zweier Datenquellen: Zum Einen werden die Befragungsdaten analysiert, die die subjektive Selbsteinschätzung der befragten Personen hinsichtlich ihres Verhaltens widerspiegeln, und zum Anderen werden auf die von FSim während der Simulation aufgezeichneten Daten zurückgegriffen, die als Grundlage für die zu bestimmenden Ausprägungen in den entwickelten Metriken dienen.

Im Folgenden werden in einem ersten Schritt die Befragungsdaten zur Bestimmung der Verhaltensausmaße und Verhaltensunterschiede ausgewertet. Im Anschluss hieran wird ermittelt, in wie weit sich Verhaltensunterschiede auch in den aufgezeichneten Daten bzw. in den Ausprägungen der Metriken manifestieren. An beide Analysen anknüpfend wird mittels einer Korrelationsanalyse überprüft, ob sich die aufgezeichneten Daten (Metriken) zu den Befragungsdaten

(Indikatoren und Konstrukten) konvergent verhalten und damit die Äquivalenz der ermittelten Verhaltensunterschiede untermauern. Abschließend werden die festgestellten Verhaltensunterschiede interpretiert.[3]

7.4.1. Analyse der Befragungsdaten

Zur Bestimmung der Verhaltensausmaße in und Verhaltensunterschiede zwischen den beiden Szenarien können T-Tests als parametrische Testverfahren oder der *Wilcoxon*-Test bzw. *Mann-Whitney*-U-Test als nicht-parametrische Testverfahren durchgeführt werden. Da bei den effektuativen Verhaltensfacetten des Experimentierens und des akzeptablen Verlustes in Szenario 1 Abweichungen von der Normalverteilung (wenngleich in moderatem Ausmaß) festgestellt wurden, werden die nicht-parametrischen den parametrischen Verfahren vorgezogen.

Mittels des *Wilcoxon*-Tests soll überprüft werden, ob in den Szenarien ein vermehrt oder vermindert effektuatives oder kausales Verhalten gezeigt wurde. Zu diesem Zweck werden die in den Verhaltensvariablen beobachteten Mediane gegen den hypothetischen Median von 3, als Maß für ein durchschnittliches Verhalten (entspricht der Angabe „unentschieden" auf der Likert-Skala), getestet. Beobachtete Mediane, die unterhalb bzw. oberhalb von diesem hypothetischen Median liegen, deuten entsprechend auf ein vermindertes bzw. vermehrtes Verhalten hin. Die Ergebnisse des durchgeführten *Wilcoxon*-Tests sind in Tabelle 7.8 aufgeführt.

Tabelle 7.8.: Ergebnisse des *Wilcoxon*-Tests zu Abweichungen vom Durchschnittsverhalten

Verhalten	Szenario 1 (n=28)			Szenario 2 (n=27)		
	Median	*Wilcoxon*-W	p	Median	*Wilcoxon*-W	p
Effectuation: Experimentieren	2,62	135,5	0,20	2,75	86,5	0,12
Effectuation: Akzeptabler Verlust	3,83	297	0,00	2,67	129	0,36
Effectuation: Flexibilität	3,50	330,5	0,00	3,00	186,5	0,30
Effectuation: Vereinbarungen	2,67	62	0,01	2,33	90,5	0,09
Causation	3,29	268	0,02	2,71	85,5	0,07

Listenweiser Fallausschluss. Hypothetischer Median: 3.

---

[3]Erste Auswertungen der Simulations- und Befragungsdaten wurden bereits in Eberz & Von Korflesch (2016) und Eberz et al. (2017) veröffentlicht.

Den Angaben entsprechend gingen die Teilnehmer in Szenario 1 vermehrt nach dem Prinzip des akzeptablen Verlustes vor und zeigten ein über den Durchschnitt hinausgehendes, flexibles Verhalten. Ein kooperatives Verhalten hingegen zeigt sich hier aufgrund des signifikant kleineren Medians in verminderter Form. Für ein effektuativ-experimentelles Verhalten konnte in Szenario 1 kein über- oder unterdurchschnittliches Verhaltensausmaß festgestellt werden. Im Hinblick auf ein kausales Verhalten ist für Szenario 1 jedoch festzuhalten, dass die Teilnehmer ihr Verhalten als überdurchschnittlich kausal bewerteten. Im Szenario 2 hingegen wurde das gezeigte Verhalten schwach signifikant als unterdurchschnittlich kausal eingeschätzt. Hinsichtlich der effektuativen Verhaltensfacetten wurde in Szenario 2 lediglich ein schwach signifikantes, vermindert kooperatives Verhalten ermittelt. In den übrigen Effectuation-Dimensionen des Experimentierens, des akzeptablen Verlustes und der Flexibilität konnten keine signifikanten Abweichungen von einem durchschnittlichen Verhalten festgestellt werden.

Für die nicht signifikanten Median-Abweichungen ist festzuhalten, dass diese nicht eine Abwesenheit von Verhalten implizieren, sondern lediglich auf ein durchschnittliches Verhaltensausmaß hindeuten. Eine Abwesenheit von Verhalten würde sich in nicht signifikanten Abweichungen der ermittelten Mediane von dem hypothetischen Median 1 als unteres Ende der Likert Skala manifestieren. Ein zusätzlich durchgeführter *Wilcoxon*-Test zeigt jedoch, dass die Mediane aller betrachteten Verhalten signifikant von 1 abweichen ($p < 0,01$). Daher ist festzuhalten, dass sowohl effektuatives als auch kausales Verhalten, basierend auf der Selbsteinschätzung, grundlegend in beiden Szenarien gezeigt wurden.

Obgleich die aufgeführten Mediane auf unterschiedliche Verhaltensausmaße in den Szenarien hindeuten, ist für eine exakte Prüfung ein adäquater, statistischer Test durchzuführen. Mit Hilfe des *Mann-Whitney*-U-Tests für unabhängige Stichproben soll daher überprüft werden, ob sich die Verhaltensumfänge in den beiden Szenarien signifikant voneinander unterscheiden. Die Ergebnisse dieses Tests sind in Tabelle 7.9 aufgeführt.

Tabelle 7.9.: Ergebnisse des *Mann-Whitney*-U-Tests zu den Verhaltensunterschieden (Befragungsdaten)

	Effectuation: Experimentieren	Effectuation: Akzeptabler Verlust	Effectuation: Flexibilität	Effectuation: Vereinbarungen	Causation
Mittlerer Rang (Szenario 1)	27,02	34,41	32,16	27,34	34,12
Mittlerer Rang (Szenario 2)	29,02	21,35	23,69	28,69	21,65
Mann-Whitney-U	405,5	198,5	261,5	396,5	206,5

Tabelle 7.9.: Ergebnisse des *Mann-Whitney*-U-Tests zu den Verhaltensunterschieden (Befragungsdaten) *(Fortsetzung)*

	Effectuation: Experimentieren	Effectuation: Akzeptabler Verlust	Effectuation: Flexibilität	Effectuation: Vereinbarungen	Causation
z	0,47	-3,04**	-1,97*	0,31	-2,89**

Listenweiser Fallausschluss.
** $p < 0,01$; * $p < 0,05$; + $p < 0,1$

Die Ergebnisse lassen erkennen, dass in Szenario 1 signifikant mehr kausales Verhalten als in Szenario 2 gezeigt wurde. Die aufgestellte *Hypothese 1a*, die ein vermehrt kausales Verhalten unerfahrener Entrepreneure in einer Umgebung mit geringer Unsicherheit beschreibt, kann auf Basis der Befragungsdaten bestätigt werden. Darüber hinaus wurden in Szenario 1 ein vermehrt effektuativ-flexibles und effektuativ-verlustbegrenzendes Verhalten gezeigt. In den übrigen Effectuation-Dimensionen des Experimentierens und der Vereinbarungen wurden jedoch keine signifikanten Verhaltensunterschiede festgestellt. *Hypothese 1b*, die ein vermehrt effektuatives Verhalten in einer unsicheren Umgebung beschreibt, ist daher abzulehnen.

7.4.2. Analyse der Simulationsdaten

Die Analyse der Verhaltensunterschiede erfolgte vormals auf der Grundlage von Befragungsdaten. Das aus dieser Analyse bereits gewonnene Verhaltensbild soll nun durch eine Auswertung der Daten, die während der Simulation von FSim aufgezeichnet wurden, überprüft bzw. ergänzt werden. Die Durchführung einer solchen Auswertung erfordert jedoch eine prinzipielle Vergleichbarkeit der in den beiden Szenarien aufgezeichneten Daten. Obgleich die Dauer der interaktiven Simulation für alle Teilnehmer mit 1 Stunde vorgegeben war, können die Teilnehmer innerhalb dieses Zeitraumes jedoch unterschiedlich viele Simulationsperioden durchlaufen haben und aufgrund einer intensiveren Nutzung von FSim die Ausprägungen in den Metriken verzerren. Ein durchgeführter *Mann-Whitney*-U-Test zeigt jedoch, dass sich die Stichproben der beiden Szenarien hinsichtlich der Anzahl der durchlaufenen Simulationsperioden nicht signifikant voneinander unterscheiden (Mittlerer Rang (Szenario 1): 33, 31; Mittlerer Rang (Szenario 2): 26, 07; $z = -1,62$, $p > 0,1$). Von einer ausreichenden Vergleichbarkeit der Daten über die beiden Szenarien hinweg wird daher ausgegangen.

Auf Grundlage der erfüllten Vergleichbarkeit werden die Metrik-Ausprägungen für die beiden Szenarien berechnet (die Berechnungsvorschriften sind in Anhang A.6 aufgeführt) und mittels eines *Mann-Whitney*-U-Tests miteinander vergleichen. Die hierzu in Tabelle 7.10 angegebenen, mittleren Ränge sind als Ausprägungsstärken der jeweiligen Metrik in Szenario 1 (R_1) und

Szenario 2 (R_2) zu interpretieren. Die auf dem angegebenen U-Wert aufbauende, standardisierte Teststatistik z einschließlich ihrer Signifikanz gibt Aufschluss darüber, in wie weit sich die Metrik-Ausprägungen in den beiden Szenarien voneinander unterscheiden.

Tabelle 7.10.: Ergebnisse des *Mann-Whitney*-U-Tests zu den Verhaltensunterschieden (Simulationsdaten)

Verhalten	Metrik	R_1	R_2	U	z
Effectuation: Experimentieren	Durchschnittliche Variation der Produktpalette in Umfang und Zusammensetzung	27,17	33,35	522,5	1,38
	Prozentualer Anteil der in der ersten Periode konfigurierten und in der letzten Periode beibehaltenen Produkte[a]	33,44	25,93	322	-1,73[+]
	Durchschnittliche Änderungen der Produktpalette, des Vertriebsweges und der Marketing-Kampagne	25,98	34,76	560,5	1,96[*]
Effectuation: Akzeptabler Verlust	(Durchschnittliches Betriebsvermögen)	36,66	22,11	219,0	-3,24[**]
Effectuation: Flexibilität	Durchschnittliche Ausgaben für Rohstoffe[a]	37,16	21,52	203,0	-3,48[**]
	Prozentuale Verwendung von Rohstoffen aus Ereignissen in Produkten	31,03	20,32	194,0	-2,66[**]
	Durchschnittlich prozentual bediente Nachfrage	34,28	24,93	295,0	-2,09[*]
	Anzahl der eingegangenen, unkündbaren Kooperationen[a]	27,05	33,50	526,5	1,51
Effectuation: Vereinbarungen	Anzahl der insgesamt eingegangenen Kooperationen	28,09	32,26	493,0	0,95
	Anzahl der eingegangenen Kooperationen mit Lieferanten und Kunden	30,84	29,00	405,0	-0,44
Causation	Anzahl der durchgeführten Marktanalysen	33,39	25,98	323,5	-1,72[+]
	Häufigkeit der Betrachtung der Produktions/Nachfrage- und Wettbewerbs-Charts	34,41	24,78	291,0	-2,15[*]

Tabelle 7.10.: Ergebnisse des *Mann-Whitney*-U-Tests zu den Verhaltensunterschieden (Simulationsdaten) *(Fortsetzung)*

Verhalten	Metrik	R_1	R_2	U	z
	Anzahl der durchgeführten Markt- und Wettbewerbsanalysen	31,81	27,85	374,0	-0,89
	Durchschnittliche Änderungen der Produktpalette und gewählten Marketing-Kampagne[a]	25,61	35,20	572,5	2,14[*]

[a] Revers codiert.
[**] $p < 0,01$; [*] $p < 0,05$; [+] $p < 0,1$

Der Effectuation-Dimension des Experimentierens wurden drei Metriken zugeordnet. Die zuerst aufgeführte Metrik zielt auf ein Experimentieren mit verschiedenen Produkten ab und berechnet sich als mathematisches Produkt aus der Anzahl der vom Nutzer konfigurierten Produkte und der Anzahl der Produktänderungen, das in Relation zur Anzahl der durchlaufenen Simulationsperioden gesetzt wird und damit eine Durchschnittsvariation der Produktpalette beschreibt. Der im Vergleich zu Szenario 1 höhere, mittlere Rang für Szenario 2 deutet darauf hin, dass hier durchschnittlich mehr Änderungen an umfangreicheren Produktpaletten pro Simulationsperiode vorgenommen wurden. Entsprechend der angegebenen Teststatistik unterscheiden sich diese Änderungsintensitäten in den beiden Szenarien jedoch nicht auf einem signifikanten Niveau. Die zweite Metrik misst den Anteil der in der ersten Simulationsperiode entwickelten und in der letzten Periode beibehaltenen Produkte, in Relation gesetzt zur Gesamtzahl der in beiden Perioden angebotenen Produkte. Entsprechend der Zuordnung dieser Metrik zum revers codierten Indikator EE2 ist die Metrik selbst ebenfalls revers codiert. Die Ergebnisse zeigen, dass in Szenario 1 in der letzten Simulationsperiode schwach signifikant mehr Produkte aus der ersten Simulationsperiode beibehalten wurden als in Szenario 2. Die dritte Metrik operationalisiert Änderungen in den Komponenten des Geschäftsmodells. Hierzu werden die Anzahl der Änderungen der Produktpalette, des Vertriebsweges und der Marketing-Kampagne aufsummiert, und diese Summe in Relation zur Anzahl der durchlaufenen Simulationsperioden gesetzt. Die hierdurch beschriebene, durchschnittliche Änderungsrate des Geschäftsmodells ist in Szenario 2 signifikant stärker ausgeprägt.

Die Effectuation-Dimension des akzeptablen Verlustes wird von der Metrik des durchschnittlichen Betriebsvermögens referenziert. Dieses, über die Anzahl der durchlaufenen Simulationsperioden gemittelte Betriebsvermögen ist in Szenario 1 signifikant höher als in Szenario 2. Bei der Interpretation dieses Unterschieds ist jedoch zu berücksichtigen, dass die Metrik des durchschnittlichen Betriebsvermögens eher als Ergebnis denn direkter Indikator für eine verlustakzeptable Vorgehensweise zu betrachten ist.

Für die Messung eines flexiblen Verhaltens wurden vier Metriken entwickelt. Ausgehend von der effektuativen Ausrichtung der unternehmerischen Aktivitäten an gegebenen Mitteln wurde eine hierzu revers codierte Metrik aufgestellt, die die durchschnittlichen Ausgaben für Rohstoffe als Manifestation einer expliziten Mittelbeschaffung misst. Diese durchschnittlichen Ausgaben für Rohstoffe fallen in Szenario 1 signifikant höher aus als in Szenario 2. Die zweite Metrik beschreibt die prozentuale Verwendung von aus Ereignissen stammende Rohstoffen in Produkten. Die Ergebnisse zeigen, dass in Szenario 1 signifikant mehr durch Ereignisse bereitgestellte Rohstoffe in Produkten verwendet wurden als in Szenario 2. Die dritte Metrik bildet die prozentuale, durchschnittlich vom Nutzer bediente Nachfrage ab. Auch hier zeigen die Ergebnisse, dass die Nachfrage nach den konzipierten Produkten in Szenario 1 adäquater bedient wurde als in Szenario 2. Die vierte Metrik repräsentiert in revers codierter Form die Anzahl der eingegangenen, unkündbaren Kooperationen als Ausdruck einer die Flexibilität und Anpassungsfähigkeit einschränkende Vorgehensweise. Obgleich entsprechend der Angaben in Szenario 2 vermehrt Kooperationen dieser Art eingegangen wurden, erweist sich dieser Unterschied zu Szenario 1 als nicht signifikant.

Für die Effectuation-Dimension der Vereinbarungen wurden zwei Metriken entwickelt. Während die Anzahl der insgesamt eingegangenen Kooperationen eine der beiden Metriken repräsentiert, misst die zweite Metrik die spezifische Anzahl der mit Lieferanten und Kunden eingegangenen Kooperationen. Die Ergebnisse lassen jedoch erkennen, dass sich weder die Anzahl der insgesamt eingegangenen Kooperationen, noch die Anzahl der mit Kunden und Lieferanten eingegangenen Kooperationen signifikant voneinander unterscheiden.

Zur Messung von kausalem Verhalten wurden vier Metriken abgeleitet. Als erste Metrik wurde die Anzahl der durchgeführten Marktanalysen betrachtet. Im Ergebnis wurden in Szenario 1 schwach signifikant mehr Marktanalysen durchgeführt als in Szenario 2. Die zweite Metrik summiert die Betrachtungshäufigkeiten der Produktions-/Nachfrage- und Wettbewerbs-Charts. Eine signifikant vermehrte Betrachtung dieser Charts wurde für Szenario 1 ermittelt. Keine signifikanten Unterschiede zwischen beiden Szenarien konnten für die Anzahl der durchgeführten Markt- und Wettbewerbsanalysen als dritte Metrik festgestellt werden. Die durchschnittlichen Änderungen der Produktpalette und gewählten Marketing-Kampagne als Maß für ein eher flexibles denn planerisch-kausales Vorgehen bilden die vierte, revers-codierte Metrik. Die Ergebnisse lassen erkennen, dass die Produktpalette und gewählte Marketing-Kampagne in Szenario 2 häufiger geändert bzw. angepasst wurde als in Szenario 1.

Zusammengefasst wurden im Kontext des Experimentierens in Szenario 2 abschließend weniger Produkte aus der ersten Simulationsperiode beibehalten und mehr Änderungen am Geschäftsmodell vorgenommen als in Szenario 1. Hinsichtlich des Effectuation-Prinzips des akzeptablen Verlustes wurde in Szenario 1 ein höheres, durchschnittliches Betriebsvermögen erreicht. Im Kontext der Flexibilität wurden in Szenario 1 höhere Ausgaben für die Beschaffung von Rohstoffen getätigt, jedoch auch mehr durch Ereignisse bereitgestellte Rohstoffe in Produkten verwertet. Zudem wurde die Nachfrage in Szenario 1 passgenauer bedient. Unterschiede in der Anzahl der eingegangenen Kooperationen konnten nicht festgestellt werden. Im Kontext von Causation wurden in Szenario 1 mehr Wettbewerbsanalysen durchgeführt, Kontrollcharts häufiger betrachtet und weniger Änderungen an der Produktpalette und gewählten Marketing-Kampagne vorgenommen.

7.4.3. Korrelationsanalyse der Befragungs- und Simulationsdaten

Obgleich Verhaltensunterschiede sowohl auf Basis der Befragungsdaten als auch in den Ausprägungen der implementierten Metriken festgestellt wurden, ist zu überprüfen, ob sich die Metriken konvergent zu den ihnen zugeordneten Indikatoren und zugehörigen Konstrukten verhalten (vgl. Tabelle 5.7). Nur bei nachgewiesener Konvergenz kann unterstellt werden, dass die aufgestellten Metriken ihre zugeordneten Indikatoren und Konstrukte auch beobachtbar abbilden können (Eid et al., 2010).

Zur Überprüfung der Konvergenzvalidität schlagen Eid et al. (2010) die Durchführung einer Korrelationsanalyse vor. Da die Ausprägungen in den Metriken von einer Normalverteilung abweichen, sollte ein nicht-parametrisches Korrelationsmaß den parametrischen Maßen vorgezogen werden (Croux & Dehon, 2010). Aus diesem Grund wurden die *Spearman*-Korrelationskoeffizienten für die Korrelationen der Metriken mit ihrem zugehörigen Indikator (ρ_I) und Konstrukt (ρ_K) berechnet. Diese Koeffizienten einschließlich ihrer Signifikanz sind in Tabelle 7.11 angegeben.

Tabelle 7.11.: *Spearman*-Korrelationen zwischen den Befragungs- und Simulationsdaten

Verhalten	ID	Metrik	ρ_I	ρ_K
Effectuation: Experimentieren	EE1	Durchschnittliche Variation der Produktpalette in Umfang und Zusammensetzung	0,27[*]	0,38[**]
	EE2	Prozentualer Anteil der in der ersten Periode konfigurierten und in der letzten Periode beibehaltenen Produkte[a]	-0,32[*]	-0,35[**]
	EE3	Prozentualer Anteil der in der ersten Periode konfigurierten und in der letzten Periode beibehaltenen Produkte[a]	-0,29[*]	-0,35[**]
	EE4	Durchschnittliche Änderungen der Produktpalette, des Vertriebsweges und der Marketing-Kampagne	-0,14	0,27[*]

Tabelle 7.11.: *Spearman*-Korrelationen zwischen den Befragungs- und Simulationsdaten *(Fortsetzung)*

Verhalten	ID	Metrik	ρ_I	ρ_K
Effectuation: Akzeptabler Verlust	EA1	_b	_b	_b
	EA2	(Durchschnittliches Betriebsvermögen)	0,51**	0,47**
	EA3	(Durchschnittliches Betriebsvermögen)	0,52**	0,47**
Effectuation: Flexibilität	EF1	Durchschnittliche Ausgaben für Rohstoffe[a]	-0,13	0,17
	EF2	Prozentuale Verwendung von Rohstoffen aus Ereignissen in Produkten	0,26+	0,15
	EF3	Durchschnittlich prozentual bediente Nachfrage	0,28*	0,36**
	EF4	Anzahl der eingegangenen, unkündbaren Kooperationen[a]	-0,13	-0,04
Effectuation: Vereinbarungen	EP1	Anzahl der insgesamt eingegangenen Kooperationen	0,64**	0,61**
	EP2	Anzahl der eingegangenen Kooperationen mit Lieferanten und Kunden	0,36**	0,39**
	EP3[c]	Anzahl der insgesamt eingegangenen Kooperationen	0,55**	0,61**
Causation	C1	Anzahl der durchgeführten Marktanalysen	0,35**	0,28*
	C2	_b	_b	_b
	C3	_b	_b	_b
	C4	Häufigkeit der Betrachtung der Produktions/Nachfrage- und Wettbewerbs-Charts	0,29*	0,25+
	C5	Anzahl der durchgeführten Markt- und Wettbewerbsanalysen	0,56**	0,29*
	C6	_b	_b	_b
	C7	Durchschnittliche Änderungen der Produktpalette und gewählten Marketing-Kampagne[a]	-0,22+	-0,25+

ID kennzeichnet den Verhaltensindikator aus der Befragung, *Metrik* die dem Indikator zugeordnete Metrik, berechnet auf Grundlage der Simulationsdaten (vgl. Anhang A.6).
[a] Revers codiert.
[b] Für diesen Indikator wurde keine Metrik spezifiziert.
[c] Indikator EP3 wurde in der Haupterhebung ergänzt.
** $p < 0,01$; * $p < 0,05$; + $p < 0,1$

Im Kontext der Effectuation-Dimension des Experimentierens korreliert die Metrik der durchschnittlichen Variation der Produktpalette positiv und signifikant mit dem ihr zugeordneten *Indikator EE1*. Weiterhin wurden signifikante Negativkorrelationen zwischen der Metrik des prozentualen Anteils der in der letzten Simulationsperiode beibehaltenen Produkte und den zugehörigen *Indikatoren EE2* und *EE3* festgestellt. Die Negativität dieser Koeffizienten ist dadurch begründet, dass zwar die Indikatoren, jedoch nicht die Metrik bereits recodiert wurden. Für die Metrik der durchschnittlichen Änderungen des Geschäftsmodells stellt sich die Korrelation mit *Indikator EE4* hingegen als nicht signifikant heraus. Da sich jedoch die Korrelationen auf Konstrukt-Ebene als signifikant erweisen, werden diese drei Metriken als geeignet für die Messung eines effektuativ-experimentellen Verhaltens betrachtet.

Die Metrik des durchschnittlichen Betriebsvermögens korreliert signifikant und positiv sowohl mit *Indikator EA2* und *Indikator EA3*, als auch mit dem latenten Effectuation-Konstrukt des akzeptablen Verlustes. Obgleich diese Metrik nicht ein verlustakzeptables Verhalten selbst misst, beschreibt die Korrelation zumindest einen Zusammenhang zwischen dem Verhalten und dem damit verbundenen Ergebnis.

Für die Metrik der durchschnittlichen Rohstoffausgaben konnte weder ein signifikanter Zusammenhang mit dem zugehörigen *Indikator EF1*, noch mit dem Flexibilität-Konstrukt nachgewiesen werden. Dies gilt ebenso für die Anzahl der eingegangenen, unkündbaren Kooperationen als Metrik für *Indikator EF4*, sodass diese beiden Metriken als ungeeignet für die Messung flexiblen Verhaltens betrachtet werden. Die Metrik der prozentualen Verwendung von Rohstoffen aus Ereignissen in Produkten korreliert nicht mit dem Flexibilität-Konstrukt, jedoch schwach signifikant mit dem zugehörigen *Indikator EF2*. Daher wird diese Metrik zwar für eine Messung auf Indikator-Ebene als geeignet betrachtet, ist jedoch im Hinblick auf ein gesamtflexibles Verhalten mit Vorsicht zu gebrauchen. Die Korrelationen der durchschnittlich prozentual bedienten Nachfrage erweisen sich als positiv und signifikant auf Indikator- und Konstrukt-Ebene, sodass von einer Adäquatheit dieser Metrik ausgegangen wird.

Für die in der Effectuation-Dimension der Vereinbarungen verorteten Metriken der Anzahl der insgesamt eingegangenen Kooperationen und der Anzahl der mit Lieferanten und Kunden eingegangenen Kooperationen ist festzuhalten, dass diese Metriken signifikant und positiv mit ihren jeweiligen *Indikatoren EP1* bis *EP3* und dem Vereinbarungen-Konstrukt korrelieren.

Im Kontext der Causation steht die Anzahl der durchgeführten Marktanalysen in positivem Zusammenhang mit *Indikator C1*, die Häufigkeit der Betrachtung des Produktions-/Nachfrage- und Wettbewerbs-Charts ist positiv mit *Indikator C4* korreliert und die Anzahl der durchführten Markt- und Wettbewerbsanalysen steht ebenfalls in positivem Zusammenhang mit *Indikator C5*. Auch die Negativkorrelation der durchschnittlichen Produktänderungen mit dem recodierten *Indikator C7* erweist sich als schwach signifikant. Zudem wurden signifikante Zusammenhänge zwischen den genannten Metriken und dem Causation-Konstrukt festgestellt, sodass eine Eignung der Metriken zur Messung von kausalem Verhalten bestätigt wird.

7.4.4. Interpretation der Verhaltensunterschiede

Die Ergebnisse der Verhaltensanalyse lassen erkennen, dass unerfahrene Entrepreneure effektuatives und kausales Verhalten grundlegend sowohl in einer stark als auch schwach unsicheren Umgebung zeigen. Die Vermutung von Sarasvathy (2008), dass ein effektuatives Vorgehen nicht auf erfahrene Entrepreneure beschränkt sein muss und sich nach Read & Sarasvathy (2005) auch bei unerfahrenen Entrepreneuren zeigen kann, wird durch die vorliegenden Ergebnisse untermauert.

Im Hinblick auf eine mögliche Einflussnahme der Umgebungsunsicherheit auf das Verhalten wurde festgestellt, dass unerfahrene Entrepreneure zwischen einer stark und schwach unsicheren Umgebung, konform zum effektuativen Problembereich, unterscheiden können. Die Ergebnisse zeigen, dass das Ausmaß des kausalen und in Teilen effektuativen Verhaltens in Abhängigkeit von dieser Umgebungsunsicherheit variiert. Diese Verhaltensunterschiede sind in Tabelle 7.12 nochmals zusammengefasst und bestätigen die Vermutung von Perry et al. (2012, S. 856), dass „[...] the use of effectual and causal logics is a choice that an individual may make dependent on the amount of uncertainty that he or she perceives [...]".[4]

Tabelle 7.12.: Zusammenfassung der Verhaltensunterschiede aus der Befragung und Simulation

Verhalten	Relation (Befragung)	Metrik	Relation (Simulation)
Effectuation: Experimentieren	-	Durchschnittliche Variation der Produktpalette in Umfang und Zusammensetzung	-
		Prozentualer Anteil der in der ersten Periode konfigurierten und in der letzten Periode beibehaltenen Produkte[a]	$S_1 > S_2$
		Durchschnittliche Änderungen der Produktpalette, des Vertriebsweges und der Marketing-Kampagne	$S_2 > S_1$
Effectuation: Akzeptabler Verlust	$S_1 > S_2$	Durchschnittliches Betriebsvermögen	$S_1 > S_2$
Effectuation: Flexibilität	$S_1 > S_2$	Prozentuale Verwendung von Rohstoffen aus Ereignissen in Produkten	$S_1 > S_2$

[4]Es werden nur jene Metriken aus der Simulation berücksichtigt, deren Konvergenz auf Indikator- oder Konstrukt-Basis nachgewiesen wurde.

Tabelle 7.12.: Zusammenfassung der Verhaltensunterschiede aus der Befragung und Simulation
             (Fortsetzung)

Verhalten	Relation (Befragung)	Metrik	Relation (Simulation)
		Durchschnittlich prozentual bediente Nachfrage	$S_1 > S_2$
Effectuation: Vereinbarungen	-	Anzahl der insgesamt eingegangenen Kooperationen	-
		Anzahl der eingegangenen Kooperationen mit Lieferanten und Kunden	-
Causation	$S_1 > S_2$	Anzahl der durchgeführten Marktanalysen	$S_1 > S_2$
		Häufigkeit der Betrachtung der Produktions/Nachfrage- und Wettbewerbs-Charts	$S_1 > S_2$
		Anzahl der durchgeführten Markt- und Wettbewerbsanalysen	-
		Durchschnittliche Änderungen der Produktpalette und gewählten Marketing-Kampagne[a]	$S_2 > S_1$

S_1 = Szenario 1, S_2 = Szenario 2
[a] Revers codiert.

Ein unterschiedlich kausales Verhalten wurde dahingehend ermittelt, dass die unerfahrenen Entrepreneure in einer Umgebung mit schwacher Unsicherheit eine stärkere Befolgung der Causation-Logik angaben als jene in einer stark unsicheren Umgebung. In Ergänzung hierzu wurden in der schwach unsicheren Umgebung mehr Marktanalysen durchgeführt, häufiger Kontrollcharts betrachtet und weniger Änderungen am Produktportfolio und im Marketing vorgenommen. Dieses vermehrt kausale Verhalten in einer schwach unsicheren Umgebung wurde in Hypothese 1a formuliert, die in Folge als bestätigt anzusehen ist.

Als Begründung für dieses unterschiedlich kausale Verhaltensausmaß kann nach dem Ansatz der Situationsstärke die Wahrnehmung der Umgebung angeführt werden (Jauch & Kraft, 1986), die in einer schwach unsicheren Umgebung für ein kausales Verhalten relevant ist. Diese Relevanz der Umgebungsunsicherheit ergibt sich daraus, dass eine schwach unsichere Umgebung, geprägt von Stabilität und einer geringen Dynamik, ein kausales Vorgehen erwarten bzw. sinnhaft erscheinen lässt (Fisher, 2012; Perry et al., 2012; Matthews & Scott, 1995). Da die schwach unsichere Umgebung von den unerfahrenen Entrepreneuren dementsprechend wahrgenommen wurde und ein kausales Vorgehen im menschlichen Denken verankert ist (Sarasvathy et al., 2014), repräsentiert die Umgebung hier einen wichtigen Verhaltenstreiber. Diese Verhaltensanpassung der unerfahrenen Entrepreneure entsprechend der wahrgenommenen Umgebungsunsicherheit stimmt mit der in der Literatur festgestellten Verhaltensanpassung von erfahrenen Entrepreneuren überein (Bean, 2010).

Während sich ein kausales Vorgehen in einer Umgebung mit geringer Unsicherheit als sinnhaft erweist und von den unerfahrenen Entrepreneuren dort vermehrt gezeigt wurde, könnten diese in einer stark unsicheren Umgebung eher alternativen Ansätzen folgen (Shaver & Scott, 1991; Bean, 2010). Obgleich eine vermehrte Anwendung der Effectuation-Logik den erfahrenen Entrepreneuren zuzuordnen ist, könnten nach Hypothese 1b auch unerfahrene Entrepreneuren in einer stark unsicheren Umgebung (Jauch & Kraft, 1986) der Effectuation-Logik unbewusst folgen (Kalinic et al., 2014). Die Ergebnisse lassen jedoch gegenteilig erkennen, dass unerfahrene Entrepreneure in einer Umgebung mit geringer anstatt starker Unsicherheit ein vermehrt effektuativ-verlustakzeptables und effektuativ-flexibles Verhalten zeigen. Die konzipierten Metriken untermauern diese Verhaltensunterschiede durch ein höheres, durchschnittliches Betriebsvermögen, einer vermehrten Verwendung von Rohstoffen aus Ereignissen und einer im Durchschnitt adäquateren Bedienung der Nachfrage in einer schwach unsicheren Umgebung. Diese vermehrte Befolgung der Effectuation-Prinzipien des akzeptablen Verlustes und der Flexibilität in einer Umgebung mit geringer Unsicherheit deutet darauf hin, dass unerfahrene Entrepreneure eine effektuative Vorgehensweise weniger als eine Möglichkeit des Umgangs mit starker Unsicherheit, sondern in diesen Facetten als Ergänzung zu einem kausalen Verhalten in einer Umgebung mit geringer Unsicherheit betrachten.

In den übrigen beiden Effectuation-Dimensionen des Experimentierens und der Vereinbarungen wurden jedoch auf Basis der Selbsteinschätzung keine signifikanten Verhaltensunterschiede festgestellt. Die der Vereinbarungen-Dimension zugeordneten Metriken ergänzen hierzu konform, dass sich die Anzahl der eingegangenen Kooperationen in einer stark bzw. schwach unsicheren Umgebung nicht signifikant voneinander unterscheidet. Auch das Änderungsmaß des Produktportfolios aus der Perspektive des Experimentierens unterscheidet sich nicht in den beiden Umgebungen. Jedoch wurden in einer stark unsicheren Umgebung zuletzt weniger der zu Beginn konzipierten Produkte beibehalten und durchschnittlich mehr Änderungen am Geschäftsmodell vorgenommen. Die unterschiedlichen Ausprägungen in diesen beiden Metriken deuten zwar auf ein vermehrt experimentelles Verhalten in einer stark unsicheren Umgebung hin, decken jedoch das durch die übrigen Indikatoren beschriebene Verhalten nicht ab. Im Sinne einer ganzheitlichen Betrachtung des experimentellen Verhaltens auf Grundlage der Befragungsdaten wird daher auf einen mangelnden Verhaltensunterschied in Abhängigkeit von der Ausprägung der Umgebungsunsicherheit geschlossen.

Dieser festgestellte Mangel an effektuativen Verhaltensunterschieden bzw. ein sogar gegensätzlich vermehrt effektuativ-verlustakzeptables und effektuativ-flexibles Verhalten in einer schwach

unsicheren Umgebung überrascht nicht im Hinblick auf die Unerfahrenheit der betrachteten Entrepreneure, da die Gründungserfahrung nach der Effectuation-Theorie für ein bevorzugt effektuatives Vorgehen in einer unsicheren Umgebung von maßgeblicher Bedeutung ist (Sarasvathy,
2008). Obgleich die Effectuation-Logik grundlegend im menschlichen Denken verankert ist
(Sarasvathy et al., 2014), die Umgebung in Szenario 2 als stark unsicher wahrgenommen wurde
(Perry et al., 2012) und sich ein jedoch unbewusst effektuatives Verhalten hätte zeigen können (Kalinic et al., 2014), wirkte die starke Umgebungsunsicherheit nicht als Treiber, sondern
neutral bzw. hemmend auf auf ein verlustakzeptables und flexibles Verhalten in genannter Umgebung. Ein vermehrt effektuatives Vorgehen in einer stark unsicheren Umgebung konnte daher
nicht bestätigt werden, sodass Hypothese 1b abzulehnen ist.

Die statistische Gleichheit des effektuativ-experimentellen und effektuativ-kooperativen Verhaltens in den beiden Umgebungen beschreibt lediglich, dass die Umgebungsunsicherheit die
genannten Verhalten weder gefördert noch gehemmt hat. Dies schließt nicht die Umgebung
als erklärenden Faktor in einer stark unsicheren Umgebung (als starke Situation) und einen
vermehrten Einfluss der Persönlichkeit in einer schwach unsicheren Umgebung (als schwache
Situation) aus, sondern indiziert lediglich eine geringere Differenz der Situationsstärken für die
genannten Verhalten (Cooper & Withey, 2009). Das hingegen festgestellte, vermehrt effektuativ-verlustakzeptable und effektuativ-flexible Verhalten in einer schwach unsicheren Umgebung
deutet jedoch darauf hin, dass die Umgebung hier als ein starker Verhaltenstreiber gewirkt hat
und ein Einfluss der Persönlichkeit, entgegen der ursprünglichen Annahme, eher in einer stark
denn schwach unsicheren Umgebung zu verorten ist. Diese Einflüsse der Persönlichkeit werden
im folgenden Kapitel analysiert und abschließend interpretiert.

7.5. Analyse und Interpretation der Persönlichkeitseinflüsse

Nach dem Ansatz der Situationsstärke weisen starke Situationen Charakteristika auf, die das
in der Situation erwartete Verhalten erkennen lassen (Mischel, 1977). In diesem Sinne wurde
auch unerfahrenen Entrepreneuren ein vermehrt effektuatives Verhalten in einer stark unsicheren Umgebung und ein vermehrt kausales Verhalten in einer schwach unsicheren Umgebung
unterstellt. In schwachen Situationen hingegen ist weniger die Situation selbst, sondern vielmehr die Persönlichkeit als Verhaltensdeterminante von Relevanz (Beaty et al., 2001). Einflüsse
der Persönlichkeit auf effektuatives Verhalten wurden daher in einer schwach unsicheren Umgebung und Einflüsse auf ein kausales Verhalten in einer stark unsicheren Umgebung verortet.
Die in Kapitel 3.4 für diese beiden Verhalten aufgestellten Strukturmodelle fassen die Einflüsse
der verschiedenen Persönlichkeitseigenschaften zusammen.

Die Überprüfung solch komplexer und, im Falle des effektuativen Verhaltens, mehrstufiger Zusammenhänge erfordert die Selektion eines adäquaten und für die vorliegenden Daten geeig-

neten Analyseverfahrens. Zudem sind relevante Kontrollvariablen, die die Verhalten ebenfalls beeinflussen könnten, in die Strukturmodelle aufzunehmen. In diesem Zusammenhang wurden in der Befragung überwiegend das Abitur als höchster Bildungsstand, vorrangig keine Berufserfahrung und nur in wenigen Fällen Kenntnisse der Effectuation-Logik angegebenen. Die hieraus resultierende, zu geringe Varianz in diesen Kontrollvariablen lässt ihre weitergehende, statistische Auswertung nicht zu. Darüber hinaus wurde festgestellt, dass ausschließlich Studiengänge mit betriebswirtschaftlichem Anteil vertreten waren, sodass die Probanden in diesem Merkmal ebenfalls eine homogene Gruppe bilden. Das Alter und das Geschlecht jedoch lassen keine einseitige Merkmalsausprägung erkennen und werden daher als Einflussfaktoren in das Modell aufgenommen. Aufgrund eines nicht auszuschließenden, methodischen Einflusses wird die Benutzbarkeit von FSim als zusätzliche Kontrollvariable berücksichtigt.

7.5.1. Auswahl des Analyseverfahrens

Die hypothetisierten Einflüsse der Persönlichkeitseigenschaften können mittels einer varianz- oder kovarianzbasierten Pfadanalyse überprüft werden. Varianzbasierte Pfadanalysen besitzen gegenüber den kovarianzorientierten Verfahren den Vorteil, auch mit geringen Stichprobenumfängen umfangreiche Modelle prüfen zu können (Henseler et al., 2009), keine Normalverteilung der Daten vorauszusetzen (Backhaus et al., 2013a) und nominal, ordinal und intervallskalierte Variablen berücksichtigen zu können (Haenlein & Kaplan, 2004). Nachteilig ist jedoch anzumerken, dass die Präzision der Schätzparameter vergleichsweise geringer ausfällt und aufgrund der fehlenden Verteilungsannahmen keine Aussagen über deren Signifikanz getroffen werden können (Huber et al., 2007). Abhilfe schafft hier die *Bootstrapping*-Methode, die eine Verteilung der der Stichprobe zugrunde liegenden Grundgesamtheit schätzt (Huber et al., 2007). Ein weiterer Nachteil ist, dass die Güte des Gesamtmodells nicht ermittelt werden kann, da varianzbasierte Verfahren das Gesamtmodell in Teilmodelle zerlegen und nur für diese Teilmodelle entsprechende Gütemaße (z.B. R^2) berechnen (Huber et al., 2007). Bei kovarianzbasierten Verfahren, die eine Kovarianzmatrix über alle Indikatoren berechnen, ist hingegen eine Gesamtschätzung des Modells (z.B. χ^2) möglich (Backhaus et al., 2013a). ·

Ist das Forschungsziel die Gewinnung verlässlicher Schätzer auf Basis theoretisch abgeleiteter Hypothesen, so sollte ein kovarianzbasiertes Verfahren gewählt werden (Huber et al., 2007). Ist die Forschungsgrundlage eine „[...] managementorientierte Problemstellung mit Entscheidungsrelevanz [...]" und das Untersuchungsziel eine „[...] gute Erklärung der Veränderung bzw. Vorhersage der Zielvariablen [...]", so sollte auf ein varianzbasiertes Verfahren zurückgegriffen werden (Huber et al., 2007, S. 13f). Die Untersuchung der Einflussnahme der Persönlichkeit auf effektuatives und kausales Verhalten repräsentiert ein erster Schritt in Richtung einer möglichen Erweiterung der Effectuation-Theorie. Dementsprechend basieren die postulierten Einflüsse der betrachteten Persönlichkeitseigenschaften, an die kein Anspruch auf Vollständigkeit erhoben wird, insbesondere auf plausiblen Überlegungen und weniger auf einem ganzheitlichen, vollständigen und theoriegetriebenen Modell. Aus diesem Grund erweist sich die empirische Überprüfung der aufgestellten Modelle mittels eines varianzbasierten Verfahrens als sinnhafter (Hair et al., 2011). Konkret soll daher eine PLS-SEM (*Partial Least Squares Structural Equation Modeling*) Pfadanalyse als varianzbasiertes Verfahren durchgeführt werden (Hair et al., 2013).

Die Auswertung des hierarchischen Strukturmodells zum effektuativen Verhalten kann auf verschiedene Art und Weise erfolgen (Becker et al., 2012). Der *Two-Stage*-Ansatz splittet das hierarchische Modell in zwei separate Modelle auf (Becker et al., 2012). Während die Konstrukte niederer Ordnung (hier die effektuativen Verhaltensfacetten) im ersten Modell als abhängige Variablen betrachtet werden, repräsentieren sie im zweiten Modell manifeste, unabhängige Variablen, als Einflussfaktoren auf das Konstrukt höherer Ordnung (hier das gesamteffektuative Verhalten). Dieses Splitten erlaubt zwar die Erzeugung minimalistischer Modelle, kann jedoch die Mehrstufigkeit des ursprünglichen Modells nicht berücksichtigen (Becker et al., 2012). Der *Repeated-Indicator*-Ansatz hingegen betrachtet das Modell in seiner Gänze und liefert nicht nur zuverlässigere Schätzer, sondern erlaubt auch die Ermittlung indirekter Einflüsse der unabhängigen Variablen auf die Konstrukte höherer Ordnung (Becker et al., 2012). Im vorliegenden Kontext können so Einflüsse der Persönlichkeit auf ein gesamteffektuatives Verhalten ermittelt werden. Aufgrund dieses Vorteils wird sich an dem *Repeated-Indicator*-Ansatz zur Auswertung des mehrstufigen Strukturmodells orientiert.

7.5.2. Überprüfung der Eignung der Daten

Für die anvisierte PLS-SEM Pfadanalyse ist zunächst die Eignung der Daten zu festzustellen. In diesem Sinne sind die Persönlichkeitseigenschaften als Einflussfaktoren in einem ersten Schritt auf Kollinearität zu überprüfen (Hair et al., 2013). Eine hierzu durchgeführte Analyse ergab, dass die VIF-Werte aller Einflussfaktoren unterhalb des Schwellwertes von 5 lagen, sodass ein Vorliegen von Kollinearität ausgeschlossen werden kann. Auch ein *Common Method Bias* kann ausgeschlossen werden, da der Grenzwert von 3,3 nicht überschritten wurde (Kock, 2015).

Neben Kollinearität kann auch eine verborgene Datenheterogenität die Ergebnisse der PLS-SEM Analyse verfälschen (Sarstedt et al., 2011). Daher wurde das FIMIX-PLS Verfahren (*Finite Mixture* PLS) zur Identifikation latenter Datengruppen durchgeführt (Hair et al., 2013; Sarstedt et al., 2011). Die Ausprägungen in den Evaluierungskriterien wurden für Lösungen von 2 bis 5 Segmenten berechnet.[5] Dabei wurden die folgenden, optimalen Lösungen in Bezug auf die Anzahl der Segmente bzw. Datengruppen ermittelt: $LnL = 2$, $AIC = 5$, $AIC_3 = 2$, $AIC_4 = 2$,

---

[5] Eine Eingruppenlösung wurde aufgrund der erfolgreich dichotom manipulierten Umgebungsunsicherheit, die bereits eine Zweigruppenlösung begründet, nicht in Betracht gezogen.

$BIC = 2$, $CAIC = 2$ und $MDL_5 = 2$. Obgleich die Fit-Indizes AIC als überschätzend, $CAIC$ und MDL_5 als unterschätzend eingestuft werden, deuten AIC_4 und BIC als zuverlässigere Indizes auf eine Zweigruppenlösung hin (Hair et al., 2016). Darüber hinaus ist aufgrund eines ermittelten EN-Wertes von $0,92$ für eine Zweigruppenlösung von einer ausreichenden Trennschärfe der Segmente auszugehen (Hair et al., 2016). Eine verborgene Heterogenität der Daten wird daher ausgeschlossen (Matthews et al., 2016).

Aufgrund der festgestellten Eignung der Daten kann eine PLS-SEM Analyse durchgeführt werden. Im Rahmen dieser Analyse werden Pfadkoeffizienten ermittelt, die in standardisierter Form die Einflussstärke durch einen Wert aus dem Intervall $[-1, 1]$ ausdrücken (Hair et al., 2013). Zur Ermittlung der Signifikanz der Pfadkoeffizienten wird auf die *Bootstrapping*-Prozedur zurückgegriffen (Hair et al., 2013). Hinsichtlich der Analyseparameter wird eine *Sample*-Größe von 5.000 als adäquat betrachtet (Hair et al., 2013) und Messmodus B für die Konstrukte höherer Ordnung in Verbund mit dem Pfadgewichtungsschema verwendet (Becker et al., 2012). Vorzeichenänderungen der Koeffizienten werden nicht vorgenommen (Hair et al., 2013). Als Strategie im Umgang mit fehlenden Werten werden diese durch Mittelwerte ersetzt, da die Anzahl der fehlenden Werte bei den nach der konfirmatorischen Faktorenanalyse verbleibenden Indikatoren jeweils unter 5% liegt (Hair et al., 2013).

7.5.3. Ergebnisse der PLS-SEM Analyse

In den folgenden Tabellen sind die Pfadkoeffizienten zu den Einflüssen der Kontrollvariablen und relevanten Persönlichkeitseigenschaften auf die effektuativen und kausalen Verhalten aufgeführt.[6] Obgleich sich die hypothetisierten Einflüsse der Persönlichkeit entweder auf eine stark oder schwach unsichere Umgebung bezogen, werden für eine differenzierte Betrachtung die Pfadkoeffizienten in beiden Szenarien ermittelt. Zur statistischen Überprüfung, ob sich die ermittelten Koeffizienten signifikant voneinander unterscheiden, wird eine multiple Gruppenanalyse (PLS-MGA) durchgeführt (Hair et al., 2013).[7] Da die Szenario-Gruppen für einen parametrischen Test ausreichend groß sind, wird die liberalere, parametrische Testvariante nach Keil et al. (2000) bzw. im Falle von mittels des *Levene*-Tests festgestellten, ungleichen Varianzen die *Welch-Satterthwaite*-Variante dem konservativeren, nicht-parametrischen Test nach Henseler (2007) vorgezogen. Da die Durchführung einer PLS-MGA in der Literatur jedoch nicht un-

---

[6] Die Aufnahme aller Persönlichkeitseigenschaften ist nicht sinnhaft, da PLS-Strukturgleichungsmodelle auf „[...] prespecified networks of relationships between constructs [...]" basieren (Hair et al., 2013, S. 15).

[7] Die PLS-MGA entspricht einer Moderationsanalyse mit dichotomem Moderator (hier: hohe vs. niedrige Umgebungsunsicherheit). Anstatt der nun folgenden, separaten Bestimmung der Parameter für beide Szenarien hätte auch eine Moderationsanalyse durch die Aufnahme von Interaktionstermen (Persönlichkeitseigenschaft × Umgebungsunsicherheit) durchgeführt werden können. Die vorliegende Stichprobe wird jedoch für eine solche Analyse als zu klein betrachtet und es werden zu wenige Indikatoren zu Messung der Konstrukte verwendet, um kleine und auch moderate Einflüsse aufdecken zu können (Chin et al., 2003).

umstritten ist (Sarstedt et al., 2011; Hair et al., 2013) und die Pfadkoeffizienten nur eine Facette der Einflussnahme repräsentieren, soll ein zusätzlicher Vergleich der zugehörigen Effektstärken (f^2) und damit erklärten Varianzanteile im endogenen Verhaltenskonstrukt (R^2_j) genaueren Aufschluss über die Einflüsse der Persönlichkeitseigenschaften geben.[8]

Effektuativ-experimentelles Verhalten

Tabelle 7.13.: Ergebnisse der PLS-SEM Analyse für ein effektuativ-experimentelles Verhalten

Modell	Szenario 1	Szenario 2
Kontrollvariablen		
Alter	0,30	0,01
Geschlecht[a]	0,19	0,08
Benutzbarkeit (SUS)	-0,33[+]	0,24
Persönlichkeitsmerkmale		
Aktivität	0,50[*]	0,46[*]
R^2_j	0,37[**]	0,08

[a] Codierung des Geschlechts als *Dummy*-Variable: 0 = männlich, 1 = weiblich.
[**] $p < 0,01$; [*] $p < 0,05$; [+] $p < 0,1$

Entsprechend ihrer nicht signifikanten Einflussnahme scheinen das Alter und Geschlecht in beiden Szenarien für ein effektuativ-experimentelles Verhalten nicht von Bedeutung zu sein. Für die Benutzbarkeit hingegen wurde in Szenario 1 ein schwach signifikanter, negativer, noch zu interpretierender Einfluss ermittelt. Eine Effektstärke von $f^2 = 0,18$ deutet allerdings auf einen nur mittelmäßigen Beitrag dieser Kontrollvariable zur Erklärung des Verhaltens hin.

Für die Aktivität-Facette hingegen wurde in beiden Szenarien ein signifikant positiver und bedeutsamer Einfluss auf ein effektuativ-experimentelles Verhalten festgestellt. Für eine adäquate Überprüfung dieser Einflussnahme ist jedoch der Beitrag der Facette zur Erklärung des Verhaltens zu berücksichtigen. Die Höhe dieser Beiträge, ausgedrückt durch die Effektstärken von $f^2 = 0,42$ in Szenario 1 und $f^2 = 0,24$ in Szenario 2, unterscheidet sich deutlich in den beiden Szenarien. Daher ist festzuhalten, dass die Aktivität-Facette zwar in beiden Szenarien einen ähnlich starken Einfluss auf ein effektuativ-experimentelles Verhalten ausübt (PLS-MGA: $p > 0,1$),

[8]Pfadkoeffizienten oberhalb von 0,2 deuten auf einen bedeutsamen Einfluss hin (Weiber & Mühlhaus, 2010). Hinsichtlich der zugehörigen Effektstärke beschreiben Werte von 0,02 einen kleinen, 0,15 einen mittleren und 0,35 einen starken Effekt (Hair et al., 2013). Bei der Modellgüte indizieren R^2_j-Werte $> 0,66$ eine substantielle, $> 0,33$ eine moderate und $> 0,19$ eine geringe Modellgüte (Weiber & Mühlhaus, 2010).

jedoch nur in Szenario 1 einen starken Beitrag zur Erklärung des Verhaltens leistet. Diese unterschiedlichen Beitragsleistungen spiegeln sich in einer entsprechend unterschiedlich hohen Modellgüte von 37% erklärter Varianz in Szenario 1 und 8% erklärter Varianz in Szenario 2 wider. *Hypothese 4a*, die einen positiven Einfluss der Aktivität-Facette in einer Umgebung mit geringer Unsicherheit postuliert, kann daher bestätigt werden.

Effektuativ-verlustakzeptables Verhalten

Tabelle 7.14.: Ergebnisse der PLS-SEM Analyse für ein effektuativ-verlustakzeptables Verhalten

Modell	Szenario 1	Szenario 2
Kontrollvariablen		
Alter	0,22	-0,14
Geschlecht[a]	-0,04	-0,04
Benutzbarkeit (SUS)	0,09	-0,37[+]
Persönlichkeitsmerkmale		
Ängstlichkeit	0,10	0,34
Risikofreudigkeit	-0,50[*]	-0,50[**]
R_j^2	0,29[+]	0,48[**]

[a] Codierung des Geschlechts als *Dummy*-Variable: 0 = männlich, 1 = weiblich.
[**] $p < 0,01$; [*] $p < 0,05$; [+] $p < 0,1$

Auch für ein effektuativ-verlustakzeptables Verhalten konnten keine signifikanten Einflüsse des Alters oder des Geschlechts festgestellt werden. Allerdings lassen die Ergebnisse einen schwach signifikanten, negativen Einfluss der Benutzbarkeit in Szenario 2 erkennen. Eine zugehörige Effektstärke von $f^2 = 0,22$ deutet hier auf einen überdurchschnittlichen Beitrag der Benutzbarkeit zur Erklärung des effektuativ-verlustakzeptablen Verhaltens hin.

Hinsichtlich der betrachteten Persönlichkeitseigenschaften konnte für die Ängstlichkeit-Facette des Neurotizismus-Faktors weder in Szenario 1, noch in Szenario 2 ein signifikanter Einfluss nachgewiesen werden. *Hypothese 2*, die einen positiven Einfluss dieser Facette auf ein effektuativ-verlustakzeptables Verhalten in einer Umgebung mit geringer Unsicherheit unterstellt, ist daher abzulehnen.

Bei der Risikofreudigkeit zeigt sich ein negativer, signifikanter Einfluss der Persönlichkeitseigenschaft in beiden Szenarien. Entsprechend der Gleichheit der ermittelten Pfadkoeffizienten unterscheiden sich die durch die Koeffizienten ausgedrückten Einflussstärken in beiden Szenarien nicht auf einem signifikanten Niveau voneinander (PLS-MGA: $p > 0,1$). Inwieweit die Risikofreudigkeit-Persönlichkeitseigenschaft einen jedoch unterschiedlichen Beitrag zur Erklärung des effektuativ-verlustakzeptablen Verhaltens leistet, soll durch die Ermittlung und den Vergleich der Effektstärken in Erfahrung gebracht werden.

Konkret wurden als Effektstärken ein f^2 von $0,21$ in Szenario 1 und ein f^2 von $0,52$ in Szenario 2 ermittelt. Diese Werte lassen darauf schließen, dass die Risikofreudigkeit zwar in beiden Szenarien einen gewichtigen Beitrag zur Erklärung des effektuativ-verlustakzeptablen Verhaltens leistet, dieser Beitrag in Szenario 2 jedoch deutlich stärker ausgeprägt ist als in Szenario 1. Auch im Vergleich zu der für die Benutzbarkeit ermittelten Effektstärke von $0,22$ in Szenario 2 leistet die Risikofreudigkeit einen stärkeren Beitrag zur Erklärung des effektuativ-verlustakzeptablen Verhaltens. Zusammengefasst können die betrachteten Variablen 29% der Varianz in Szenario 1 und 48% der Varianz in Szenario 2 im endogenen Verhaltenskonstrukt erklären. Dieser in Szenario 2 erhöhte Erklärungsanteil wird zwar auch durch den Erklärungsbeitrag der Benutzbarkeit-Variable begründet, ist aufgrund der ca. 2,5-fach höheren Beitragsleistung der Risikofreudigkeit jedoch insbesondere auf diese Persönlichkeitseigenschaft zurückzuführen.

Im Ergebnis ist für die Risikofreudigkeit-Persönlichkeitseigenschaft festzuhalten, dass von ihr ein gleichstarker, negativer Einfluss auf ein verlustakzeptables Verhalten in beiden Szenarien ausgeht. Der Beitrag dieser Eigenschaft zur Erklärung des Verhaltens ist zwar in Szenario 2 deutlich größer als in Szenario 1 ausgeprägt, jedoch auch in Szenario 1 als überdurchschnittlich hoch zu beurteilen. *Hypothese 9*, die einen negativen Einfluss der Risikofreudigkeit auf ein effektuativ-verlustakzeptables Verhalten in einer Umgebung mit geringer Unsicherheit postuliert, ist daher als bestätigt anzusehen. Die jedoch gesteigerte Erklärungskraft der Risikofreudigkeit in Szenario 2, in einer Umgebung mit vergleichsweise starker Unsicherheit, und ihr Bezug zu einem bereits festgestellten, vermindert effektuativ-verlustakzeptablen Verhalten in diesem Szenario sind noch zu interpretieren.

Effektuativ-flexibles Verhalten

Tabelle 7.15.: Ergebnisse der PLS-SEM Analyse für ein effektuativ-flexibles Verhalten

Modell	Szenario 1	Szenario 2
Kontrollvariablen		
Alter	0,16	-0,02
Geschlecht[a]	-0,14	-0,20
Benutzbarkeit (SUS)	-0,00	-0,22

Tabelle 7.15.: Ergebnisse der PLS-SEM Analyse für ein effektuativ-flexibles Verhalten *(Fortsetzung)*

Modell	Szenario 1	Szenario 2
Persönlichkeitsmerkmale		
Handlungen	0,33	0,42
Aktivität	-0,06	0,49*
R_j^2	0,01	0,35**

^{a} Codierung des Geschlechts als *Dummy*-Variable: 0 = männlich, 1 = weiblich.
** $p < 0,01$; * $p < 0,05$; + $p < 0,1$

Den aufgeführten Ergebnissen zufolge üben das Alter, das Geschlecht und die Benutzbarkeit als Kontrollvariablen keinen signifikanten Einfluss auf ein effektuativ-flexibles Verhalten aus.

Im Kontext einer möglichen Einflussnahme der Persönlichkeit liegen die für die Handlungen-Persönlichkeitsfacette ermittelten Koeffizienten zwar oberhalb von 0,2 und sind damit als bedeutsam anzusehen, stellen sich jedoch in beiden Szenarien als statistisch nicht signifikant heraus. Daher ist *Hypothese 5*, die einen positiven Einfluss der Handlungen-Facette auf ein effektuativ-flexibles Verhalten in einer Umgebung mit geringer Unsicherheit postuliert, abzulehnen. Hinsichtlich der Aktivität-Facette zeichnet sich nur in Szenario 2 als stark unsichere Umgebung ein starker, positiver und signifikanter Einfluss auf ein flexibles Verhalten ab. *Hypothese 4b*, die einen positiven Einfluss der Aktivität-Facette auf ein effektuativ-flexibles Verhalten jedoch in einer Umgebung mit geringer Unsicherheit unterstellt, ist daher abzulehnen.

Die geringen Beiträge der Variablen zur Erklärung des effektuativ-flexiblen Verhaltens in einer schwach unsicheren Umgebung spiegeln sich in einer entsprechend niedrigen Modellgüte von 1% wieder. In Szenario 2 hingegen konnten 35% der Varianz im endogenen Verhaltenskonstrukt erklärt werden. Eine hier für die Aktivität-Facette ermittelte Effektstärke von $f^2 = 0,40$ zeigt, dass die Facette einen starken Beitrag zur Erklärung dieses Verhaltens leistet.

Effektuativ-kooperatives Verhalten

Tabelle 7.16.: Ergebnisse der PLS-SEM Analyse für ein effektuativ-kooperatives Verhalten

Modell	Szenario 1	Szenario 2
Kontrollvariablen		
Alter	0,27+	0,10

Tabelle 7.16.: Ergebnisse der PLS-SEM Analyse für ein effektuativ-kooperatives Verhalten (*Fortsetzung*)

Modell	Szenario 1	Szenario 2
Geschlecht[a]	$-0,44^{**}$	0,02
Benutzbarkeit (SUS)	0,07	$-0,09$
Persönlichkeitsmerkmale		
Geselligkeit	$0,67^{**}$	$-0,36$
Vertrauen	0,20	0,37
R_j^2	$0,30^{*}$	0,09

[a] Codierung des Geschlechts als *Dummy*-Variable: 0 = männlich, 1 = weiblich.
$^{**}\,p < 0,01;\; ^{*}\,p < 0,05;\; ^{+}\,p < 0,1$

Im Hinblick auf eine mögliche Einflussnahme der Kontrollvariablen wurde in Szenario 1 festgestellt, dass das Alter und das Geschlecht einen schwach respektive stark signifikanten Einfluss auf ein effektuativ-kooperatives Verhalten ausüben. Die Interpretierbarkeit des Geschlechts als dichotomer Prädiktor in einem PLS-SEM ist jedoch nicht unumstritten (Hair et al., 2013), sodass der Einfluss des Geschlechts durch eine mittels SPSS durchgeführten Regression zusätzlich überprüft wurde. Die Ergebnisse dieser Regressionsanalyse lassen erkennen, dass das Geschlecht tatsächlich einen schwach signifikanten, negativen Einfluss auf das effektuativ-kooperative Verhalten ausübt ($b = -0,38$, $p < 0,1$). Hinsichtlich der Beiträge dieser Kontrollvariablen zur Erklärung des effektuativ-kooperativen Verhaltens ist festzuhalten, dass das Alter mit einer Effektstärke von $f^2 = 0,11$ einen nur geringen bis mittelmäßigen Erklärungsbeitrag leistet. Das Geschlecht hingegen leistet mit $f^2 = 0,21$ einen vergleichsweise stärker ausgeprägten Erklärungsbeitrag, der jedoch für eine adäquate Beurteilung in Relation zu den Erklärungsleistungen der betrachteten Persönlichkeitseigenschaften gesetzt werden sollte.

Im Kontext der betrachteten Persönlichkeitseigenschaften wurde ein signifikant positiver Einfluss der Geselligkeit-Facette auf ein effektuativ-kooperatives Verhalten in Szenario 1 festgestellt. Der zugehörige Pfadkoeffizient von $0,67$ und eine ermittelte Effektstärke von $f^2 = 0,47$ deuten darauf hin, dass die Persönlichkeitsfacette der Geselligkeit einen starken Einfluss auf das Verhalten ausübt und einen gewichtigen Beitrag zu dessen Erklärung leistet. Ein Vergleich der für die Geselligkeit-Facette ermittelten Effektstärke mit jener des Alters ($f^2 = 0,11$) und des Geschlechts ($f^2 = 0,21$) offenbart, dass die Geselligkeit-Facette den größten Anteil der Varianz im endogenen Verhaltenskonstrukt erklärt. *Hypothese 3*, die einen positiven Einfluss der Geselligkeit auf ein effektuativ-kooperatives Verhalten in einer Umgebung mit geringer Unsicherheit postuliert, wird daher als bestätigt betrachtet.

Im Hinblick auf die Vertrauen-Facette formuliert *Hypothese 6* einen positiven Einfluss der Facette auf ein effektuativ-kooperatives Verhalten, ebenfalls in einer Umgebung mit geringer Unsicherheit. Dieser Einfluss konnte jedoch weder für Szenario 1, noch für Szenario 2 auf den angegebenen Signifikanzniveaus nachgewiesen werden, sodass Hypothese 6 abzulehnen ist. Insgesamt betrachtet wurde in Szenario 1 durch die aufgenommenen Variablen 30% der Varianz im endogenen Verhaltenskonstrukt erklärt. In Szenario 2 hingegen konnten weder Einflüsse der Kontrollvariablen, noch Einflüsse der Persönlichkeit nachgewiesen werden. Diese mangelnde Einflussnahme manifestiert sich in einer entsprechend niedrigen Modellgüte von 9% erklärter Verhaltensvarianz.

Gesamteffektuatives Verhalten

In den aufgestellten Hypothesen zu den Einflüssen der Persönlichkeit wurde zwischen den betrachteten, effektuativen Verhaltensfacetten genau differenziert. Obgleich eine solch differenzierte Betrachtung des effektuativen Verhaltens eine feingranulare Beschreibung von Verhaltenseinflüssen ermöglicht, schließt dies einen übergreifenden Einfluss der Persönlichkeit auf ein aus den Facetten formiertes, gesamteffektuatives Verhalten nicht aus (Perry et al., 2012). Zur explorativen Ermittlung einer solch indirekten Einflussnahme der vormals betrachteten Persönlichkeitseigenschaften auf ein gesamteffektuatives Verhalten wurden die entsprechenden Pfadkoeffizienten bestimmt und sind in Tabelle 7.17 angegeben.

Tabelle 7.17.: Ergebnisse der PLS-SEM Analyse für ein gesamteffektuatives Verhalten

Modell	Szenario 1	Szenario 2
Kontrollvariablen		
Alter	0,46[*]	-0,02
Geschlecht[a]	-0,17	-0,07
Benutzbarkeit (SUS)	-0,11	-0,21
Persönlichkeitsmerkmale		
Ängstlichkeit	0,05	0,14
Geselligkeit	0,28[*]	-0,17
Aktivität	0,24	0,42[**]
Handlungen	0,16	0,20
Vertrauen	0,09	0,17
Risikofreudigkeit	-0,25[*]	-0,21[**]

[a] Codierung des Geschlechts als *Dummy*-Variable: 0 = männlich, 1 = weiblich.
[**] $p < 0,01$; [*] $p < 0,05$; [+] $p < 0,1$

Mit Ausnahme des Alters geht von den Kontrollvariablen kein signifikanter Einfluss auf ein gesamteffektuatives Verhalten aus. In diesem Sinne ist festzuhalten, dass sich mit höherem Alter auch ein vermehrtes, gesamteffektuatives Verhalten in einer Umgebung mit geringer Unsicherheit zeigt.

Hinsichtlich der betrachteten Persönlichkeitseigenschaften decken sich ihre Einflüsse auf ein gesamteffektuatives Verhalten mit ihren effektuativen, verhaltensspezifischen Einflüssen. In diesem Sinne konnten für die Facetten der Ängstlichkeit, des Vertrauens und der Handlungen weder Einflüsse auf ihre spezifischen, noch auf ein gesamteffektuatives Verhalten nachgewiesen werden. Auch die Geselligkeit-Facette übt in Szenario 1 einen positiven Einfluss sowohl auf ein effektuativ-kooperatives, als auch auf ein gesamteffektuatives Verhalten aus. Der in beiden Szenarien festgestellte, negative Einfluss der Risikofreudigkeit zeigt sich ebenfalls bei einem effektuativ-verlustakzeptablen und gesamteffektuativen Verhalten.

Eine Ausnahme von dieser Konformität der Einflussnahme bildet die Aktivität-Facette. Für diese Facette wurde in Szenario 2 ein signifikant positiver Einfluss auf ein experimentelles und flexibles Verhalten nachgewiesen. Ein in diesem Szenario signifikant positiver Einfluss auf ein gesamteffektuatives Verhalten ist daher nicht überraschend. In Szenario 1 wurde ebenfalls ein signifikant positiver Einfluss auf ein effektuativ-experimentelles Verhalten, jedoch kein signifikanter Einfluss auf effektuativ-flexibles Verhalten ermittelt. Aufgrund dieser nur in Teilen signifikanten, direkten Einflussnahme der Aktivität-Facette stellt sich der indirekte Einfluss der Facette auf ein gesamteffektuatives Verhalten als nicht signifikant heraus.

Kausales Verhalten

Tabelle 7.18.: Ergebnisse der PLS-SEM Analyse für ein kausales Verhalten

Modell	Szenario 1	Szenario 2
Kontrollvariablen		
Alter	0,19	0,26
Geschlecht[a]	-0,45**	0,09
Benutzbarkeit (SUS)	0,21	0,16
Persönlichkeitsmerkmale		
Besonnenheit	0,33	0,38**
Ordnung	-0,34	0,46**
R_j^2	0,54**	0,48**

[a] Codierung des Geschlechts als *Dummy*-Variable: 0 = männlich, 1 = weiblich.
** $p < 0,01$; * $p < 0,05$; + $p < 0,1$

Den Angaben der Tabelle zur PLS-SEM Analyse ist zu entnehmen, dass das Geschlecht in Szenario 1 einen signifikanten, negativen Einfluss auf das kausale Verhalten ausübt. Aufgrund der jedoch problematischen Interpretierbarkeit von dichotomen Prädiktoren in einem PLS-SEM, wurde der Einfluss des Geschlechts durch eine mittels SPSS durchgeführte Regression überprüft (Hair et al., 2013). Im Ergebnis belegt die Regressionsanalyse jedoch den signifikant negativen Einfluss des Geschlechts auf das kausale Verhalten ($b = -0,49$, $p < 0,01$).

Eine hohe Effektstärke des Geschlechts ($f^2 = 0,45$) in Szenario 1 deutet auf einen umfangreichen Beitrag dieses Merkmals zur Erklärung des kausalen Verhaltens in diesem Szenario hin. Eine Betrachtung der Pfadkoeffizienten der Besonnenheit- und Ordnung-Facette lässt erkennen, dass von diesen Persönlichkeitsfacetten in Szenario 1 kein signifikanter Einfluss auf ein kausales Verhalten ausgeht. Die hohe Modellgüte von 54% erklärter Varianz im endogenen Verhaltenskonstrukt ist entsprechend ihrer hohen Effektstärke insbesondere auf das Geschlecht als alleiniger, signifikanter Prädiktor für ein kausales Verhalten zurückzuführen.

In Szenario 2 hingegen konnten positive, signifikante Einflüsse der Besonnenheit- und Ordnung-Facette nachgewiesen werden. Entsprechend der Höhe der ermittelten Pfadkoeffizienten geht von diesen Facetten ein starker Einfluss auf das kausale Verhalten aus. Auch die Beiträge der Facetten zur Erklärung des Verhaltens sind mit Effektstärken von $f^2 = 0,27$ bei der Besonnenheit- und $f^2 = 0,39$ bei der Ordnung-Facette überdurchschnittlich bzw. stark ausgeprägt. In ihrer Gesamtheit spiegeln sich diese Beiträge in einer hohen Modellgüte von 48% erklärter Verhaltensvarianz wieder. Sowohl *Hypothese 7*, die einen positiven Einfluss der Ordnung-Facette, als auch *Hypothese 8*, die einen positiven Einfluss der Besonnenheit-Facette auf ein kausales Verhalten in einer unsicheren Umgebung unterstellt, wurden daher bestätigt.

7.5.4. Interpretation der Einflüsse der Persönlichkeit

Die Einflüsse verschiedener Persönlichkeitseigenschaften auf die effektuativen und das kausale Verhalten in einer schwach (Szenario 1) respektive stark (Szenario 2) unsicheren Umgebung wurden im vorherigen Kapital analysiert. Eine Interpretation der festgestellten und auch nicht bestätigten Einflüsse der Persönlichkeit wird im Folgenden vorgenommen.

Kausales Verhalten

Abbildung 7.3 fasst die in den beiden Szenarien ermittelten Pfadkoeffizienten, annotiert an die Einflusskanten im abgebildeten Strukturmodell, und die erklärten, korrigierten Varianzanteile im kausalen Verhalten zusammen.

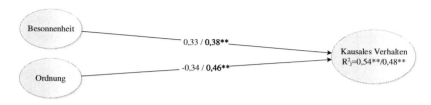

Die Pfadkoeffizienten und Varianzanteile sind für Szenario 1 und Szenario 2 separat angegeben. **Fettgedruckte** Werte kennzeichnen den signifikanten Einfluss mit der höheren Effektstärke. Auf die Abbildung der Kontrollvariablen wurde aus Übersichtsgründen verzichtet.
** p < 0,01; * p < 0,05; ⁺ p < 0,1

Abbildung 7.3.: Strukturmodell zum Einfluss der Persönlichkeit auf das kausale Verhalten

Für eine adäquate Interpretation der Einflussnahme der Persönlichkeit auf ein kausales Verhalten sind die Ergebnisse aus der Verhaltensanalyse zu berücksichtigen. Die Ergebnisse der Verhaltensanalyse ließen erkennen, dass in einer Umgebung mit geringer Unsicherheit ein vermehrt kausales Verhalten gezeigt wurde. Dieses hypothetisierte und vermehrt gezeigte, kausale Verhalten wurde dadurch begründet, dass eine schwach unsichere Umgebung, nach dem Ansatz der Situationsstärke, ein vermehrt kausales Verhalten erwarten lässt. In einer solch starken Situation ist eher die Umgebung denn die Persönlichkeit als Verhaltenstreiber zu sehen (Beaty et al., 2001). Ein Einfluss der Persönlichkeit auf ein kausales Verhalten wurde daher eher in einer stark unsicheren Umgebung als schwache Situation vermutet.

In der Tat konnten signifikante Einflüsse der Ordnung- und Besonnenheit-Facette auf ein kausales Verhalten ausschließlich in einer stark unsicheren Umgebung nachgewiesen werden. Die diesen Facetten zugeordneten Attribute der Vorsicht, des Planvollen und des Geordneten (Millon et al., 2002; Costa et al., 1991) wirken demnach als Treiber für ein kausales Verhalten in jener Umgebung, in der ein solches Verhalten aufgrund von starker Unsicherheit weniger sinnhaft erscheint (Andries et al., 2013; Perry et al., 2012) und auch in entsprechend geringerem Maße gezeigt wurde.

In einer Umgebung mit geringer Unsicherheit scheint jedoch nicht nur die Verhaltenserwartung der Umgebung, sondern auch das Geschlecht eine wichtige Rolle für das kausale Verhalten zu spielen. Die Ergebnisse lassen hier ein vermindert kausales Verhalten der weiblichen Teilnehmer im Vergleich zu den männlichen Teilnehmern erkennen. Diese Einflussnahme kann dadurch erklärt werden, dass sich Frauen in einer schwach unsicheren Umgebung weniger an langfristigen Plänen orientieren (Lerner & Almor, 2002), die jedoch als zentrales Element einer kausalen Vorgehensweise verstanden werden (Chandler et al., 2011).

Zusammengefasst ist festzuhalten, dass unerfahrene Entrepreneure ihr kausales Verhalten an die herrschende Umgebungsunsicherheit anpassen, indem sie in einer Umgebung mit schwacher Unsicherheit vermehrt bzw. in einer Umgebung mit starker Unsicherheit vermindert kausal vorgehen. Dabei ist das in einer stark unsicheren Umgebung gezeigte, kausale Verhalten insbesondere auf eine kausal geprägte Persönlichkeit der Entrepreneure zurückzuführen. Im Geschlechtervergleich zeigen weibliche, unerfahrene Entrepreneure aufgrund ihrer geringeren Orientierung an langfristigen und formalen Plänen ein weniger kausales Verhalten als männliche, unerfahrene Entrepreneure.

Während ein vermehrt kausales Verhalten in einer schwach unsicheren Umgebung verortet und nachgewiesen wurde, wurde in einer stark unsicheren Umgebung, aufgrund der dort herrschenden Dynamik und Instabilität, ein vermehrt effektuatives Verhalten erwartet. Diese Erwartungshaltung leitete sich daraus ab, dass in einer Umgebung mit starker Unsicherheit die Umgebung selbst als Treiber für ein vermehrt effektuatives Verhalten angesehen wurde (starke Situation), während ein Einfluss der Persönlichkeit auf ein effektuatives Verhalten eher in einer Umgebung mit geringer Unsicherheit erwartet wurde (schwache Situation). Die Ergebnisse der Verhaltensanalyse zeigen jedoch gegenteilig ein vermehrt effektuativ-flexibles und effektuativ-verlustakzeptables Verhalten in einer schwach unsicheren anstatt stark unsicheren Umgebung. Darüber hinaus wurden keine Verhaltensunterschiede bei einem effektuativ-experimentellen und effektuativ-kooperativen Verhalten festgestellt.

Auf dieses heterogene Verhaltensbild und entsprechend unterschiedliche Einflussnahmen der Persönlichkeit auf die effektuativen Verhaltensfacetten wird im Folgenden eingegangen. Abbildung 7.4 fasst hierzu die Pfadkoeffizienten zu den Einflüssen der Persönlichkeitseigenschaften auf die effektuativen Verhaltensfacetten und zu den Einflüssen der Verhaltensfacetten auf ein gesamteffektuatives Verhalten zusammen. Zusätzlich sind die in den beiden Szenarien erklärten, korrigierten Varianzanteile in den endogenen Verhaltenskonstrukten aufgeführt.

Effektuativ-experimentelles Verhalten

Im Hinblick auf ein effektuativ-experimentelles Verhalten wurde ein positiver Einfluss der Aktivität-Facette in einer schwach unsicheren Umgebung erwartet. Die Einflussnahme wurde dadurch begründet, dass das Experimentieren mit und Anpassen von Produkten und Geschäftsmodellen als Entwicklungstätigkeiten verstanden werden (Sosna et al., 2010), die durch den damit einhergehenden Lernzuwachs (Arend et al., 2015) von aktiven Menschen angestrebt werden (Major et al., 2006). Da diese Art der Produkt- und Geschäftsmodellentwicklung eine Möglichkeit des Umgangs mit starker Unsicherheit repräsentiert (Chandler et al., 2011), und auch unerfahrenen Entrepreneuren eine latente Erkenntnis dieser Möglichkeit in einer stark unsicheren Umgebung unterstellt wurde (starke Situation), wurde ein Einfluss der Persönlichkeit auf ein effektuativ-experimentelles Verhalten in einer Umgebung mit geringer Unsicherheit verortet (schwache Situation). Dieser vermutete Einfluss der Persönlichkeit wurde bestätigt, sodass

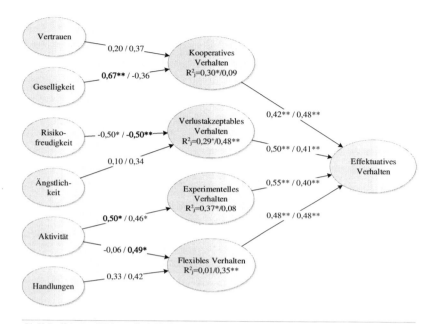

Die Pfadkoeffizienten und Varianzanteile sind für Szenario 1 und Szenario 2 separat angegeben. **Fettgedruckte** Werte kennzeichnen den signifikanten Einfluss mit der höheren Effektstärke. Auf die Abbildung der Kontrollvariablen wurde aus Übersichtsgründen verzichtet.
** p < 0,01; * p < 0,05; ' p < 0,1

Abbildung 7.4.: Strukturmodell zum Einfluss der Persönlichkeit auf effektuatives Verhalten

die Persönlichkeitsfacette der Aktivität als relevanter Treiber für ein experimentelles Verhalten in einer Umgebung mit geringer Unsicherheit anzusehen ist.

Ein Einfluss der Aktivität-Facette wurde allerdings auch in einer stark unsicheren Umgebung festgestellt. In Übereinstimmung mit der festgestellten, effektuativ-experimentellen Verhaltens-gleichheit in beiden Umgebungen könnte diese zusätzliche Einflussnahme darauf zurückgeführt werden, dass die Erwartung an eine experimentelle Vorgehensweise in einer stark unsicheren Umgebung nur unzureichend erkannt wurde, sodass hier nicht nur die Umgebung, sondern auch die Persönlichkeit als Verhaltenstreiber zu sehen ist. Der Beitrag dieser Persönlichkeitsfacette zur Erklärung des effektuativ-experimentellen Verhaltens ist in der stark unsicheren Umgebung jedoch deutlich schwächer ausgeprägt. Demzufolge übt die Aktivität-Facette zwar in beiden Szenarien einen Einfluss auf ein effektuativ-experimentelles Verhalten aus, ist aufgrund der stär-keren Beitragsleistung zur Verhaltenserklärung jedoch eher in einer schwach unsicheren denn stark unsicheren Umgebung als relevanter Treiber für ein experimentelles Verhalten zu sehen.

Daher wird in einer stark unsicheren Umgebung eher die Umgebungssituation denn die Persönlichkeit als Verhaltensdeterminante für ein effektuativ-experimentelles Verhalten betrachtet, die in Einklang mit der Effectuation-Theorie zwar kein explizites, vermehrt effektuatives Verhalten von unerfahrenen Entrepreneuren gefördert hat, dass gezeigte Verhaltensmaß jedoch durchaus begründen kann (Cooper & Withey, 2009).

Zusätzlich wurde ein negativer Einfluss der Benutzbarkeit auf ein experimentelles Verhalten in einer Umgebung mit schwacher Unsicherheit ermittelt. Als Grund für diesen Einfluss kann angeführt werden, dass eine als gut wahrgenommene Benutzbarkeit den Teilnehmern das Gefühl von Selbstsicherheit im Umgang mit FSim vermittelt hat (Flavian et al., 2006). Diese Selbstsicherheit hat die Teilnehmer in einer Umgebung mit schwacher Unsicherheit glauben lassen können, mit der dort gering ausgeprägten Unsicherheit derart umgehen zu können, dass ein experimentelles Vorgehen als nicht notwendig erachtet wird.

Zusammengefasst zeigen unerfahrene Entrepreneure kein unterschiedlich effektuativ-experimentelles Verhaltensmaß in Abhängigkeit von der Umgebungsunsicherheit. Ein vermehrt effektuativ-experimentelles Vorgehen in einer stark unsicheren Umgebung ist demnach eher bei den erfahrenen Entrepreneuren zu verorten (Fisher, 2012). Ein Einfluss der Aktivität-Persönlichkeitsfacette wurde zwar in beiden Umgebungen festgestellt, jedoch leistet die Facette – entsprechend der Erwartung nach dem Ansatz der Situationsstärke – nur in einer schwach unsicheren Umgebung einen relevanten Beitrag zur Erklärung des Verhaltens. In einer Umgebung mit starker Unsicherheit, obgleich sich nicht in einem vermehrten Verhalten manifestierend, wird das gezeigte, effektuativ-experimentelle Verhalten auf die Wahrnehmung der Umgebung durch die unerfahrenen Entrepreneure zurückgeführt (Cooper & Withey, 2009).

Effektuativ-verlustakzeptables Verhalten

Hinsichtlich des effektuativ-verlustakzeptablen Verhaltens wurden ein positiver Einfluss der Ängstlichkeit-Facette und ein negativer Einfluss der Risikofreudigkeit-Persönlichkeitseigenschaft unterstellt. Der positive Einfluss der Ängstlichkeit wurde dadurch begründet, dass ängstliche Menschen Risiken vermeiden (Maner et al., 2007) und Verlusthöhen gering halten wollen (Hartley & Phelps, 2012; Gaul, 1977). Der hypothetisierte, negative Einfluss der Risikofreudigkeit ergibt sich daraus, dass eine schwache Ausprägung in dieser Eigenschaft mit einer vermehrten Fokussierung auf sichere Entscheidungsalternativen (March & Zur, 1987), risikoaversem Verhalten (Stewart & Roth, 2001; Brockhaus, 1980) und der Begrenzung von unternehmerischen Verlusten (Ye et al., 2008) in Verbindung gebracht wird. Entsprechend der Interpretation einer stark unsicheren Umgebung als situationsstark und einer schwach unsicheren Umgebung als situationsschwach für ein effektuatives Verhalten, wurden die Einflüsse beider Persönlichkeitseigenschaften in einer Umgebung mit geringer Unsicherheit verortet.

Die Ergebnisse lassen jedoch erkennen, dass die Ängstlichkeit-Facette weder in einer schwach noch stark unsicheren Umgebung einen Einfluss auf ein verlustakzeptables Verhalten ausübt. Ein Grund für diese mangelnde Einflussnahme könnte nach der *Trait Activation Theory* eine unzureichende Aktivierung dieser Persönlichkeitseigenschaft durch den vorliegenden Simulationskontext sein (Tett et al., 2013). Eine unzureichende Aktivierung kann sich daraus ergeben haben, dass keine realen, unternehmerischen Aktivitäten stattfanden und die unternehmerischen Verluste keine ernsthaften Konsequenzen nach sich zogen. Ebendiese mangelnde Kritikalität der Handlungen hat eine Verhaltensmodifikation durch die Ängstlichkeit-Facette verhindern können. Auch ein verzerrtes Antwortverhalten dahingehend, dass ängstliche Menschen die Fragen zur Erfassung der Ausprägungen in dieser Facette nicht wahrheitsgemäß beantwortet haben (MacLeod et al., 1986), könnte eine mangelnde Einflussnahme begründen.

Für die Risikofreudigkeit hingegen konnte ein negativer Einfluss der Persönlichkeitseigenschaft auf ein effektuativ-verlustakzeptables Verhalten sowohl in einer stark als auch schwach unsicheren Umgebung nachgewiesen werden. Die Annahme einer Einflussnahme dieser Persönlichkeitseigenschaft in einer Umgebung mit geringer Unsicherheit wurde damit zwar bestätigt, allerdings ist ihr Beitrag zur Erklärung des verlustakzeptablen Verhaltens in dieser Umgebung nur mittelstark ausgeprägt. In einer stark unsicheren Umgebung geht von der Risikofreudigkeit zwar kein stärkerer Einfluss aus, jedoch leistet sie dort einen vergleichsweise größeren Beitrag zur Erklärung des dort gezeigten, verlustaktzeptablen Verhaltens.

Ein möglicher Grund für den geringen Beitrag der Risikofreudigkeit zur Verhaltenserklärung in einer schwach unsicheren Umgebung könnte eine vermehrte Verhaltenshomogenität sein (Meyer et al., 2010, 2009), resultierend aus einer ausgeprägten Situationsstärke (Beaty et al., 2001). In der Tat und entgegen der ursprünglichen Annahme zeigen die Ergebnisse der Verhaltensanalyse ein signifikant vermehrtes, effektuativ-verlustakzeptables Verhalten eher in einer schwach denn stark unsicheren Umgebung. Im Rahmen der Verhaltensinterpretation wurde festgehalten, dass unerfahrenen Entrepreneure ein solches Verhalten eher als Ergänzung zu einem kausalen Verhalten in einer schwach unsicheren Umgebung denn als eine Möglichkeit des Umgangs mit starker Unsicherheit betrachten. Dementsprechend ist die ursprüngliche Klassifikation einer Umgebung mit geringer Unsicherheit als schwache und einer Umgebung mit großer Unsicherheit als starke Situation für dieses effektuative Verhalten nicht zutreffend. Vielmehr ist für diese Verhaltensfacette eine Umgebung mit geringer Unsicherheit als starke und eine Umgebung mit starker Unsicherheit als schwache Situation zu interpretieren. Aus dieser zum kausalen Verhalten analogen Perspektive ist nachvollziehbar, dass die Persönlichkeitseigenschaft der Risikofreudigkeit in einer stark unsicheren Umgebung als schwache Situation einen größeren Beitrag zur Erklärung des verlustakzeptablen Verhaltens leistet.

Darüber hinaus wurde ein schwach signifikanter, negativer Einfluss der Benutzbarkeit auf ein effektuativ-verlustakzeptables Verhalten in einer stark unsicheren Umgebung festgestellt. Der negative Einfluss der Benutzbarkeit kann dadurch begründet werden, dass die mit einer gesteigerten Benutzbarkeit einhergehende Selbstsicherheit (Flavian et al., 2006) im Umgang mit FSim den Nutzer glauben lässt, die stark ausgeprägte Umgebungsunsicherheit substitutiv eher mit seinen Nutzungsfähigkeiten denn mit einem verlustakzeptablen Verhalten bewältigen zu können. Eine solch gesteigerte Selbstsicherheit im Sinne einer Selbstüberschätzung ist für Menschen charakteristisch (Metcalfe, 1998), die in kurzer Zeit neue Dinge erlernt haben (hier den Umgang mit FSim) (Dunning et al., 2004) und darüber hinaus schwierige Aufgaben (Juslin et al., 2000) im Kontext einer unsicheren Umgebung zu bewältigen haben (Dunning et al., 2004; Kahneman & Tversky, 1977). Im Ergebnis kann diese Selbstüberschätzung dann zu einem entsprechend geringer ausgeprägten, verlustakzeptablen Verhalten und vermehrten, unternehmerischen Verlusten führen (Dunning et al., 2004).

Zusammengefasst und im Einklang mit der Effectuation-Theorie betrachten unerfahrene Entrepreneure ein effektuativ-verlustakzeptables Verhalten weniger als Möglichkeit des Umgangs mit starker Unsicherheit, sondern eher als Ergänzung zu einem kausalen Verhalten in einer schwach unsicheren Umgebung. Hierzu konform stellt sich die Risikofreudigkeit eher in einer Umgebung mit starker Unsicherheit (schwache Situation) denn in einer Umgebung mit schwacher Unsicherheit (starke Situation) als bedeutsamer Prädiktor für ein verlustakzeptables Verhalten heraus. Der nicht bestätigte Einfluss der Ängstlichkeit-Persönlichkeitsfacette wurde auf deren mangelnde Aktivierung durch den vorliegenden Simulationskontext zurückgeführt.

Effektuativ-flexibles Verhalten

Einflüsse der Persönlichkeitsfacetten der Handlungen und Aktivität auf ein effektuativ-flexibles Verhalten wurden in einer Umgebung mit schwacher Unsicherheit vermutet. Der positive Einfluss der Handlungen-Facette wurde dadurch begründet, dass handlungsorientierte Menschen Veränderungen willkommen heißen (Jackson, 1974; McCrae, 1993) und auf diese Veränderungen flexibel (John et al., 2008) und adaptiv (Albrecht et al., 2014) reagieren. Aktive Menschen hingegen könnten eine Befriedigung ihrer Lernbedürfnisse in einer flexibel ausgerichteten Vorgehensweise finden (Andries et al., 2013; Major et al., 2006).

Die Ergebnisse lassen jedoch keine signifikanten Einflüsse dieser beiden Facetten auf ein effektuativ-flexibles Verhalten in der postulierten Umgebung mit geringer Unsicherheit erkennen. Da in der durchgeführten Verhaltensanalyse entgegen der ursprünglichen Annahme jedoch ein vermehrt flexibles Verhalten in einer schwach unsicheren Umgebung festgestellt wurde, zeichnet sich auch hier ein vertauschtes Verhältnis der Situationsstärken ab. Dementsprechend sind in einer schwach unsicheren Umgebung eher die Umgebung selbst (starke Situation) und in einer stark unsicheren Umgebung eher die Persönlichkeit (schwache Situation) als Treiber für ein effektuativ-flexibles Verhalten zu betrachten.

In der Tat wurde ein signifikant positiver und starker Einfluss der Aktivität-Facette in einer stark unsicheren Umgebung festgestellt. Unter Berücksichtigung der Ergebnisse der Verhaltensanalyse wird ein flexibles Verhalten von unerfahrenen Entrepreneuren nicht explizit als adäquat im Umgang mit einer ausgeprägten Umgebungsunsicherheit betrachtet, sodass das hier vermindert gezeigte, flexible Verhalten weniger auf die Umgebung, sondern vielmehr auf eine aktive Persönlichkeit zurückzuführen ist.

Für die Handlungen-Facette konnte jedoch auch in einer stark unsicheren Umgebung kein Einfluss auf ein effektuativ-flexibles Verhalten festgestellt werden. Die durch die Pfadkoeffizienten ausgedrückten Einflussstärken der Facette sind zwar als bedeutsam anzusehen, jedoch erweist sich ihre Einflussnahme selbst als nicht signifikant. Im Rahmen der Ursachenforschung für diese mangelnde Einflussnahme ist festzuhalten, dass der Persönlichkeitsfaktor der Offenheit als untererforscht gilt und empirische Zusammenhänge bislang nur schwach belegt werden konnten (Penney et al., 2011). Eine mangelnde Relevanz könnte daraufhin unterstellt werden. Andererseits bekräftigen Judge & Zapata (2015, S. 17) die Relevanz und den Einfluss des Faktors für ein flexibles Verhalten dahingehend, dass „even research in neuropsychology suggests that openness is linked to the 'the tendency to engage actively and flexibly with novelty' [...] (DeYoung et al., 2005, S. 829)". Dementsprechend ist der Persönlichkeitsfaktor der Offenheit für ein effektuativ-flexibles Verhalten durchaus von Relevanz (Bean, 2010), jedoch mag sich diese Relevanz nicht in der Handlungen-Facette des Faktors widerspiegeln.

Ein weiterer Grund könnte eine mangelnde Relevanz des Kontextes für diese Persönlichkeitsfacette darstellen (Tett et al., 2013). Entsprechend der vorherigen Erläuterungen wird der Persönlichkeitsfaktor der Offenheit zwar mit einem flexiblen Verhalten in Zusammenhang gebracht (Judge & Zapata, 2015; Bean, 2010), jedoch könnte sich dieser Zusammenhang eher in einem zwischenmenschlich geprägten Kontext (z.B. Flexibilität im Team (Driskell et al., 2006)) als in einem aufgabenbezogenen Kontext zeigen (Kell et al., 2010). Da die effektuative Flexibilität den zwischenmenschlichen Kontext nicht explizit adressierte, könnte dies ebenfalls den mangelnden Einfluss der Handlungen-Facette begründen.

Zusammengefasst betrachten unerfahrene Entrepreneure auch ein effektuativ-flexibles Verhalten eher als Ergänzung zu einem kausalen Verhalten in einer schwach unsichereren Umgebung denn als Möglichkeit im Umgang mit starker Unsicherheit. Entsprechend dem hieraus resultierenden, vermehrt flexiblen Verhalten in einer schwach unsicheren Umgebung wird dort die Umgebung als Verhaltenstreiber (starke Situation), in einer stark unsicheren Umgebung hingegen die Persönlichkeit als Verhaltenstreiber angesehen (schwache Situation). In diesem Sinne wirkt die Aktivität-Facette als Treiber für ein effektuativ-flexibles Verhalten in einer stark unsicheren Umgebung. Von der Handlungen-Facette geht, möglicherweise aufgrund einer mangelnden Relevanz der Facette selbst oder einer mangelnden Abdeckung zwischenmenschlicher Aspekte durch das flexible Verhalten, kein Einfluss auf ein effektuativ-flexibles Verhalten aus.

Effektuativ-kooperatives Verhalten

Hinsichtlich des effektuativ-kooperativen Verhaltens wurden positive Einflüsse der Persönlichkeitsfacetten der Geselligkeit und des Vertrauens in einer Umgebung mit geringer Unsicherheit verortet. Die Einflussnahme der Geselligkeit wurde dadurch begründet, dass gesellige Menschen als kontaktfreudig gelten (Millon et al., 2002), sich entsprechend größere, soziale Netze aufbauen (Wolff & Kim, 2012; Wolff et al., 2008; Pollet et al., 2011), und auf diese Kontakte im Rahmen einer kooperativen Bewältigung von Aufgaben zurückgreifen (LePine & van Dyne, 2001). Auch ein ausgeprägtes Vertrauen kann als Treiber für ein kooperatives Verhalten (Rousseau et al., 1998) bzw. für die Anwendung kooperativer Strategien (Ross et al., 2003; LePine & van Dyne, 2001) in Betracht gezogen werden.

Die Ergebnisse zeigen, dass die Geselligkeit in der Tat einen starken, positiven Einfluss auf ein effektuativ-kooperatives Verhalten in einer Umgebung mit geringer Unsicherheit ausübt, und demnach als bedeutsamer Treiber für dieses Verhalten zu sehen ist. Bei der Vertrauen-Facette ist weder in einer sicheren noch unsicheren Umgebung eine Einflussnahme zu beobachten. Colquitt et al. (2006) führen an, dass Vertrauen, in Verbund mit „[...] making oneself vulnerable to the actions of another party [...]" (Söllner et al., 2016, S. 2), eher im Kontext langfristiger und realer Beziehungen von Relevanz ist. Da es sich im vorliegenden Kontext um virtuelle Beziehungen unter Simulationsbedingungen handelt, kann diese fehlende Realitätsnähe die mangelnde Einflussnahme der Facette begründen.

Der darüber hinaus festgestellte, positive Einfluss des Alters auf ein kooperatives Verhalten kann durch die im höheren Alter stärker ausgeprägte Expertise begründet werden (McKelvie et al., 2013). Diese Begründung fußt darauf, dass ebendiese Expertise für den Aufbau eines unternehmerischen Netzwerkes von zentraler Bedeutung ist (Baron & Ensley, 2006). Die Beschränkung dieser Einflussnahme des Alters auf eine schwach unsichere Umgebung kann dadurch begründet werden, dass die Expertise der hier betrachteten, unerfahrenen Entrepreneure zwar ein effektuatives Verhalten fördert, jedoch im Vergleich zu jener der erfahrenen Entrepreneuren so gering ausgeprägt ist, dass diese ein effektuativ-kooperatives Vorgehen nicht als explizite Möglichkeit zur Bewältigung von starker Umgebungsunsicherheit betrachten.

Zusätzlich zur Einflussnahme des Alters wurde ein Einfluss des Geschlechts dahingehend festgestellt, dass Frauen in einer Umgebung mit geringer Unsicherheit ein weniger kooperatives Verhalten im Vergleich zu Männern zeigen. Die Literatur lässt durchaus geschlechtliche Unterschiede im Hinblick auf ein kooperatives Verhalten vermuten: „Some evidence suggests that women even view social relations in a different way than men, leading to different networking behaviours" (Aldrich et al., 1989, S. 340). Umfassende, geschlechtliche Unterschiede konnten jedoch mehrheitlich nicht nachgewiesen werden (z.B. Watson (2012); Cromie & Birley (1992); Aldrich et al. (1989)). Allerdings existieren Studien wie jene von Verheul & Thurik (2001), die auf geschlechtliche Unterschiede beim Eingehen von Kooperationen hindeuten. Jene wenigen, geschlechtlichen Unterschiede zeigen sich darin, dass sich Frauen eher an kleineren (Cromie & Birley, 1992) und familiär geprägten (Caprara & Cervone, 2000) kooperativen Netzwerken, männliche Entrepreneure hingegen vermehrt an formalen Netzwerken orientieren (Watson, 2012).

In den entwickelten Szenarien waren jedoch sowohl formale, als auch informale, familiär geprägte Kooperationsmöglichkeiten spezifiziert, sodass im Hinblick auf ein effektuativ-kooperatives Verhalten keine geschlechtlichen Unterschiede erwartet wurden. Ein möglicher Grund für das doch gezeigte, vermindert kooperative Verhalten von Frauen gegenüber Männern könnte eine zu geringe Wahrnehmung des familiären Bezugs der angebotenen, informalen Kooperationsmöglichkeiten sein. Dieser (1) zu geringe, familiäre Charakter der informalen Kooperationsangebote im Kontext einer Simulation in Verbund mit (2) der Vermeidung formal geprägter Kooperationen und (3) die geringere Notwendigkeit, aufgrund der geringen Umgebungsunsicherheit Kooperationsbeziehungen eingehen zu müssen, können das signifikant verminderte Eingehen von Kooperationen durch die weiblichen Teilnehmer erklären.

Zusammengefasst bewirkt eine hohe bzw. niedrige Umgebungsunsicherheit keine unterschiedlich effektuativ-kooperativen Verhaltensumfänge. Allerdings wird dieses Verhalten ausschließlich in schwach unsicheren Umgebung von der Geselligkeit-Persönlichkeitsfacette beeinflusst. Entsprechend der Betrachtung einer schwach unsicheren Umgebung als eine Situation mit geringer Situationsstärke und damit als relevant für eine Einflussnahme der Persönlichkeit, wird das in der stark unsicheren Umgebung, wenngleich nicht vermehrt gezeigte Verhalten auf die Wahrnehmung der Umgebung zurückgeführt (Cooper & Withey, 2009). Der mangelnde Einfluss der Vertrauen-Facette lässt sich durch den virtuellen Charakter der Kooperationen im Simulationskontext begründen (Colquitt et al., 2006). Die darüber hinausgehende Einflussnahme des Geschlechts kann auf eine unzureichend bewirkte Informalität der angebotenen Kooperationen zurückgeführt werden.

Gesamteffektuatives Verhalten

Die hypothetisierten Einflüsse der betrachteten Persönlichkeitseigenschaften bezogen sich entweder auf ein kausales oder ein spezifisches, effektuatives Verhalten. Ebendiese feingranulare Betrachtung der effektuativen Verhaltensfacetten ermöglichte die Herleitung differenzierter Persönlichkeitseinflüsse. Einflüsse der Persönlichkeitseigenschaften auf ein gesamteffektuatives Verhalten wurden, ob der Grobgranularität eine solchen Einflussnahme, nicht unterstellt, jedoch im Rahmen der Analyse explorativ ermittelt. Hierzu wurde bereits in Kapitel 7.2.3 vorab überprüft, ob die Daten die konzeptionelle Zusammenfügung der effektuativen Verhaltensfacetten zu einem effektuativen Gesamtverhalten empirisch stützen. Die dort ermittelten und in Abbildung 7.4 zusammengefassten Pfadkoeffizienten bestätigen eine signifikante Zusammenfügung der Verhaltensfacetten zu einem gesamteffektuativen Verhalten.

Die in einer stark respektive schwach unsicheren Umgebung festgestellten, indirekten Einflüsse der Persönlichkeitseigenschaften auf ein gesamteffektuatives Verhalten decken sich mit ihren direkten Einflüssen auf die spezifischen, effektuativen Verhaltensfacetten. Eine Ausnahme bildet hier die Aktivität-Facette, für die ein direkter Einfluss auf ein effektuativ-experimentelles, jedoch kein Einfluss auf ein effektuativ-flexibles Verhalten in einer schwach unsicheren Umgebung nachgewiesen werden konnte. Da ein flexibles Verhalten jedoch Teil des gesamteffektuativen Verhaltens ist, erweist sich der indirekte Effekt als nicht signifikant. Eine generell verringerte Einflussnahme auf ein gesamteffektuatives Verhalten zeigt sich auch bei den übrigen Persönlichkeitseigenschaften. Der Grund liegt darin, dass das gesamteffektuative Verhalten effektuative Verhaltensfacetten umfasst, die für die jeweils betrachtete Persönlichkeitseigenschaft nicht von Relevanz sein können. Entsprechend dieser mangelnden Präzision eines gesamteffektuativen Verhaltens sind die Einflussstärken und damit die Pfadkoeffizienten der indirekten Effekte geringer bzw. kleiner als die der direkten Effekte ausgeprägt.

Der festgestellte, positive Einfluss des Alters auf ein gesamteffektuatives Verhalten lässt sich, analog zum effektuativ-kooperativen Verhalten, durch die in einem höheren Alter stärker ausgeprägten Expertise begründen (McKelvie et al., 2013). Diese Expertise ist nach der Effectuation-Theorie für ein effektuatives Verhalten von zentraler Bedeutung (Sarasvathy & Dew, 2003). Die Begrenzung der Einflussnahme des Alters auf eine schwach unsichere Umgebung kann auch hier dadurch begründet werden, dass ein bewusst effektuatives Vorgehen zur Bewältigung von starker Unsicherheit den erfahrenen Entrepreneuren vorbehalten scheint.

Zusammengefasst ist festzuhalten, dass sich ein Einfluss der Persönlichkeit auf ein spezifisches, effektuatives Verhalten (ausgenommen die Aktivität-Facette) auch in einer Einflussnahme auf ein gesamteffektuatives Verhalten widerspiegelt.

8. Zusammenfassung, Limitationen und Ausblick

Das Phänomen der Unternehmensgründung wurde in der Wissenschaft bereits aus verschiedenen Perspektiven, z.b. aus der kognitiven, demographischen und finanziellen Perspektive, beleuchtet (Meyer et al., 2014). Aus der behavioristischen Perspektive hat die Entrepreneurship-Forschung verschiedene Ansätze hervorgebracht, die das Verhalten von Gründern (Entrepreneuren) unter Berücksichtigung der Gründungsumgebung zu erklären versuchen (Ries, 2011; Baker & Nelson, 2005; Sarasvathy, 2001). Die Literatur unterscheidet hier insbesondere zwischen dem traditionellen, kausalen Ansatz und vergleichsweise moderneren Ansätzen.

Der kausale Ansatz (*Causation*) betrachtet die Gründungsumgebung als stabil und beständig, und unterstellt hierdurch eine gewisse Vorhersagbarkeit der Zukunft. Im Kontext einer solchen Umgebung beschreibt dieser Ansatz ein zielorientiertes, ertragsmaximierendes und wettbewerbsfokussiertes Vorgehen von Entrepreneuren, die durch Pläne unvorhergesehene Ereignisse zu vermeiden versuchen (Dew et al., 2009a). Geschäftspläne werden dabei als typische Artefakte einer solch kausalen Vorgehensweise verstanden (Liao & Gartner, 2006).

Saras D. Sarasvathy begründete mit ihrer, den modernen Ansätzen zuzuordnenden Effectuation-Theorie eine Entscheidungslogik (*Effectuation*), die sich vom kausalen Ansatz unterscheidet. Der effektuative Ansatz betrachtet die Gründungsumgebung als unsicher und dynamisch, sodass sich eine Vorhersage der Zukunft als schwierig erweist (Sarasvathy, 2001). Nach dem Effectuation Ansatz ist jedoch eine Vorhersagbarkeit der Zukunft ob ihrer Gestaltbarkeit nicht notwendig (Sarasvathy, 2001). Ein effektuatives Vorgehen zeichnet sich durch eine Orientierung an gegebenen Mitteln anstatt vordefinierter Ziele, leistbaren Verlusten anstatt ertragsmaximaler Alternativen, sowie durch eine vermehrte Fokussierung auf Kooperationen anstatt des Wettbewerbs aus (Sarasvathy, 2003). Unvorhergesehene Ereignisse werden hier nicht durch Planungsbemühungen vermieden, sondern als Möglichkeiten einer unternehmerischen Weiterentwicklung betrachtet (Dew et al., 2009a). Eine solch effektuative Vorgehensweise spiegelt sich in einem entsprechend experimentellen, verlustakzeptablen, flexiblen und kooperativen Verhalten wider (Chandler et al., 2011). Aufgrund ihres gestalterischen Charakters repräsentiert die effektuative Vorgehensweise eine adäquate Möglichkeit, mit stark ausgeprägter Umgebungsunsicherheit umzugehen (Sarasvathy, 2001).

In der Begründung von Effectuation als „[...] theory of entrepreneurial expertise [...]" hat Sarasvathy festgestellt, dass insbesondere erfahrene Entrepreneure der Effectuation-Logik folgen (Sarasvathy, 2001). Unerfahrene Entrepreneure hingegen orientieren sich vergleichsweise eher an der traditionellen, kausalen Logik (Gustafsson, 2006). Allerdings wird nicht ausgeschlossen, dass auch unerfahrene Entrepreneure, je nach Ausprägung der wahrgenommenen Umgebungsunsicherheit (Perry et al., 2012), unbewusst effektuative Verhaltensweisen zeigen könnten (Kalinic et al., 2014; Sarasvathy, 2008; Read & Sarasvathy, 2005).

Studien zu effektuativem und kausalem Verhalten von Entrepreneuren ohne Gründungserfahrung im Kontext verschieden unsicherer Umgebungen sind jedoch rar. Als Gründe können das geringe Alter der Effectuation-Theorie, die Fokussierung der Theorie auf erfahrene Entrepreneure und der Mangel einer adäquaten Methodik angeführt werden (Eberz et al., 2015). Das Wissen um ein effektuatives bzw. kausales Verhalten von unerfahrenen Entrepreneuren in Abhängigkeit von der Umgebungsunsicherheit würde jedoch dazu beitragen, die Vorgehensweisen unerfahrener Gründer und ihren Umgang mit Unsicherheit besser zu verstehen. Aus dem festgestellten Mangel an Studien und der begründeten Relevanz der Thematik wurde die folgende Forschungsfrage abgeleitet.

Forschungsfrage 1: Inwieweit zeigen unerfahrene Entrepreneure effektuatives und kausales Verhalten in Abhängigkeit von der Umgebungsunsicherheit?

Das menschliche Verhalten ist jedoch nicht isoliert zu betrachten, sondern als „[...] a function of both person and environment" zu verstehen (Shaver & Scott, 1991, S. 25). Für ein effektuatives und kausales Verhalten ist daher nicht nur die Umgebung, sondern kann auch die Persönlichkeit (Bean, 2010) als eine „[...] pre-existing propensity for causal or effectual thought and action" von Relevanz sein (Read & Sarasvathy, 2005, S. 22). Die genaue Einflussnahme der Persönlichkeit ist nach dem aktuellen Stand der Literatur jedoch unklar (Sarasvathy, 2008), sodass sich die folgende Forschungsfrage ergibt.

Forschungsfrage 2: Welchen Einfluss hat die Persönlichkeit unerfahrener Entrepreneure auf ihr effektuatives und kausales Verhalten in Abhängigkeit von der Umgebungsunsicherheit?

Der mit der vorliegenden Arbeit geleistete Beitrag zur Beantwortung dieser Forschungsfragen wird im Folgenden zusammengefasst. Hieran anknüpfend werden Implikationen der erlangten Erkenntnisse für die Theorie und Praxis, sowie zu berücksichtigende Limitationen aufgezeigt. Die Arbeit schließt mit einem Ausblick auf weiteren Forschungsbedarf.

8.1. Zusammenfassung der Einflüsse auf effektuatives und kausales Verhalten

Die Bestimmung der effektuativen (experimentell, verlustakzeptabel, flexibel und kooperativ) Verhaltensfacetten und des kausalen Verhaltens von unerfahrenen Entrepreneuren in verschieden unsicheren Umgebungen erforderte, auch im Hinblick auf die zu überprüfende Einflussnahme der Persönlichkeit, eine geeignete Methodik. Da sich etablierte Erhebungsverfahren hier als inadäquat erwiesen (Eberz et al., 2015), wurde eine interaktive Computersimulation als mögliche Lösung für die quantitative Erfassung effektuativer und kausaler Verhalten von unerfahrenen Entrepreneuren in Betracht gezogen (Gustafsson, 2006). Simulationen können durch die Angabe von Szenarien eine realitätsnahe Umgebung erzeugen und ermöglichen die systematische Durchführung von Experimenten unter Verwendung spezifischer Stimuli bei Konstanthaltung der Umgebungsbedingungen (Jespersen, 2005). Da keine vergleichbaren Simulationsansätze zur Ermöglichung effektuativer und kausaler Verhalten bekannt waren, wurde der interaktive Simulationsprototyp *FSim* entwickelt (Eberz et al., 2015). FSim kann mittels Szenarien auf verschieden unternehmerische Umgebungskontexte und Umgebungsunsicherheitsniveaus hin parametrisiert werden, lässt effektuatives und kausales Verhalten zu, und macht diese Verhalten sowohl durch eine Datenaufzeichnung in Echtzeit (Eberz & Von Korflesch, 2016), als auch durch eine anschließende Befragung erfassbar.

Umgebung

Zur Operationalisierung einer unterschiedlich starken Umgebungsunsicherheit wurden zwei Szenarien aus der Nahrungsmittelbranche konzipiert, die FSim auf eine schwach bzw. stark unsichere Simulationsumgebung hin, konform zum effektuativen Problembereich, parametrisieren. Ein durchgeführter Manipulationscheck zeigt, dass beide Szenarien bzw. die hierdurch virtualisierten Umgebungen tatsächlich als unterschiedlich unsicher wahrgenommen werden. Aus dieser dichotom manipulierten Umgebungsunsicherheit wurde ein 1x2 Experimentaldesign als Forschungsdesign abgeleitet. Als Vertreter der unerfahrenen Entrepreneure wurden Studenten herangezogen, da diese „[...] a firm basis for the generalization to the population of working people and adults" repräsentieren (Dipboye & Flanagan, 1979, S. 147) und typischerweise keine Gründungserfahrungen besitzen.

Die Ergebnisse lassen erkennen, dass unerfahrene Entrepreneure effektuatives und kausales Verhalten prinzipiell sowohl in einer stark als auch schwach unsicheren Umgebung zeigen. Die Ausmaße dieser Verhalten variieren jedoch in Abhängigkeit von der Umgebungsunsicherheit. Auf Basis der subjektiv geprägten Befragungsdaten, unterstützt durch die objektiv geprägten Simulationsdaten, wurde festgestellt, dass unerfahrene Entrepreneure mehr kausales Verhalten in einer schwach unsicheren Umgebung als in einer stark unsicheren Umgebung zeigen. Diese Verhaltensdifferenz deutet darauf hin, dass auch unerfahrene Entrepreneure die Inadäquanz einer kausalen Vorgehensweise in einer stark unsicheren Umgebung erkennen können.

Ein vermehrt effektuatives Verhalten von unerfahrenen Entrepreneuren in einer stark unsicheren Umgebung wurde nicht festgestellt. Dies schließt ein unbewusst effektuatives Vorgehen der unerfahrenen Entrepreneure in einer solchen Umgebung nicht aus, jedoch scheint ein vermehrt effektuatives Vorgehen als Ausdruck des bewussten Umgangs mit starker Unsicherheit, konform zur Effectuation-Theorie, den erfahrenen Entrepreneuren vorbehalten zu sein (Fisher, 2012). Gegenteilig lassen die Befragungs- und Simulationsdaten erkennen, dass ein vermehrt effektuativ-verlustakzeptables und effektuativ-flexibles Verhalten in einer Umgebung mit geringer Unsicherheit gezeigt wurde. Diese beiden Ausprägungen einer effektuativen Vorgehensweise scheinen von unerfahrenen Entrepreneuren daher eher als Ergänzung zu einem kausalen Vorgehen anstatt als Möglichkeit im Umgang mit starker Unsicherheit betrachtet zu werden. Diese Orientierung an einem kausalen und zugleich effektuativen Vorgehen ist nicht ungewöhnlich – entsprechende Positivkorrelationen zwischen dem effektuativ-verlustakzeptablen bzw. effektuativ-flexiblen und dem kausalen Verhalten wurden mehrfach nachgewiesen (Bean, 2010; Chandler et al., 2011; DeTienne & Chandler, 2010).

Persönlichkeit

Zur adäquaten Verortung möglicher Einflüsse der Persönlichkeit in einer stark bzw. schwach unsicheren Umgebung wurde auf den Ansatz der Situationsstärke zurückgegriffen (Mischel, 1977). Nach diesem Ansatz entscheidet die Situationsstärke als „[...] implicit or explicit cues provided by external entities regarding the desirability of potential behaviors" darüber (Meyer et al., 2010, S. 122), ob eher die Umgebung (starke Situation) oder eher die Persönlichkeit (schwache Situation) als Verhaltensdeterminante zu betrachten ist:„It has been well known for some time that dispositional effects are likely to be strongest in relatively weak situations and weakest in relatively strong situations" (Davis-Blake & Pfeffer, 1989, S. 387). Übertragen auf den vorliegenden Kontext lässt eine Umgebung mit geringer Unsicherheit ein planerisches und kausales Verhalten erwarten (Hmieleski et al., 2015; Anderson & Paine, 1975), sodass die Persönlichkeit als Treiber für ein kausales Verhalten in einer Umgebung mit starker Unsicherheit verortet wurde. Analog lässt eine Umgebung mit hoher Unsicherheit ein effektuatives Verhalten erwarten (Sarasvathy, 2001), sodass die Persönlichkeit als Treiber für die effektuativen Verhaltensfacetten in einer Umgebung mit schwacher Unsicherheit verortet wurde.

Aus der Vielzahl an ermittelten Persönlichkeitseigenschaften wurden jene Eigenschaften selektiert, die für ein effektuatives und kausales Verhalten von unerfahrenen Entrepreneuren relevant sein könnten. In diesem Sinne wurden die in jedem Menschen verankerten *Big Five* Persönlichkeitsfaktoren (Neurotizismus, Extraversion, Offenheit, Verträglichkeit, Gewissenhaftigkeit) betrachtet (Paunonen & Ashton, 2001), die für die Entrepreneurship-Disziplin (Zhao & Seibert, 2006) und damit auch für ein effektuatives und kausales Verhalten relevant sein könnten (Tett et al., 2013). Da diesen Faktoren ob ihrer Grobgranularität eine mangelnde Präzision und Erklärungskraft zugeschrieben wird (Paunonen & Ashton, 2001), wurden nicht die Faktoren selbst, sondern die folgenden, darunterliegenden Persönlichkeitsfacetten als Verhaltensprädiktoren betrachtet (Brandstätter, 2011): Ängstlichkeit (Neurotizismus), Geselligkeit und Aktivität (Extraversion), Handlungen (Offenheit), Vertrauen (Verträglichkeit), Ordnung und Besonnenheit (Gewissenhaftigkeit). Aufgrund ihres engen Bezugs zur Entrepreneurship-Disziplin (Brockhaus, 1980) und insbesonderen Relevanz für die Wahrnehmung der Umgebung (Shaver & Scott, 1991; Perry, 1990) wurde die Persönlichkeitseigenschaft der Risikofreudigkeit als zusätzlicher Prädiktor berücksichtigt.

Für diese Verhaltensprädiktoren wurden Hypothesen zu ihrer Einflussnahme auf ein effektuatives Verhalten in einer schwach unsicheren Umgebung bzw. auf ein kausales Verhalten in einer stark unsicheren Umgebung aufgestellt. Diese Hypothesen, einschließlich ihrer Einflussrichtung und Annahme bzw. Ablehnung, sind in Tabelle 8.1 zusammengefasst.

Tabelle 8.1.: Zusammenfassung der Ergebnisse der Hypothesenüberprüfung

Facette	Einfluss	Unsicherheit	Hypothese	Ergebnis
Effectuation: Experimentelles Verhalten				
Aktivität	+	schwach	H_{4a}	bestätigt
Effectuation: Verlustakzeptables Verhalten				
Ängstlichkeit	+	schwach	H_2	abgelehnt
Risikofreudigkeit	-	schwach	H_9	bestätigt
Effectuation: Flexibles Verhalten				
Aktivität	+	schwach	H_{4b}	abgelehnt
Handlungen	+	schwach	H_5	abgelehnt
Effectuation: Kooperatives Verhalten				
Geselligkeit	+	schwach	H_3	bestätigt
Vertrauen	+	schwach	H_6	abgelehnt
Kausales Verhalten				
Ordnung	+	stark	H_7	bestätigt
Besonnenheit	+	stark	H_8	bestätigt

Obgleich für ein effektuativ-experimentelles und effektuativ-kooperatives Verhalten keine unterschiedlichen Verhaltensmaße festgestellt wurden, kann das in einer stark unsicheren Umgebung gezeigte Verhalten dennoch von der Umgebung und das in gleichem Maße in einer schwach unsicheren Umgebung gezeigte Verhalten von der Persönlichkeit beeinflusst worden sein (Cooper & Withey, 2009). Die Differenz der Situationsstärke fällt hier jedoch entsprechend kleiner aus als bei jenen Verhalten, die sich in ihren Umfängen signifikant voneinander unterscheiden. In der Tat wird das effektuativ-experimentelle Verhalten erwartungsgemäß in einer schwach unsicheren Umgebung maßgeblich von der Aktivität-Facette beeinflusst. Ebenso wird das effektuativ-kooperative Verhalten in gleicher Umgebung von der Geselligkeit-Facette beeinflusst. Die mangelnde Einflussnahme der Vertrauen-Facette lässt sich mit dem virtuellen Charakter der abgebildeten Kooperationsbeziehungen begründen (Colquitt et al., 2006).

Für das effektuativ-verlustakzeptable und effektuativ-flexible Verhalten wurden, entgegen der Erwartung, größere Verhaltensmaße in einer schwach unsicheren Umgebung ermittelt. Dementsprechend wurde eine Einflussnahme der Persönlichkeit eher in einer stark denn ursprünglich vermutet schwach unsicheren Umgebung festgestellt. Im Detail wirkte eine ausgeprägte Risikofreudigkeit in einer solchen Umgebung hemmend auf ein effektuativ-verlustakzeptables Verhalten. Die mangelnde Einflussnahme der Ängstlichkeit lässt sich auf eine mangelnde Aktivierung dieser Facette durch die Simulation (Tett et al., 2013) oder auch deren unzureichende Erfassbarkeit in der Befragung zurückführen (MacLeod et al., 1986). Auf ein effektuativ-flexibles Verhalten wirkte eine ausgeprägte Aktivität fördernd, während für die Handlungen-Facette keine Einflussnahme festgestellt werden konnte. Da jedoch der übergeordnete Faktor der Offenheit als relevant für ein flexibles Verhalten angesehen wird, wird hier von einer mangelnden Relevanz dieser speziellen Facette ausgegangen.

Einflüsse der Persönlichkeit auf ein kausales Verhalten wurden in einer stark unsicheren Umgebung aufgrund der dort niedrigeren Situationsstärke für dieses Verhalten verortet. Die Ergebnisse zeigen, dass das in einer solchen Umgebung in geringerem Maße gezeigte, kausale Verhalten in der Tat von den Facetten der Ordnung und Besonnenheit positiv beeinflusst wird.

Zusammengefasst ist die Persönlichkeit insbesondere in jener Umgebung als Verhaltenstreiber zu sehen, in der ein vermindert kausales bzw. effektuatives Verhalten gezeigt wurde. Im vorliegenden Fall wurden dementsprechend Einflüsse der Persönlichkeit auf ein kausales Verhalten, sowie auf ein effektuativ-verlustakzeptables und effektuativ-flexibles Verhalten in einer stark unsicheren Umgebung festgestellt. Für das effektuativ-experimentelle und effektuativ-kooperative Verhalten wurden keine unterschiedlichen Verhaltensmaße festgestellt. Dementsprechend betrachten unerfahrene Entrepreneure eine experimentelle und kooperative Vorgehensweise weder als Ergänzung zu einem kausalen Vorgehen in einer schwach unsicheren Umgebung, noch als explizite Möglichkeit im Umgang mit starker Umgebungsunsicherheit. Obgleich die Differenzen der Situationsstärken für diese beiden Verhalten entsprechend geringer ausfallen, kann die Umgebungsunsicherheit durchaus als Treiber für ein unbewusst effektuatives Verhalten in einer stark unsicheren Umgebung und die Persönlichkeit als Verhaltenstreiber in einer schwach unsicheren Umgebung angesehen werden (Cooper & Withey, 2009). In der Tat belegen die Ergebnisse, dass von der Persönlichkeit von unerfahrenen Entrepreneuren nur in einer schwach unsicheren Umgebung ein starker und relevanter Einfluss auf ein effektuativ-experimentelles und effektuativ-flexibles Verhalten ausgeht.

Erhebungsmethodik

Entsprechend der Evaluationsergebnisse lässt FSim als interaktive Simulation zwar effektuatives und kausales Verhalten gleichermaßen zu, jedoch kann eine von FSim ausgehende, subtile Beeinflussung des Nutzerverhaltens nicht ausgeschlossen werden. Aus diesem Grund wurde die Benutzbarkeit von FSim ermittelt, um eine methodische Einflussnahme dieser Art kontrollieren zu können (Podsakoff et al., 2003).

Tatsächlich lassen die Ergebnisse einen negativem Einfluss der Benutzbarkeit auf ein effektuativ-experimentelles Verhalten in einer schwach unsicheren Umgebung erkennen, d.h. mit steigender Benutzbarkeit zeigten die Nutzer dort ein vermindert experimentelles Verhalten. Ein möglicher Grund für diese Einflussnahme ist das mit einer zunehmenden Benutzbarkeit einhergehende Gefühl von Selbstsicherheit im Umgang mit FSim (Flavian et al., 2006), das eine experimentelle Vorgehensweise zur Bewältigung der schwach ausgeprägten Unsicherheit obsolet erscheinen lässt. Der in kurzer Zeit erlernte Umgang mit FSim (Dunning et al., 2004) in Verbund mit der Bewältigung komplexer, unternehmerischer Aufgaben (Juslin et al., 2000) in einer stark unsicheren Umgebung (Dunning et al., 2004; Kahneman & Tversky, 1977) kann diese Selbstsicherheit zu einer Selbstüberschätzung gesteigert haben, die sich dann in einem vermindert verlustakzeptablen Verhalten und vermehrten, unternehmerischen Verlusten widergespiegelt hat (Dunning et al., 2004).

Alter

Das Alter wurde als Kontrollvariable berücksichtigt, da mit steigendem Alter eine größere Berufs- und Lebenserfahrung einhergeht (Baron, 2006), die wiederum das Verhalten beeinflussen kann (Tyler & Steensma, 1998). In diesem Sinne wird nach der Effectuation-Theorie mit zunehmender Erfahrung ein vermehrt effektuatives Verhalten im Allgemeinen (Sarasvathy & Dew, 2003) und effektuativ-kooperatives Verhalten zum Aufbau eines unternehmerischen Netzwerkes im Besonderen erwartet (Baron & Ensley, 2006).

Die Ergebnisse lassen erkennen, dass diese Verhalten mit zunehmendem Alter in einer schwach unsicheren Umgebung vermehrt gezeigt wurden. Die Beschränkung der Einflussnahme des Alters auf diese Umgebung kann dadurch begründet werden, dass die Expertise der Teilnehmer aufgrund ihres Altersschwerpunktes von 20-25 Jahren im Vergleich zu jener von erfahrenen Entrepreneuren derart gering ausgeprägt ist, dass diese ein effektuatives Vorgehen nicht als Möglichkeit des bewussten Umgangs mit starker Unsicherheit betrachten.

Geschlecht

Hinsichtlich einer möglichen Einflussnahme des Geschlechts ist der Literatur zu entnehmen, dass das Geschlecht für ein unternehmerisches Verhalten im Allgemeinen (Crant, 1996) und kooperatives Verhalten im Besonderen relevant ist (Aldrich et al., 1989). Im Detail orientieren sich Frauen im Vergleich zu Männern eher an kleinen und familiären, weniger an formal geprägten Netzwerken (Cromie & Birley, 1992; Watson, 2012). In den von FSim abgebildeten Kooperationsangeboten mit fiktiven Familienmitgliedern hat dieser familiäre Charakter jedoch nur unzureichend aufkommen können, sodass die weiblichen Teilnehmer in einer schwach unsicheren Umgebung, aufgrund der dort geringeren Notwendigkeit des Eingehens von Kooperationen, ein vermindert effektuativ-kooperatives Verhalten zeigten.

Darüber hinaus wurde ein vermindert kausales Verhalten der weiblichen, unerfahrenen Entrepreneure in einer schwach unsicheren Umgebung ermittelt. Ein solch negativer Zusammenhang zwischen dem Geschlecht und der kausalen Logik wurde in der Studie von Smolka et al. (2016), wenngleich auf nicht signifikantem Niveau, ebenfalls festgestellt. Als möglicher Grund kann angeführt werden, dass Frauen in einer schwach unsicheren Umgebung weniger Planungsbemühungen zeigen (Lerner & Almor, 2002), die jedoch als zentrales Element einer kausalen Vorgehensweise verstanden werden (Chandler et al., 2011).

8.2. Implikationen für die Theorie

Die vorliegende Arbeit leistet einen wichtigen Beitrag zur Effectuation-Theorie, indem sie – im Unterschied zu den bisherigen Forschungsbemühungen – nicht das Verhalten erfahrener Entrepreneure isoliert oder im Vergleich betrachtet, sondern ausschließlich das effektuative und kausale Verhalten von unerfahrenen Entrepreneuren im Kontext einer unterschiedlich starken Umgebungsunsicherheit fokussiert. Damit nimmt sie sich der von Arend et al. (2015, S. 646) angeregten Perspektive an, dass „[...] all entrepreneurs can be effectuators [...]".

Entsprechend der Ergebnisse aus der Verhaltensanalyse (Kapitel 7.4.1: *Wilcoxon*-Test der Verhaltensdaten aus der Befragung) ist festzuhalten, dass auch unerfahrene Entrepreneure effektuatives Verhalten zwar nicht in einem überdurchschnittlichen Maße (Test gegen einen hypothetischen Median von 3), jedoch prinzipiell sowohl in einer schwach als auch stark unsicheren Umgebung zeigen (Test gegen einen hypothetischen Median von 1). Im Rahmen einer zukünftigen Präzisierung der Effectuation-Theorie ist daher zu berücksichtigen, dass auch Menschen ohne Gründungserfahrung effektuative Verhaltensweisen zeigen, diese in Einklang mit der Theorie jedoch durchaus geringer ausgeprägt sein mögen als bei Menschen mit entsprechender Gründungsexpertise.

Im Hinblick auf die Umgebungsunsicherheit beschreibt die Effectuation-Theorie, dass erfahrene Entrepreneure insbesondere in mit starker Unsicherheit behafteten Situationen der Effectuation-Logik folgen (Sarasvathy, 2008). Hierzu konform lassen die vorliegenden Ergebnisse aus der Verhaltensanalyse (vgl. Tabelle 7.12) kein vermehrt effektuatives Verhalten von unerfahrenen Entrepreneuren in einer stark unsicheren Umgebung, sondern gegenteilig ein vermehrt effektuativ-verlustakzeptables und effektuativ-flexibles Verhalten in einer schwach unsicheren Umgebung erkennen. Im Einklang mit der Theorie sehen unerfahrene Entrepreneure die Effectuation-Logik nicht als Möglichkeit des bewussten Umgangs mit starker Unsicherheit, sondern betrachten effektuative Vorgehensweisen eher als Ergänzung zu einem kausalen Vorgehen in einer schwach unsicheren Umgebung. Hierauf deuten das in einer schwach unsicheren Umgebung vermehrt gezeigte kausale, aber auch effektuativ-verlustakzeptable und effektuativ-flexible Verhalten hin. Mit der insbesonderen Anpassung des kausalen Verhaltens an die Umgebungsunsicherheit wird die Feststellung von Gustafsson (2006, S. 116) bestätigt, dass „[...] even novices do adapt their behaviour to the nature of the task".

Obgleich neben der Umgebung auch die Persönlichkeit des Menschen für sein Verhalten von Relevanz ist (Shaver & Scott, 1991), war die Rolle der Persönlichkeit aus eigenschaftstheoretischer Sicht in der Effectuation-Theorie bislang unklar (Sarasvathy & Dew, 2008; Read & Sarasvathy, 2005). Bisherige Studien, die sich der Persönlichkeit von Entrepreneuren im Effectuation-Kontext annahmen, betrachteten die Persönlichkeit insbesondere aus der kognitiven Persönlichkeitsperspektive (z.B. Dew et al. (2009a); Read et al. (2009a); Gustafsson (2006)). Die vorliegende Arbeit leistet für die Effectuation-Theorie durch den Einbezug der Eigenschaftstheorie der Persönlichkeit einen wichtigen Beitrag, indem nach aktuellem Kenntnisstand erstmalig Einflüsse relevanter Facetten der *Big Five* Persönlichkeitseigenschaften und der Risikofreudigkeit-Persönlichkeitseigenschaft auf ein effektuatives und kausales Verhalten von unerfahrenen Entrepreneuren in verschieden unsicheren Umgebungen verortet und empirisch nachgewiesen wurden. Zur adäquaten Verortung dieser Einflüsse in Abhängigkeit von der Umgebungsunsicherheit wurde der Ansatz der Situationsstärke nach Mischel (1977) bemüht. Nach diesem Ansatz lassen in starken Situationen „[...] implicit or explicit cues [...]" ein spezifisches Verhalten erwarten (Meyer et al., 2010, S. 122), während in schwachen Situationen das erwartete Verhalten nicht erkennbar ist, sodass hier eher die Persönlichkeit denn die Umgebung als Verhaltenstreiber zu sehen ist (Beaty et al., 2001).

Für eine zukünftige Berücksichtigung der Persönlichkeit in der Effectuation-Theorie ist festzuhalten, dass unerfahrene Entrepreneure in ihrem effektuativen und kausalen Verhalten von ihren Persönlichkeitseigenschaften grundlegend beeinflusst werden (vgl. Tabelle 8.1). Einflüsse der Persönlichkeit zeigen sich in jener Umgebung, die das beeinflusste Verhalten aus Sicht der unerfahrenen Entrepreneuren nicht erwarten lässt (schwache Situation). Die Erwartung einer kausalen Vorgehensweise ob ihrer Adäquanz in einer schwach unsicheren Umgebung wird von den unerfahrenen Entrepreneuren, entsprechend des dort vermehrt gezeigten, kausalen Verhaltens, erkannt. Dementsprechend zeigen sich Einflüsse der Persönlichkeit auf ein kausales Verhalten in einer stark unsicheren Umgebung. Auch die effektuativ-verlustakzeptablen und effektuativ-flexiblen Verhalten, die in Ergänzung zu dem kausalen Verhalten in einer schwach unsicheren Umgebung vermehrt gezeigt wurden, werden in einer stark unsicheren Umgebung als schwache Situation von der Persönlichkeit beeinflusst. Effektuativ-experimentelle und effektuativ-kooperative Verhalten zeigten sich weder in einer stark noch schwach unsicheren Umgebung in vermehrter Form, können jedoch in einer stark unsicheren Umgebung durch die wahrgenommene Umgebungsunsicherheit begründet werden. Die in der schwach unsicheren Umgebung festgestellten, relevanten Einflüsse der Persönlichkeit auf diese Verhalten deuten darauf hin (Cooper & Withey, 2009).

Mit diesem Wissen um relevante Einflüsse spezifischer Persönlichkeitsmerkmale auf effektuatives und kausales Verhalten in einer unterschiedlich unsicheren Umgebung leistet die Arbeit einen wesentlichen, wissenschaftlichen Erkenntniszugewinn im Hinblick auf die Erforschung des Verhaltens von unerfahrenen Gründern, und fördert damit eine Annäherung der Entrepreneurship-Disziplin bzw. des Effectuation-Ansatzes an die Psychologie (Simon, 1959).

8.3. Implikationen für die Praxis

Die erlangten Erkenntnisse umfassen nicht nur Implikationen für die Theorie, sondern ebenso auch für die Praxis. Entsprechend der vorliegenden Ergebnisse passen unerfahrene Entrepreneure ihr Verhalten an die Umgebung dahingehend an, dass sie in einer stark unsicheren Umgebung eine weniger kausale Vorgehensweise zeigen. Obgleich auch effektuative Verhaltensweisen in einer solchen Umgebung grundlegend nachgewiesen wurden, zeigten unerfahrene Entrepreneure diese nicht in vermehrtem Umfang. Eine bewusste und ganzheitliche Anwendung der Effectuation-Logik zur Bewältigung von Unsicherheit ist demnach, konform zur Effectuation-Theorie, eher bei den erfahrenen Entrepreneuren zu verorten.

Da Effectuation jedoch als erlernbare Methode gilt, können unerfahrene Entrepreneure im Rahmen von Weiterbildungsangeboten (*Entrepreneurship Education*) in der situativen Anwendbarkeit der Effectuation-Logik unterwiesen werden (Koivumaa & Puhakka, 2013). Insbesondere

die Betrachtung einer verlustakzeptablen und flexiblen Vorgehensweise nicht nur als Ergänzung zu einem kausalen Vorgehen in einer schwach unsicheren Umgebung, sondern auch als
Möglichkeit im Umgang mit starker Unsicherheit könnte in solchen Angeboten fokussiert werden (Dew et al., 2009b; Edelman & Yli-Renko, 2010). Bei der Ausgestaltung dieser Angebote
für unerfahrene Entrepreneure ist jedoch darauf zu achten, dass die Schaffung eines Glaubens
an die Adäquanz einer effektuativen Vorgehensweise in Situationen der Unsicherheit für die
angestrebte Verhaltensänderung essentiell ist (Fishbein & Ajzen, 2011). Zur Erfassung effektuativer Verhaltensänderungen kann FSim mit einem entsprechend unsicheren Szenario parametrisiert und vor sowie nach der Weiterbildung zur Verhaltensanalyse eingesetzt werden. Ein
veränderter und bewusster Umgang mit starker Umgebungsunsicherheit, auch im Hinblick auf
ein späteres, reales Gründungsvorhaben, lässt sich auf diese Weise erfassen und entsprechend
trainieren (Stumpf et al., 1991). Die Ergebnisse hierzu durchgeführter Studien können wiederum zu einer Weiterentwicklung der Effectuation-Theorie beitragen (Arend et al., 2015).

Die Ergebnisse der durchgeführten Studie lassen erkennen, dass nicht nur die Umgebung, sondern auch die Persönlichkeit für ein effektuatives und kausales Verhalten von Relevanz ist. Das
Festhalten an einer planerischen und analytischen Vorgehensweise in einer stark unsicheren
Umgebung aufgrund entsprechender Persönlichkeitseinflüsse kann ein Scheitern manch unerfahrener Gründer erklären. Aus positiver Sicht hingegen kann die Persönlichkeit ein effektuativ-verlustakzeptables und effektuativ-flexibles Verhalten in einer stark unsicheren Umgebung
gefördert und damit zum Erfolg innovativer Gründungen beigetragen haben. Aufgrund dieser
Einflussnahmen sollte auch die Persönlichkeit von unerfahrenen Gründern in den Weiterbildungsangeboten berücksichtigt werden. Das Wissen um spezifische Einflüsse der Persönlichkeit erlaubt die Bildung von Persönlichkeits- und zugehörigen Verhaltensprofilen, auf die in
den Weiterbildungsangeboten gezielt eingegangen werden kann. Ein durch die Persönlichkeit
bedingtes, in einer stark unsicheren Umgebung weniger angebrachtes, kausales Verhalten lässt
sich so vorab identifizieren und durch eine Bewusstmachung des (erwarteten) Verhaltens möglicherweise reduzieren (Mischel, 1977; Stumpf et al., 1991). Analog können angehende, unerfahrene Gründer mit einer persönlichkeitsbasierten Prädisposition für ein effektuatives Verhalten
in einer sicheren Umgebung auch für ein ebensolches Verhalten in einer unsicheren Umgebung
sensibilisiert werden (Stumpf et al., 1991).

Diese angestrebte Modifikation des Denkens und in Folge Verhaltens von unerfahrenen Entrepreneuren wird von dem Konzept der Meta-Kognition gestützt. Nach Haynie & Shepherd
(2009, S. 696) ist unter Meta-Kognition „[...] a higher-order, cognitive process that serves to
organize what individuals know and recognize about themselves, tasks, situations, and their
environments in order to promote effective and adaptable cognitive functioning in the face of
feedback from complex and dynamic environments [...]" zu verstehen. Sie beschreibt demnach
nicht sich aus der Wahrnehmung der Umgebung ergebende, konkrete kognitive Muster, son-

dern vielmehr einen Prozess der Erkenntnis, Selbstreflexion und insbesondere der Reflexion des eigenen Denkens (Haynie & Shepherd, 2009). Von diesem meta-kognitiven, prozessualen Verständnis ausgehend, können in Abhängigkeit von der Wahrnehmung der Umgebung bewusst spezifische, kognitive Muster im Zeitverlauf angewandt werden (kognitive Adaption) und sich in ebenso spezifischen Verhalten manifestieren (Haynie & Shepherd, 2009). Im Rahmen einer Weiterbildung bzw. Professionalisierung von unerfahrenen Entrepreneuren wird in diesem Sinne angestrebt, dass sich unerfahrene Entrepreneure – ebenso wie erfahrene Entrepreneure – in einer als unsicher und dynamisch wahrgenommenen Umgebung bewusst für eine effektuative Strategie und in einer als sicher wahrgenommenen Umgebung für eine kausale Strategie entscheiden (Gustafsson, 2006).

Darüber hinaus liefert die vorliegenden Arbeit Implikationen für die Finanzierung von Unternehmensgründungen. Entsprechend der Ergebnisse aus der Verhaltensanalyse (vgl. Tabelle 7.12) sind die unternehmerischen Aktivitäten von unerfahrenen Entrepreneuren in einer schwach unsicheren Umgebung kausaler geprägt als in einer stark unsicheren Umgebung. Geschäftspläne als typische Artefakte einer kausalen Vorgehensweise im Gründungskontext werden typischerweise von Investoren als Grundlage für die Evaluation der Erfolgsträchtigkeit des Gründungsvorhaben erwartet (Liao & Gartner, 2006). Unerfahrene Gründer, deren Gründungsvorhaben jedoch von mangelnden Analysemöglichkeiten, unklaren Zielvorstellungen und unklaren Informationsbedarfen geprägt sind, sehen sich ob dieser Unsicherheit mit einer besonderen Herausforderung konfrontiert, Geschäftspläne von entsprechender Güte zu erstellen (Hmieleski et al., 2015), um hierdurch Finanzierungsmöglichkeiten zu erlangen. Erfahrene Gründer folgen hier effektuativen Strategien (Sarasvathy, 2001), die jedoch von unerfahrenen Entrepreneuren entsprechend der Theorie und Ergebnissen der vorliegenden Arbeit in einer solchen Umgebung nicht bevorzugt angewandt werden. Potentielle Investoren von Erstgründungen sollten daher solche Gründungsvorhaben allein ob der damit verknüpften Unsicherheit nicht ablehnen oder auf die Verfolgung kausaler Strategien und Erstellung kausal geprägter Artefakte beharren, sondern den unerfahrenen Entrepreneuren in beratender Funktion (z.B. als *Business Angels*) eine vielmehr effektuative Gründungsstrategie empfehlen und diese finanziell unterstützen (z.B. in Form von „[...] small-scale experiments that test the market before committing to larger-scale investments" (Derbyshire & Wright, 2014, S. 23f)).[1]

---

[1] Die Sinnhaftigkeit der Erstellung eines Geschäftsplans soll hierdurch nicht in Frage gestellt werden. Auch bei Gründungsvorhaben unter starker Unsicherheit kann ein Geschäftsplan, z.B. zur gedanklichen Ordnung, hilfreich sein und von Investoren als Grundlage für ihre Investitionsentscheidung erwartet werden. Vielmehr soll die Notwendigkeit von auf Vorhersagen basierende Analysen hinterfragt werden (Hmieleski et al., 2015).

8.4. Limitationen

Die vorliegende Arbeit unterliegt, wie alle wissenschaftlichen Arbeiten, einigen Limitationen, die die Aussagekraft und Übertragbarkeit der Ergebnisse einschränken können.

In dem durchgeführten Laborexperiment zur Bestimmung effektuativer und kausaler Verhalten von unerfahrenen Entrepreneuren kam FSim als interaktive Computersimulation zum Einsatz. Jede Instanz von FSim wurde zufällig entweder auf eine schwach oder stark unsichere Umgebung hin parametrisiert, kommunizierte den unternehmerischen Erfolg als übergeordnetes Ziel, und ließ sowohl effektuatives als auch kausales Verhalten zur Erreichung dieses Zieles zu. Diese von FSim ermöglichten Verhalten entsprechen softwaretechnischen Anforderungen, die aus validierten Verhaltenskonstrukten (Chandler et al., 2011) und Fallstudien (Eberz et al., 2015) aus der Causation- und Effectuation-Literatur abgeleitet wurden. Obgleich die im Rahmen einer ersten Evaluation des Prototypen durchgeführten Interviews die Möglichkeit einer sowohl effektuativen als auch kausalen Vorgehensweise bestätigen, sind diese Evaluationsergebnisse nicht als repräsentativ zu betrachten. Dementsprechend könnten effektuative und kausale Verhaltensfacetten existieren, die von FSim bislang nur unzureichend unterstützt wurden. Eine umfassende und repräsentative Evaluation kann hierüber Aufschluss geben und so den Entwicklungsprozess von FSim vorantreiben (Wilde & Hess, 2007).

Durch die Kontrolle bzw. gezielte Manipulation der Simulationsparameter im Rahmen des Laborexperimentes wird tendenziell eine hohe interne Validität der Ergebnisse erzielt (Grichnik, 2006). Diese Validität könnte in der vorliegenden Studie jedoch dadurch beeinträchtigt worden sein, dass sich die entwickelten Szenarien gleichermaßen auf die Nahrungsmittelbranche bezogen, etwaige Bezüge der Nutzer zu dieser Branche jedoch nicht überprüft wurden. Eine Affinität zu und Vertrautheit mit dieser Branche könnte jedoch das Verhalten durch eine gesteigerte Selbstsicherheit und entsprechend geringer wahrgenommenen Umgebungsunsicherheit beeinflusst haben (Metcalfe, 1998; Dunning et al., 2004).[2] Zukünftige Studien, die den FSim-Prototypen verwenden, sollten daher nicht nur Szenarien für verschiedene Branchen entwickeln, sondern auch mögliche Zusammenhänge zwischen den Nutzern und den referenzierten Branchen erfassen und kontrollieren.

Bei Laborexperimenten ist insbesondere die externe Validität kritisch zu betrachten (Eid et al., 2010). Da FSim als Simulation von der Realität abstrahiert, und eine Einschränkung und Verzerrung des Verhaltens durch die Simulation nicht ausgeschlossen wird (z.B. aufgrund der Irrealität der Verluste), kann die externe Validität der Erkenntnisse und damit deren Übertragbarkeit auf die Realität entsprechend gering ausfallen (Grichnik, 2006). Feldstudien, die das effektuative

---

[2] Ein unerfahrener Entrepreneur mit einer abgeschlossenen Ausbildung zum Koch könnte sich aufgrund seiner beruflichen Expertise in seinen Verhalten (z.B. beim Experimentieren mit verschiedenen Zutaten) von den anderen Entrepreneuren unterscheiden.

und kausale Verhalten von unerfahrenen Entrepreneuren während ihres ersten, realen Gründungsvorhabens betrachten, könnten diese Lücke zwischen dem Verhalten in der Realität und unter Simulationsbedingungen verkleinern.

Nicht nur die Simulation als methodisches Vehikel, sondern auch die retrospektive Befragung der unerfahrenen Entrepreneure zu ihrem Verhalten im Anschluss an die einstündige Simulation birgt potentielle Schwächen. Obgleich mit dieser Nutzerbefragung das insgesamt gezeigte Verhalten erfasst werden sollte, könnte das Antwortverhalten der Nutzer dadurch verfälscht worden sein, dass sich diese eher an ihr kürzlich gezeigtes denn weiter zurückliegendes Verhalten erinnern (*Recall Bias*) (Fishbein & Ajzen, 2011). In Folge könnten die ermittelten Verhalten eher das zuletzt denn insgesamt gezeigte Verhalten repräsentieren. Abhilfe schaffte hier ein Vergleich dieser subjektiv geprägten Befragungsdaten mit den Ausprägungen in den objektiv geprägten, auf aufgezeichneten Daten basierenden Verhaltensmetriken (Eisenhower et al., 1991). In der durchgeführten Studie untermauern die Ausprägungen in die Metriken zwar die auf Basis der Befragungsdaten festgestellten Verhaltensunterschiede, jedoch bilden diese erstmalig entwickelten und entsprechend als experimentell einzustufenden Metriken die effektuativen und kausalen Verhaltensweisen nicht vollständig ab. Darüber hinaus können die entwickelten Metriken teilweise eher als Ergebnisausprägungen (z.B. das durchschnittliche Betriebsvermögen) denn Verhaltensausprägungen verstanden werden. Aufgrund dieser unvollständigen Verhaltensabdeckung und ihres experimentellen Charakters wurden die aufgestellten Metriken in der Persönlichkeitsanalyse nicht berücksichtigt (Fishbein & Ajzen, 2011).

Hinsichtlich der Verlässlichkeit der gewonnenen Erkenntnisse ist anzumerken, dass die erreichten Stichprobenumfänge von 32 bzw. 29 Fällen eher als klein einzustufen sind. Das PLS-Verfahren, hier insbesondere zur Überprüfung der Persönlichkeitseinflüsse eingesetzt, eignet sich zwar auch bei kleinen Stichproben, jedoch erweisen sich die Pfadkoeffizienten mit zunehmender Stichprobengröße als zuverlässiger (Henseler et al., 2009). In Wiederholungsstudien sollte daher versucht werden, größere Stichproben zu gewinnen, um so die festgestellten Persönlichkeitseinflüsse, auch durch die Berechnung von Moderationseffekten,[3] sowie die Gültigkeit der in der vorliegenden Arbeit erlangten Erkenntnisse zu überprüfen.

Als weitere Limitation kann die Zusammensetzung der Stichprobe angeführt werden. In der durchgeführten Studie wurden Studenten aus verschiedenen Studiengängen als beispielhafte Vertreter der unerfahrenen Entrepreneure anvisiert (Dew et al., 2009a). Eine Analyse der Stichprobenzusammensetzung offenbarte jedoch eine Konzentration auf jene Studiengänge mit betriebswirtschaftlichem Anteil, eine Altersgruppe von 20-25 Jahren und Studenten im Bachelor-Studium. Diese Merkmalshomogenität des Samples könnte jedoch ein spezifisches Verhalten und spezifische Einflüsse der Persönlichkeit begründen. Da sich die Grundgesamtheit der un-

---

[3]Nach Chin et al. (2003) sollten zur adäquaten Bestimmung von Moderationseffekten eine Stichprobengröße von 100 Fällen angestrebt und mindestens 4 Indikatoren pro Konstrukt verwendet werden.

erfahrenen Entrepreneure nicht nur aus Studenten zusammensetzt, könnten zukünftige Studien weitere Personengruppen ohne Gründungserfahrung in Betracht ziehen.

Zuletzt wird mit der durchgeführten Studie kein Anspruch an den absoluten Nachweis von Kausalität erhoben. Eine kausale Beziehung setzt drei Bedingungen voraus: (1) Die Ursache geht der Wirkung voraus, (2) die Ursache steht in Bezug zur Ursache und (3) keine anderer Determinanten können die Wirkung erklären (Shadish et al., 2002). Durch die Konzeption der Untersuchung als Zufallsexperiment mit einer dichotom manipulierten Umgebungsunsicherheit kann jedoch zumindest ein annähernd kausaler Einfluss der Umgebungsunsicherheit auf das Verhalten unterstellt werden. Darüber hinaus deuten eine relativ ausgeprägte Stabilität der Persönlichkeit (Ajzen, 2005), auch aufgrund genetischer Veranlagungen (Zhang et al., 2009; Jang et al., 1996), auf eine tendenziell kausale Einflussnahme der Persönlichkeit auf das Verhalten hin (Caprara & Cervone, 2000). Diese Einflussnahmen sind jedoch nicht als allumfassend zu betrachten, sodass auch weitere Determinanten existieren mögen, die die bereits ermittelten Einflüsse substituieren oder ergänzen (entgegen Bedingung 3). Darüber hinaus könnte sich auch ein umgekehrtes Ursache-Wirkungsverhältnis dahingehend ergeben haben, dass das Verhaltensfeedback die Sichtweise der Teilnehmer auf die eigene Persönlichkeit beeinflusst hat (entgegen Bedingung 1) (Rauch & Frese, 2007b). Beispielhaft hat ein gesteigerter, unternehmerischer Erfolg zu einer vermehrten Selbstsicherheit und entsprechend geringeren Einschätzung der eigenen Ängstlichkeit bei den Teilnehmern führen können (Rauch & Frese, 2007b). Langzeitstudien können hier über die eher zutreffende Richtung der Einflussnahme Aufschluss geben (Rauch & Frese, 2007b).

8.5. Ausblick auf die weitere Effectuation-Forschung

Die vorliegende Arbeit leistet einen wichtigen Beitrag zur Erforschung des effektuativen und kausalen Verhaltens von unerfahrenen Entrepreneuren in verschieden unsicheren Umgebungen und unter Berücksichtigung der Persönlichkeit. Hieran anknüpfend werden im Folgenden Vorschläge für zukünftige Forschungsvorhaben unterbreitet, die die Erschließung des umrissenen Forschungsfeldes, auch unter Berücksichtigung von FSim als innovativen und interaktiven Simulationsansatz, vorantreiben können.

8.5.1. Persönlichkeitsprofile und spezifische Persönlichkeitseigenschaften

In der vorliegenden Arbeit wurden insbesondere Facetten der eher breit aufgestellten *Big Five* Persönlichkeitseigenschaften als Prädiktoren für effektuatives und kausales Verhalten in Betracht gezogen. Verhaltens- und umgebungsspezifische Einflussnahmen dieser einzelnen Facetten wurden hypothetisiert und empirisch überprüft. Zukünftige Studien könnten hier anknüpfen und den Versuch unternehmen, effektuative und kausale Persönlichkeitsprofile durch die Berücksichtigung weiterer, miteinander interagierender Persönlichkeitseigenschaften zu bestimmen (Caprara & Cervone, 2000).

Zukünftige Studien könnten auch Einflüsse spezifischer Persönlichkeitseigenschaften postulieren und empirisch überprüfen (Frese, 2009). Für die Entrepreneurship-Disziplin wichtige und damit möglicherweise auch für ein effektuatives und kausales Verhalten relevante, spezifische Persönlichkeitseigenschaften wurden in Kapitel 3.2.1 zusammengetragen. Beispielhaft könnte die Persönlichkeitseigenschaft der verallgemeinerten Selbstwirksamkeit (Bandura & Adams, 1977), „[...] representing a judgment of how well one can perform across a variety of situations [...]", in Betracht gezogen werden (Judge et al., 2002, S. 694). Sie unterscheidet sich in ihrer Breite und Persistenz von der aufgabenspezifischen Selbstwirksamkeit, die als „[...] a person's belief in his or her capability to perform a given task" verstanden wird (Boyd & Vozikis, 1994, S. 66). Im Entrepreneurship-Kontext steht die verallgemeinerte Selbstwirksamkeit in positivem Zusammenhang mit dem Ergreifen unternehmerischer Initiativen (Speier & Frese, 1997), der Einnahme langfristiger Perspektiven (Rauch & Frese, 2007a) und vermehrt planerischen Aktivitäten (Luszczynska et al., 2005). Ebendiese langfristigen Sichtweisen und planerischen Aktivitäten werden auch von der kausalen Logik referenziert (Chandler et al., 2011). In diesem Sinne könnte eine ausgeprägte, verallgemeinerte Selbstwirksamkeit einen positiven Einfluss auf ein kausales Verhalten ausüben.

Für eine ganzheitliche Betrachtung einer solch möglichen Einflussnahme ist die Wahrnehmung der Umgebung zu berücksichtigen, da diese den Glauben an die eigenen Fähigkeiten und damit das gezeigte Verhalten beeinflussen kann (Gist & Mitchell, 1992). In diesem Sinne können sich aus einer verallgemeinerten Selbstwirksamkeit resultierende Verhalten nicht nur in einer schwach unsicheren, sondern insbesondere auch in einer stark unsicheren Umgebung zeigen: „[...] generalized expectations have an impact on behavior, especially in new and ambiguous situations" (Speier & Frese, 1997, S. 173). Menschen mit einer ausgeprägten, verallgemeinerten Selbstwirksamkeit gelten als weniger anfällig für Stress (Jerusalem et al., 1992) und glauben daran, auch herausfordernde Situationen (Speier & Frese, 1997) aufgrund eines ausgeprägteren Durchhaltevermögens bewältigen zu können (Rauch & Frese, 2007a). Aufgrund dieser Art des Umgangs mit starker Unsicherheit wird vermutet, dass sich ein positiver Einfluss der verallgemeinerten Selbstwirksamkeit auf ein kausales Verhalten nicht nur bei niedriger, sondern ebenso auch bei hoher Umgebungsunsicherheit zeigt. Eine gesteigerte Beitragsleistung zur Erklärung des kausalen Verhaltens wird, nach dem Ansatz der Situationsstärke (Mischel, 1977), jedoch eher in einer stark unsicheren Umgebung vermutet.

Allgemein ist bei der Selektion spezifischer Persönlichkeitseigenschaften als mögliche Prädiktoren zu überlegen, in wie weit diese auch nach der *Trait Activation Theory* für ein effektuatives oder kausales Verhalten von Relevanz sind (Tett et al., 2013). In diesem Sinne ist die Verhaltensumgebung dahingehend mit zu berücksichtigen, dass eine fiktive Gründung in FSim und die damit verbundene, mangelnde Realitätsnähe die Aktivierung von Persönlichkeitseigenschaften/-facetten verhindern kann. In der vorliegenden Arbeit wurde beispielsweise festgestellt, dass die Ängstlichkeit- und Vertrauen-Facette keinen Einfluss auf ein effektuatives oder kausales Verhalten ausübten, begründet durch den fiktiven Charakter der finanziellen Verluste und der angebotenen Kooperationsmöglichkeiten in der Simulation.

8.5.2. Intentionen, Haltung und Affektivität

Die Intention eines Menschen kann nach der *Theory of Planned Behavior* als unmittelbarer Prädiktor für sein Verhalten betrachtet werden (Fishbein & Ajzen, 2011; Ajzen, 2005). Vorhandene Gründungsintentionen sind dementsprechend für ein tatsächliches Gründungsverhalten wegweisend (Shirokova et al., 2016). Auch effektuatives und kausales Verhalten als spezifische Ausprägungen unternehmerischer Verhalten könnten demnach von solchen Intentionen beeinflusst werden. In diesem Sinne könnten zukünftige Studien etwaige Gründungs- und Verhaltensabsichten identifizieren und als zusätzliche Prädiktoren für das tatsächlich gezeigte Verhalten berücksichtigen.

Darüber hinaus kann das Verhalten auch von der Haltung eines Menschen, von Fishbein & Ajzen (2011, S. 76) definiert als „[...] a latent disposition or tendency to respond with some degree of favorableness or unfavorableness to a psychological object", beeinflusst werden (Ajzen, 2005; Sherman & Fazio, 1983). Als exemplarische, relevante Haltung könnte die Selbstwertschätzung, als „[...] an individual's general sense of his or her value or worth [...]" (Mäkikangas & Kinnunen, 2003, S. 538), angeführt werden. Die Relevanz dieser Haltung für Unternehmensgründungen ergibt sich daraus, dass eine ausgeprägte Selbstwertschätzung den eigenen Glauben darin bestärkt, mit den eigenen Fähigkeiten ein Unternehmen erfolgreich gründen zu können (Sommer & Baumeister, 2002). Dementsprechend ist die Selbstwertschätzung bei Entrepreneuren (Robinson et al., 1991) und potentiellen Entrepreneuren verstärkt ausgeprägt (Laguna, 2013). Da eine ausgeprägte Selbstsicherheit in negativem Zusammenhang mit der Verfolgung von Maxima steht (Schwartz et al., 2002), die Entscheidungsstrategie der Selektion der ertragsmaximalen Alternative jedoch im kausalen Ansatz verankert ist (Sarasvathy, 2003), könnte sich ein negativer, noch zu überprüfender Zusammenhang zwischen der Selbstsicherheit und dem kausalen Verhalten abzeichnen. Auch ein Einfluss von Nonkonformismus, als „[...] the degree to which individuals challenge the norms and develop original innovations and ways of thinking" (Bell, 2013, S. 73), könnte in zukünftigen Studien untersucht werden. Da Konformismus die Eigenschaft „[...] to constrain creativity and innovation [...]" besitzt (Meek et al., 2010, S. 498), fördert Nonkonformismus dementsprechend den Einfluss von Kreativität auf die Entwicklung radikaler Innovationen (Florin et al., 2007). Radikale Innovationen können auch das Ergebnis einer mittelorientierten und damit effektuativen Vorgehensweise bilden (Evers et al., 2012). Ihre effektuative Entwicklung könnte in diesem Sinne von einer nonkonformistischen Prädisposition verstärkt werden. Darüber hinaus könnte ein ausgeprägter Nonkonformismus ein übermäßiges Vertrauen bewirken, das sich dann in einem vermehrt effektuativ-kooperativen Verhalten manifestiert (Goel & Karri, 2006).

Obgleich einer gewissen Ähnlichkeit unterworfen, ist der Affekt von der Haltung eines Menschen zu differenzieren. Affekte lassen zwar auch dichotome Ausprägungen zu, beziehen sich hierbei jedoch eher auf Emotionen denn auf ein Zielobjekt.[4] Nach Delgado-Garcia et al. (2012, S. 409) sind die Einflüsse von Affekten insbesondere in „[...] contexts of complex or atypical tasks and decisions that require effortful and contructive thinking [...]" von Bedeutung. Aufgrund der mit Unternehmensgründungen verbundenen Komplexität, der Notwendigkeit des Treffens auch von nicht alltäglichen Entscheidungen und konstruktiven Denkweisen wurde die Affektivität in der Entrepreneurship-Literatur bereits berücksichtigt (Baron, 2008). Aufgrund dieser Relevanz für die Entrepreneurship-Disziplin könnten zukünftige Forschungsvorhaben die Affektivität auch von unerfahrenen Entrepreneuren aufgreifen und in Bezug zu effektuativem und kausalem Verhalten setzen.

8.5.3. Verschiedene Stufen der Umgebungsunsicherheit

Für die durchgeführte Studie wurden zwei Szenarien konzipiert, die FSim auf eine stark respektive schwach unsichere Simulationsumgebung hin parametrisierten. Entsprechend der ermittelten Ergebnisse variierten die effektuativen und kausalen Verhaltensumfänge, sowie die Einflüsse der Persönlichkeit je nach Ausprägung der Umgebungsunsicherheit.

Zukünftige Studien könnten durch eine feinere Adjustierung der Simulationsparameter feingranular abgestufte, unsichere Varianten eines Szenarios erzeugen, und damit zu differenzierteren Ergebnissen hinsichtlich der Verhaltensunterschiede und der unterschiedlichen Einflüsse der Persönlichkeit gelangen. In diesem Sinne könnte auch eine hinsichtlich der Umgebungsunsicherheit neutrale Umgebung konzipiert werden, die dann in Experimentaldesigns als Kontrollgruppe dient. Da nicht nur die objektive, sondern auch die subjektiv wahrgenommene Umgebungsunsicherheit für das gezeigte Verhalten von Relevanz ist, sollte ebendiese wahrgenommene Unsicherheit (insbesondere in Experimentaldesigns) stets mit erhoben werden.

---

[4]Beispielsweise wird aufgrund der Haltung ein Zielobjekt als gut oder schlecht evaluiert, während ein Affekt einen emotionalen Zustand, z.B. traurig oder fröhlich, beschreibt.

8.5.4. Weiterentwicklung von FSim

Bei FSim handelt es sich um eine innovative und prototypische Entwicklung einer interaktiven Computersimulation, die es dem Nutzer ermöglicht, effektuative und kausale Verhaltensweisen im Kontext verschiedener Gründungsszenarien zu offenbaren. Entsprechend der angeführten Limitationen könnten jedoch Verhaltensausprägungen existieren, die von FSim bislang nur unzureichend abgedeckt wurden. Eine umfangreiche Abdeckung effektuativer und kausaler Verhalten erfordert daher eine am Design Science ausgerichtete Evaluation und Weiterentwicklung der entworfenen Modelle, der Anforderungen und des Prototypen selbst.

Diese Weiterentwicklung bezieht sich auch auf die Metriken zur objektiven Erfassung und Quantifizierung der gezeigten Verhalten. Erste, als experimentell einzustufende Metriken wurden bereits entwickelt, decken jedoch die effektuativen und kausalen Verhaltensfacetten nicht vollumfänglich ab. Zukünftige Studien sollten daher die bereits entworfenen Metriken verfeinern und zusätzliche Metriken entwickeln, um so die Güte der objektiven Messung des effektuativen und kausalen Verhaltens zu verbessern. Hierbei ist jedoch anzumerken, dass die Entwicklung geeigneter Metriken und entsprechend objektive Messung von Verhalten als „[...] extremely difficult, time-consuming, and expensive [...]" gilt (Fishbein & Ajzen, 2011, S. 38).

Darüber hinaus wurde FSim als Einbenutzer-Simulationsprogramm konzipiert. Interaktionen finden dementsprechend nur zwischen dem Nutzer und der von FSim erzeugten Umgebung statt. In der realen Welt wird die Gründungsumgebung (Sarasvathy, 2003) und die damit einhergehende Umgebungsunsicherheit (Jauch & Kraft, 1986) jedoch von den Entscheidungen anderer Menschen beeinflusst. Eine Weiterentwicklung von FSim in Richtung Mehrbenutzersimulation würde neue Möglichkeiten für die Erforschung effektuativen und kausalen Verhaltens dahingehend eröffnen, dass sich die Nutzer sich in ihrem Verhalten wechselseitig beeinflussen können und damit möglicherweise neue Verhaltensmuster offenbaren. Im Detail können dann die bislang simulierte Konkurrenz aus real existierenden Personen bestehen und realitätsnähere Kooperationen mit anderen FSim-Nutzern ermöglicht werden.

A. Entwicklung und Evaluation von FSim

A.1. Berechnung des Produkt-Fits

Der Produkt-Fit zur Operationalisierung der Güte eines Produktes wird auf Basis der vom Nutzer bei der Produktkonzeption angegebenen Produktionsfaktoren und Einsatzmengen ermittelt. Dieser Ermittlung liegen die folgenden, axiomatischen Annahmen zugrunde:

> Annahme 1: Der Beitrag eines Produktionsfaktors zum Produkt-Fit ist in Abhängigkeit von seine Einsatzmenge normalverteilt.

> Annahme 2: Je höher der Preis eines Produktionsfaktors, desto größer sein Beitrag zum Produkt-Fit.

Entsprechend der Interpretation des Produkt-Fits als quantitatives Maß gilt es eine mathematische Funktion zu finden, die diese Annahmen abbilden kann. Da Annahme 1 eine von ihren Einsatzmengen abhängige, normalverteilte Beitragsleistung der Produktionsfaktoren zur Gesamtgüte eines Produktes beschreibt, wurde auf die Dichtefunktion φ der Normalverteilung $N(\mu, \sigma^2)$ zurückgegriffen. Durch die Verteilungsparameter lässt sich für jeden Produktionsfaktor genau eine optimale Einsatzmenge spezifizieren (ausgedrückt durch den Erwartungswert bzw. Lageparameter μ), die zu einem maximalen Beitrag des Faktors zur Produktgüte bzw. zum Produkt-Fit führt (operationalisiert über die Varianz bzw. den Streuparameter σ^2). Unter Berücksichtigung dieser beiden Parameter bildet die zu einem Produktionsfaktor i zugehörige Dichtefunktion φ_i die angegebene Einsatzmenge m_i eines Produktionsfaktors auf ein Gütemaß $\varphi_i(m_i)$ im Intervall $[0; \infty]$ ab. Abweichungen vom Erwartungswert und damit von der optimalen Einsatzmenge führen zu einem entsprechend geringeren Gütebeitrag des Faktors zum Produkt-Fit. Das ökonomische Ziel besteht folglich darin, diese Gütebeiträge der Produktionsfaktoren zu maximieren (d.h. $\varphi_i(m_i) \to \infty$), da die damit einhergehende Maximierung des Produkt-Fits entscheidend für die virtuelle Nachfrage nach diesem Produkt ist.

Nach Annahme 2 sind die zu einem Produktionsfaktor gehörenden Parameter der Dichtefunktion so zu bestimmen, dass teurere, in optimaler Menge eingesetzte Faktoren einen höheren Beitrag zum Produkt-Fit leisten. Da sich die Beitragshöhe eines Produktionsfaktors über den Varianzparameter regulieren lässt, wird σ^2 für jeden Produktionsfaktor i unter Berücksichtigung seines Faktorpreises $i_p \in \mathbb{N}^+$ durch folgende Formel bestimmt:

$$\sigma_i^2(i_p) = \tfrac{1}{i_p}$$

Für ein vorgegebenes Preisminimum von $i_p = 1$ ergibt sich $\sigma_i^2(1) = 1$ und in Folge $\varphi_i(\mu) = 0,4$ bei optimalem Faktoreinsatz. Ein höherer Preis im Sinne von $i_p \to \infty$ führt dazu, dass σ_i^2 gegen 0 konvergiert und hieraus resultierend $\varphi_i(\mu)$ gegen ∞ strebt.[1] Dementsprechend ist festzuhalten, dass die bei optimalem Faktoreinsatz aus unterschiedlichen Preisen resultierende Dichten bzw. Beiträge der Faktoren zum Produkt-Fit im Intervall $[0,4;\infty]$ zu verorten sind.

Die optimale Faktoreinsatzmenge bzw. der Erwartungswert μ wird jedoch nicht konfiguriert, sondern ebenfalls auf Grundlage der spezifizierten Faktorpreise ermittelt. In diese Ermittlung fließt nicht nur der Preis des jeweils betrachteten Produktionsfaktors ein, sondern die Preise all jener Faktoren, die in das konkrete Produkt eingehen. Konkret berechnet sich die optimale Einsatzmenge eines Produktionsfaktors aus der Differenz zwischen dem Preis teuersten Faktors und jenem des betrachteten Faktors plus 1. Der hieraus resultierende, axiomatische Zusammenhang ist in Annahme 3 formuliert.

Annahme 3: Je größer der preisliche Abstand zum teuersten Produktionsfaktor, desto höher die optimale Einsatzmenge des betrachteten Faktors.

Mit dieser Annahme lassen sich adäquate Verhältnisse der Faktoreinsatzmengen auf Basis der gegebenen Faktorpreise erreichen. Die Kombination verschiedenpreisiger Faktoren in einem Produkt erfordert in diesem Sinne einen geringen Einsatz von hochpreisigen und einen vergleichsweise hohen Einsatz von niedrigpreisigen Faktoren.

Diese deterministische Strategie zur Bestimmung der optimalen Faktoreinsatzmenge kann per Szenario um eine nicht-deterministische Komponente erweitert werden. Dabei bildet die bislang errechnete, optimale Einsatzmenge die untere Schranke eines Wertefensters, das nach oben durch diese Menge plus ein Intervall flexibler Größe begrenzt wird. Die Ausgangsgröße dieses Intervalls wird per Szenario festgelegt und reduziert sich entsprechend der Faktorenanzahl auf eine per Szenario konfigurierbare Mindestgröße.[2] Aus diesem Wertefenster wird ein zufälliger Wert ermittelt, der dann die optimale Faktoreinsatzmenge repräsentiert. Durch diese in einem gewissen Rahmen zufallsbasierte Bestimmung der optimalen Einsatzmenge wird ein nicht-deterministisches Verhalten von FSim, z.B. zur Erzeugung von Unsicherheit, bewirkt.

Ausgehend von der nun erfolgten Bestimmung der Lage- und Streuparameter berechnet sich der Produkt-Fit als arithmetisches Mittel der Dichten bzw. Gütebeiträge, die auf Basis der vom Nutzer spezifizierten Einsatzmengen für die einzelnen Produktionsfaktoren ermittelt wurden. Für n

---

[1] Präzise formuliert handelt es sich bei σ_i^2 um eine Nullfolge, da gilt: $\lim\limits_{i_p \to \infty} \sigma_i^2(i_p) = 0$.

[2] Das Setzen der Ausgangs- und Mindestgröße des Intervalls auf 0 entspricht der vormals erwähnten, deterministischen Strategie. Das Setzen der Ausgangsgröße des Intervalls auf 0 und des Mindestgröße auf einen positiven Wert entspricht einem statischen, von der Faktorenzahl unabhängigen Intervall.

Produktionsfaktoren, wobei jeder Produktionsfaktor i in der vom Nutzer definierten Menge m_i in ein Produkt P einfließt, berechnet sich der Fit P_f für dieses Produkt wie folgt.

$$P_f = \sum_{i=1}^{n} \frac{\varphi_i(m_i)}{n}$$

A.2. Konzeption der Nachfrage-Funktionen und Modifikation der Nachfrage

Nachfrage-Funktionen bilden den Produktpreis auf die zu diesem Preis absetzbare Produktmenge ab und besitzen in FSim die Gestalt einer linear fallenden Funktionen. Markante Punkte einer solchen Funktion bilden die Sättigungsmenge und der Prohibitiv-Preis. Die Sättigungsmenge beschreibt die absetzbare Produktmenge bei einem Preis von Null – der Prohibitiv-Preis jenen Preis, zu dem keine Produkteinheiten nachgefragt werden. Zur Konzeption einer Nachfrage-Funktion gilt es diese Punkte zu bestimmen.

In FSim wird der Prohibitiv-Preis P_v für jedes Produkt P auf Basis seines Produkt-Fits P_f und dem Selbstkostenpreis P_k nach folgender Formel berechnet.

$$P_v = P_f * 10 * P_k$$

Durch die Multiplikation des Produkt-Fits mit der Konstante 10 erhält dieser die Bedeutung eines Multiplikators, der mit den Selbstkosten einer Produkteinheit multipliziert den Prohibitiv-Preis bestimmt. Die Selbstkosten wurden in die Berechnung mit einbezogen, da teurere Produktionsfaktoren und/oder größere Einsatzmengen einen höheren Prohibitivpreis rechtfertigen. Ein schlechter Produkt-Fit von Null führt nach dieser Berechnungsvorschrift zu einem Prohibitiv-Preis von Null, so dass das Produkt in Folge keine Nachfrage generiert. Dieser Zusammenhang wird durch die folgende Annahme nochmals expliziert.

Annahme 1: Je größer der Produkt-Fit, desto höher der Prohibitiv-Preis.

Da die Nachfrage-Funktion einer linearen Funktion mit konstanter Steigung entspricht, besitzt diese die folgende, mathematische Form.

$$m = a * p + c$$

Obgleich der Prohibitiv-Preis als Punkt $(P_v|0)$ bereits definiert ist, gilt es noch den Steigungskoeffizienten a zu bestimmen (die Sättigungsmenge c kann dann hieraus abgeleitet werden). Dieser Koeffizient repräsentiert die Änderung der nachgefragten Produktmenge Δm bei entsprechender Änderung des Produktpreises Δp. Aufgrund des Rückgangs der nachgefragten Menge bei steigendem Preis ist dieser Koeffizient negativ und wird in FSim durch folgende Formel bestimmt.

$$a = \frac{\Delta m}{\Delta p} = \frac{-\frac{1}{P_f}}{1} = -\frac{1}{P_f}$$

Nach dieser Formel reduziert sich die nachgefragte Menge um $\frac{1}{P_f}$ Produkteinheiten, wenn der Produktpreis um 1 Geldeinheit steigt. Dies bedeutet, dass die Änderung der Nachfrage direkt von der Höhe des ermittelten Produkt-Fits abhängt. Ein hoher Produkt-Fit beschreibt hier eine nur geringe Änderung der Nachfrage (geringe Preiselastizität), während ein geringer Produkt-Fit zu starken Änderungen der Nachfrage führt (hohe Preiselastizität).[3] Dieser mathematische Zusammenhang zwischen dem Produkt-Fit und der Änderung der Nachfrage fußt auf folgender Annahme.

Annahme 2: Je größer der Produkt-Fit, desto unelastischer das Reaktionsverhalten der Nachfrage.

Durch das Einsetzen des Steigungskoeffizienten a und des Prohibitiv-Preises P_v (per Definition gilt $p = P_v$ und $m = 0$) in die Nachfrage-Funktion kann der fehlende Parameter c bestimmt werden.

$$m = a * p + c$$
$$0 = a * P_v + c$$
$$0 = a * (P_f * 10 * P_k) + c$$
$$0 = -\frac{1}{P_f} * (P_f * 10 * P_k) + c$$
$$c = 10 * P_k$$

Hieraus ergibt sich die folgende Nachfrage-Funktion für ein Produkt P bei berechnetem Produkt-Fit P_f und ermittelten Selbstkosten P_k.

$$m = -\frac{1}{P_f} * p + 10 * P_k$$

Die durch diese Funktion berechnete Nachfrage m für ein Preis p wird zum Abschluss jeder Simulationsperiode wie folgt weiter modifiziert.

1. Multiplikation mit dem per Szenario definierten Basismultiplikator zur Bildung eines grundlegenden Nachfrage-Niveaus. Dieser Multiplikator kann zu dessen Neutralisierung auf 1 gesetzt werden.

2. Multiplikation mit dem Marktereignis-Multiplikator, sofern ein marktbezogenes Ereignis ausgelöst wurde und der entsprechende Effekt noch anhält. Typischerweise entstammt dieser Multiplikator dem Intervall $[1; \infty]$ bei einem Marktaufschwung und dem Intervall $[0; 1]$ bei einer Marktrezession.

---

[3]Mathematisch ergibt sich für einen hohen Produkt-Fit $\lim\limits_{P_f \to \infty} -\frac{1}{P_f} = 0$ als Grenzwert (vollkommen unelastische Reaktion der Nachfrage). Bei minimalem, d.h. gegen 0 konvergierendem Produkt-Fit gilt $\lim\limits_{P_f \to 0} -\frac{1}{P_f} = -\infty$ (vollkommen elastische Reaktion der Nachfrage).

3. Prozentuale Reduktion der Nachfrage entsprechend der von der virtuellen Konkurrenz gehaltenen Marktanteile.

4. Multiplikation mit dem Marketing-Multiplikator, sofern eine Marketing-Kampagne vom Nutzer gewählt wurde.

5. Multiplikation mit dem Vertriebs-Multiplikator entsprechend dem dem gewählten Vertriebskanal.

A.3. Produktions-/Vertriebsroutine

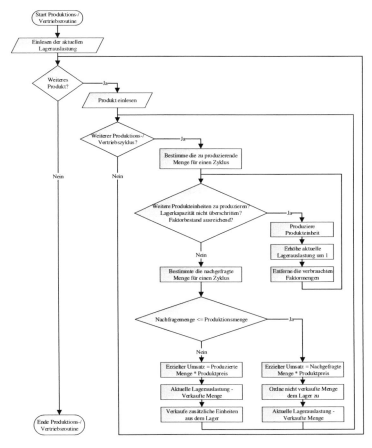

Abbildung A.1.: Programmablaufplan zur Produktions-/Vertriebsroutine in FSim

A.4. Datenmodell

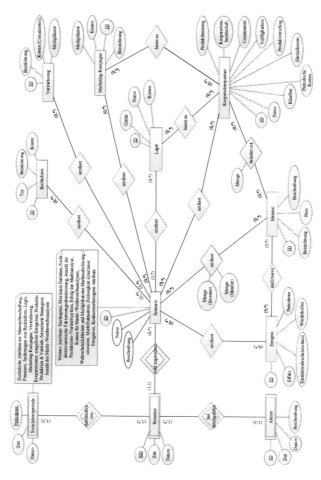

Abbildung A.2.: *Entity-Relationship*-Modell von FSim

A.5. Protokolle zur Evaluation von FSim

Protokoll 1

Nutzer: JProf. A

- Allgemein: Reale Zeiteinheiten anstatt abstrakter Simulationsperioden verwenden
- Befragung: Anpassen der Formulierungen der Effectuation-Indikatoren an FSim
- Befragung: Aufnehmen der Nutzungskomplexität in die Befragung

Effektuatives und kausales Verhalten wurde von FSim zugelassen: Ja

Die Benutzbarkeit von FSim wurde als ausreichend betrachtet: Ja

Protokoll 2

Nutzer: Softwaretechnik-Experte B

- Allgemein: Verwenden von gleichen Bezeichnungen für gleiche Funktionen

- Allgemein: Präzisieren von Begriffen (z.b. „Produktlager" anstatt „Lager" und „Umsatzanteile" anstatt „Unternehmensanteile")

- Allgemein: Verwenden adäquater Eingabefeldtypen (z.b. numerisches Eingabefeld für das Gehalt)

- Inventar: Mangelnde Sortierbarkeit der Materialien bzw. Produktionsfaktoren nach Name und Preis

- Produktgestaltung: Auf das Erfordernis der Angabe von ganzen Mengeneinheiten bei der Abfrage von Faktormengen hinweisen

- Produktgestaltung: Verwenden der Bezeichnung „Zusammenstellung abbrechen" anstatt „Cancel"

- Produktgestaltung: Verwenden von spezifischen Einheitsangaben anstatt des abstrakten Begriffes „Einheiten"

- Produktgestaltung: Hervorheben des automatisch bestimmten Selbstkostenpreises

- Finanzen: Umbenennen der Kostenposition „Beteiligung von Partnern" in „Umsatzbeteiligung von Kooperationspartnern"

- Kooperationen: Nutzer darauf hinweisen, dass über Kooperationen zu Verfügung gestellte Lagereinrichtungen und Werbekampagnen explizit selektiert werden müssen

- Befragung: Anpassen der Indikator-Formulierungen an FSim (z.B. Verwendung des Begriffes der „Kontrollmöglichkeiten" anstatt „Kontrollprozesse")

- Befragung: Befragen des Nutzers zur Komplexität, die sich nicht auf den Funktionsumfang, sondern auf die Bedien-/Nutzbarkeit von FSim bezieht (Unklarheiten hinsichtlich der Funktionen sollen direkt geklärt werden können (angeregte Hinzunahme der Frage „(Der Nutzer/ich) hatte die Möglichkeit, Fragen zur Benutzung zu stellen."))

- Befragung: Deaktivieren der Möglichkeit, die Umfrage abzubrechen, und Implementieren einer Sicherheitsabfrage beim Übergang zur nächsten Umfrageseite

---

Effektuatives und kausales Verhalten wurde von FSim zugelassen: Ja

Die Benutzbarkeit von FSim wurde als ausreichend betrachtet: Nur mit Zusatzinformationen und Screencast

Protokoll 3

Nutzer: Wiss. Mitarbeiter C

- Allgemein: Beim Übergang in die nächste Simulationsperiode automatisch zur Übersichtsseite springen (zur Hervorhebung der Statusmeldungen)

- Inventar: Mangelnde Sortierbarkeit der Materialien bzw. Produktionsfaktoren nach Name und Preis

- Produktgestaltung: Hervorheben des automatisch bestimmten Selbstkostenpreises

- Produktgestaltung: Fehlende Möglichkeit zur nachträglichen Bearbeitung der einem Produkt zugeordneten Produktionsfaktoren

- Marketing & Vertrieb: Mangelnde Differenzierung zwischen verschiedenen Vertriebswegen

- Kooperationen: Fehlender, expliziter Hinweis bei der Gabe von Rabatten

- Befragung: Fehlender Hinweis des Nutzers darauf, dass die Einschätzung seiner Persönlichkeit ganz allgemein und losgelöst von den Erfahrungen mit FSim erfolgen soll

Effektuatives und kausales Verhalten wurde von FSim zugelassen: Ja

Die Benutzbarkeit von FSim wurde als ausreichend betrachtet: Ja

Protokoll 4

Nutzer: Wiss. Mitarbeiter D

- Allgemein: Konkretisieren der Hilfetextformulierungen auf den Anwendungskontext
- Produktgestaltung: Missverständliche Interpretation des Begriffes „Einheiten" als relative Angabe
- Finanzen: Missverständliche Verwendung des Begriffes „Anteilseigner"
- Marketing & Vertrieb: Wettbewerbsanalyse beim Übergang in die nächste Simulationsperiode zurücksetzen
- Marketing & Vertrieb: Ergebnisse aus Produktion & Absatz beim Übergang in die nächste Simulationsperiode explizit in einer Statusmeldung hervorheben

Effektuatives und kausales Verhalten wurde von FSim zugelassen: Ja

Die Benutzbarkeit von FSim wurde als ausreichend betrachtet: Nur mit Zusatzinformationen und Hilfe

---

Protokoll 5

Nutzer: Studenten E und F (*konsolidiertes Feedback*)

- Allgemein: Umbenennen des Buttons „Go!" in „Produzieren, Verkaufen und nächste Periode"

- Allgemein: Vorziehen der Bereiche „Finanzen" und „Vertrieb"

- Marketing & Vertrieb: Ergebnisse aus Produktion & Absatz beim Übergang in die nächste Simulationsperiode explizit als Statusmeldung hervorheben mit Verweis auf den Bereich „Finanzen" für detailliertere Informationen

---

Effektuatives und kausales Verhalten wurde von FSim zugelassen: Ja

Die Benutzbarkeit von FSim wurde als ausreichend betrachtet: Ja

A.6. Berechnung der Metriken

Berechnung der Metriken auf Basis der von FSim aufgezeichneten Daten

Metrik	Berechnungsvorschrift
Durchschnittliche Variation der Produktpalette in Umfang und Zusammensetzung	$\dfrac{\left\|\bigcup_{i=1}^{n} \text{Produkte}_i\right\| * \sum_{i=1}^{n-1} \left\|\text{Produkte}_i \triangle \text{Produkte}_{i+1}\right\|}{n}$
Prozentualer Anteil der in der ersten Periode konfigurierten und in der letzten Periode beibehaltenen Produkte	$\dfrac{\left\|\text{Produkte}_1 \cap \text{Produkte}_n\right\|}{\left\|\text{Produkte}_1 \cup \text{Produkte}_n\right\|}$
Durchschnittliche Änderungen der Produktpalette, des Vertriebsweges und der Marketing-Kampagne	$\dfrac{\sum_{i=1}^{n-1} \left\|\text{Produkte}_i \triangle \text{Produkte}_{i+1}\right\| + \left\|\text{Vertrieb}_i \triangle \text{Vertrieb}_{i+1}\right\| + \left\|\text{Marketing}_i \triangle \text{Marketing}_{i+1}\right\|}{n}$
Durchschnittliches Betriebsvermögen	$\sum_{i=1}^{n} \text{vermögen}_i$
Durchschnittliche Ausgaben für Rohstoffe	$\sum_{i=1}^{n} \text{rohstoffausgaben}_i$
Prozentuale Verwendung von Rohstoffen aus Ereignissen in Produkten[a]	$\dfrac{\left\|\{e \in \bigcup_{i=1}^{n} \text{Ereignis}_i \mid e \text{ ist Rohstoffereignis} \wedge \exists p \in \bigcup_{i=1}^{n} \text{Produkte}_i; p \text{ verwendet } e\}\right\|}{\left\|\{e \in \bigcup_{i=1}^{n} \text{Ereignis}_i \mid e \text{ ist Rohstoffereignis}\}\right\|} \div n$
Durchschnittlich prozentual bediente Nachfrage[b]	$\left(\sum_{i=1}^{n} \dfrac{\text{produktmenge\_v}_i}{\text{produktmenge\_n}_i}\right) \div n$
Anzahl der eingegangenen, unkündbaren Kooperationen	$\max_{i \in \{1,\dots,n\}} \text{kooperationen\_u}_i$
Anzahl der insgesamt eingegangenen Kooperationen	$\max_{i \in \{1,\dots,n\}} (\text{kooperationen\_u}_i + \text{kooperationen\_k}_i)$
Anzahl der eingegangenen Kooperationen mit Lieferanten und Kunden	$\max_{i \in \{1,\dots,n\}} \text{kooperationen\_k}_i$
Anzahl der durchgeführten Marktanalysen	$\sum_{i=1}^{n} \text{marktanalysen}_i$

Tabelle A.6.: Berechnung der Metriken auf Basis der von FSim aufgezeichneten Daten *(Fortsetzung)*

Metrik	Berechnungsvorschrift
Häufigkeit der Betrachtung der Produktions/Nachfrage- und Wettbewerbs-Charts	$\sum_{i=1}^{n}(\text{chart\_pn}_i + \text{chart\_w}_i)$
Anzahl der durchgeführten Markt- und Wettbewerbsanalysen	$\sum_{i=1}^{n}(\text{marktanalysen}_i + \text{chart\_w}_i)$
Durchschnittliche Änderungen der Produktpalette und gewählten Marketing-Kampagne	$\dfrac{\sum_{i=1}^{n-1}|\text{Products}_i \triangle \text{Products}_{i+1}| + |\text{Marketing}_i \triangle \text{Marketing}_{i+1}|}{n}$

Die Berechnungen basieren auf n durchlaufenen Simulationsperioden. Legende zu den Variablen bzw. Mengen, deren Ausprägungen von FSim zum Abschluss jeder Periode i gespeichert werden: *Produkte*$_i$ = Konfigurierte Produkte; *Vertrieb*$_i$ = Gewählter Vertriebskanal; *Marketing*$_i$ = Gewählte Marketing-Kampagne; *vermögen*$_i$ = Betriebsvermögen; *rohstoffausgaben*$_i$ = Aufgewandte Kosten für Rohstoffe; *Ereignis*$_i$ = Ausgelöste Ereignisse; *produktmenge_v*$_i$ = Verkaufte Produktmenge; *produktmenge_n*$_i$ = Nachgefragte Produktmenge; *kooperationen_u*$_i$ = Anzahl der eingegangenen, unkündbaren Kooperationen; *kooperationen_k*$_i$ = Anzahl der eingegangenen, kündbaren Kooperationen; *marktanalysen*$_i$ = Anzahl der durchgeführten Marktanalysen; *chart_pn*$_i$ = Anzahl der Aufrufe des Produktions-/Nachfrage-Charts; *chart_w*$_i$ = Anzahl der Aufrufe des Wettbewerbs-Charts.

[a] Diese Metrik wurde nur berechnet, wenn mindestens 1 Ereignis ausgelöst wurde.

[b] In Simulationsperioden ohne generierte Nachfrage wird die bediente Nachfrage definitorisch mit 0 angegeben.

B. Beschreibungen der Szenario-Parameter

Sie schwärmen für exotische Gerichte und möchten Ihre Leidenschaft nun zum Beruf machen.

Ihre Idee ist, ein Unternehmen zu gründen, das exotische, haltbare Fertiggerichte selbst produziert und direkt, d.h. nicht über Zwischenhändler, an die Endkunden verkauft. Die angebotenen Gerichte können von den Kunden über einen Internet-Shop bestellt werden; der Versand der Gerichte erfolgt dann über einen Express-Paketdienstleister. Ihr Ziel ist nun, verschiedene Zutaten einzukaufen, diese zu Gerichten zu kombinieren und die gekochten Gerichte dann auf genanntem Wege zu verkaufen.

Die von Ihnen angebotenen Gerichte sollen sich vor allem aus wenigen, vorwiegend teuren Zutaten zusammensetzen. Bei der Zusammensetzung Ihrer Gerichte können Sie aus bis zu 6 verschiedenen Zutaten wählen, und in von Ihnen bestimmbaren Mengen in die Gerichte einfließen lassen.

Die in einem Gericht verwendeten Zutaten und Zutatenmengen entscheiden maßgeblich darüber, wie gut sich dieses Gericht verkaufen lässt. Die von den Kunden indirekt erwarteten Zutatenmengen sind hierbei über die Zeit hinweg gleichbleibend. Obgleich sicher ist, dass sich aus den verfügbaren Zutaten erfolgversprechende Gerichte zusammenstellen lassen, ist jedoch unklar, welche konkreten Zutatenkombinationen und -mengen als erfolgversprechend gelten und damit von Bedeutung sind! In diesem Zusammenhang gilt: Je mehr Zutaten zu Verfügung stehen, desto mehr Zutatenkombinationen – gute wie schlechte – sind möglich!

Detaillierte, verwertbare Informationen über den Markt, auf dem Sie sich befinden, und Ihre Kunden (z.B. wie viele Gerichte Sie zum aktuellen Preis verkaufen können) lassen sich über entsprechende Methoden bestimmen. Es ist zudem erkennbar, dass die Nachfrage Ihrer Kunden nach Ihren Gerichten im Normalfall um bis zu 5% schwankt. Unerwartet starke Änderungen der Nachfrage sind nicht zu erwarten. Bei der Durchführung von kostenpflichtigen Werbekampagnen zur Steigerung der Nachfrage ist bereits vorab feststellbar, wie viele Gerichte aufgrund der gewählten Kampagne zusätzlich verkauft werden können. Da Ihre Gerichte außergewöhnlich exotisch sind, ist mit aufkommender Konkurrenz nicht zu rechnen.

Szenario 2

Sie schwärmen für exotische Gerichte und möchten Ihre Leidenschaft nun zum Beruf machen.

Sie können ein Unternehmen gründen, das exotische Gerichte produziert und verkauft. Der Verkauf der Gerichte kann hierbei auf verschiedenen Wegen erfolgen, die sich als unterschiedlich profitabel erweisen. Sie können auch, alternativ oder ergänzend, durch entsprechende Kooperationen exotische Zutaten in großen Mengen günstig einkaufen und teuer verkaufen. Aufgrund der Vielfalt der möglichen Geschäftsmodelle ist Ihre Positionierung im Markt und damit das konkrete, unternehmerische Ziel jedoch unklar.

Falls Sie exotische Gerichte selbst produzieren möchten, können Sie bei deren Zusammensetzung aus bis zu 60 verschiedenen Zutaten wählen und in von Ihnen bestimmbaren Mengen in die Gerichte einfließen lassen.

Die in einem Gericht verwendeten Zutaten und Zutatenmengen entscheiden maßgeblich darüber, wie gut sich dieses Gericht verkaufen lässt. Die von den Kunden indirekt erwarteten Zutatenmengen können sich allerdings von Mal zu Mal ändern. Obgleich sicher ist, dass sich aus den verfügbaren Zutaten erfolgversprechende Gerichte zusammenstellen lassen, ist jedoch unklar, welche konkreten Zutatenkombinationen und -mengen als erfolgversprechend gelten und damit von Bedeutung sind! In diesem Zusammenhang gilt: Je mehr Zutaten zu Verfügung stehen, desto mehr Zutatenkombinationen – gute wie schlechte – sind möglich!

Detaillierte, verwertbare Informationen über den Markt, auf dem Sie sich befinden, und Ihre Kunden (z.B. wie viele Gerichte Sie zum aktuellen Preis verkaufen können) lassen sich nicht über entsprechende Methoden bestimmen. Es ist zudem erkennbar, dass die Nachfrage Ihrer Kunden nach Ihren Gerichten im Normalfall um bis zu 50% schwankt. Eine unerwartet starke Änderung der Nachfrage, d.h. eine Verdopplung im positiven und Halbierung im negativen Fall aufgrund eines wirtschaftlichen Auf- bzw. Abschwungs, tritt mit einer Wahrscheinlichkeit von 25% auf. Bei der Durchführung von kostenpflichtigen Werbekampagnen zur Steigerung der Nachfrage ist nicht vorab feststellbar, wie viele Gerichte aufgrund der gewählten Kampagne zusätzlich verkauft werden können. Da Ihre Gerichte aufgrund ihres exotischen Charakters als sehr erfolgversprechend gelten, müssen Sie mit Konkurrenz rechnen. Ein Konkurrent beeinflusst Ihr Unternehmen dahingehend, dass er eines Ihrer Gerichte nachkocht und dadurch 10% Ihrer Kunden bzw. Einnahmen abgreift. Die Wahrscheinlichkeit dafür, dass bei einem Ihrer Gerichte ein neuer Konkurrent aufkommt, liegt bei 50%. Pro Gericht können maximal 9 Konkurrenten gleichzeitig aktiv sein (im Extremfall würde die Konkurrenz also 90% Ihrer Einnahmen bei diesem Gericht abgreifen). Die Wahrscheinlichkeit für den Extremfall, d.h. das plötzlich alle 9 Konkurrenten bei einem Ihrer Gerichte aufkommen, liegt bei 25%.

C. Ergänzende Statistiken

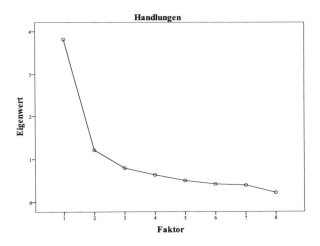

Abbildung C.1.: *Scree*-Plot zur explorativen Faktorenanalyse der Handlungen-Facette

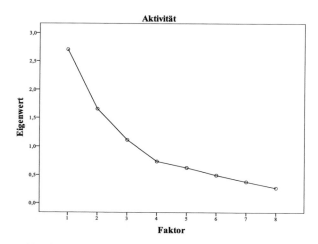

Abbildung C.2.: *Scree*-Plot zur explorativen Faktorenanalyse der Aktivität-Facette

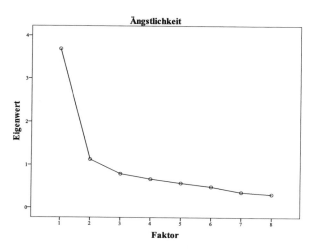

Abbildung C.3.: *Scree*-Plot zur explorativen Faktorenanalyse der Ängstlichkeit-Facette

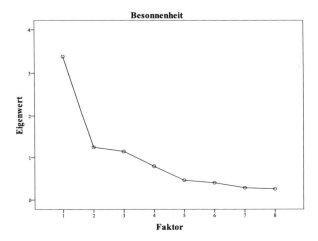

Abbildung C.4.: *Scree*-Plot zur explorativen Faktorenanalyse der Besonnenheit-Facette

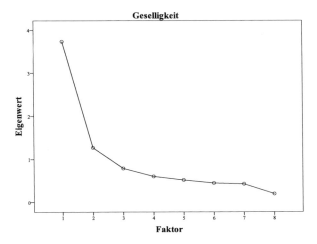

Abbildung C.5.: *Scree*-Plot zur explorativen Faktorenanalyse der Geselligkeit-Facette

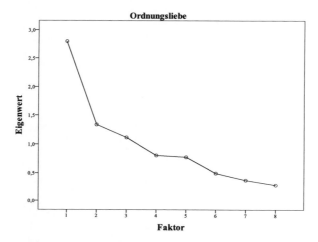

Abbildung C.6.: *Scree*-Plot zur explorativen Faktorenanalyse der Ordnung-Facette

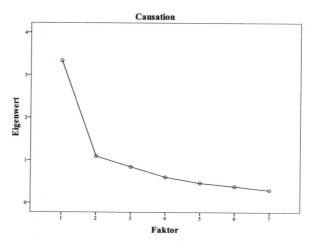

Abbildung C.7.: *Scree*-Plot zur explorativen Faktorenanalyse des Causation-Konstrukts

Tabelle C.1.: Statistiken zum *Fornell-Larcker*-Kriterium (Verhalten und Persönlichkeit)

Konstrukt	1	2	3	4	5	6	7	8	9	10	11	12	13
1. Causation	**0,67**												
2. Effectuation: Affordable Loss	0,39	**0,79**											
3. Effectuation: Experimentation	-0,09	-0,19	**0,65**										
4. Effectuation: Flexbility	0,32	0,05	0,28	**0,69**									
5. Effectuation: Pre-Commitments	0,06	-0,21	0,14	0,15	**0,85**								
6. Handlungen	0,14	0,06	0,04	0,25	0,01	**0,66**							
7. Aktivität	0,12	-0,18	0,35	0,14	-0,01	0,15	**0,64**						
8. Ängstlichkeit	-0,00	0,21	0,21	-0,26	0,03	-0,36	0,04	**0,76**					
9. Besonnenheit	0,48	0,29	-0,04	0,05	-0,06	-0,17	0,18	0,14	**0,72**				
10. Geselligkeit	-0,27	-0,29	0,05	-0,05	0,26	0,14	0,05	-0,10	-0,32	**0,65**			
11. Ordnungsliebe	0,32	0,11	0,09	0,07	-0,03	0,05	0,42	0,22	0,27	-0,19	**0,70**		
12. Risikofreudigkeit	-0,25	-0,65	0,08	-0,16	0,24	-0,04	0,04	-0,19	-0,33	0,26	-0,11	**0,81**	
13. Vertrauen	-0,19	-0,31	0,04	-0,23	0,27	-0,04	-0,05	-0,11	-0,17	0,41	-0,17	0,40	**0,76**

Fettgedruckte Werte sind als Wurzel der durchschnittliche extrahierten Varianz zu verstehen. Die übrigen Werte entsprechen den Korrelationen zwischen den jeweiligen Konstrukten.

Tabelle C.2.: Statistiken zum *Fornell-Larcker*-Kriterium (Umgebungsunsicherheit)

Konstrukt	1	2	3
1. Umgebungsturbulenz	**0,72**		
2. Zielunklarheit	0,42	**0,84**	
3. Umgebungsisotropie	0,42	0,54	**1**

Fettgedruckte Werte sind als Wurzel der durchschnittliche extrahierten Varianz zu verstehen. Die übrigen Werte entsprechen den Korrelationen zwischen den jeweiligen Konstrukten.

Tabelle C.3.: HTMT-Matrix (Verhalten und Persönlichkeit)

Konstrukt	1	2	3	4	5	6	7	8	9	10	11	12	13
1. Causation													
2. Effectuation: Affordable Loss	0,48												
3. Effectuation: Experimentation	0,55	0,43											
4. Effectuation: Flexbility	0,49	0,34	0,61										
5. Effectuation: Pre-Commitments	0,21	0,30	0,35	0,26									
6. Handlungen	0,26	0,21	0,28	0,34	0,22								
7. Aktivität	0,33	0,49	0,56	0,39	0,20	0,28							
8. Ängstlichkeit	0,18	0,28	0,42	0,35	0,21	0,59	0,21						
9. Besonnenheit	0,49	0,43	0,32	0,25	0,19	0,27	0,37	0,22					
10. Geselligkeit	0,33	0,40	0,28	0,26	0,25	0,27	0,37	0,29	0,40				
11. Ordnungsliebe	0,41	0,39	0,31	0,30	0,13	0,21	0,66	0,29	0,40	0,35			
12. Risikofreudigkeit	0,35	0,83	0,26	0,37	0,29	0,25	0,25	0,26	0,47	0,31	0,28		
13. Vertrauen	0,27	0,39	0,24	0,37	0,29	0,22	0,22	0,29	0,28	0,41	0,34	0,44	

Tabelle C.4.: HTMT-Matrix (Umgebungsunsicherheit)

Konstrukt	1	2	3
1. Umgebungsturbulenz			
2. Zielunklarheit	0,51		
3. Umgebungsisotropie	0,47	0,60	

Literaturverzeichnis

ACHROL, R. S.; REVE, T.; STERN, L. W. (1983): The environment of marketing channel dyads: A framework for comparative analysis. In: *The Journal of Marketing*, 47 (4), S. 55–67.

AHMED, S. U. (1985): nAch, risk-taking propensity, locus of control and entrepreneurship. In: *Personality and Individual Differences*, 6 (6), S. 781–782.

AJZEN, I. (2005): *Attitudes, personality, and behavior.* McGraw-Hill.

ALBERS, S.; GÖTZ, O. (2006): Messmodelle mit Konstrukten zweiter Ordnung in der betriebswirtschaftlichen Forschung. In: *Die Betriebswirtschaft*, 66 (6), S. 669.

ALBRECHT, A. G.; DILCHERT, S.; DELLER, J.; PAULUS, F. M. (2014): Openness in cross-cultural work settings: A multicountry study of expatriates. In: *Journal of Personality Assessment*, 96 (1), S. 64–75.

ALDRICH, H. (1999): *Organizations evolving.* SAGE Publications.

ALDRICH, H.; REESE, P. R.; DUBINI, P. (1989): Women on the verge of a breakthrough: Networking among entrepreneurs in the United States and Italy. In: *Entrepreneurship & Regional Development*, 1 (4), S. 339–356.

ALUJA, A.; GARCIA, O.; GARCIA, L. F. (2003): Relationships among extraversion, openness to experience, and sensation seeking. In: *Personality and Individual Differences*, 35 (3), S. 671–680.

ALVAREZ, S. A.; BARNEY, J. B. (2005): How do entrepreneurs organize firms under conditions of uncertainty? In: *Journal of Management*, 31 (5), S. 776–793.

ALVAREZ, S. A.; BARNEY, J. B. (2007): Discovery and creation: Alternative theories of entrepreneurial action. In: *Strategic Entrepreneurship Journal*, 1 (1-2), S. 11–26.

ANDERSON, C. R.; PAINE, F. T. (1975): Managerial perceptions and strategic behavior. In: *Academy of Management Journal*, 18 (4), S. 811–823.

ANDRIES, P.; DEBACKERE, K.; LOOY, B. (2013): Simultaneous experimentation as a learning strategy: Business model development under uncertainty. In: *Strategic Entrepreneurship Journal*, 7 (4), S. 288–310.

AREND, R. J.; SAROOGHI, H.; BURKEMPER, A. (2015): Effectuation as ineffectual? Applying the 3E theory-assessment framework to a proposed new theory of entrepreneurship. In: *Academy of Management Review*, 40 (4), S. 630–651.

ARMOUR, F. J.; KAISLER, S. H.; LIU, S. Y. (1999): Building an enterprise architecture step by step. In: *IT Professional*, 1 (4), S. 31–39.

ASENDORPF, J. B.; NEYER, F. J. (2012): *Psychologie der Persönlichkeit*. Springer Verlag.

BACKHAUS, K.; ERICHSON, B.; PLINKE, W.; WEIBER, R. (2013a): *Multivariate Analysemethoden: Eine anwendungsorientierte Einführung*. Springer Verlag.

BACKHAUS, K.; ERICHSON, B.; WEIBER, R. (2013b): *Fortgeschrittene multivariate Analysemethoden: Eine anwendungsorientierte Einführung*. Springer Verlag.

BAKER, T.; NELSON, R. E. (2005): Creating something from nothing: Resource construction through entrepreneurial bricolage. In: *Administrative Science Quarterly*, 50 (3), S. 329–366.

BANDURA, A.; ADAMS, N. E. (1977): Analysis of self-efficacy theory of behavioral change. In: *Cognitive Therapy and Research*, 1 (4), S. 287–310.

BARNEY, J. (1991): Firm resources and sustained competitive advantage. In: *Journal of Management*, 17 (1), S. 99–120.

BARON, R. A. (2006): Opportunity recognition as pattern recognition: How entrepreneurs "connect the dots" to identify new business opportunities. In: *The Academy of Management Perspectives*, 20 (1), S. 104–119.

BARON, R. A. (2008): The role of affect in the entrepreneurial process. In: *Academy of Management Review*, 33 (2), S. 328–340.

BARON, R. A. (2009): Effectual versus predictive logics in entrepreneurial decision making: Differences between experts and novices. In: *Journal of Business Venturing*, 24 (4), S. 310–315.

BARON, R. A.; ENSLEY, M. D. (2006): Opportunity recognition as the detection of meaningful patterns: Evidence from comparisons of novice and experienced entrepreneurs. In: *Management Science*, 52 (9), S. 1331–1344.

BARON, R. A.; TANG, J. (2011): The role of entrepreneurs in firm-level innovation: Joint effects of positive affect, creativity, and environmental dynamism. In: *Journal of Business Venturing*, 26 (1), S. 49–60.

BARRICK, M. R. (2005): Yes, personality matters: Moving on to more important matters. In: *Human Performance*, 18 (4), S. 359–372.

BARRICK, M. R.; MOUNT, M. K. (1996): Effects of impression management and self-deception on the predictive validity of personality constructs. In: *Journal of Applied Psychology*, 81 (3), S. 261–272.

BARRICK, M. R.; MOUNT, M. K.; STRAUSS, J. P. (1993): Conscientiousness and performance of sales representatives: Test of the mediating effects of goal setting. In: *Journal of Applied Psychology*, 78 (5), S. 715–722.

BATEMAN, T. S.; CRANT, J. M. (1993): The proactive component of organizational behavior: A measure and correlates. In: *Journal of Organizational Behavior*, 14 (2), S. 103–118.

BATEY, M.; CHAMORRO-PREMUZIC, T.; FURNHAM, A. (2010): Individual differences in ideational behavior: Can the big five and psychometric intelligence predict creativity scores? In: *Creativity Research Journal*, 22 (1), S. 90–97.

BAUM, J. R.; LOCKE, E. A. (2004): The relationship of entrepreneurial traits, skill, and motivation to subsequent venture growth. In: *Journal of Applied Psychology*, 89 (4), S. 587–598.

BAUM, J. R.; LOCKE, E. A.; SMITH, K. G. (2001): A multidimensional model of venture growth. In: *Academy of Management Journal*, 44 (2), S. 292–303.

BEAN, M. (2010): *The effects of personality and uncertainty on the decision making process and new venture outcomes of South African entrepreneurs*. Dissertation, University of Pretoria.

BEATY, J. C.; CLEVELAND, J. N.; MURPHY, K. R. (2001): The relation between personality and contextual performance in "strong" versus "weak" situations. In: *Human Performance*, 14 (2), S. 125–148.

BECKER, J.-M.; KLEIN, K.; WETZELS, M. (2012): Hierarchical latent variable models in PLS-SEM: Guidelines for using reflective-formative type models. In: *Long Range Planning*, 45 (5), S. 359–394.

BECKMAN, C. M.; HAUNSCHILD, P. R.; PHILLIPS, D. J. (2004): Friends or strangers? Firm-specific uncertainty, market uncertainty, and network partner selection. In: *Organization Science*, 15 (3), S. 259–275.

BEGLEY, T. M.; BOYD, D. P. (1987): Psychological characteristics associated with performance in entrepreneurial firms and smaller businesses. In: *Journal of Business Venturing*, 2 (1), S. 79–93.

BELL, D. E.; RAIFFA, H.; TVERSKY, A. (1988): *Decision making: Descriptive, normative, and prescriptive interactions*. Cambridge University Press.

BELL, R. (2013): The development of entrepreneurial drive during the university business school experience. In: *International Business: Innovations, Psychology, Economics*, 4 (2), S. 70–83.

BERGEN, M.; DUTTA, S.; WALKER JR, ORVILLE C. (1992): Agency relationships in marketing: a review of the implications and applications of agency and related theories. In: *Journal of Marketing*, 56 (3), S. 1–24.

BHIDÉ, A. V. (2000): *The origin and evolution of new businesses*. Oxford University Press.

BLICKLE, G. (1997): Argumentativeness and the facets of the big five. In: *Psychological Reports*, 81 (3), S. 1379–1385.

BOURGEOIS, L. J. (1985): Strategic goals, perceived uncertainty, and economic performance in volatile environments. In: *Academy of Management Journal*, 28 (3), S. 548–573.

BOYD, B. K.; FULK, J. (1996): Executive scanning and perceived uncertainty: A multidimensional model. In: *Journal of Management*, 22 (1), S. 1–21.

BOYD, N. G.; VOZIKIS, G. S. (1994): The influence of self-efficacy on the development of entrepreneurial intentions and actions. In: *Entrepreneurship Theory and Practice*, 18, S. 63–77.

BRANDSTÄTTER, H. (2011): Personality aspects of entrepreneurship: A look at five meta-analyses. In: *Personality and Individual Differences*, 51 (3), S. 222–230.

BRETTEL, M.; MAUER, R.; ENGELEN, A.; KÜPPER, D. (2012): Corporate effectuation: Entrepreneurial action and its impact on R&D project performance. In: *Journal of Business Venturing*, 27 (2), S. 167–184.

BRICE, J. (2004): The role of personality dimensions on the formation of entrepreneurial intentions. In: *Proceedings of the Annual Usasbe National Conference*.

BROCKHAUS, R. H. (1975): I-E locus of control scores as predictors of entrepreneurial intentions. In: *Academy of Management Proceedings*. S. 433–435.

BROCKHAUS, R. H. (1980): Risk taking propensity of entrepreneurs. In: *Academy of Management Journal*, 23 (3), S. 509–520.

BROOKE, J. (1996): SUS - A quick and dirty usability scale. In: *Usability Evaluation in Industry*, 189 (194), S. 4–7.

BROOKE, J. (2013): SUS: A retrospective. In: *Journal of Usability Studies*, 8 (2), S. 29–40.

BULLOUGH, A.; RENKO, M.; MYATT, T. (2014): Danger zone entrepreneurs: The importance of resilience and self-efficacy for entrepreneurial intentions. In: *Entrepreneurship Theory and Practice*, 38 (3), S. 473–499.

BUTLER, G.; MATHEWS, A. (1987): Anticipatory anxiety and risk perception. In: *Cognitive Therapy and Research*, 11 (5), S. 551–565.

BUTTNER, E. H. (1992): Entrepreneurial stress: Is it hazardous to your health? In: *Journal of Managerial Issues*, 4 (2), S. 223–240.

CAMELO-ORDAZ, C.; FERNÁNDEZ-ALLES, M.; RUIZ-NAVARRO, J.; SOUSA-GINEL, E. (2012): The intrapreneur and innovation in creative firms. In: *International Small Business Journal*, 30 (5), S. 513–535.

CAPRARA, G. V.; CERVONE, D. (2000): *Personality: Determinants, dynamics, and potentials*. Cambridge University Press.

CARLAND, J.-A. C.; CARLAND, J. W. (1991): An empirical investigation into the distinctions between male and female entrepreneurs and managers. In: *International Small Business Journal*, 9 (3), S. 62–72.

CARLAND, J. W.; CARLAND JR., JAMES W.; CARLAND, J.-A. C.; PEARCE, J. W. (1995): Risk taking propensity among entrepreneurs, small business owners and managers. In: *Journal of Business and Entrepreneurship*, 7 (1), S. 15.

CARLSSON, B. (1989): Flexibility and the theory of the firm. In: *International Journal of Industrial Organization*, 7 (2), S. 179–203.

CARTER, N. M.; GARTNER, W. B.; REYNOLDS, P. D. (1996): Exploring start-up event sequences. In: *Journal of Business Venturing*, 11 (3), S. 151–166.

CASSON, M. (2005): The individual – opportunity nexus: A review of Scott Shane: A general theory of entrepreneurship. In: *Small Business Economics*, 24 (5), S. 423–430.

CHANDLER, G. N.; DeTIENNE, D. R.; McKELVIE, A.; MUMFORD, T. V. (2011): Causation and effectuation processes: A validation study. In: *Journal of Business Venturing*, 26 (3), S. 375–390.

CHANDLER, G. N.; DeTIENNE, D. R.; MUMFORD, T. V. (2007): Causation and effectuation: Measurement development and validation. In: *Frontiers of Entrepreneurship Research*, 27 (13), S. 3.

CHEN, X.-P.; YAO, X.; KOTHA, S. (2009): Entrepreneur passion and preparedness in business plan presentations: A persuasion analysis of venture capitalists' funding decisions. In: *Academy of Management Journal*, 52 (1), S. 199–214.

CHESBROUGH, H. (2010): Business model innovation: Opportunities and barriers. In: *Long Range Planning*, 43 (2), S. 354–363.

CHILD, J. (1972): Organizational structure, environment and performance: The role of strategic choice. In: *Sociology*, 6 (1), S. 1–22.

CHIN, W. W.; MARCOLIN, B. L.; NEWSTED, P. R. (2003): A partial least squares latent variable modeling approach for measuring interaction effects: Results from a monte carlo simulation study and an electronic-mail emotion/adoption study. In: *Information Systems Research*, 14 (2), S. 189–217.

CIAVARELLA, M. A.; BUCHHOLTZ, A. K.; RIORDAN, C. M.; GATEWOOD, R. D.; STOKES, G. S. (2004): The big five and venture survival: Is there a linkage? In: *Journal of Business Venturing*, 19 (4), S. 465–483.

CLEMENTS, P.; GARLAN, D.; LITTLE, R.; NORD, R.; STAFFORD, J. (2003): Documenting software architectures: Views and beyond. In: *Proceedings of the 25th International Conference on Software Engineering (ICSE '03)*. S. 740–741.

COLLINS, C. J.; HANGES, P. J.; LOCKE, E. A. (2004): The relationship of achievement motivation to entrepreneurial behavior: A meta-analysis. In: *Human Performance*, 17 (1), S. 95–117.

COLQUITT, J. A.; SCOTT, B. A.; JUDGE, T. A.; SHAW, J. C. (2006): Justice and personality: Using integrative theories to derive moderators of justice effects. In: *Organizational Behavior and Human Decision Processes*, 100 (1), S. 110–127.

COOLS, E.; VAN DEN BROECK, H. (2007): The hunt for the heffalump continues: Can trait and cognitive characteristics predict entrepreneurial orientation? In: *Journal of Small Business Strategy*, 18 (2), S. 23–41.

COOPER, W. H.; WITHEY, M. J. (2009): The strong situation hypothesis. In: *Personality and Social Psychology Review*, 13 (1), S. 62–72.

CORNWALL, J. R.; NAUGHTON, M. J. (2003): Who is the good entrepreneur? An exploration within the catholic social tradition. In: *Journal of Business Ethics*, 44 (1), S. 61–75.

CORTINA, J. M. (1993): What is coefficient alpha? An examination of theory and applications. In: *Journal of Applied Psychology*, 78 (1), S. 98–104.

COSTA, P. T.; MACCRAE, R. R. (1992): *Revised NEO Personality Inventory (NEO PI-R) and NEO Five-Factor Inventory (NEO FFI): Professional Manual*. Psychological Assessment Resources.

COSTA, P. T.; MCCRAE, R. R.; DYE, D. A. (1991): Facet scales for agreeableness and conscientiousness: A revision of the NEO personality inventory. In: *Personality and Individual Differences*, 12 (9), S. 887–898.

COVIELLO, N. E.; JOSEPH, R. M. (2012): Creating major innovations with customers: Insights from small and young technology firms. In: *Journal of Marketing*, 76 (6), S. 87–104.

CRANT, J. M. (1996): The proactive personality scale as a predictor of entrepreneurial intentions. In: *Journal of Small Business Management*, 34 (3), S. 42.

CRANT, J. M.; BATEMAN, T. S. (2000): Charismatic leadership viewed from above: The impact of proactive personality. In: *Journal of Organizational Behavior*, 21 (1), S. 63–75.

CROMIE, S. (2000): Assessing entrepreneurial inclinations: Some approaches and empirical evidence. In: *European Journal of Work and Organizational Psychology*, 9 (1), S. 7–30.

CROMIE, S.; BIRLEY, S. (1992): Networking by female business owners in Northern Ireland. In: *Journal of Business Venturing*, 7 (3), S. 237–251.

CROUX, C.; DEHON, C. (2010): Influence functions of the Spearman and Kendall correlation measures. In: *Statistical Methods & Applications*, 19 (4), S. 497–515.

CULBERTSON, S. S.; SMITH, M. R.; LEIVA, P. I. (2011): Enhancing entrepreneurship: The role of goal orientation and self-efficacy. In: *Journal of Career Assessment*, 19 (2), S. 115–129.

DA COSTA, A. F.; BRETTEL, M. (2011): Employee effectuation - What makes corporate employees act like entrepreneurs? In: *Frontiers of Entrepreneurship Research*, 31 (17), S. 555–566.

DAFT, R. L.; SORMUNEN, J.; PARKS, D. (1988): Chief executive scanning, environmental characteristics, and company performance: An empirical study. In: *Strategic Management Journal*, 9 (2), S. 123–139.

DANIEL, E. M.; DI DOMENICO, M.; SHARMA, S. (2015): Effectuation and home-based online business entrepreneurs. In: *International Small Business Journal*, 33 (8), S. 799–823.

DAS, S. R.; JOSHI, M. P. (2007): Process innovativeness in technology services organizations: Roles of differentiation strategy, operational autonomy and risk-taking propensity. In: *Journal of Operations Management*, 25 (3), S. 643–660.

DAVIS-BLAKE, A.; PFEFFER, J. (1989): Just a mirage: The search for dispositional effects in organizational research. In: *Academy of Management Review*, 14 (3), S. 385–400.

DAWSON, R. (2011): How significant is a boxplot outlier. In: *Journal of Statistics Education*, 19 (2), S. 1–12.

DE BRUIN, G. P.; RUDNICK, H. (2007): Examining the cheats: The role of conscientiousness and excitement seeking in academic dishonesty. In: *South African Journal of Psychology*, 37 (1), S. 153–164.

DE CLERCQ, D.; HONIG, B.; MARTIN, B. (2013): The roles of learning orientation and passion for work in the formation of entrepreneurial intention. In: *International Small Business Journal*, 31 (6), S. 652–676.

DELGADO-GARCIA, J. B.; RODRIGUEZ-ESCUDERO, A. I.; MARTIN-CRUZ, N. (2012): Influence of affective traits on entrepreneur's goals and satisfaction. In: *Journal of Small Business Management*, 50 (3), S. 408–428.

DELIGIANNI, I.; VOUDOURIS, I.; LIOUKAS, S. (2017): Do effectuation processes shape the relationship between product diversification and performance in new ventures? In: *Entrepreneurship Theory and Practice*, 41 (3), S. 349–377.

DELMAR, F.; SHANE, S. (2003): Does business planning facilitate the development of new ventures? In: *Strategic Management Journal*, 24 (12), S. 1165–1185.

DENEVE, K. M.; COOPER, H. (1998): The happy personality: A meta-analysis of 137 personality traits and subjective well-being. In: *Psychological Bulletin*, 124 (2), S. 197–229.

DENT, J. (2011): *Distribution channels: Understanding and managing channels to market.* Kogan Page Publishers.

DERBYSHIRE, J.; WRIGHT, G. (2014): Preparing for the future: Development of an 'antifragile' methodology that complements scenario planning by omitting causation. In: *Technological Forecasting and Social Change*, 82, S. 215–225.

DESS, G. G.; BEARD, D. W. (1984): Dimensions of organizational task environments. In: *Administrative Science Quarterly*, 29 (1), S. 52–73.

DETIENNE, D. R.; CHANDLER, G. N. (2010): The impact of motivation and causation and effectuation approaches on exit strategies. In: *Frontiers of Entrepreneurship Research*, 30 (1), S. 1–12.

DEW, N.; READ, S.; SARASVATHY, S. D.; WILTBANK, R. (2009a): Effectual versus predictive logics in entrepreneurial decision-making: Differences between experts and novices. In: *Journal of Business Venturing*, 24 (4), S. 287–309.

DEW, N.; SARASATHY, S.; READ, S.; WILTBANK, R. (2009b): Affordable loss: Behavioral economic aspects of the plunge decision. In: *Strategic Entrepreneurship Journal*, 3 (2), S. 105–126.

DEYOUNG, C. G.; PETERSON, J. B.; HIGGINS, D. M. (2005): Sources of openness/intellect: Cognitive and neuropsychological correlates of the fifth factor of personality. In: *Journal of Personality*, 73 (4), S. 825–858.

D'INTINO, R. S.; GOLDSBY, M. G.; HOUGHTON, J. D.; NECK, C. P. (2007): Self-leadership: A process for entrepreneurial success. In: *Journal of Leadership & Organizational Studies*, 13 (4), S. 105–120.

DIPBOYE, R. L.; FLANAGAN, M. F. (1979): Research settings in industrial and organizational psychology: Are findings in the field more generalizable than in the laboratory? In: *American Psychologist*, 34 (2), S. 141–150.

DRISKELL, J. E.; GOODWIN, G. F.; SALAS, E.; O'SHEA, P. G. (2006): What makes a good team player? Personality and team effectiveness. In: *Group Dynamics: Theory, Research, and Practice*, 10 (4), S. 249–271.

DUNCAN, R. B. (1972): Characteristics of organizational environments and perceived environmental uncertainty. In: *Administrative Science Quarterly*, 17 (3), S. 313–327.

DUNNING, D.; HEATH, C.; SULS, J. M. (2004): Flawed self-assessment implications for health, education, and the workplace. In: *Psychological Science in the Public Interest*, 5 (3), S. 69–106.

DUTTA, D. K.; GWEBU, K. L.; WANG, J. (2015): Personal innovativeness in technology, related knowledge and experience, and entrepreneurial intentions in emerging technology industries: A process of causation or effectuation? In: *International Entrepreneurship and Management Journal*, 11 (3), S. 529–555.

EBERZ, S.; DERAKHSHANMANESH, M.; BERTRAM, M.; VON KORFLESCH, H. (2015): Entscheidungen im Gründungskontext: Anforderungen an die Simulation von Causation und Effectuation. In: *Wirtschaftsinformatik*. S. 1649–1663.

EBERZ, S.; VON KORFLESCH, H. (2016): Effectual and causal behavior of novice entrepreneurs - On the role of uncertainty.

EBERZ, S.; ZERWAS, C.; VON KORFLESCH, H. (2017): Effectual and causal behaviors of novice entrepreneurs: A simulation-based approach. In: *Proceedings of the 17th European Academy of Management Conference (EURAM)*.

EDELMAN, L.; YLI-RENKO, H. (2010): The impact of environment and entrepreneurial perceptions on venture-creation efforts: Bridging the discovery and creation views of entrepreneurship. In: *Entrepreneurship Theory and Practice*, 34 (5), S. 833–856.

EID, M.; GOLLWITZER, M.; SCHMITT, M. (2010): *Statistik und Forschungsmethoden*. Beltz.

EISENHARDT, K. M.; SCHOONHOVEN, C. B. (1990): Organizational growth: Linking founding team, strategy, environment, and growth among us semiconductor ventures, 1978-1988. In: *Administrative Science Quarterly*, 35 (3), S. 504–529.

EISENHOWER, D.; MATHIOWETZ, N. A.; MORGANSTEIN, D. (1991): Recall error: Sources and bias reduction techniques. In: BIEMER, P. P.; GROVES, R. M.; LYBERG, L. E.; MATHIOWETZ, N. A.; SUDMAN, S. (Hg.), *Measurement Errors in Surveys*, John Wiley & Sons. S. 127–144.

ENVICK, B. R.; LANGFORD, M. (2000): The five-factor model of personality: Assessing entrepreneurs and managers. In: *Academy of Entrepreneurship Journal*, 6 (1), S. 6–17.

EVERS, N.; ANDERSSON, S.; HANNIBAL, M. (2012): Stakeholders and marketing capabilities in international new ventures: Evidence from Ireland, Sweden and Denmark. In: *Journal of International Marketing*, 20 (4), S. 46–71.

EYSENCK, H. J. (1983): The roots of creativity: Cognitive ability or personality trait? In: *Roeper Review*, 5 (4), S. 10–12.

FABRIGAR, L. R.; WEGENER, D. T.; MACCALLUM, R. C.; STRAHAN, E. J. (1999): Evaluating the use of exploratory factor analysis in psychological research. In: *Psychological methods*, 4 (3), S. 272–299.

FALLGATTER, M. (2013): *Theorie des Entrepreneurship: Perspektiven zur Erforschung der Entstehung und Entwicklung junger Unternehmungen.* Springer Verlag.

FAULIN, J.; JUAN, A. A.; GRASMAN, S. E.; FRY, M. J. (2012): *Decision Making in Service Industries: A Practical Approach.* CRC Press.

FILION, L. J. (1990): Entrepreneurial performance, networking, vision and relations. In: *Journal of Small Business & Entrepreneurship*, 7 (3), S. 3–13.

FISCHER, E.; REUBER, A. R. (2011): Social interaction via new social media: (How) can interactions on Twitter affect effectual thinking and behavior? In: *Journal of Business Venturing*, 26 (1), S. 1–18.

FISHBEIN, M.; AJZEN, I. (2011): *Predicting and changing behavior: The reasoned action approach.* Taylor & Francis.

FISHER, G. (2012): Effectuation, causation, and bricolage: A behavioral comparison of emerging theories in entrepreneurship research. In: *Entrepreneurship Theory and Practice*, 36 (5), S. 1019–1051.

FLAVIAN, C.; GUINALIU, M.; GURREA, R. (2006): The role played by perceived usability, satisfaction and consumer trust on website loyalty. In: *Information & Management*, 43 (1), S. 1–14.

FLETCHER, M.; LOANE, S.; ANDERSSON, S. (2011): International entrepreneurship, born globals and the theory of effectuation. In: *Journal of Small Business and Enterprise Development*, 18 (3), S. 627–643.

FLORIN, J.; KARRI, R.; ROSSITER, N. (2007): Fostering entrepreneurial drive in business education: An attitudinal approach. In: *Journal of Management Education*, 31 (1), S. 17–42.

FORNELL, C.; LARCKER, D. F. (1981): Evaluating structural equation models with unobservable variables and measurement error. In: *Journal of Marketing Research*, 18 (1), S. 39–50.

FRESE, M. (2009): *Toward a psychology of entrepreneurship: An action theory perspective.* Now Publishers.

FRESE, M.; FAY, D. (2001): 4. Personal initiative: An active performance concept for work in the 21st century. In: *Research in Organizational Behavior*, 23, S. 133–187.

FREUD, S. (1921): *A general introduction to psychoanalysis*. Boni and Liveright.

FYLAN, F. (2005): Semi-structured interviewing. In: MILES, J.; GILBERT, P. (Hg.), *A Handbook of Research Methods for Clinical and Health Psychology*, Oxford University Press. S. 65–78.

GARCIA, O.; CUEVAS, L. (2005): Is openness to experience an independent personality dimension? Convergent and discriminant validity of the openness domain and its NEO-PI-R facets. In: *Journal of Individual Differences*, 26 (3), S. 132–138.

GARTNER, W. B. (1985): A conceptual framework for describing the phenomenon of new venture creation. In: *Academy of Management Review*, 10 (4), S. 696–706.

GARTNER, W. B.; CARTER, N. M. (2003): Entrepreneurial behavior and firm organizing processes. In: ACS, Z. J.; AUDRETSCH, D. B. (Hg.), *Handbook of Entrepreneurship Research*, Kluwer Academic Publishers. S. 195–221.

GAUL, M. (1977): Influence of anxiety level on evaluation of dimensional importance in risky tasks. In: *Polish Psychological Bulletin*, 8 (3), S. 165–170.

GERRIG, R. J.; ZIMBARDO, P.; KLATT, A.; DÖRFLER, T.; ROOS, J. (2015): *Psychologie*. Pearson.

GIORGETTA, C.; GRECUCCI, A.; ZUANON, S.; PERINI, L.; BALESTRIERI, M.; BONINI, N.; SANFEY, A. G.; BRAMBILLA, P. (2012): Reduced risk-taking behavior as a trait feature of anxiety. In: *Emotion*, 12 (6), S. 1373–1383.

GIST, M. E.; MITCHELL, T. R. (1992): Self-efficacy: A theoretical analysis of its determinants and malleability. In: *Academy of Management Review*, 17 (2), S. 183–211.

GOEL, S.; KARRI, R. (2006): Entrepreneurs, effectual logic, and over-trust. In: *Entrepreneurship Theory and Practice*, 30 (4), S. 477–493.

GOLDBERG, L. R.; JOHNSON, J. A.; EBER, H. W.; HOGAN, R.; ASHTON, M. C.; CLONINGER, C. R.; GOUGH, H. G. (2006): The international personality item pool and the future of public-domain personality measures. In: *Journal of Research in Personality*, 40 (1), S. 84–96.

GRICHNIK, D. (2006): Die Opportunity Map der internationalen Entrepreneurshipforschung: Zum Kern des interdisziplinären Forschungsprogramms. In: *Zeitschrift für Betriebswirtschaft*, 76 (12), S. 1303–1333.

GULICK, L.; URWICK, L. (2004): *Papers on the Science of Administration*. Routledge.

GUSTAFSSON, V. (2006): *Entrepreneurial decision-making: Individuals, tasks and cognitions.* Edward Elgar Publishing.

HAENLEIN, M.; KAPLAN, A. M. (2004): A beginner's guide to partial least squares analysis. In: *Understanding statistics*, 3 (4), S. 283–297.

HAIR, J. F.; HULT, G. TOMAS M.; RINGLE, C.; SARSTEDT, M. (2013): *A primer on partial least squares structural equation modeling (PLS-SEM).* SAGE Publications.

HAIR, J. F.; RINGLE, C. M.; SARSTEDT, M. (2011): PLS-SEM: Indeed a silver bullet. In: *Journal of Marketing Theory and Practice*, 19 (2), S. 139–152.

HAIR, J. F.; SARSTEDT, M.; MATTHEWS, L. M.; RINGLE, C. M. (2016): Identifying and treating unobserved heterogeneity with FIMIX-PLS: Part I – Method. In: *European Business Review*, 28 (1), S. 63–76.

HARMELING, S. (2011): Contingency as an entrepreneurial resource: How private obsession fulfills public need. In: *Journal of Business Venturing*, 26 (3), S. 293–305.

HARMS, R.; SCHIELE, H. (2012): Antecedents and consequences of effectuation and causation in the international new venture creation process. In: *Journal of International Entrepreneurship*, 10 (2), S. 95–116.

HARRELL, T.; ALPERT, B. (1979): The need for autonomy among managers. In: *Academy of Management Review*, 4 (2), S. 259–267.

HARTLEY, C. A.; PHELPS, E. A. (2012): Anxiety and decision-making. In: *Biological psychiatry*, 72 (2), S. 113–118.

HAYNIE, M.; SHEPHERD, D. A. (2009): A measure of adaptive cognition for entrepreneurship research. In: *Entrepreneurship Theory and Practice*, 33 (3), S. 695–714.

HEDDERICH, J.; SACHS, L. (2016): *Angewandte Statistik: Methodensammlung mit R.* Springer Verlag.

HENSELER, J. (2007): A new and simple approach to multi-group analysis in partial least squares path modeling. In: MARTENS, H.; NAES, T. (Hg.), *Proceedings of the 5th International Symposium on PLS and Related Methods.* S. 104–107.

HENSELER, J.; RINGLE, C. M.; SARSTEDT, M. (2015): A new criterion for assessing discriminant validity in variance-based structural equation modeling. In: *Journal of the Academy of Marketing Science*, 43 (1), S. 115–135.

HENSELER, J.; RINGLE, C. M.; SINKOVICS, R. R. (2009): The use of partial least squares path modeling in international marketing. In: *Advances in International Marketing*, 20 (1), S. 277–319.

HEVNER, A. R.; MARCH, S. T.; PARK, J.; RAM, S. (2004): Design science in information systems research. In: *MIS Quarterly*, 28 (1), S. 75–105.

HILL, R. W.; MCINTIRE, K.; BACHARACH, V. R. (1997): Perfectionism and the big five factors. In: *Journal of Social Behavior and Personality*, 12 (1), S. 257–271.

HJØRLAND, B. (2005): Empiricism, rationalism and positivism in library and information science. In: *Journal of Documentation*, 61 (1), S. 130–155.

HMIELESKI, K. M.; CARR, J. C.; BARON, R. A. (2015): Integrating discovery and creation perspectives of entrepreneurial action: The relative roles of founding CEO human capital, social capital, and psychological capital in contexts of risk versus uncertainty. In: *Strategic Entrepreneurship Journal*, 9 (4), S. 289–312.

HOWARD, P. J.; HOWARD, J. M. (1995): The big five quickstart: An introduction to the five-factor model of personality for human resource professionals.

HUANG, C.-C.; WANG, Y.-M.; WU, T.-W.; WANG, P.-A. (2013): An empirical analysis of the antecedents and performance consequences of using the moodle platform. In: *International Journal of Information and Education Technology*, 3 (2), S. 217–221.

HUBER, F.; HERRMANN, A.; MEYER, F.; VOGEL, J.; VOLLHARDT, K. (2007): *Kausalmodellierung mit Partial Least Squares: Eine anwendungsorientierte Einführung.* Springer Verlag.

HUNT, S. D.; SPARKMAN JR, RICHARD D; WILCOX, J. B. (1982): The pretest in survey research: Issues and preliminary findings. In: *Journal of Marketing Research*, 19 (2), S. 269–273.

ISMAIL, M.; KHALID, S. A.; OTHMAN, M.; JUSOFF, H. K.; RAHMAN, N. A.; KASSIM, K. M.; ZAIN, R. S. (2009): Entrepreneurial intention among malaysian undergraduates. In: *International Journal of Business and Management*, 4 (10), S. 54–60.

JACKSON, D. N. (1974): *Personality research form manual.* Research Psychologists Press.

JACOB, R.; HEINZ, A.; DÉCIEUX, J. P. (2013): *Umfrage: Einführung in die Methoden der Umfrageforschung.* Oldenbourg.

JACOBSON, I.; BYLUND, S. (2000): *The road to the unified software development process.* Cambridge University Press.

JANG, K. L.; LIVESLEY, W. J.; VEMON, P. A. (1996): Heritability of the big five personality dimensions and their facets: A twin study. In: *Journal of Personality*, 64 (3), S. 577–592.

JAUCH, L. R.; KRAFT, K. L. (1986): Strategic management of uncertainty. In: *Academy of Management Review*, 11 (4), S. 777–790.

JERUSALEM, M.; SCHWARZER, R.; SCHWARZER, R. (1992): Self-efficacy as a resource factor in stress appraisal processes. In: SCHWARZER, R. (Hg.), *Self-Efficacy: Thought Control Of Action*, Taylor & Francis. S. 195–213.

JESPERSEN, K. R. (2005): Applying a behavioural simulation for the collection of data. In: *Electronic Journal of Business Research Methods*, 3 (2), S. 141–151.

JOHN, O. P.; NAUMANN, L. P.; SOTO, C. J. (2008): Paradigm shift to the integrative big five trait taxonomy. In: JOHN, O. P.; ROBINS, R. W.; PERVIN, LAWRENCE, A. (Hg.), *Handbook of Personality*, Guilford Press. S. 114–158.

JUDGE, T. A.; BONO, J. E. (2000): Five-factor model of personality and transformational leadership. In: *Journal of Applied Psychology*, 85 (5), S. 751–765.

JUDGE, T. A.; BONO, J. E. (2001): Relationship of core self-evaluations traits - self-esteem, generalized self-efficacy, locus of control, and emotional stability - with job satisfaction and job performance: A meta-analysis. In: *Journal of Applied Psychology*, 86 (1), S. 80–92.

JUDGE, T. A.; EREZ, A.; BONO, J. E.; THORESEN, C. J. (2002): Are measures of self-esteem, neuroticism, locus of control, and generalized self-efficacy indicators of a common core construct? In: *Journal of Personality and Social Psychology*, 83 (3), S. 693–710.

JUDGE, T. A.; HIGGINS, C. A.; THORESEN, C. J.; BARRICK, M. R. (1999): The big five personality traits, general mental ability, and career success across the life span. In: *Personnel Psychology*, 52 (3), S. 621–652.

JUDGE, T. A.; ZAPATA, C. P. (2015): The person–situation debate revisited: Effect of situation strength and trait activation on the validity of the big five personality traits in predicting job performance. In: *Academy of Management Journal*, 58 (4), S. 1149–1179.

JUSLIN, P.; WINMAN, A.; OLSSON, H. (2000): Naive empiricism and dogmatism in confidence research: A critical examination of the hard–easy effect. In: *Psychological Review*, 107 (2), S. 384–396.

KAHNEMAN, D.; LOVALLO, D. (1993): Timid choices and bold forecasts: A cognitive perspective on risk taking. In: *Management Science*, 39 (1), S. 17–31.

KAHNEMAN, D.; TVERSKY, A. (1977): Intuitive prediction: Biases and corrective procedures.

KALINIC, I.; SARASVATHY, S.; FORZA, C. (2012): Internationalization and effectuation: explaining entrepreneurial decision-making in uncertain international environments. In: *Proceedings of the 38th Annual Conference of the European International Business Academy (EIBA)*. S. 1–47.

KALINIC, I.; SARASVATHY, S. D.; FORZA, C. (2014): 'Expect the unexpected': Implications of effectual logic on the internationalization process. In: *International Business Review*, 23 (3), S. 635–647.

KARRI, R.; GOEL, S. (2008): Effectuation and over-trust: Response to Sarasvathy and Dew. In: *Entrepreneurship Theory and Practice*, 32 (4), S. 739–748.

KAUFMAN, B. E. (1990): A new theory of satisficing. In: *Journal of Behavioral Economics*, 19 (1), S. 35–51.

KEIL, M.; TAN, B. C. Y.; WEI, K.-K.; SAARINEN, T.; TUUNAINEN, V.; WASSENAAR, A. (2000): A cross-cultural study on escalation of commitment behavior in software projects. In: *MIS Quarterly*, 24 (2), S. 299–325.

KELL, H. J.; RITTMAYER, A. D.; CROOK, A. E.; MOTOWIDLO, S. J. (2010): Situational content moderates the association between the big five personality traits and behavioral effectiveness. In: *Human Performance*, 23 (3), S. 213–228.

KLEINALTENKAMP, M.; PLINKE, W.; JACOB, F.; SÖLLNER, A. (2006): *Markt-und Produktmanagement: Die Instrumente des Business-to-Business-Marketing*. Springer Verlag.

KNIGHT, F. H. (1921): *Risk, uncertainty and profit*. University of Chicago Press.

KOCK, N. (2015): Common method bias in PLS-SEM: A full collinearity assessment approach. In: *International Journal of e-Collaboration (IJeC)*, 11 (4), S. 1–10.

KOGAN, N. (1990): Personality and aging. In: BIRREN, J. E.; SCHAIE, K. W. (Hg.), *Handbook of the Psychology of Aging*, Academic Press. S. 330–346.

KOIVUMAA, S.; PUHAKKA, V. (2013): Effectuation and causation in entrepreneurship education. In: *International Journal of Entrepreneurial Venturing*, 5 (1), S. 68–83.

LAGUNA, M. (2013): Self-efficacy, self-esteem, and entrepreneurship among the unemployed. In: *Journal of Applied Social Psychology*, 43 (2), S. 253–262.

LEPINE, J. A.; VAN DYNE, L. (2001): Voice and cooperative behavior as contrasting forms of contextual performance: Evidence of differential relationships with big five personality characteristics and cognitive ability. In: *Journal of Applied Psychology*, 86 (2), S. 326–336.

LERNER, M.; ALMOR, T. (2002): Relationships among strategic capabilities and the performance of women-owned small ventures. In: *Journal of Small Business Management*, 40 (2), S. 109–125.

LEUTNER, F.; AHMETOGLU, G.; AKHTAR, R.; CHAMORRO-PREMUZIC, T. (2014): The relationship between the entrepreneurial personality and the big five personality traits. In: *Personality and Individual Differences*, 63, S. 58–63.

LI, W.; LI, X.; HUANG, L.; KONG, X.; YANG, W.; WEI, D.; LI, J.; CHENG, H.; ZHANG, Q.; QIU, J.; ET AL. (2015): Brain structure links trait creativity to openness to experience. In: *Social Cognitive and Affective Neuroscience*, 10 (2), S. 191–198.

LIAO, J.; GARTNER, W. B. (2006): The effects of pre-venture plan timing and perceived environmental uncertainty on the persistence of emerging firms. In: *Small Business Economics*, 27 (1), S. 23–40.

LIEVENS, F.; CHASTEEN, C. S.; DAY, E. A.; CHRISTIANSEN, N. D. (2006): Large-scale investigation of the role of trait activation theory for understanding assessment center convergent and discriminant validity. In: *Journal of Applied Psychology*, 91 (2), S. 247–258.

LUSZCZYNSKA, A.; SCHOLZ, U.; SCHWARZER, R. (2005): The general self-efficacy scale: Multicultural validation studies. In: *The Journal of Psychology*, 139 (5), S. 439–457.

MACKO, A.; TYSZKA, T. (2009): Entrepreneurship and risk taking. In: *Applied Psychology*, 58 (3), S. 469–487.

MACLEOD, A. K.; WILLIAMS, J. M.; BEKERIAN, D. A. (1991): Worry is reasonable: The role of explanations in pessimism about future personal events. In: *Journal of Abnormal Psychology*, 100 (4), S. 478–486.

MACLEOD, C.; MATHEWS, A.; TATA, P. (1986): Attentional bias in emotional disorders. In: *Journal of Abnormal Psychology*, 95 (1), S. 15–20.

MAJOR, D. A.; TURNER, J. E.; FLETCHER, T. D. (2006): Linking proactive personality and the big five to motivation to learn and development activity. In: *Journal of Applied Psychology*, 91 (4), S. 927–935.

MÄKIKANGAS, A.; KINNUNEN, U. (2003): Psychosocial work stressors and well-being: Self-esteem and optimism as moderators in a one-year longitudinal sample. In: *Personality and Individual Differences*, 35 (3), S. 537–557.

MANER, J. K.; RICHEY, J. A.; CROMER, K.; MALLOTT, M.; LEJUEZ, C. W.; JOINER, T. E.; SCHMIDT, N. B. (2007): Dispositional anxiety and risk-avoidant decision-making. In: *Personality and Individual Differences*, 42 (4), S. 665–675.

MARCH, J. G. (1978): Bounded rationality, ambiguity, and the engineering of choice. In: *The Bell Journal of Economics*, 9 (2), S. 587–608.

MARCH, J. G. (1979): The technology of foolishness. In: MARCH, J. G.; OLSEN, J. P. (Hg.), *Ambiguity and Choice in Organizations*, Universitetsforlaget Bergen. S. 69.

MARCH, J. G.; ZUR, S. (1987): Managerial perspectives on risk and risk taking. In: *Management Science*, 33 (11), S. 1404–1418.

MARCH, S. T.; STOREY, V. C. (2008): Design science in the information systems discipline: An introduction to the special issue on design science research. In: *MIS Quarterly*, 32 (4), S. 725–730.

MARKMAN, G. D.; BALKIN, D. B.; BARON, R. A. (2002): Inventors and new venture formation: The effects of general self-efficacy and regretful thinking. In: *Entrepreneurship Theory and Practice*, 27 (2), S. 149–165.

MARTIN, L.; WILSON, N. (2016): Opportunity, discovery and creativity: A critical realist perspective. In: *International Small Business Journal*, 34 (3), S. 261–275.

MATTHEWS, C. H.; SCOTT, S. G. (1995): Uncertainty and planning in small and entrepreneurial firms: An empirical assessment. In: *Journal of Small Business Management*, 33 (4), S. 34.

MATTHEWS, L. M.; SARSTEDT, M.; HAIR, J. F.; RINGLE, C. M. (2016): Identifying and treating unobserved heterogeneity with FIMIX-PLS: Part II – A case study. In: *European Business Review*, 28 (2), S. 208–224.

MCCRAE, R. R. (1993): Openness to experience as a basic dimension of personality. In: *Imagination, Cognition and Personality*, 13 (1), S. 39–55.

MCCRAE, R. R. (1994): Openness to experience: Expanding the boundaries of factor V. In: *European Journal of Personality*, 8 (4), S. 251–272.

MCCRAE, R. R.; COSTA, P. T. (2003): *Personality in adulthood: A five-factor theory perspective*. Guilford Press.

MCCRAE, R. R.; COSTA, P. T. (2008): A five-factor theory of personality. In: JOHN, O. P.; ROBINS, R. W.; PERVIN, LAWRENCE, A. (Hg.), *Handbook of Personality*, Guilford Press. S. 159–181.

MCCRAE, R. R.; JOHN, O. P. (1992): An introduction to the five-factor model and its applications. In: *Journal of Personality*, 60 (2), S. 175–215.

MCGRATH, R. G. (1995): Advantage from adversity: Learning from disappointment in internal corporate ventures. In: *Journal of Business Venturing*, 10 (2), S. 121–142.

MCKELVIE, A.; DETIENNE, D. R.; CHANDLER, G. N. (2013): What is the appropriate dependent variable in effectuation research? In: *Frontiers of Entrepreneurship Research*, 33 (4), S. 4.

MEEK, W. R.; PACHECO, D. F.; YORK, J. G. (2010): The impact of social norms on entrepreneurial action: Evidence from the environmental entrepreneurship context. In: *Journal of Business Venturing*, 25 (5), S. 493–509.

MERY, Y.; DEFRAIN, E.; KLINE, E.; SULT, L. (2014): Evaluating the effectiveness of tools for online database instruction. In: *Communications in Information Literacy*, 8 (1), S. 70–81.

METCALFE, J. (1998): Cognitive optimism: Self-deception or memory-based processing heuristics? In: *Personality and Social Psychology Review*, 2 (2), S. 100–110.

MEYER, M.; LIBAERS, D.; THIJS, B.; GRANT, K.; GLÄNZEL, W.; DEBACKERE, K. (2014): Origin and emergence of entrepreneurship as a research field. In: *Scientometrics*, 98 (1), S. 473–485.

MEYER, R. D.; DALAL, R. S.; BONACCIO, S. (2009): A meta-analytic investigation into the moderating effects of situational strength on the conscientiousness–performance relationship. In: *Journal of Organizational Behavior*, 30 (8), S. 1077–1102.

MEYER, R. D.; DALAL, R. S.; HERMIDA, R. (2010): A review and synthesis of situational strength in the organizational sciences. In: *Journal of Management*, 36 (1), S. 121–140.

MIDGLEY, D. F.; DOWLING, G. R. (1978): Innovativeness: The concept and its measurement. In: *Journal of Consumer Research*, 4 (4), S. 229–242.

MILES, J.; SHEVLIN, M. (2001): *Applying regression and correlation: A guide for students and researchers*. SAGE Publications.

MILLIKEN, F. J. (1987): Three types of perceived uncertainty about the environment: State, effect, and response uncertainty. In: *Academy of Management Review*, 12 (1), S. 133–143.

MILLON, T.; SIMONSEN, E.; BIRKET-SMITH, M.; DAVIS, R. D. (2002): *Psychopathy: Antisocial, criminal, and violent behavior*. Guilford Press.

MISCHEL, W. (1977): The interaction of person and situation. In: MAGNUSSON, D. S.; ENDLER, N. S. (Hg.), *Personality at the Crossroads: Current Issues in Interactional Psychology*, Lawrence Erlbaum Associates. S. 333.

MOORADIAN, T.; RENZL, B.; MATZLER, K. (2006): Who trusts? Personality, trust and knowledge sharing. In: *Management Learning*, 37 (4), S. 523–540.

MORRIS, M.; SCHINDEHUTTE, M.; ALLEN, J. (2005): The entrepreneur's business model: Toward a unified perspective. In: *Journal of Business Research*, 58 (6), S. 726–735.

MOUTAFI, J.; FURNHAM, A.; CRUMP, J. (2006): What facets of openness and conscientiousness predict fluid intelligence score? In: *Learning and Individual Differences*, 16 (1), S. 31–42.

MUELLER, S. L.; THOMAS, A. S. (2001): Culture and entrepreneurial potential: A nine country study of locus of control and innovativeness. In: *Journal of Business Venturing*, 16 (1), S. 51–75.

MURNIEKS, C. Y.; MOSAKOWSKI, E.; CARDON, M. S. (2014): Pathways of passion identity centrality, passion, and behavior among entrepreneurs. In: *Journal of Management*, 40 (6), S. 1583–1606.

NACHAR, N. (2008): The Mann-Whitney U: A test for assessing whether two independent samples come from the same distribution. In: *Tutorials in Quantitative Methods for Psychology*, 4 (1), S. 13–20.

NDUBISI, N. O. (2008): Gender differences in entrepreneurial traits, perceptions and usage of information and communication technologies. In: *Academy of Entrepreneurship Journal*, 14 (2), S. 107–121.

NICOLAOU, N.; SHANE, S.; CHERKAS, L.; HUNKIN, J.; SPECTOR, T. D. (2008): Is the tendency to engage in entrepreneurship genetic? In: *Management Science*, 54 (1), S. 167–179.

NOFTLE, E. E.; SHAVER, P. R. (2006): Attachment dimensions and the big five personality traits: Associations and comparative ability to predict relationship quality. In: *Journal of Research in Personality*, 40 (2), S. 179–208.

NUSSBAUM, E. M.; BENDIXEN, L. D. (2003): Approaching and avoiding arguments: The role of epistemological beliefs, need for cognition, and extraverted personality traits. In: *Contemporary Educational Psychology*, 28 (4), S. 573–595.

OFFERMANN, P.; BLOM, S.; SCHÖNHERR, M.; BUB, U. (2010): Artifact types in information systems design science – A literature review. In: WINTER, R.; ZHAO, J. L.; AIER, S. (Hg.), *Global Perspectives on Design Science Research*. S. 77–92.

O'REILLY, C. A.; CHATMAN, J. A. (1996): Culture as social control: Corporations, cults, and commitment. In: *Research in Organizational Behavior*, 18, S. 157–200.

PAUNONEN, S. V.; ASHTON, M. C. (2001): Big five factors and facets and the prediction of behavior. In: *Journal of Personality and Social Psychology*, 81 (3), S. 524–539.

PEARMAN, A.; STORANDT, M. (2005): Self-discipline and self-consciousness predict subjective memory in older adults. In: *The Journals of Gerontology: Series B*, 60 (3), S. 153–157.

PENNEY, L. M.; DAVID, E.; LA WITT (2011): A review of personality and performance: Identifying boundaries, contingencies, and future research directions. In: *Human Resource Management Review*, 21 (4), S. 297–310.

PERRY, C. (1990): After further sightings of the heffalump. In: *Journal of Managerial Psychology*, 5 (2), S. 22–31.

PERRY, D. E.; WOLF, A. L. (1992): Foundations for the study of software architecture. In: *ACM SIGSOFT Software Engineering Notes*, 17 (4), S. 40–52.

PERRY, J. T.; CHANDLER, G. N.; MARKOVA, G. (2012): Entrepreneurial effectuation: A review and suggestions for future research. In: *Entrepreneurship Theory and Practice*, 36 (4), S. 837–861.

PHILLIPS, J. M.; GULLY, S. M. (1997): Role of goal orientation, ability, need for achievement, and locus of control in the self-efficacy and goal-setting process. In: *Journal of Applied Psychology*, 82 (5), S. 792–802.

PODSAKOFF, P. M.; MACKENZIE, S. B.; LEE, J.-Y.; PODSAKOFF, N. P. (2003): Common method biases in behavioral research: A critical review of the literature and recommended remedies. In: *Journal of Applied Psychology*, 88 (5), S. 879–903.

POLLET, T. V.; ROBERTS, S. G. B.; DUNBAR, ROBIN I. M. (2011): Extraverts have larger social network layers. In: *Journal of Individual Differences*, 32 (3), S. 161–169.

PORTER, R. L.; LATHAM, G. P. (2013): The effect of employee learning goals and goal commitment on departmental performance. In: *Journal of Leadership & Organizational Studies*, 20 (1), S. 62–68.

RAUCH, A.; FRESE, M. (2007a): Born to be an entrepreneur? Revisiting the personality approach to entrepreneurship. In: BAUM, J. R.; FRESE, M.; BARON, R. A. (Hg.), *The Psychology of Entrepreneurship*, Psychology Press. S. 41–65.

RAUCH, A.; FRESE, M. (2007b): Let's put the person back into entrepreneurship research: A meta-analysis on the relationship between business owners' personality traits, business creation, and success. In: *European Journal of Work and Organizational Psychology*, 16 (4), S. 353–385.

READ, S.; DEW, N.; SARASVATHY, S. D.; SONG, M.; WILTBANK, R. (2009a): Marketing under uncertainty: The logic of an effectual approach. In: *Journal of Marketing*, 73 (3), S. 1–18.

READ, S.; SARASVATHY, S. D. (2005): Knowing what to do and doing what you know: Effectuation as a form of entrepreneurial expertise. In: *The Journal of Private Equity*, 9 (1), S. 45–62.

READ, S.; SONG, M.; SMIT, W. (2009b): A meta-analytic review of effectuation and venture performance. In: *Journal of Business Venturing*, 24 (6), S. 573–587.

REISS, S. (1997): Trait anxiety: It's not what you think it is. In: *Journal of Anxiety Disorders*, 11 (2), S. 201–214.

RHODES, R. E.; COURNEYA, K. S.; JONES, L. W. (2004): Personality and social cognitive influences on exercise behavior: Adding the activity trait to the theory of planned behavior. In: *Psychology of Sport and Exercise*, 5 (3), S. 243–254.

RIDGWAY, N. M.; PRICE, L. L. (1994): Exploration in product usage: A model of use innovativeness. In: *Psychology & Marketing*, 11 (1), S. 69–84.

RIES, E. (2011): *The lean startup: How today's entrepreneurs use continuous innovation to create radically successful businesses.* Crown Publishing Group.

RIPSAS, S.; TRÖGER, S. (2015): 3. Deutscher Startup Monitor.

ROBERTS, B. W.; DELVECCHIO, W. F. (2000): The rank-order consistency of personality traits from childhood to old age: A quantitative review of longitudinal studies. In: *Psychological Bulletin*, 126 (1), S. 3–25.

ROBERTS, B. W.; WALTON, K. E.; VIECHTBAUER, W. (2006): Patterns of mean-level change in personality traits across the life course: A meta-analysis of longitudinal studies. In: *Psychological Bulletin*, 132 (1), S. 1–25.

ROBINSON, J. P.; SHAVER, P. R.; WRIGHTSMAN, L. S. (2013): *Measures of Personality and Social Psychological Attitudes: Measures of Social Psychological Attitudes.* Academic Press.

ROBINSON, P. B.; STIMPSON, D. V.; HUEFNER, J. C.; HUNT, H. K. (1991): An attitude approach to the prediction of entrepreneurship. In: *Entrepreneurship Theory and Practice*, 15 (4), S. 13–31.

ROSS, S. R.; RAUSCH, M. K.; CANADA, K. E. (2003): Competition and cooperation in the five-factor model: Individual differences in achievement orientation. In: *The Journal of Psychology*, 137 (4), S. 323–337.

ROUSSEAU, D. M.; SITKIN, S. B.; BURT, R. S.; CAMERER, C. (1998): Not so different after all: A cross-discipline view of trust. In: *Academy of Management Review*, 23 (3), S. 393–404.

RUCH, W.; KÖHLER, G.; VAN THRIEL, C. (1996): Assessing the "humorous temperament": Construction of the facet and standard trait forms of the state-trait-cheerfulness-inventory - STCI. In: *Humor-International Journal of Humor Research*, 9 (3-4), S. 303–340.

RUPP, C. (2007): *Requirements-Engineering und-Management: Professionelle, iterative Anforderungsanalyse für die Praxis.* Hanser Verlag.

SADLER-SMITH, E.; HAMPSON, Y.; CHASTON, I.; BADGER, B. (2003): Managerial behavior, entrepreneurial style, and small firm performance. In: *Journal of Small Business Management*, 41 (1), S. 47–67.

SARASVATHY, S. D. (2001): Causation and effectuation: Toward a theoretical shift from economic inevitability to entrepreneurial contingency. In: *The Academy of Management Review*, 26 (2), S. 243–263.

SARASVATHY, S. D. (2003): Entrepreneurship as a science of the artificial. In: *Journal of Economic Psychology*, 24 (2), S. 203–220.

SARASVATHY, S. D. (2008): *Effectuation: Elements of Entrepreneurial Expertise.* Edward Elgar Publishing.

SARASVATHY, S. D. (2014): The downside of entrepreneurial opportunities. In: *M@n@gement*, 17 (4), S. 305–315.

SARASVATHY, S. D.; DEW, N. (2003): Effectual networks: A pre-commitment approach to bridging the gap between opportunism and trust.

SARASVATHY, S. D.; DEW, N. (2005): New market creation through transformation. In: *Journal of Evolutionary Economics*, 15 (5), S. 533–565.

SARASVATHY, S. D.; DEW, N. (2008): Effectuation and over-trust: Debating Goel and Karri. In: *Entrepreneurship Theory and Practice*, 32 (4), S. 727–737.

SARASVATHY, S. D.; DEW, N.; READ, S.; WILTBANK, R. (2008): Designing organizations that design environments: Lessons from entrepreneurial expertise. In: *Organization Studies*, 29 (3), S. 331–350.

SARASVATHY, S. D.; KUMAR, K.; YORK, J. G.; BHAGAVATULA, S. (2014): An effectual approach to international entrepreneurship: Overlaps, challenges, and provocative possibilities. In: *Entrepreneurship Theory and Practice*, 38 (1), S. 71–93.

SARSTEDT, M.; HENSELER, J.; RINGLE, C. M. (2011): Multigroup analysis in partial least squares (PLS) path modeling: Alternative methods and empirical results. In: *Measurement and Research Methods in International Marketing*, 22, S. 195–218.

SCHIMMACK, U.; OISHI, S.; FURR, R. M.; FUNDER, D. C. (2004): Personality and life satisfaction: A facet-level analysis. In: *Personality and Social Psychology Bulletin*, 30 (8), S. 1062–1075.

SCHLUETER, J.; SCHMITZ, D.; BRETTEL, M.; JARKE, M.; KLAMMA, R. (2011): Causal vs. effectual behavior - Support for entrepreneurs. In: CASTRO, J.; FRANCH, X.; MYLOPOULOS, J.; YU, E. (Hg.), *Proceedings of the 5th International i* Workshop*. S. 126–131.

SCHOONHOVEN, C. B.; EISENHARDT, K. M.; LYMAN, K. (1990): Speeding products to market: Waiting time to first product introduction in new firms. In: *Administrative Science Quarterly*, 35 (1), S. 177–207.

SCHWARTZ, B.; WARD, A.; MONTEROSSO, J.; LYUBOMIRSKY, S.; WHITE, K.; LEHMAN, D. R. (2002): Maximizing versus satisficing: Happiness is a matter of choice. In: *Journal of Personality and Social Psychology*, 83 (5), S. 1178–1197.

SEIBERT, S. E.; KRAIMER, M. L.; CRANT, J. M. (2001): What do proactive people do? A longitudinal model linking proactive personality and career success. In: *Personnel Psychology*, 54 (4), S. 845–874.

SEQUEIRA, J.; MUELLER, S. L.; MCGEE, J. E. (2007): The influence of social ties and self-efficacy in forming entrepreneurial intentions and motivating nascent behavior. In: *Journal of Developmental Entrepreneurship*, 12 (3), S. 275–293.

SEXTON, D. L.; BOWMAN, N. B. (1986): Validation of a personality index: Comparative psychological characteristics analysis of female entrepreneurs, managers, entrepreneurship students and business students. In: RONSTADT, R.; HORNADAY, J. A.; PETERSON, R.; VESPER, K. H. (Hg.), *Proceedings of the Sixth Annual Babson College Entrepreneurship Research Conference*. S. 40–51.

SHADISH, W. R.; COOK, T. D.; CAMPBELL, D. T. (2002): *Experimental and quasi-experimental designs for generalized causal inference*. Houghton Mifflin.

SHANE, S. (2003): *A general theory of entrepreneurship: The individual-opportunity nexus*. Edward Elgar Publishing.

SHANE, S.; VENKATARAMAN, S. (2000): The promise of entrepreneurship as a field of research. In: *Academy of Management Review*, 25 (1), S. 217–226.

SHARMA, P.; SALVATO, C. (2011): Commentary: Exploiting and exploring new opportunities over life cycle stages of family firms. In: *Entrepreneurship Theory and Practice*, 35 (6), S. 1199–1205.

SHAVER, K. G.; SCOTT, L. R. (1991): Person, process, choice: The psychology of new venture creation. In: *Entrepreneurship Theory and Practice*, 16 (2), S. 23–45.

SHERMAN, S. J.; FAZIO, R. H. (1983): Parallals between attitudes and traits as predictors of behavior. In: *Journal of Personality*, 51 (3), S. 308–345.

SHIROKOVA, G.; OSIYEVSKYY, O.; BOGATYREVA, K. (2016): Exploring the intention-behavior link in student entrepreneurship: Moderating effects of individual and environmental characteristics. In: *European Management Journal*, 34 (4), S. 386–399.

SIEGEL, S.; CASTELLAN, N. J. (1988): *Nonparametric Statistics for the Behavioral Sciences*. McGraw-Hill.

SIMON, H. A. (1959): Theories of decision-making in economics and behavioral science. In: *The American Economic Review*, 49 (3), S. 253–283.

SIMON, H. A. (1987): Satisficing. In: EATWELL, J.; MILGATE, M.; NEWMAN, P. K. (Hg.), *The New Palgrave: A Dictionary of Economics*, Macmillan. S. 243–245.

SIMON, H. A. (1996): *The Sciences of the Artificial*. MIT Press.

SINE, W. D.; DAVID, R. J. (2003): Environmental jolts, institutional change, and the creation of entrepreneurial opportunity in the us electric power industry. In: *Research Policy*, 32 (2), S. 185–207.

SINGH, J. V. (1986): Performance, slack, and risk taking in organizational decision making. In: *Academy of Management Journal*, 29 (3), S. 562–585.

SINN, H.-W. (2012): *Economic decisions under uncertainty*. Springer Science & Business Media.

SITKIN, S. B.; PABLO, A. L. (1992): Reconceptualizing the determinants of risk behavior. In: *Academy of Management Review*, 17 (1), S. 9–38.

SMOLKA, K. M.; VERHEUL, I.; BURMEISTER-LAMP, K.; HEUGENS, P. P. (2016): Get it together! Synergistic effects of causal and effectual decision-making logics on venture performance. In: *Entrepreneurship Theory and Practice*.

SÖLLNER, M.; HOFFMANN, A.; LEIMEISTER, J. M. (2016): Why different trust relationships matter for information systems users. In: *European Journal of Information Systems*, 25 (3), S. 274–287.

SOMMER, K. L.; BAUMEISTER, R. F. (2002): Self-evaluation, persistence, and performance following implicit rejection: The role of trait self-esteem. In: *Personality and Social Psychology Bulletin*, 28 (7), S. 926–938.

SOMMER, L. P.; HEIDENREICH, S.; HANDRICH, M. (2017): War for talents - How perceived organizational innovativeness affects employer attractiveness. In: *R&D Management*, 47 (2), S. 299–310.

SOSNA, M.; TREVINYO-RODRIGUEZ, R. N.; VELAMURI, S. R. (2010): Business model innovation through trial-and-error learning: The naturhouse case. In: *Long Range Planning*, 43 (2), S. 383–407.

SPEIER, C.; FRESE, M. (1997): Generalized self efficacy as a mediator and moderator between control and complexity at work and personal initiative: A longitudinal field study in East Germany. In: *Human Performance*, 10 (2), S. 171–192.

SPIELBERGER, C. D.; REHEISER, E. C. (2004): Measuring anxiety, anger, depression, and curiosity as emotional states and personality traits with the STAI, STAXI, and STPI. In: HERSEN, M. (Hg.), *Comprehensive Handbook of Psychological Assessment, Personality Assessment*, John Wiley & Sons. S. 70–86.

STAZYK, E. C.; GOERDEL, H. T. (2011): The benefits of bureaucracy: Public managers' perceptions of political support, goal ambiguity, and organizational effectiveness. In: *Journal of Public Administration Research and Theory*, 21 (4), S. 645–672.

STEVENSON, H. H.; JARILLO, J. C. (2007): *A Paradigm of Entrepreneurship: Entrepreneurial Management.* Springer Verlag.

STEWART, W. H.; ROTH, P. L. (2001): Risk propensity differences between entrepreneurs and managers: A meta-analytic review. In: *Journal of Applied Psychology*, 86 (1), S. 145–153.

STÖBER, J. (1997): Trait anxiety and pessimistic appraisal of risk and chance. In: *Personality and Individual Differences*, 22 (4), S. 465–476.

STUMPF, S. S.; DUNBAR, R. L. M.; MULLEN, T. P. (1991): Developing entrepreneurial skills through the use of behavioural simulations. In: *Journal of Management Development*, 10 (5), S. 32–45.

SUNNY YANG, S.-J.; CHANDRA, Y. (2013): Growing artificial entrepreneurs: Advancing entrepreneurship research using agent-based simulation approach. In: *International Journal of Entrepreneurial Behavior & Research*, 19 (2), S. 210–237.

TAYLOR, F. W. (1911): *The principles of scientific management.* Harper & Brothers.

TETT, R. P.; SIMONET, D. V.; WALSER, B.; BROWN, C. (2013): Trait activation theory. In: CHRISTIANSEN, N.; TETT, R. (Hg.), *Handbook of Personality at Work*, Routledge. S. 71–100.

THOMPSON, J. D. (2011): *Organizations in action: Social science bases of administrative theory.* Transaction Publishers.

TÖPFER, A. (2012): *Erfolgreich Forschen: Ein Leitfaden für Bachelor-, Master-Studierende und Doktoranden.* Springer Verlag.

TREIBER, L.; THUNSDORFF, C.; SCHMITT, M.; SCHREIBER, W. (2013a): The German 300-Item-IPIP-Scale.

TREIBER, L.; THUNSDORFF, C.; WEIS, S.; SCHMITT, M. (2013b): Psychometrische Überprüfung und Validierung der deutschen 300-Item-Skala aus dem International Personality Item Pool zur Erfassung der Big Five.

TSAY, A. A. (2002): Risk sensitivity in distribution channel partnerships: Implications for manufacturer return policies. In: *Journal of Retailing*, 78 (2), S. 147–160.

TUUNANEN, M.; HYRSKY, K. (1997): Innovation preferences among finnish and us entrepreneurs. In: *Academy of Entrepreneurship Journal*, 3 (1), S. 1–11.

TVERSKY, A.; KAHNEMAN, D. (1986): Rational choice and the framing of decisions. In: *Journal of Business*, 59 (4), S. 251–278.

TYLER, B. B.; STEENSMA, H. K. (1998): The effects of executives' experiences and perceptions on their assessment of potential technological alliances. In: *Strategic Management Journal*, 19 (10), S. 939–965.

TYSZKA, T.; CIEŚLIK, J.; DOMURAT, A.; MACKO, A. (2011): Motivation, self-efficacy, and risk attitudes among entrepreneurs during transition to a market economy. In: *The Journal of Socio-Economics*, 40 (2), S. 124–131.

UCBASARAN, D.; ALSOS, G. A.; WESTHEAD, P.; WRIGHT, M.; ET AL. (2008): Habitual entrepreneurs. In: *Foundations and Trends in Entrepreneurship*, 4 (4), S. 309–450.

VECCHIO, R. P. (2003): Entrepreneurship and leadership: Common trends and common threads. In: *Human Resource Management Review*, 13 (2), S. 303–327.

VERHEES, F. J.; MEULENBERG, M. T. G. (2004): Market orientation, innovativeness, product innovation, and performance in small firms. In: *Journal of Small Business Management*, 42 (2), S. 134–154.

VERHEUL, I.; THURIK, R. (2001): Start-up capital: Does gender matter? In: *Small Business Economics*, 16 (4), S. 329–346.

WAINWRIGHT, M. A.; WRIGHT, M. J.; LUCIANO, M.; GEFFEN, G. M.; MARTIN, N. G. (2008): Genetic covariation among facets of openness to experience and general cognitive ability. In: *Twin Research and Human Genetics*, 11 (3), S. 275–286.

WALDMAN, D. A.; RAMIREZ, G. G.; HOUSE, R. J.; PURANAM, P. (2001): Does leadership matter? CEO leadership attributes and profitability under conditions of perceived environmental uncertainty. In: *Academy of Management Journal*, 44 (1), S. 134–143.

WALLER, N. G.; ZAVALA, J. D. (1993): Evaluating the big five. In: *Psychological Inquiry*, 4 (2), S. 131–134.

WATSON, J. (2012): Networking: Gender differences and the association with firm performance. In: *International Small Business Journal*, 30 (5), S. 536–558.

WEIBER, R.; MÜHLHAUS, D. (2010): *Strukturgleichungsmodellierung: Eine anwendungsorientierte Einführung in die Kausalanalyse mit Hilfe von AMOS, SmartPLS und SPSS*. Springer Verlag.

WEICK, K. E.; KIESLER, C. A. (1979): *The social psychology of organizing*. Random House.

WEITZ, B. A.; JAP, S. D. (1995): Relationship marketing and distribution channels. In: *Journal of the Academy of Marketing Science*, 23 (4), S. 305–320.

WELTER, C.; MAUER, R.; WUEBKER, R. J. (2016): Bridging behavioral models and theoretical concepts: Effectuation and bricolage in the opportunity creation framework. In: *Strategic Entrepreneurship Journal*, 10 (1), S. 5–20.

WHITBOURNE, S. K. (1986): Openness to experience, identity flexibility, and life change in adults. In: *Journal of Personality and Social Psychology*, 50 (1), S. 163–168.

WHITESIDE, S. P.; LYNAM, D. R. (2001): The five factor model and impulsivity: Using a structural model of personality to understand impulsivity. In: *Personality and Individual Differences*, 30 (4), S. 669–689.

WILDE, T.; HESS, T. (2007): Forschungsmethoden der Wirtschaftsinformatik. In: *Wirtschaftsinformatik*, 49 (4), S. 280–287.

WILTBANK, R.; DEW, N.; READ, S.; SARASVATHY, S. D. (2006): What to do next? The case for non-predictive strategy. In: *Strategic Management Journal*, 27 (10), S. 981–998.

WILTBANK, R.; READ, S.; DEW, N.; SARASVATHY, S. D. (2009): Prediction and control under uncertainty: Outcomes in angel investing. In: *Journal of Business Venturing*, 24 (2), S. 116–133.

WOLFF, H.-G.; KIM, S. (2012): The relationship between networking behaviors and the big five personality dimensions. In: *Career Development International*, 17 (1), S. 43–66.

WOLFF, H.-G.; MOSER, K.; GRAU, A. (2008): Networking: Theoretical foundations and construct validity. In: DELLER, J. (Hg.), *Readings in Applied Organizational Behavior from the Lüneburg Symposium*. Rainer Hampp Verlag, S. 101–118.

WOLFSWINKEL, J. F.; FURTMUELLER, E.; WILDEROM, C. P. M. (2013): Using grounded theory as a method for rigorously reviewing literature. In: *European Journal of Information Systems*, 22 (1), S. 45–55.

WOOD, M. S.; MCKINLEY, W. (2010): The production of entrepreneurial opportunity: A constructivist perspective. In: *Strategic Entrepreneurship Journal*, 4 (1), S. 66–84.

YE, Q.; FITZSIMMONS, J.; DOUGLAS, E. (2008): Do effectual approaches to entrepreneurship destroy value? In: *Frontiers of Entrepreneurship Research*, 28 (4), S. 2.

YEOMANS, K. A.; GOLDER, P. A. (1982): The Guttman-Kaiser criterion as a predictor of the number of common factors. In: *The Statistician*, 31 (3), S. 221–229.

YUKL, G.; MAHSUD, R. (2010): Why flexible and adaptive leadership is essential. In: *Consulting Psychology Journal: Practice and Research*, 62 (2), S. 81–93.

ZHANG, Z.; ZYPHUR, M. J.; NARAYANAN, J.; ARVEY, R. D.; CHATURVEDI, S.; AVOLIO, B. J.; LICHTENSTEIN, P.; LARSSON, G. (2009): The genetic basis of entrepreneurship: Effects of gender and personality. In: *Organizational Behavior and Human Decision Processes*, 110 (2), S. 93–107.

ZHAO, H.; SEIBERT, S. E. (2006): The big five personality dimensions and entrepreneurial status: a meta-analytical review. In: *Journal of Applied Psychology*, 91 (2), S. 259–271.

ZHAO, H.; SEIBERT, S. E.; LUMPKIN, G. T. (2010): The relationship of personality to entrepreneurial intentions and performance: A meta-analytic review. In: *Journal of Management*, 36 (2), S. 381–404.

ZIMMERMAN, B. J. (2000): Self-efficacy: An essential motive to learn. In: *Contemporary Educational Psychology*, 25 (1), S. 82–91.

ZUCKERMAN, M. (2014): *Sensation Seeking (Psychology Revivals): Beyond the Optimal Level of Arousal.* Psychology Press.

Lebenslauf

Persönliche Daten

Name	Sebastian Eberz
Familienstand	ledig
Geburtsdatum	2. März 1983
Geburtsort	Dernbach/WW

Bildungsgang

1989 - 1933	Grundschule in Marienrachdorf
1993 - 2003	Staatliches Gymnasium im Kannenbäckerland in Höhr-Grenzhausen
2003	Abitur
10/2004 - 06/2011	Studium der Informatik mit Anwendungsfach Wirtschaftsinformatik an der Universität Koblenz-Landau
01/2007 - 01/2008	Studentischer Vertreter im Institut für Wirtschafts- und Verwaltungsinformatik
06/2011	Abschluss des Studiums als Diplom-Informatiker
Seit 10/2011	Promotionsstudium im Bereich Wirtschaftswissenschaften an der Universität Koblenz-Landau

Berufliche Tätigkeiten

09/2004 - 06/2011	Werksstudent im Bereich IT-Operations bei der 1&1 Internet AG
04/2007 - 10/2007	Wissenschaftliche Hilfskraft der Arbeitsgruppe Staab an der Universität Koblenz-Landau
05/2008 - 08/2008	Wissenschaftliche Hilfskraft der Arbeitsgruppe Schubert an der Universität Koblenz-Landau
10/2008, 04/2009	Lehrgangsleiter des Kurses „PC-Servicetechniker" an der Dr. Zimmermannschen Bildungsakademie in Koblenz
Seit 10/2011	Wissenschaftlicher Mitarbeiter der Arbeitsgruppe von Korflesch an der Universität Koblenz-Landau